La Predicación

JOHN MACARTHUR

La biblioteca del pastor

LA PREDICACIÓN

CÓMO PREDICAR BÍBLICAMENTE

JOHN MACARTHUR

y LA FACULTAD DEL MASTER'S SEMINARY

GRUPO NELSON
Una división de Thomas Nelson Publishers
Desde 1798

NASHVILLE DALLAS MÉXICO DF. RÍO DE JANEIRO BEIJING

Publicado en Nashville, Tennessee, Estados Unidos de América. Grupo Nelson, Inc. es una subsidiaria que pertenece completamente a Thomas Nelson, Inc. Grupo Nelson es una marca registrada de Thomas Nelson, Inc. www.gruponelson.com

Publicado originalmente bajo el título *El redescubrimiento de la predicación expositiva*
© 1996 por Editorial Caribe, Nashville, TN

Título en inglés: *Rediscovering Expository Preaching*
© 1992 por Word, Inc.
Publicado por Word Publishing

Traducción: *Javier A. Quiñones Ortiz*
Adaptación del diseño al español: *Rojas & Rojas Editores, Inc.*

ISBN: 978-1-4002-4394-5

Dedicado a
los expositores practicantes
del Master's Seminary
en el pasado, en el presente y en el futuro

Contenido

Prefacio 7
Introducción 11

Parte I: Cómo probar la prioridad de la predicación expositiva

1. El redescubrimiento de la predicación expositiva 19
Richard L. Mayhue
2. El mandato de la infalibilidad bíblica: la predicación expositiva 39
John MacArthur, Jr.
3. Historia de la predicación expositiva 53
James F. Stitzinger

Parte II: La preparación del expositor

4. La prioridad de la oración y la predicación expositiva 81
James E. Rosscup
5. El hombre de Dios y la predicación expositiva 105
John MacArthur
6. El Espíritu de Dios y la predicación expositiva 123
John MacArthur, Jr.

Parte III: Cómo procesar el texto bíblico y cómo establecer y aplicar sus principios

7. La hermenéutica y la predicación expositiva 141
James E. Rosscup
8. La exégesis y la predicación expositiva.......... 161
Robert L. Thomas
9. El análisis gramatical y la predicación expositiva 179
George J. Zemek
10. Herramientas de estudio para la predicación expositiva ... 203
James F. Stitzinger
11. Un método de estudio para la predicación expositiva 235
John MacArthur, Jr. ....

Parte IV: Cómo agrupar el mensaje expositivo

12. Ideas centrales, bosquejos y títulos 253
Donald G. McDougall
13. Introducciones, ilustraciones y conclusiones 271
Richard L. Mayhue
14. Mensajes expositivos temáticos, teológicos, históricos y biográficos 285
Irvin A. Busenitz
15. La predicación expositiva en base a la narración del Antiguo Testamento 305
David C. Deuel
16. De la exégesis a la exposición 323
John MacArthur, Jr.

Parte V: La predicación de la exposición

17. Las traducciones bíblicas y la predicación expositiva 339
Robert L. Thomas
18. Presentación de la exposición 353
John MacArthur, Jr.
19. Preguntas frecuentes acerca de la predicación expositiva . . . 367
John MacArthur, Jr.

Epílogo: La responsabilidad del oyente 383
Lectura adicional 391

Prefacio

En concordancia con el propósito de *The Master's Seminary,* este volumen procura alcanzar la meta de motivar y equipar a las generaciones, actual y futura, de líderes cristianos a fin de proveer nutrición espiritual sana para el pueblo de Dios en base a su Palabra. *La predicación* combina, de forma sumamente condensada, todos los aspectos del programa de *The Master's Seminary,* el cual está diseñado para moldear hombres de Dios para que proclamen su Palabra de manera eficaz, de modo que los incrédulos puedan ser evangelizados y los creyentes puedan ser preparados para realizar la tarea del ministerio.

La predicación se ocupa tanto del predicador experimentado como del estudiante de homilética y docencia. También ha sido escrito para ayudar a los laicos serios en su ministerio de la Palabra. Vimos esta obra como un posible libro de texto de homilética a nivel de instituto bíblico y seminario. Los pastores que no tienen preparación de seminario también se pueden beneficiar de este volumen, así como los veteranos que, como nosotros, andan continuamente en busca de un mayor nivel de excelencia expositiva.

No pretendemos que esto sea un tratamiento enciclopédico de la exposición bíblica. Ningún capítulo abarca totalmente su tema. Su pretendida fortaleza, más bien, es el extenso alcance de la obra, que se ocupa de los aspectos teológicos, exegéticos y homiléticos de la predicación. Las discusiones construyen un puente, a partir de las disciplinas creadas en el seminario del estudio del pastor, hasta la entrega de mensajes semanales en una iglesia local, mediante sugerencias acerca de cómo progresar deliberadamente de una fase a la otra al prepararse uno mismo para servir al pueblo de Dios.

Más específicamente, el cuádruple propósito de *La predicación* es:

1. Aclarar la necesidad, así como el significado, de la predicación expositiva, es decir, responder a la pregunta: *«¿Qué* es la predicación expositiva?»
2. *Verificar* el argumento teológico e histórico para la predicación expositiva, es decir, responder a la pregunta: *«¿Por qué insistir en la predicación expositiva?»*

3. *Especificar* los elementos esenciales así como los pasos involucrados en la preparación y la participación en la predicación expositiva, es decir, responder a la pregunta: «¿Cómo se prepara uno para la predicación expositiva?»
4. *Ejemplificar* la realidad de la predicación expositiva, es decir, responder a la pregunta: del «*¿Quiénes* han promovido y practicado, o promueven y practican la predicación expositiva?»

Nuestro presidente, John MacArthur, conocido mundialmente como un expositor experto, ha contribuido de manera significativa a este libro. Sus colegas en la facultad *The Master's Seminary,* con un promedio de más de veinte años de experiencia cada uno en la predicación y en la preparación a nivel de seminario de predicadores, también han contribuido del tesoro de sus áreas de competencia. El lector apreciará rápidamente sus afirmaciones compuestas acerca de la exposición que surgen dentro de una variedad de expresiones individuales y preferencias metodológicas.

Su unanimidad en cuanto a la exposición bíblica se centra en la prioridad de impartir con fidelidad, eficacia y precisión el contenido del texto bíblico infalible y autorizado. Sin embargo, el lector notará las diferencias en sus énfasis en cuanto a cómo hacerlo mejor. Uno prefiere predicar sin notas, mientras que otro promulga el uso de notas o hasta un manuscrito. Uno ve la necesidad de que casi todos los bosquejos de sermones concuerden con la secuencia del texto, mientras que otro permite mayor flexibilidad para el uso de bosquejos que no sigan dicha secuencia. Uno enfatiza la importancia de presentar una solución para cada problema difícil de interpretar; otro se inclina más hacia ser francos con la audiencia cuando la preparación para el sermón no ha producido una respuesta definitiva. Uno afirma la importancia de no obviar el mensaje esencial de las secciones narrativas veterotestamentarias, mientras otro presenta el uso cuidadoso de los personajes de las secciones narrativas veterotestamentarias como ilustraciones al predicar. Estos son ejemplos de la variedad metodológica que el lector cuidadoso detectará. *La predicación* no insiste en un solo acercamiento mecánico a la predicación, sino que enfoca la atención en los elementos dinámicos *esenciales* de la exposición bíblica para cualquier tiempo; en otras palabras, se concentra en las Escrituras y en la posición central de Cristo al declarar su significado.

El lector también notará una diversidad en los «niveles» de tratamiento de los diferentes temas. En un extremo están los capítulos cuya documentación es copiosa y en el otro los que tienen muy poca. Esta diversidad es, hasta cierto punto, una consecuencia de la naturaleza del tema y, en menor medida, la elección de cada contribuyente. Cada uno ha manejado su fase de exposición de la manera que consideró más sabia.

El libro delinea cuatro amplias fases que siguen el progreso de la experiencia de la predicación. Estas incluyen: (1) La consagración del hombre que llega a estudiar la Palabra de Dios. (2) La habilidad del hombre consagrado al estudiar la Escritura exegéticamente. (3) La capacidad del hombre consagrado al unir todos sus materiales de estudio en forma de un mensaje que concuerde con el texto y que aplique la escritura de forma relevante a su propia generación. (4) Las dinámicas del hombre consagrado al proclamar su exposición de forma espiritualmente convincente y apremiante.

Las notas al calce contienen extensas referencias a la literatura relacionada con la preparación de sermones y la predicación. El lector que decida buscar estas fuentes podrá encontrar en ellas y otras en español, una mina de oro para estudios adicionales. Aquellos que así lo prefieran, por supuesto, podrían simplemente leer el texto mismo.

Estamos sumamente endeudados con varios individuos que han colaborado en la producción de *La predicación.* Le agradecemos a los profesores Ben Awbrey, Jim George, Alex Montoya y Ken Sarles por haber leído y ofrecido sugerencias para mejorar esta obra; a la bibliotecaria Floyd Votaw por los índices al final de la versión al inglés; a Lynee Bierhorst, Carolyn Hanson, Nancy Martin, Laura Murphy, Jeanine Rickard y Pat Rotisky, quienes contribuyeron inmensamente en la fase secretarial de la obra; y a Dave Enos, Phil Johnson, Tom Pennington y Lance Quinn, quienes proveyeron un indispensable asesoramiento editorial a través del proyecto.

John MacArthur y la facultad *The Master's Seminary* ofrecen *La predicación* con la sencilla oración de que el Señor Jesucristo se complazca en usarlo para animar a nuestros compañeros predicadores y para preparar una nueva generación de expositores que prediquen con la misma pasión que tenían los apóstoles por Dios y su Palabra.

Richard L. Mayhue
Robert L. Thomas

Introducción

Estoy constantemente abrumado por la responsabilidad y la obligación que posee el predicador de la Palabra de Dios. Todos miramos con indignación al abogado o al juez que, a raíz de la búsqueda de riquezas particulares, distorsionan la verdad al atacar la reputación y las posesiones personales de la gente, a medida que las reducen a la pobreza. Respondemos con una indignación parecida ante el médico farsante que, por incompetente, pone en peligro la salud y la vida de alguien en busca de ganancias financieras. Esas personas merecen ser consideradas como criminales; el dolor y la pérdida de sus víctimas justamente debería atribuírseles a ellos.

Ofrecerse uno mismo como consejero o sanador para ocuparse de alguien durante un tiempo de crisis, y luego, por negligencia, incapacidad o codicia egoísta destruir sus vidas, es algo que revela falta de razón. Las asociaciones médicas y legales han establecido medidas para intentar prevenir tal negligencia.

Pero, ¿y qué de mí como suministrador de la verdad de Dios, el médico del alma? ¿Acaso no soy responsable ante Dios por cualquier perversión de la verdad, independientemente de cuán tonta sea, y también por mi negligencia e incapacidad? ¿Qué asociación terrenal me regula? ¿Acaso no es cierto que yo, que predico la Palabra de Dios, confronto una corte mayor que el foro legal o cualquier tribunal médico? Santiago dijo: «No os hagáis maestros muchos de vosotros, sabiendo que recibiremos mayor condenación» (Stg 3.1).

Ninguna profesión tiene un potencial tan alto de responsabilidad como la del predicador de la Palabra de Dios. Este juzgará a cualquier predicador en base a la precisión y a la certeza de su predicación. Cualquier falla como vocero de Dios no sólo ocasiona vergüenza (2 Ti 2.15) sino juicio. El Espíritu Santo ha escrito que todo pastor del rebaño de Dios debe «dar cuenta» (Heb 13.17). Vendrá el día en el cual el predicador tenga que rendir cuentas. Entonces sólo una cierta clase de hombre tiene derecho a ser considerado como abogado, juez o médico. El patrón es significativamente mayor para el predicador.

¿Qué es lo que equipa a un hombre a fin de calificar para la responsabilidad de la predicación? Podría argumentar con los siguientes elementos: reverencia ante Dios, respeto por la dignidad del deber pastoral, buen sentido, sano juicio, una manera de pensar clara y profunda, amor por la lectura, dedicación diligente al estudio y la meditación. Una buena memoria, un buen dominio de las palabras, saber cómo piensa la sociedad, todas estas características son esenciales. Es necesario un talento poco común y mucho esfuerzo para explicar los pasajes oscuros de la Escritura, así como para resolver las complicadas aplicaciones de la Palabra a las vidas y para defender la verdad en contra de sus opositores, todos estos son deberes que están en el corazón de la vida y el ministerio del predicador.

Una cantidad mínima de conocimiento y habilidad jamás capacitarán al predicador para enseñar doctrina, exponer las cosas profundas de Dios, convencer la mente terca, capturar los afectos y la voluntad o iluminar las realidades oscuras para eliminar las sombras de confusión, ignorancia, las objeciones, el prejuicio, la tentación y el engaño.

Pero por encima de todo, y a través de todo, el predicador debe ser hábil en el uso de la Palabra para detectar los errores de aquellos que le escuchan, para liberar hombres de sus fortalezas de ignorancia, convencer sus conciencias, tapar sus bocas y cumplir su responsabilidad de proclamar todo el consejo de Dios. La Palabra es la única arma del predicador, la poderosa espada de doble filo que es la única que corta hasta lo más profundo del alma y el espíritu.

Si creemos que Dios ha preparado al expositor con la capacidad mental, la disciplina diligente y el don del Espíritu para predicar, el éxito todavía requiere un conocimiento profundo y una proclamación fiel de la Palabra. Sobre todo, el predicador debe llegar a ser como Esdras, que «había preparado su corazón para inquirir la ley de Jehová y para cumplirla, y para enseñar [...] sus estatutos y decretos» (Esd 7.10) o como Apolos, que era «poderoso en las Escrituras» (Hch 18.24).

Ningún texto de la Escritura afirma de forma más poderosa este llamado a usar toda nuestra capacidad para exponer la Palabra como el potente mandato de 2 Timoteo 4.1-4:

> Te encarezco delante de Dios y del Señor Jesucristo, que juzgará a los vivos y a los muertos en su manifestación y en su reino, que prediques la palabra; que instes a tiempo y fuera de tiempo; redarguye, reprende, exhorta con toda paciencia y doctrina. Porque vendrá tiempo cuando no sufrirán la sana doctrina, sino que teniendo comezón de oír, se amontonarán maestros conforme a sus propias concupiscencias, y apartarán de la verdad el oído y se volverán a las fábulas.

La *seriedad* de la comisión del predicador se expresa en el versículo 1: «Te encarezco delante de Dios y del Señor Jesucristo». El predicador está bajo el escrutinio de Dios y de Jesucristo, quienes juzgarán a todos algún día.

Pablo, el envejecido guerrero, procuró enfrentar a su hijo menor en la fe con un sentido de esta pesada responsabilidad. Ese peso lo debe haber sentido John Knox cuando fue obligado a predicar y en anticipo de ello, se encerró en un cuarto y lloró por días porque temía la seriedad de ese deber.

El juez perfecto juzgará perfectamente la calidad, la precisión, el celo y el esfuerzo del predicador. El asunto es complacer a Dios y a Jesucristo, no agradar a los hombres. El juicio de estos es imperfecto y eternamente inconsecuente. El de Dios, perfecto y eternamente consecuente, es el único veredicto que importa.

El *tema* de la comisión del predicador se expresa en el versículo 2: «que prediques la palabra». La predicación de la Palabra de Dios es el mandato. No sólo hemos de retener la sólida Palabra (2 Ti 1.13), para usar de forma precisa la Palabra (2.15), para guardar la Palabra (1.14), sino para proclamarla.

Pablo lo dijo de manera sucinta en Colosenses 1.24-25: «La iglesia; de la cual fui hecho ministro, según la administración de Dios que me fue dada para con vosotros, para que anuncie cumplidamente la palabra de Dios».

La predicación expositiva, la expresión exacta de la voluntad del glorioso Soberano, deja que sea Dios quien hable, no el hombre.

La predicación expositiva conserva los pensamientos del Espíritu, lleva al predicador a un contacto directo y continuo con la mente del Espíritu Santo, autor de la Escritura.

La predicación expositiva libera al predicador para que proclame toda la revelación de Dios, produciendo un ministerio saludable e íntegro.

La predicación expositiva promueve el conocimiento bíblico y produce un abundante conocimiento de las verdades redentoras.

La predicación expositiva implica autoridad divina definitiva, comunicando la voz misma de Dios.

La predicación expositiva transforma al predicador, lo cual a su vez lleva a congregaciones transformadas.

Además del *tema* de la comisión del predicador, en 2 Timoteo 4.2 también se declara su *alcance:* «Que instes a tiempo y fuera de tiempo; redarguye, reprende, exhorta con toda paciencia y doctrina». El predicador siempre está listo a predicar, sea conveniente hacerlo o no. Está ansioso de exponer el pecado y promover el comportamiento justo. Lo hace con paciencia y no con irritación, amargura o desaliento. Su predicación siempre es doctrina sólida que le muestra al pueblo el verdadero patrón de Dios.

La *urgencia* de la comisión del predicador se expresa en los versículos 3 y 4: «Porque vendrá tiempo cuando no sufrirán la sana doctrina, sino que teniendo comezón de oír, se amontonarán maestros conforme a sus propias concupiscencias, y apartarán de la verdad el oído y se volverán a las fábulas».

Los pecadores no tolerarán las verdades inquietantes. Eso es de esperarse. Por otra parte, querrán escuchar mentiras agradables. Ellos podrán buscar lo sensacional, lo entretenido, lo que les edifique el ego, que no los amenace y que sea popular. Pero lo que nosotros predicamos es dictado por Dios, no por las muchedumbres que enfrentemos. El psiquiatra y escritor cristiano John White ha escrito algunas palabras precisas que necesitan ser escuchadas:

> Hasta hace unos quince años los cristianos veían a la psicología como algo hostil al evangelio.
>
> Permítase que alguien que profesa el nombre de Jesús bautice la psicología secular y la presente como algo compatible con la verdad de la Escritura, y la mayoría de los cristianos se sentirán felices tragándose una cicuta teológica en forma de «intuiciones psicológicas».
>
> Durante los últimos 15 años las iglesias han tendido a depender más y más de los consejeros pastorales entrenados [...] Para mí esto parece indicar debilidad en o indiferencia hacia la predicación expositiva dentro de las iglesias evangélicas [...] ¿Por qué tenemos que recurrir a las ciencias humanas? ¿Por qué? Porque por años no hemos expuesto el todo de la Escritura. Porque debido a nuestra débil exposición y nuestras charlas temáticas superficiales hemos producido una generación de ovejas cristianas sin pastor. Y ahora nos estamos maldiciendo a nosotros mismos más profundamente que nunca por haber recurrido a la sabiduría del mundo.
>
> Lo que hago como psiquiatra y lo que mis colegas psicólogos hacen en sus investigaciones o en su consejería es de valor infinitamente menor para los cristianos con problemas que lo que Dios dice en su Palabra. Pero los pastores, como las ovejas a las cuales guían, están siguiendo (si se me permite cambiar la metáfora por un momento) a un nuevo flautista de Hamelín que los está llevando hacia las oscuras cavernas del hedonismo humanista.
>
> Algunos de aquellos que estamos profundamente involucrados en las ciencias humanas nos sentimos como voces clamando en un desierto ateo

de humanismo, mientras que las iglesias se tornan hacia la psicología humanista como sustituto para el evangelio de la gracia de Dios.[1]

El predicador que lleva el mensaje que el pueblo más *necesita* escuchar casi siempre será el que menos les *guste* escuchar. Pero cualquier cosa menor que el compromiso del predicador para con la predicación expositiva reducirá sus ovejas a un rebaño débil, vulnerable y sin pastor.

Para aquellos que desean predicar la Palabra de forma precisa y poderosa porque entienden la responsabilidad de no hacer nada menos; para aquellos que desean enfrentar al juez en el día del juicio y experimentar el agrado del Señor por su esfuerzo; para aquellos que están ansiosos de permitir que Dios hable su Palabra directamente por su medio de forma poderosa y desafiante, así como Él la dio; y para aquellos que deseen ver a las personas transformadas radicalmente y llevando vidas consagradas, sólo existe la predicación expositiva.

Hace mucho tiempo buscaba un libro para mis estudiantes que reuniera todas las instrucciones indispensables en cuanto a la predicación expositiva. Creo que es este, y estoy endeudado con la visión del Dr. Richard L. Mayhue, el trabajo editorial del Dr. Roben L. Thomas y la rica instrucción de la facultad de The Master's Seminary. El hecho mismo que toda una facultad pueda disfrutar de este esfuerzo común refleja su pasión de producir una capacitada generación de expositores.

Si desea ser uno de esos pastores que anhelan el corazón de Dios, que alimentarán sus ovejas con conocimiento divino del entendimiento espiritual mediante la exposición bíblica, este libro es *esencial* para usted. Mi oración es que este volumen le ayude a equiparte para alcanzar el nivel que satisfará el deseo de Dios para su llamado.

John MacArthur, Jr.

---

1 John White, *Flirting with the World* [Jugueteo con el mundo], Shaw, Wheaton, Illinois, 1982, pp. 114-117.

PARTE I

CÓMO PROBAR LA PRIORIDAD DE LA PREDICACIÓN EXPOSITIVA

1. El redescubrimiento de la predicación expositiva

2. El mandato de la infalibilidad bíblica: la predicación expositiva

3. Historia de la predicación expositiva

1

El redescubrimiento de la predicación expositiva

Richard L. Mayhue

La autenticidad de la predicación bíblica se empaña de modo significativo debido a que los comunicadores contemporáneos están más preocupados de la relevancia personal que de la revelación de Dios. La Escritura inequívocamente requiere una proclamación centrada en la voluntad de Dios y en la obligación que tiene la humanidad de obedecer. El patrón expositivo se recomienda a sí mismo, mediante hombres totalmente comprometidos con la Palabra de Dios, como predicación que es fiel a la Biblia. La exposición presupone un proceso exegético que extrae el significado que Dios le dio a la Escritura y una explicación de ese significado en una manera contemporánea. Es necesario recapturar la esencia bíblica y el espíritu apostólico de la predicación expositiva en el entrenamiento y la predicación de hombres que están dedicados a «predicar la Palabra».

The Master's Seminary [El Seminario de Maestros], se une a otros[1] en aceptar la urgente responsabilidad de trasmitir el legado paulino de

1 Como por ejemplo Haddon W. Robinson, *Biblical Preaching* [Predicación Bíblica], Baker, Grand Rapids, 1980; Walter C. Kaiser, Jr., *Toward an Exegetical Theology* [Hacia una Teología Exegética], Baker, Grand Rapids, 1981; John Stott, *Between Two Worlds* [Entre dos Mundos], Eerdmans, Grand Rapids, 1982; Samuel T. Logan, editor, *The Preacher and Preaching* [Predicador y la Predicación], Presbyterian and Reformed, Phillipsburg, NJ, 1986; Al Fasol, *Essentials for Biblical Preaching* [Fundamentos Bíblicos para la Predicación], Baker, Grand Rapids, 1989.

«predicar la Palabra» (2 Ti 4.2). Este volumen señala un esfuerzo por inspirar en los predicadores del siglo veintiuno un patrón de predicación bíblica heredado de sus predecesores.[2]

Cada generación sufre las críticas circunstancias que Amós le profetizó a Israel: «He aquí vienen días, dice Jehová el Señor, en los cuales enviaré hambre a la tierra, no hambre de pan, ni sed de agua, sino de oír la palabra de Jehová» (Am 8.11). Los siglos recientes han probado nuevamente esta necesidad.

UN REPASO DE LAS TENDENCIAS RECIENTES

En una explicación de Hebreos 8.10, el comentarista puritano William Gouge (1575-1653) destacaba:

> Los ministros han de imitar a Dios y realizar su mejor esfuerzo para instruir al pueblo en los misterios de la santidad y enseñarles qué creer y practicar, para entonces conducirlos a obrar, de que practiquen lo que se les enseñó. De otra manera es posible que su labor sea en vano. El no hacer esto es una de las razones principales por las cuales muchos hombres caen en tantos errores como lo hacen en estos días.[3]

A este editorial de Gouge, Charles Spurgeon (1834-1892) añade una palabra acerca de la Inglaterra del siglo diecinueve:

> Podría añadir que esta última declaración ha adquirido más fuerza en nuestros tiempos; es entre los rebaños no instruidos que los lobos del papismo crean caos; la enseñanza sólida es la mejor protección contra estas herejías que causan desolación a diestra y siniestra entre nosotros.[4]

Juan Broadus (1827-1895) también lamentaba la muerte de la buena predicación en los EE.UU.,[5] y G. Campbell Morgan (1863-1945) notó:

---

2 Este patrón no es patrimonio de *The Master's Seminary,* sino que más bien refleja la manera tradicional en la cual se ha proclamado la Palabra de Dios por los predicadores cristianos a través de los siglos. (Véase el capítulo 3.)

3 William Gouge, *Commentary on Hebrews* [Comentarios sobre Hebreos], Kregel, Grand Rapids, 1980, pp. 577-78.

4 C. H. Spurgeon, «Sermons—Their Matter», Conference No. 5, Libro 1, *Lectures to My Students,* Baker, Grand Rapids, 1977, p. 72.

5 John A. Broadus, *On the Preparation and Delivery of Sermons,* AP&A, Grand Rapids, sin fecha, p. x.

La obra suprema del ministro cristiano es la obra de la predicación. Este es un día en el cual uno de nuestros mayores peligros es hacer un millar de cositas mientras ignoramos una cosa, la predicación.[6]

Los siguientes lamentos, típicos de la época, muestran que las cosas habían mejorado muy poco para la mitad de siglo:

Excepto por la creciente mundanalidad de sus miembros, el púlpito es punto débil de la iglesia.[7]

Pero la gloria del púlpito cristiano es un brillo prestado [...] La gloria se está marchando del púlpito del siglo veinte de forma alarmante [...] A la Palabra de Dios se le ha negado el trono y se le ha dado un lugar desmerecido.[8]

Empero todavía es cierto que «cualesquiera sean las señales del púlpito contemporáneo, la centralidad de la predicación bíblica no es una de ellas».[9]

En una tradición enfocada en la centralidad de la Palabra escrita, pocos temas son más importantes que la interpretación y la proclamación de esa Palabra. Todo el mundo enfatiza la necesidad de una exégesis sólida del texto, pero pocos tienen la pericia para proveer tal exégesis y predicar efectivamente en base a la misma.[10]

Para mediados de los años ochenta se reunió el Congreso Nacional sobre Exposición Bíblica para demandar el regreso a la verdadera exposición bíblica.[11] El tema del congreso demandaba que la iglesia

---

6 G. Campbell Morgan, *Preaching* [La predicación], Baker, Grand Rapids, 1974, p. 11.

7 Jeff D. Ray, *Expository Preaching* [Predicación Expositiva], Zondervan, Grand Rapids, 1940, p. 14.

8 Merrill F. Unger, *Principles of Expository Preaching* [Principios de la predicación expositiva], Zondervan, Grand Rapids, 1955, pp. 11-15.

9 Nolan Howington, «Expository Preaching», *Review and Expositor* 56, enero 1959, p. 56.

10 Klyne R. Snodgrass, «Exegesis and Preaching: The Principles and Practice of Exegesis» [Exégesis y predicación: Los principios y la práctica exegéticos], *Covenant Quarterly* 34, agosto de 1976, p. 3. Véase Lloyd M. Perry, *Biblical Preaching for Today's World* [La predicación bíblica para el mundo de hoy], Moody, Chicago, 1973, pp. 9-12 para otros comentarios acerca del declive de la predicación expositiva en los EE.UU.

11 Brian Bird, «Biblical Exposition: Becoming a Lost Art?» [La exposición bíblica: llegará a ser un arte olvidado?], *Christianity Today*, 30, número 7, 18 de abril de 1986, p. 34.

estadounidense volviera a la verdadera predicación bíblica o de otra manera, el mundo occidental continuaría su descenso hacia una cultura desvalorizada. Os Guiness, comentando acerca de la singularidad de los EE.UU. en la cultura contemporánea, declaró preocupado que: «En todos mis estudios todavía no he visto una sociedad occidental en donde los bancos de la iglesia estén tan llenos y los sermones tan vacíos».[12]

El estudio de John MacArthur acerca de los patrones de predicación a finales de los años ochenta, le llevó a observar:

> Específicamente, la predicación evangélica debe reflejar nuestra convicción de que la Palabra de Dios es infalible. Con demasiada frecuencia no es así, Es más, hay una tendencia perceptible en el ambiente evangélico contemporáneo a *apartarse* de la predicación bíblica y arrastrarse *hacia* un acercamiento temático en el púlpito basado en la experiencia y el pragmatismo.[13]

En los albores de los noventa, parece surgir un ímpetu irresistible a enfocar el púlpito a lo *relevante*. Siegfried Meuer alertó a los cristianos en los años sesenta en cuanto al mismo «peligro contemporáneo»[14]. Él comparó la dirección de sus días a las tendencias anteriores de Harry Emerson Fosdick, quien en la década del veinte escribió: «El sermón es aburrido porque no tiene conexión con los verdaderos intereses del pueblo [...] El sermón debe ocuparse de un verdadero problema»[15]. Meuer aseveró que Fosdick abrió las puertas para que la filosofía y la psicología inundaran el púlpito moderno con incredulidad.

La filosofía de Fosdick suena alarmantemente parecida al consejo ofrecido en una reciente publicación acerca de la relevancia en la predicación contemporánea:

> Las personas que no asisten a la iglesia hoy en día son los consumidores definitivos. Quizás no nos guste, pero por cada sermón que predicamos, ellos preguntan: «¿Estoy interesado en ese tema o no?» Si no lo están, no importa cuán efectiva sea su exposición; sus mentes se marcharán.[16]

---

12 *Ibíd.*

13 John F. MacArthur, «The Mandate of Biblical Inerrancy: Expository Preaching» [La predicación expositiva: el mandato de la infalibilidad bíblica], *The Master's Seminary Journal* 1, número 1, primavera 1990, p. 4.

14 Siegfried Meuer, «What Is Biblical Preaching?» [¿Qué es la predicación bíblica?], *Encounter*, 24, primavera 1963, p. 182.

15 Harry Emerson Fosdick, «What Is the Matter with Preaching?», *Harper's Magazine*, 47, julio 1928, pp. 133-41.

16 Bill Hybels, *et al.*, *Mastering Contemporary Preaching* [El dominio de la predicación contemporánea], Multnomah, Portland, Oregon, 1989, p. 27. Un comentario

La conclusión implicada es que los pastores deben predicar lo que el pueblo desee escuchar en lugar de lo que Dios ha proclamado. Ese consejo activa la alarma de 2 Timoteo 4.3, que advierte: «Porque vendrá tiempo cuando no sufrirán la sana doctrina, sino que teniendo comezón de oír, se amontonarán maestros conforme a sus propias concupiscencias».

¿Cuál es la respuesta adecuada? Declaramos que estriba en el redescubrimiento y la reafirmación de la predicación expositiva para la generación venidera de predicadores que enfrentarán todas las oportunidades espirituales y los obstáculos satánicos de un nuevo milenio. Concordamos con la evaluación de Walter Kaiser:

> Independientemente de qué nuevas directrices y énfasis se ofrezcan con regularidad, lo que hace falta, sobre todo, para hacer que la Iglesia sea más práctica, auténtica y efectiva, es una declaración de las Escrituras con un nuevo propósito, pasión y poder.[17]

Otra visita a la Escritura

Cuando surgen advertencias contra el alejamiento de la predicación bíblica, la única respuesta razonable es un regreso a las raíces bíblicas de la predicación para reafirmar su naturaleza esencial. Al reevaluar la herencia de la proclamación bíblica surgen dos elementos: los mandatos a predicar y la manera de predicar.

Mandatos a predicar

Los evangelios, Hechos, las epístolas y Apocalipsis proveen muchos ejemplos así como exhortaciones a predicar la verdad en cumplimiento de la voluntad de Dios. Cinco mandatos significativos representan la extensa cantidad de pasajes como recordatorio del legado apostólico y la reafirmación de la autoridad bíblica para la predicación basada en la Biblia.

Mateo 28.19-20: «Por tanto, id, y haced discípulos a todas las naciones, bautizándolos en el nombre del Padre, y del Hijo, y del Espíritu Santo».

1 Timoteo 4.13: «Entre tanto que voy, ocúpate en la lectura, la exhortación y la enseñanza».

---

parecido es: «El intérprete sabio comienza con una necesidad humana actual y elige un pasaje que le capacite para satisfacer esa necesidad» (Andrew W. Blackwood, *Expository Preaching for Today,* Abingdon-Cokesbury, Nueva York, 1953, p. 13).

17 Kaiser, *Exegetical Theology* [Teología Exegética], p. 242.

2 Timoteo 2.2: «Lo que has oído de mí ante muchos testigos, esto encarga a hombres fieles que sean idóneos para enseñar también a otros».

2 Timoteo 4.2: «Que prediques la palabra; que instes a tiempo y fuera de tiempo; redarguye, reprende, exhorta con toda paciencia y doctrina».

Tito 2.1: «Pero tú habla lo que está de acuerdo con la sana doctrina».

La manera de predicar

En su discusión de *κηρύσσω* (*kēryssō,* que significa «yo predico» o «yo proclamo»), Friedrich señala al menos treinta tres diferentes verbos empleados por los escritores neotestamentarios para representar la riqueza de la predicación bíblica.[18] En la siguiente discusión, se examinan brevemente las cuatro más prominentes.

Kēryssō se usa generalmente a través de los evangelios, Hechos y las epístolas. Juan el Bautista (Mt 3.1), Jesús (Mt 4.17) y Pablo (Hch 28.31) se involucraron en la acción de predicar tal y como lo indica este verbo. Pablo le encomendó esta misma actividad a Timoteo, al decirle que predicara la Palabra (2 Ti 4.2).

Ευαγγελίζω (*euaggelizō,* que significa «yo predico el evangelio») es prácticamente intercambiable con *kēryssō* (Lc 8.1; Hch 8.4-5). Pablo y Bernabé predicaron las buenas nuevas de la Palabra del Señor (Hch 15.35).

Μαρτυρέω, (*martyreō,* que significa «yo testifico» o «yo doy testimonio») es un término legal que representa la comunicación de la verdad de parte de alguien que tiene conocimiento de primera mano. Juan el Bautista testificó acerca de la Luz (Jn 1.7-8) y Juan el apóstol acerca de la Palabra de Dios (Ap 1.2).[19]

Διδάσκω, (*didaskō,* que significa «yo enseño») se concentra en el propósito y el contenido del mensaje trasmitido, sin excluir elementos de los tres verbos anteriores. Jesús les mandó, como parte de la Gran Comisión, a sus discípulos a que enseñaran (Mt 28.20). Pablo le recomendó la enseñanza a Timoteo (1 Ti 6.2 Y 2 Ti 2.2). A veces la enseñanza es asociada con *kryss* (Mt 11.1) y *euaggeliz* (Hch 5.42). El contenido de lo que se enseña se concentra en el camino de Dios (Mt 22.16) y la Palabra de Dios (Hch 18.11).[20]

---

18 Gerhard Friedrich, «*kryss,* et al,», *Theological Dictionary of the New Testament* [Diccionario teológico del N.T.], Vol. 3, Eerdmans, Grand Rapids, 1966, p. 703.

19 Para mayor información acerca de *ἐυαγγελίζω* y *μαρτυρέω,* véase Klaas Runia, «What Is Preaching According to the New Testament?» [¿Qué es la predicación según el N.T.?], *Tyndale Bulletin,* 29, 1978, pp. 3-48.

20 Para una extensa discusión de *didask,* véase Homer A. Kent, Ir., «A Time to Teach» [Tiempo para enseñar], *Grace Theological Journal,* 1, número 1, primavera 1980, pp. 7-17.

Además de estos cuatro prominentes términos, hay muchos otros que mejoran significativamente la forma bíblica de comunicar la Palabra de Dios. Por ejemplo, en Hechos 8.31 el eunuco etíope invitó a Felipe a «guiar(lo)» o «dirigir(lo)» (*ὁδηγέω* [*hodēgeō*]) a través de Isaías 53. Pablo «explicó» o «aclaró» (*ἐκτίθημι* [*ektithēmi*]) el Reino de Dios (Hch 28.23; cf. 18.26). Pablo le dijo a Timoteo que él debía «confiar» o «entregar» (*παρατίθημι* [*paratithēmi*]) lo que había escuchado de parte de Pablo a hombres fieles para que ellos también pudieran enseñárselo a otros (2 Ti 2.2).

El diálogo de Jesús con los dos discípulos en el camino a Emaús añade otras dimensiones a la predicación bíblica. Él «explicó» o «interpretó» (*διερμηνεύω* [*diermēneuō*]) las cosas acerca de sí en el Antiguo Testamento, desde Moisés hasta los profetas (Lc 24.27). Ellos, a su vez, se maravillaron de la manera en la cual Él había «abierto» o «explicado» (*διανοίγω* [*dianoigō*]) las Escrituras (Lc 24.32; cf. 24.45).

Sería provechoso estudiar otras palabras como *ἀναγγέλλέω* (*anaggellō,* que significa «yo anuncio» o «yo declaro») en Hechos 20.27; *ἀναγινωσκω* (*anaginōskō,* que significa «yo leo») en 1 Timoteo 4.13; *παρακαλέω* (*parakaleō,* que significa «yo exhorto, consuelo» en 1 Timoteo 4.13; *εξηγέομαι* (*exēgeomai,* «yo declaro») en Hechos 15.12; *λαλέω* (*laleō,* «yo hablo») en Juan 3.34; *διαλέγομαι* (*dialegomai,* «yo discuto, debato») en Hechos 17.17; y *φθέγγομαι* (*phtheggomai,* «yo expreso») en Hechos 4.18. Empero este breve resumen basta para concluir que un vínculo común en todos los términos bíblicos en sus contextos es un enfoque en las cosas de Dios y la Escritura como algo exclusivamente central en el mensaje del predicador. Indudablemente, esta característica señala la singularidad de la predicación bíblica. Un contenido bíblico y teológico es el *sine qua non,* o calidad indispensable, de la proclamación neotestamentaria.

Con este fundamento bíblico, es posible una identificación del modo contemporáneo de la predicación neotestamentaria.

Cómo definir la predicación expositiva

Las discusiones acerca de la predicación la dividen en tres tipos: temática, textual y expositiva. Los mensajes temáticos casi siempre combinan una serie de versículos bíblicos que están vagamente conectados con un asunto. La predicación textual usa un texto breve o pasaje que por lo general sirve como portal hacia el tema que el predicador decide enfrentar. Ninguno de estos métodos representa un esfuerzo serio para interpretar, entender, explicar o aplicar la verdad de Dios en el contexto de la Escritura utilizada.

En contraste con esto, la predicación expositiva se concentra primordialmente en el texto bajo consideración junto con su contexto(s).[21] La exposición normalmente se concentra en un texto de la Escritura, pero algunas veces es posible que un mensaje temático-teológico o histórico-biográfico sea de naturaleza expositiva. Una exposición puede ocuparse de cualquier texto independientemente de cuán extenso sea.

Una forma de aclarar la predicación expositiva es identificar lo que *no* es:[22]

1. No es un comentario de palabra en palabra ni versículo en versículo sin unidad, bosquejo o dirección dominante.
2. No son comentarios erráticos ni declaraciones casuales acerca de un pasaje sin el trasfondo de una exégesis exhaustiva y un orden lógico.
3. No es una masa de sugerencias desconectadas e inferencias basadas en el significado superficial de un pasaje que no se apoyan en un estudio profundo del texto.
4. No es pura exégesis, independientemente de cuán erudita sea, si le falta un tema, una tesis, un bosquejo o un desarrollo.
5. No es un mero bosquejo estructural de un pasaje con varios comentarios de apoyo pero sin otros elementos retóricos y homiléticos.
6. No es una homilía temática que utiliza algunas secciones del pasaje, pero que omite la discusión de otras partes de igual importancia.
7. No una colección desmenuzada de hallazgos gramaticales y citas de comentarios sin la fusión de estos elementos en un mensaje suave, fluido, interesante y motivador.
8. No una discusión de Escuela Dominical que tiene un bosquejo del contenido, que es informal y ferviente, pero que le falta estructura homilética e ingredientes retóricos.
9. No una lectura bíblica que vincula varios pasajes esparcidos que tratan un tema común, pero que no logra manejar ninguno de ellos de manera completa, gramática y contextual.
10. No es la común charla devocional que se da en una reunión de oración que combina comentarios generales, declaraciones erráticas,

21 Horton Davies, «Expository Preaching: Charles Haddon Spurgeon», *Foundations,* 66, enero 1963, p. 14, llama a la exposición «predicación contextual» para distinguirla de la predicación textual y la tópica.

22 Estas diez sugerencias se derivan de Faris D. Whitesell, *Power in Expository Preaching* [El poder en la predicación expositiva], Revell, Old Tappan, NJ, 1963, pp. vii-viii.

sugerencias desconectadas y reacciones personales en una discusión parcialmente inspiradora pero que no tiene el beneficio del estudio exegético-contextual básico ni los elementos de persuasión.

Antes de continuar adelante, considere el grupo de palabras «exponer, exposición, expositor, expositivo». Según el diccionario, una exposición es un discurso para presentar información o explicar lo que es difícil de entender.[23] Aplicar esta idea a la predicación requiere que un expositor sea alguien que detalle la Escritura exponiendo el texto a la luz pública para establecer su significado, explicar lo que resulta difícil de entender y emplearlo de manera apropiada.

El entendimiento de Juan Calvino, que tiene muchos siglos de edad, de la exposición es muy parecido:

> Primero que todo, Calvino entendió la predicación como una explicación de la Escritura. Las palabras de la Escritura son la fuente y el contenido de la predicación. Como expositor, Calvino introdujo a la tarea de la predicación toda la capacidad de un erudito humanista. Como intérprete, Calvino explicó el texto buscando su significado natural, auténtico y bíblico [...] La predicación no sólo es la explicación de la Escritura, sino que también es la aplicación de la Escritura. Así como Calvino explicó la Escritura palabra por palabra, así mismo aplicó la Escritura oración por oración a la vida y la experiencia de su congregación.[24]

La exposición no se define tanto por la forma del mensaje como por la fuente y el proceso mediante el cual se forma este mensaje. Unger capta este sentido de forma intensa:

> No importa cuán extensa sea la porción a explicarse, si se maneja de forma tal que se aclare el significado real y esencial tal como existió en la mente del escritor bíblico particular, así como existe a la luz del contexto general de la Escritura y aplique a las necesidades actuales de aquellos que lo escuchan, podría verdaderamente decirse que eso es *predicación expositiva* [...] Realmente no es predicar acerca de la Biblia sino predicar la Biblia. «Lo que dijo el Señor» es el alfa y la omega de la predicación expositiva. Comienza en la Biblia y termina en la Biblia y todo lo que interviene brota

---

23 *Webster's Ninth New Collegiate Dictionary,* Merriam-Webster, Springfield, MA, 1988, p. 438.

24 John H. Leith, «Calvin's Doctrine of the Proclamation of the Word and Its Significance for Today in the Light of Recent Research», *Review and Expositor,* 86, 1989, pp. 32, 34.

de la Biblia. En otras palabras, la predicación expositiva es predicación basada en la Biblia.[25]

Otras dos definiciones de la exposición contribuyen a aclarar:

En su mejor momento, la predicación expositiva es «la presentación de la verdad bíblica, derivada de y trasmitida a través de un estudio histórico, gramático, y guiado por el Espíritu, de un pasaje en su contexto, el cual el Espíritu Santo aplica primeramente a la vida del predicador y luego mediante este a su congregación».[26]

En los años cincuenta ML-J [Dr. Martyn Lloyd-Jones] era prácticamente el único en Inglaterra involucrado en lo que él denominaba «predicación expositiva». Para darle a la predicación tal designación no era suficiente, en su opinión, que su contenido fuera bíblico; los discursos que se concentraban en los estudios de palabras, o que proveían un comentario ordinario y análisis de capítulos enteros, podrían denominarse como «bíblicos», pero eso no es lo mismo que exposición. Exponer no es simplemente ofrecer el sentido gramatical correcto de un versículo o pasaje, más bien es el establecimiento de los principios o doctrinas que se suponen expresen las palabras. Por lo tanto, la verdadera predicación expositiva es predicación *doctrinal,* es predicación que se ocupa de las verdades específicas de Dios para el hombre. El predicador expositivo no es uno que «enseña sus estudios» a otros, es un embajador y un mensajero, que presenta de forma autorizada la Palabra de Dios a los hombres. Tal predicación presenta un texto y entonces, considerándolo en todo momento, surge una deducción, un argumento y una apelación, cuya totalidad compone un mensaje que lleva la autoridad de la Escritura misma. Según ese entendimiento, la ejecución leal del oficio de la enseñanza requiere que el predicador sea capaz de decir con Pablo: «Pues no somos como muchos, que medran falsificando la palabra de Dios, sino que con sinceridad, como de parte de Dios, hablamos en Cristo»

25 Merril F. Unger, *Principles,* 33. Véase también William G. Houser, «Puritan Homiletics: A Caveat», *Concordia Theological Quarterly*, 53, número 4, octubre 1989, pp. 255-70. Houser dice que el poder del púlpito puritano disminuyó a medida que la forma mecánica del mensaje adquirió prominencia sobre el proceso de la formación del mensaje. La influencia de la predicación puritana decayó rápidamente cuando estos factores predominaron, a saber, presentaciones aburridas y mensajes excesivamente largos.

26 Haddon W. Robinson, «What Is Expository Preaching?» [Qué es la predicación expositiva], *Bibliotheca Sacra,* 131, enero-marzo, 1974, p. 57. Para otras definiciones véanse, Broadus, *On the Preparation* [Sobre la preparación] pp. 119-20 y J. Ellwood Evans, «Expository Preaching», *Bibliotheca Sacra,* 111, enero-marzo, 1954, p. 59.

(2 Co 2.17). Si esto implica una opinión extremadamente exaltada de la predicación, no es más, creía el Dr. Lloyd-Jones, que lo que se requiere del oficio ministerial.[27]

En resumen, los siguientes elementos mínimos identifican la predicación expositiva:

1. El mensaje halla su única fuente en la Escritura.[28]
2. El mensaje es sacado de la Escritura mediante una exégesis cuidadosa.
3. La preparación del mensaje interpreta correctamente la Escritura en su sentido normal y en su contexto.
4. El mensaje explica claramente el significado original que Dios procuraba para la Escritura.
5. El mensaje aplica el significado actual de la Biblia.

Dos textos bíblicos sirven de ejemplo para el espíritu de la predicación expositiva:

> Y leían en el libro de la ley de Dios claramente, y ponían el sentido de modo que entendiesen la lectura (Neh 8.8).

> Por tanto, yo os protesto en el día de hoy, que estoy limpio de la sangre de todos; porque no he rehuido anunciaros todo el consejo de Dios (Hch 20.26-27).

---

27 Iain H. Murray, *D. Martyn Lloyd-Jones: The Fight of Faith* [La lucha de la fe], 1939-1961, Banner of Truth, Edimburgo, 1990, 2: 261.

28 R. B. Kuiper, en «Scriptural Preaching» [Predicación escritural], *The Infallible Word,* editado por Paul Woolley, Presbyterian and Reformed, Filadelfia, 1967, p. 253, declara fuertemente que:

> la exposición de la Escritura, una exposición digna de su nombre, es la esencia misma de la predicación. Por consiguiente es un serio error recomendar la predicación expositiva como uno de varios métodos legítimos. Tampoco es satisfactorio, como hacen muchos conservadores, exaltar el método expositivo como el mejor. Toda predicación tiene que ser expositiva. Sólo ella puede ser bíblica.

A. Duane Litfin, «Theological Presuppositions and Preaching: An Evangelical Perspective», Disertación doctoral, Purdue University, 1973, pp. 169-70, concuerda, diciendo: «Cualquier cosa menos que la predicación expositiva, técnicamente, no es, en realidad predicación».

Un ejemplo en particular es la exposición de Jesús de Isaías 61.1-2 en la sinagoga (Lc 4.16-22). Luego ofreció una exposición temática de sí mismo a los discípulos en el camino a Emaús (Lc 24.27, 32, 44-47). En Hechos 8.27-35 Felipe le explicó Isaías 53.7-8 al eunuco etíope. Esteban le predicó un sermón expositivo histórico-biográfico a los judíos antes de que lo apedrearan (Hch 7.2-53).

Greer Boyce ha resumido muy hábilmente esta definición de la predicación expositiva:

> En resumen, la predicación expositiva demanda que, mediante el análisis cuidadoso de cada texto dentro de su contexto inmediato y el medio ambiente al cual pertenece el libro, se utilice todo el poder de la erudición exegética y teológica moderna en nuestro tratamiento de la Biblia. El objetivo no es que el predicador pueda exhibir toda su erudición en el púlpito. Más bien, es que pueda hablar fielmente en base a conocimiento sólido de su texto y se suba al púlpito como al menos, «obrero que no tiene de qué avergonzarse, que usa bien la palabra de verdad».
>
> El último paso del predicador es el más crucial y el más peligroso de todos. Es relatar el mensaje bíblico de manera fiel y relevante a la vida moderna. En este punto debe entrar en juego toda su capacidad como artífice. Debemos saber que la exposición fiel de un texto no produce por sí misma un sermón efectivo. Sin embargo, también es necesario que se nos advierta que no se debe sacrificar la fidelidad al texto debido a que lo que presumimos sea algo relevante. Muchos predicadores modernos parecen dispuestos a realizar este sacrificio, produciendo, como resultado, sermones que son una mezcla de consejo moralista, inconclusas y, algunas veces, descabelladas opiniones, así como lo último en psicología. La predicación expositiva, al insistir que el mensaje del sermón coincida con el tema del texto, llama de regreso al predicador a su verdadera tarea: la proclamación de la Palabra de Dios en y a través de la Biblia.[29]

Cómo entender el proceso expositivo

La discusión de los fundamentos bíblicos y la definición de la predicación expositiva, aunque esencial, es relativamente sencilla. El verdadero reto llega cuando uno tiene que ir del aula al púlpito cada semana. A menos que el predicador comprenda claramente el proceso expositivo, jamás alcanzará su potencial en el arte de la predicación expositiva.

29 Greer W. Boyee, «A Plea for Expository Preaching» [Un argumento para la predicación expositiva], *Canadian Joumal of Theology*, 8, enero 1962, pp. 18-19.

Proponemos, como marco de referencia para esta discusión, que el proceso expositivo incluye cuatro elementos normales: la preparación del expositor, el procesamiento y la aplicación de los principios del texto(s) bíblico(s), la composición del mensaje expositivo y la predicación de la exposición. Las cuatro fases necesitan el mismo énfasis si la exposición ha de ser completamente efectiva a la vista tanto de Dios como de la congregación.

Cómo preparar al expositor[30]

Ya que Dios debe ser la fuente de los mensajes expositivos, quien presenta tal mensaje debe disfrutar de una comunión íntima con Él. Esta es la única manera en la cual se puede ofrecer el mensaje con la mayor precisión, claridad y pasión.

Hay al menos siete áreas de preparación que califican a un hombre para pararse en el púlpito y declarar: «¡Así dijo el Señor!»

1. El predicador debe ser un creyente en Jesucristo verdaderamente regenerado. Debe ser parte de la familia redimida de Dios (Jn 1.12-13). Si un hombre ha de presentar, de manera efectiva, un mensaje personal de parte del Padre celestial, debe ser un hijo espiritual legítimo o el mensaje será inevitablemente distorsionado.
2. El predicador debe ser señalado y dotado por Dios para el ministerio de la enseñanza y la predicación (Ef 4.11-16; 1 Ti 3.2). A menos que un hombre sea capacitado divinamente para predicar, será inadecuado, sólo poseerá habilidad humana.[31]
3. El predicador debe tener la inclinación y el entrenamiento para ser un estudiante de la Palabra de Dios. De otra manera, no podrá realizar el mandato de 2 Timoteo 2.15 de usar «bien la palabra de verdad».
4. El predicador debe ser un creyente maduro que demuestre un carácter adecuadamente santo (1 Ti 3.2-3).[32]

---

30 D. Martyn Lloyd-Jones dedica todo un capítulo a este tema en *Preaching and Preachers,* Zondervan, Grand Rapids, 1972, pp. 100-20.

31 James Stalker, *The Preacher and His Models* [El predicador y sus modelos], Hodder and Stoughton, Nueva York, 1891, pp. 95-99; véase también John Piper, *The Supremacy of God in Preaching* [La supremacía de Dios en la predicación], Baker, Grand Rapids, 1990, pp. 37-46.

32 Louis Goldberg, «Preaching with Power the Word "Correctly Handled" to Transform Man and His World» [Predicación poderosa de la Palabra "bien usada", para

5. El predicador debe depender del Espíritu Santo para el conocimiento divino y la comprensión de la Palabra de Dios (1 Co 2.14-15). Sin la iluminación y el poder del Espíritu, el mensaje será relativamente potente.[33]
6. El predicador debe estar en constante comunión con Dios, mediante la oración, para recibir el impacto pleno de la Palabra (Sal 119.18). Para aclarar las cosas es obvio que se acuda a su autor original.[34]
7. El predicador debe, primero que nada, permitir que el mensaje que se está desarrollando se filtre a través de su manera de pensar, así como a través de su vida, antes de poder predicarlo. Esdras proveyó el modelo perfecto: «Porque Esdras había preparado su corazón para inquirir la ley de Jehová y para cumplirla, y para enseñar en Israel sus estatutos y decretos» (Esd 7.10).

Cómo procesar y aplicar los principios del texto bíblico

El hombre sintonizado con el Espíritu de Dios y su Palabra está listo para comenzar el proceso de descubrir no sólo lo que quería decir Dios originalmente con lo que dijo, sino también los principios apropiados y las aplicaciones para hoy.[35]

1. **Cómo procesar el texto bíblico.**[36] Un hombre no puede esperar predicar efectivamente sin primero haber elaborado de forma diligente y minuciosa a través del texto bíblico. Esta es la única manera en la cual el expositor puede adquirir el mensaje de Dios. Dos predicadores de épocas diferentes comentan acerca de esta característica esencial:

> Un hombre no puede esperar predicar la Palabra de Dios de manera precisa hasta primero dedicarse a una exégesis cuidadosa y

---

transformar al hombre y su mundo] *Journal of the Evangelical Theological Society,* 27, número 1, marzo 1984, pp. 4-5.

33 Kaiser, *Exegetical Theology* [Teología Exegética], p. 236.

34 Charles H. Spurgeon escribió: «Si no entiende un libro que escribiera un autor fenecido, no podrá preguntarle el significado, pero el Espíritu, que inspiró la Escritura Sagrada, vive para siempre, y se deleita en abrir la Palabra para aquellos que buscan su instrucción», *Commenting and Commentaries* [Comentando comentarios], Sheldon and Company, Nueva York, 1876, pp. 58-59.

35 Nicholas Kunaneck, «Are Seminaries Preparing Prospective Pastors to Preach the Word of God?» [¿Están los seminarios preparando futuros pastores para predicar la Palabra de Dios?], *Grace Theological Journal,* 6, número 2, otoño 1985, pp. 361-371.

36 Véase Snodgrass, «Exegesis», pp. 5-19 para un acercamiento básico de nueve pasos.

> exhaustiva de su texto. Ahí yace el problema, porque la exégesis competente requiere tiempo, poder cerebral, «sangre, sudor y lágrimas», todo saturado con enormes dosis de oración».[37]

> Usted revelará rápidamente su ignorancia como expositor si no estudia; por consiguiente, será obligado a la lectura diligente. Cualquier cosa que obligue al predicador a investigar el grandioso antiguo Libro le será de mucha utilidad. Si alguno siente que la labor pueda herir su constitución, recuerde que el trabajo mental es refrescante hasta cierto punto y cuando la Biblia es el tema, la faena es un deleite. Es sólo cuando la labor intelectual va más allá de los límites del sentido común que la mente llega a debilitarse por ello, y a esto generalmente no se llega excepto por las personas poco juiciosas, u hombres involucrados en temas que no son refrescantes y agradables; pero nuestro tema es recreativo, y el uso vigoroso de nuestras facultades es un ejercicio sumamente saludable para hombres jóvenes como nosotros.[38]

2. **La aplicación del texto bíblico.** La predicación no se detiene con la comprensión de los lenguajes antiguos, la historia, la cultura y las costumbres. A menos que se puedan subsanar los siglos con relevancia contemporánea en el mensaje, la experiencia de la predicación difiere poco del encuentro en el salón de clase. Uno primero tiene que procesar el texto para indagar su significado original y entonces extraer los principios aplicables en la actualidad.[39] Nuestro estudio no alcanza su objetivo si se omite o se desmerece este paso.

La composición del mensaje expositivo

En la tercera etapa el expositor ha finalizado su profundo estudio y se pregunta a sí mismo: «¿Cómo puedo mezclar mis hallazgos de forma

---

37 John A. Sproule, «Biblical Exegesis and Expository Preaching» [Exégesis bíblica y predicación expositiva], conferencia presentada en el Seminario Teológico Grace, Winona Lake, Indiana, 1978, p. 1.

38 Spurgeon, *Commenting,* p. 47.

39 H. Cunliffe-Jones escribió: «Tenemos que poder decir "Esto es lo que este pasaje significaba originalmente", así como "Este pasaje también es cierto para nosotros de esta manera particular en el siglo veinte"», «The Problems of Biblical Exposition» [Problemas de la exposición bíblica], *Expository Times,* 65, octubre 1953, p. 5.

tal que mi rebaño comprenda la Biblia y los requisitos para sus vidas hoy?» En cierto sentido, aquí comienza el arte de la exposición.[40]

Nolan Howington utiliza una descripción gráfica para relacionar la exégesis y la exposición: «Por lo tanto, el exégeta es como un buzo que extrae perlas del fondo del océano; el expositor es como el joyero que las organiza de forma ordenada y su relación propia entre sí».[41]

En esta etapa entran a este proceso los títulos, los bosquejos, las introducciones, las ilustraciones y las conclusiones. El mensaje va de los materiales crudos, extraídos mediante la exégesis, hasta el producto terminado de la exposición, el cual se espera que los oyentes hallen interesante, convincente y motivador. La clave para este paso es recordar lo que distingue a la exposición: explicar el texto, especialmente las partes difíciles de entender o aplicar. Es de igual importancia recordar no sólo el texto, sino también la audiencia.

F. B. Meyer ofrece este consejo cuando piensa acerca de los oyentes y la forma homilética que tomará el mensaje:

> Hay cinco consideraciones a satisfacer en cada sermón exitoso. Se debe apelar a la razón, a la conciencia, a la imaginación, a las emociones y a la voluntad; y para cada uno de estas no hay método más útil que la exposición sistemática.[42]

La predicación de la exposición

La decisión final que tiene que tomar el expositor se relaciona con la manera en la que va a predicar, ya sea de memoria o en base a notas. Es posible que este sea el paso más ignorado en la preparación por aquellos que están dedicados a la verdadera exposición. Con demasiada frecuencia, asumen que la labor adecuada en el estudio asegurará que el púlpito se ocupará de sí mismo. Es cierto que no hay sustituto para la ardua labor en el estudio, pero el trabajo igual de duro en el púlpito recompensará mucho más tanto al predicador como al rebaño. James Stalker llama la atención a este reto de manera efectiva:

---

40 Es útil distinguir entre un sermón, una homilía y una exposición. «Homilía» viene del griego ὁμιλία, el cual, como el latín *sermo,* significa «conversación» o «charla». La palabra latina es la base para el español «sermón», así que en un sentido general, los tres son lo mismo. Empero, para el propósito de esta discusión elegimos utilizar la frase «mensaje expositivo» o «exposición» para que su fuente, proceso y propósito no se confundan con los otros dos términos.

41 Howington, «Expository», p. 62.

42 F. B. Meyer, *Expository Preaching Plans and Methods* [Predicación expositiva: planes y métodos], George H. Duran, Nueva York, 1912, p. 100.

Los ministros no obtienen suficiente resultado en la atención, satisfacción y el deleite de sus oyentes para el trabajo que realizan; y el fracaso está en el vehículo de comunicación entre el estudio y la congregación, es decir, en la presentación del sermón. Lo que ruego es que haya más trabajo para el carbón consumido.[43]

En el momento de la presentación, es esencial que el expositor tenga claro su propósito. De otra manera, el mensaje predicado podría estar sumamente alejado del estudiado así como del mensaje de la Escritura. J. I. Packer señala esto contrastando lo que es y lo que no es la predicación:

> El propósito de la predicación no es mover a las personas a la acción mientras se subestiman sus mentes, así jamás pueden ver qué razón les da Dios para hacer lo que el predicador les pide que hagan (eso es manipulación); ni tampoco es llenar su mente con la verdad, no importa cuán vital y clara sea, la cual entonces yacerá barbecha y no llega ser el semillero ni la fuente de vidas cambiadas (eso es erudición inútil) [...] El propósito de la predicación es informar, persuadir y provocar una reacción adecuada hacia Dios, cuyo mensaje e instrucción son presentados.[44]

El lenguaje utilizado en la comunicación del mensaje también es importante. Debe ser claro, comprensible, pintoresco y, sobre todo, bíblico. La siguiente fuerte advertencia, pronunciada hace más de 20 años, todavía es aplicable:

> Estimulo a que se siga la terminología bíblica. Gran parte de la predicación moderna ha tomado un giro psicológico y sociológico. Es misteriosa y mística. Establece ideas psiquiátricas, usando con frecuencia los términos del psiquiatra en lugar de los del evangelista cristiano. Habla de la represión, de las fijaciones, los traumas, las neurosis y los síndromes, sin final a la vista. Afirmo que en su mayoría estos no son términos que el Espíritu Santo pueda utilizar efectivamente.[45]

Otro asunto crucial es la dinámica del discurso, es decir, la relación de la audiencia y la efectividad de la comunicación. Vines y Allen señalan tres principios básicos para cada expositor:

---

43 Stalker, *The Preacher,* p. 121.

44 J. I. Packer, «Why Preach?», *The Preacher and Preaching* [¿Por qué predicar?, El predicador y la predicación], editado por Samuel T. Logan, Presbyterian and Reformed, Phillipsburg, Nueva Jersey, 1986, p. 9.

45 William W. Ayer, «The Art of Effective Preaching» [El arte de la predicación efectiva], *Bibliotheca Sacra,* 124, enero-marzo, 1967, p. 41.

En resumen, la comunicación efectiva desde el púlpito debe estar familiarizada por la triada retórica de Aristóteles, a saber, el *logos*, el *ethos* y el *pathos*. Esto implica un conocimiento minucioso del tema y aquí es donde no hay sustituto para la exégesis minuciosa. Esta consiste en un conocimiento detallado de la dinámica entre el conferencista y la audiencia de forma tal que el predicador tiene que hablar de manera íntegra y su audiencia tiene que conocer esta sinceridad y autenticidad.

Finalmente, contiene un conocimiento de las personas y cómo responden a la palabra hablada.[46]

El expositor, por encima de todo, debe exponer la Palabra como lo hizo Pablo en Corinto (1 Co 2.1-5).[47] Él no llegó como un genio erudito o un orador astuto; no llegó con su propio mensaje; no predicó confiado en su fuerza propia. Pablo predicó, más bien, el testimonio de Dios y la muerte de Cristo, y lo hizo con una confianza bien colocada en el poder de Dios para que el mensaje cambiara vidas. La exposición languidecerá la dimensión divina que sólo Dios puede proveer, a menos que esta clase de dependencia total en Él señale la predicación del expositor moderno.

En resumen, de los cuatro pasos en toda la experiencia expositiva: la preparación del expositor, el procesamiento y la aplicación de los principios del texto bíblico, la composición del mensaje expositivo y la predicación de la exposición, no se puede omitir ninguna fase sin hacer peligrar seriamente la certeza y la utilidad de la Palabra de Dios mediada a través del expositor.

Consideración de las ventajas expositivas[48]

La predicación expositiva emula mejor a la predicación bíblica tanto en contenido como en estilo. Este es el beneficio principal. Aparte de esto, las siguientes son otras ventajas presentadas sin ningún orden en particular:

---

46 Jerry Vines y David Allen, «Hermeneutics, Exegesis, and Proclamation» [Hermenéutica, exégesis y proclamación], *Criswell Theological Review,* 1, número 2, primavera 1987, pp. 333-34.

47 Para una discusión detallada de este punto, véase George J. Zemek, «First Corinthians 2.1-5: Paul's Personal Paradigm for Preaching», *New Testaments Essays,* BMH, Winona Lake, Indiana, 1991, pp. 265-88.

48 James W. Alexander, *Thoughts on Preaching* [Ideas sobre la predicación], Banner of Truth, Edimburgo, 1988, pp. 228-53, desarrolla algunas de estas ventajas más detalladamente. Véase también el artículo reimpreso sin nombre del autor, «Expository Preaching», *The Banner of Truth,* 31, septiembre 1963, pp. 9-28.

1. La predicación expositiva logra mejor la intención bíblica de la predicación: presentar el mensaje de Dios.
2. La predicación expositiva promueve la predicación bíblica con autoridad.
3. La predicación expositiva magnifica la Palabra de Dios.
4. La predicación expositiva provee un almacén de material homilético.
5. La predicación expositiva desarrolla al pastor como un hombre de la Palabra de Dios.
6. La predicación expositiva asegura los más altos niveles de conocimiento bíblico para el rebaño.
7. La predicación expositiva lleva a pensar y vivir bíblicamente.
8. La predicación expositiva promueve tanto la profundidad como la amplitud.
9. La predicación expositiva obliga el tratamiento de textos difíciles de interpretar.
10. La predicación expositiva permite que se manejen amplios temas teológicos.
11. La predicación expositiva aleja a los predicadores de las rutinas y de favoritismos.
12. La predicación expositiva previene la introducción de ideas humanas.
13. La predicación expositiva resguarda en contra de la mala interpretación del texto bíblico.
14. La predicación expositiva imita la predicación de Cristo y la de los apóstoles.
15. La predicación expositiva promueve lo mejor del expositor.

Cómo declarar la predicación expositiva

A medida que declina el siglo veinte y amanece un nuevo milenio, debemos afirmar la ciencia y el arte de la predicación expositiva para la generación venidera. Nadie dijo que sería fácil. Es todo lo opuesto. Ningún otro método de predicación requiere tanto trabajo. De igual manera, ningún otro método recompensa de forma tan abundante.

Si las sugerencias que se han ofrecido están bien fundadas, es obvio que la predicación expositiva es tarea difícil. Requiere mucho estudio profundo de la Escritura en general y mucho análisis del pasaje particular que ha de ser tratado. Preparar un discurso que sea explicativo, aunque verdaderamente oratorio, que tenga una rica masa de detalles, pero que con ellos, lleno de la Escritura y que abunde con aplicaciones prácticas para llevar hasta las mentes insensibles, indoctas e incrédulas el contacto provechoso con una extensa porción de la Biblia, por supuesto que será difícil.[49]

Aunque la tendencia creciente entre los predicadores actuales es a la satisfacción del consumidor y a la relevancia contemporánea, reafirmamos que la predicación bíblica debe estar primeramente dirigida a la satisfacción divina y la relevancia del reino. Reflexione cuidadosamente en el resonante llamado de Mark Steege a la predicación expositiva y su dato de autoridad bíblica:

> El Señor procura transformar las vidas de hombres a través de nuestra predicación. Debemos ser evangelistas, para despertar a los hombres a su eminente llamado en Cristo. Debemos ser heraldos, proclamando los mensajes de Dios a los hombres. Debemos ser embajadores, llamando a los hombres a que se reconcilien con Dios. Debemos ser pastores, nutriendo y cuidando a los hombres a diario. Debemos ser mayordomos de los misterios de Dios, dándoles la Palabra apropiada para cada una de sus necesidades. Debemos ser testigos, diciéndoles todo lo que Dios ha hecho por ellos. Debemos ser supervisores, motivándoles a que vivan para Dios. Debemos ser ministros, preparándolos para servir a otros juntamente con nosotros. Mientras reflexionamos en cada una de esas fases de nuestra labor, ¡qué énfasis brinda cada una a la importancia de la predicación! ¡Qué tarea nos ha dado el Señor![50]

Aunque R. L. Dabney lo escribió hace más de un siglo, nos unimos hoy a urgir que:

> el método expositivo [...] sea restaurado a un lugar similar sobre el cual fue sostenido en las iglesias primitivas y reformadas; porque, en primer lugar, esta es obviamente la única manera natural y eficiente de realizar el único propósito legítimo de la predicación, presentar todo el mensaje de Dios al pueblo.[51]

---

49 Broadus, *On the Preparation,* p. 124.

50 Mark J. Steege, «Can Expository Preaching Still Be Relevant in These Days?» [¿Puede la predicación expositiva ser relevante en esos días?], *The Springfielder,* 34, marzo 1971, p. 261.

51 Roben L. Dabney, *Sacred Rhetoric* [Retórica sacra], Banner of Truth, Edimburgo, 1979, pp. 78-79. Véase también Walter L. Liefeld, *New Testament Exposition* [Exposición del N.T.], Zondervan, Grand Rapids, 1984, pp. 3-25.

2

El mandato de la infalibilidad bíblica: la predicación expositiva[1]

John MacArthur, Jr.

La atención especial que el movimiento evangélico le ha prestado a la infalibilidad de la Escritura en años recientes contiene un mandato a enfatizar la predicación expositiva de las Escrituras. La existencia de Dios y su naturaleza requiere la conclusión de que Él se ha comunicado de forma precisa y que es necesario un proceso exegético adecuado para determinar su significado. La comisión cristiana a predicar la Palabra de Dios implica la trasmisión de ese significado a una audiencia, una pesada responsabilidad. Por lo tanto, la creencia en la infalibilidad requiere, sobre todo, una predicación expositiva que no tenga que ver primordialmente con la forma homilética del mensaje. En este sentido la predicación expositiva difiere de lo que practican aquellos que no creen en la infalibilidad.

---

1 Este ensayo fue presentado inicialmente como respuesta en *International Council on Biblical Inerrancy* [Concilio Internacional de Infalibilidad Bíblica], Summit 11 [Segunda Cumbre], noviembre 1982. Luego fue publicado bajo el título «Inerrancy and Preaching: Where Exposition and Exegesis Come Together [Infalibilidad y predicación: Donde la exposición y la exégesis se unen], en el libro *Hermeneutics, Inerrancy, and the Bible* [Hermenéutica, infalibilidad y la Biblia], editado por Earl Radmacher y Roben Preus, Zondervan Corporation, Grand Rapids, 1984. Usado con permiso. Una revisión del mismo fue publicada bajo igual título en *The Master's Seminary Journal,* 1, número 1, otoño 1990, pp. 13-15. El ensayo ha sido adaptado para incluirlo en esta obra.

El punto culminante de la teología en años recientes indudablemente ha sido el intenso enfoque del movimiento evangélico en la infalibilidad bíblica.[2] Gran parte de lo que se ha escrito defendiendo la infalibilidad[3] representa el razonamiento teológico más agudo que ha producido nuestra generación.

Sin embargo, parece ser que nuestro compromiso con la infalibilidad languidece un tanto según la forma en la que se encarna en nuestro ministerio práctico. Específicamente, la predicación evangélica debería reflejar nuestra convicción de que la Palabra de Dios es infalible. Con demasiada frecuencia no es así. Se observa una tendencia en el movimiento evangélico contemporáneo a *apartarse* de la predicación bíblica y a deslizarse *hacia* un acercamiento en el púlpito basado en la experiencia, que es pragmático y temático.

¿O es que acaso nuestra predicación no debería ser exposición bíblica, que refleje nuestra convicción de que la Biblia es la inspirada e inefable Palabra de Dios? Si creemos que «toda Escritura es inspirada por Dios» e infalible, ¿acaso no deberíamos estar igualmente comprometidos a la realidad de que es «útil para enseñar, para redargüir, para corregir, para instruir en justicia, a fin de que el hombre de Dios sea perfecto, enteramente preparado para toda buena obra»? (2 Ti 3.16-17). ¿O es que acaso esa magnífica verdad no debería determinar cómo predicamos?

Pablo le dio este mandato a Timoteo: «Te encarezco delante de Dios y del Señor Jesucristo, que juzgará a los vivos y a los muertos en su manifestación yen su reino, *que prediques la palabra;* que instes a tiempo y fuera de tiempo; redarguye, reprende, exhorta con toda paciencia y doctrina» (2 Ti 4.1-2, énfasis añadido). Cualquier manera de predicar que ignore ese propósito y designio de Dios no alcanza el plan divino. J. I. Packer capta elocuentemente el llamado de la predicación:

> La predicación aparece en la Biblia como la trasmisión de lo que Dios ha dicho en cuanto a sí mismo y sus obras, y acerca de los hombres relacionados

---

2 Durante un período de 10 años (1977-1987), el *International Council on Biblical Inerrancy* [Concilio Internacional de Infalibilidad Bíblica] sostuvo tres reuniones para eruditos (l978, 1982, 1986) y dos congresos para la comunidad cristiana en general (1982, 1987) para formular y diseminar la verdad bíblica acerca de la infalibilidad.

3 Paul D. Feinberg, «Infallibility and Inerrancy» [Infalibilidad e inerrancia], *Trinity Journal* 6, no. 2, otoño de 1977, p. 120, meticulosamente define la infalibilidad crítica como «la afirmación de que cuando se tienen todos los datos, se verá que la Escritura en su forma original y debidamente interpretada no contiene errores en todo lo que afirma hasta el grado de precisión que se propone, ya sea que esa afirmación tenga que ver con doctrina, historia, ciencia, geografía, geología, etc.»

con Él, además de enfatizar sus mandamientos, promesas, advertencias y confianza, en vista a ganar al oyente u oyentes ... a una respuesta positiva.[4]

Entonces, la única respuesta lógica a la Escritura infalible, es predicarla de forma *expositiva.* Por expositiva quiero decir predicarla de tal manera que el significado del pasaje bíblico se presente *completa y exactamente* como Dios quería. La predicación expositiva es la proclamación de la verdad de Dios tal y como es mediada a través del predicador.[5]

Admito que no todos los expositores creen en la infalibilidad. Véase cómo trata William Barclay a Marcos 5 ó Juan 6 en *The Daily Study Bible Series* [Serie de estudio bíblico diario]. También es cierto que no todos los que creen en la infalibilidad practican la predicación expositiva. Estas, sin embargo, son incongruencias porque la noción de infalibilidad demanda la predicación expositiva y una perspectiva contraria la hace innecesaria.

En otras palabras, ¿qué importa que tengamos un texto infalible si no nos ocupamos del fenómeno básico de la comunicación, por ejemplo, palabras, oraciones, gramática, morfología, sintaxis, etc.? Y si no lo hacemos, ¿por qué molestarnos en predicarlo?

Walter Kaiser, en su indispensable volumen acerca de la teología exegética, analiza agudamente el actual estado anémico de la iglesia debido a una alimentación del rebaño que llega a ser inadecuada debido a la ausencia de la predicación expositiva:

> No es un secreto que la Iglesia de Cristo no está saludable en muchos lugares del mundo. Ha estado languideciendo porque ha sido alimentada con «basura»; se le han servido toda clase de preservativos artificiales y de sustitutos anormales. Por ello, la desnutrición teológica y bíblica ha afligido a la misma generación que ha dado pasos tan gigantescos para asegurarse de que su salud física no se arruine mediante el uso de alimentos o productos carcinógenos o dañinos a sus cuerpos físicos. Al mismo tiempo una hambruna espiritual mundial, que proviene de la ausencia de cualquier publicación genuina de la Palabra de Dios (Am 8.11), continúa su curso de forma salvaje y casi sin freno alguno en gran parte de la Iglesia.[6]

La cura es la predicación expositiva.

---

4 James I. Packer, «Preaching as Biblical Interpretation», *Inerrancy and Common Sense,* [«Predicación como interpretación bíblica», Infalibilidad y sentido común], editado por Roger R. Nicole y J. Ramsey Michaels, Baker, Grand Rapids, 19S0, p.189.

5 D. Martyn Lloyd-Jones, *Preaching and Preachers,* Zondervan, Grand Rapids, 1971, p. 222.

6 Walter C. Kaiser, Jr., *Toward an Exegetical Theology* [Hacia una teología exegética], Baker, Grand Rapids, 1981, pp. 7-8.

Entonces, el mandato es claro. Esta clase de predicación es el género expositivo en el cual la infalibilidad halla su expresión lógica y la iglesia tiene su vida y su poder. Dicho de manera sencilla, la infalibilidad demanda la exposición como el único método de predicación que preserva la pureza de la Escritura y alcanza el propósito para el cual Dios nos dio su Palabra.

R. B. Kuiper refuerza este mandato cuando escribe: «El principio de que la predicación cristiana es la proclamación de la Palabra obviamente debería ser decisivo para el contenido del sermón».[7]

La infalibilidad, la exégesis y la exposición

Postulados y proposiciones

Me gustaría comenzar la discusión central con estos postulados, que siguen una secuencia lógica, para introducir y sostener mis proposiciones (así como para formar un fundamento verdadero para la infalibilidad).[8]

1. Dios es (Gn 1.1; Sal 14, 53; Heb 11.6).
2. Dios es verdadero (Éx 34.6; Nm 23.19; Dt 32.4; Sal 25.10 y 31.6; Is 65.16; Jer 10.8 y 10.11; Jn 14.6 y 17.3; Tit 1.2; Heb 6.18; 1 Jn 5.20, 21).
3. Dios habla en concordancia con su naturaleza (Nm 23.19; 1 S 15.29; Ro 3.4; 2 Ti 2.13; Tit 1.2; Heb 6.18).
4. Dios sólo habla la verdad (Sal 31.5 y 119.43, 142, 151, 160; Pr 30.5; Is 65.16; Jn 17.17; Stg 1.18).
5. Dios declaró su verdadera Palabra en coherencia con su verdadera naturaleza para que fuera comunicada a personas (una verdad obvia que se ilustra en 2 Ti 3.16-17 y Heb 1.1).

Por lo tanto, debemos considerar las siguientes proposiciones.

---

7 R. B. Kuiper, «Scriptural Preaching», *The Infallible Word* [Predicación escritural; La Palabra infalible], editado por Paul Woolley, Presbyterian and Reformed, Filadelfia, 1967, p. 217.

8 Véase Norman Geisler, «Inerrancy Leaders: Apply the Bible» [Líderes de la infalibilidad: usen la Biblia], *Eternity* 38, enero 1987, p. 1:25, para este concreto silogismo:

Dios no puede errar;
La Biblia es la Palabra de Dios;
Por lo tanto, la Biblia no puede errar.

1. Dios otorgó su verdadera Palabra para que fuera *completamente* comunicada tal y como Él la dio, es decir, se debe predicar todo el consejo de Dios (Mt 28.20; Hch 5.20; 20.27). Por consiguiente, cada porción de la Palabra de Dios necesita ser considerada a la luz de su totalidad.
2. Dios dio su verdadera Palabra para que fuera comunicada *exactamente* como la dio. Debe ser dispensada con precisión, como fue entregada, sin alterar el mensaje.
3. Sólo el proceso exegético que produce la proclamación expositiva realizará las proposiciones 1 y 2.

El vínculo de la infalibilidad con la predicación expositiva

Ahora bien, permítame validar estas proposiciones con respuestas a una serie de preguntas. Estas canalizarán nuestra manera de pensar desde la fuente de la revelación de Dios hasta su objetivo.

1. *¿Por qué predicar?*

Muy sencillo, Dios así lo indicó (2 Ti 4.2) y los apóstoles respondieron (Hch 6.4).

2. *¿Qué debemos predicar?*

La Palabra de Dios, es decir, *Scriptura sola* y *Scriptura tota* (1 Ti 4.13; 2 Ti 4.2).

3. *¿Quién predica?*

Hombres santos de Dios (Lc 1.70; Hch 3.21; Ef 3.5; 2 P 1.21; Ap 18.20 y 22.6). Sólo después que Dios purificó los labios de Isaías fue ordenado para predicar (Is 6.6-13).

4. *¿Cuál es la responsabilidad del predicador?*

Primero, el predicador necesita percatarse de que la Palabra de Dios no es la palabra del predicador. Sino más bien,

Es un mensajero, no el creador (*ϵὐαγγελίζο* [*euaggelizō*]).
Es un sembrador, no la fuente (Mt 13.3, 19).
Es un heraldo, no la autoridad (*κηρύσσω* [*kērussō*]).
Es un mayordomo, no el propietario (Col 100.25).
Es la guía, no el autor (Hch 8.31).
Es el servidor de comida espiritual, no el cocinero Jn 21.15, 17).

Segundo, el predicador necesita suponer que la Escritura es *ὁ λόγος του θϵου* (*ho logos tou theou,* «la Palabra de Dios»). Cuando él está comprometido con esta asombrosa verdad y responsabilidad:

Su meta, más bien, será estar bajo la Escritura, no sobre ella, y permitirle, por así decir, que hable a través de él, presentando no tanto su mensaje sino el de ella. Eso es lo que siempre debe suceder en nuestra predicación. En la necrología del gran compositor alemán Otto Klemperer, Neville Cardus habló de la manera en la cual Klemperer «puso la música en acción», manteniendo siempre un estilo deliberadamente anónimo y poco pretencioso para que, a través de él, las notas musicales pudieran articularse a sí mismas en su integridad propia. Así debe ser con la predicación; la Escritura misma debe ser la única que hable y la tarea del predicador es sencillamente «poner la Biblia en acción».[9]

Un estudio cuidadoso de la frase *λόγος θεου* (*logos theou,* «la Palabra de Dios») halla más de cuarenta usos en el Nuevo Testamento. Se asemeja al Antiguo Testamento (Mr 7.13). Es lo que Jesús predicó (Lc 5.1). Fue el mensaje que los apóstoles enseñaron (Hch 4.31 y 6.2). Fue la palabra que recibieron los samaritanos (Hch 8.14), tal y como la ofrecieron los apóstoles (Hch 8.25). Fue el mensaje que recibieron los gentiles tal y como lo predicó Pedro (Hch 11.1). Fue la palabra que Pablo predicó en su primer viaje misionero (Hch 13.5, 7, 44, 48, 49; 15.35-36). Fue el mensaje predicado en el segundo viaje misionero de Pablo (Hch 16.32; 17.13; 18.11). Fue el mensaje que predicó Pablo en su tercer viaje misionero (Hch 19.10). Fue el enfoque de Lucas en el libro de Hechos porque se esparció rápida y ampliamente (Hch 6.7; 12.24; 19.20). Pablo se ocupó de decirle a los corintios que él habló la Palabra tal y como le fue dada por Dios, que no había sido adulterada y que fue una manifestación de la verdad (2 Co 2.17; 4.2). Pablo reconoció que esa fue la fuente de su predicación (Col 1.25; 1 Ts 2.13).

Así como con Cristo y los apóstoles, la Escritura también ha de ser presentada por los predicadores hoy en día, de forma tal que puedan señalar: «Así dice el Señor». Su responsabilidad es presentarla tal y como fue dada originalmente y de acuerdo con su respectivo propósito.

5. *¿Cómo comienza el mensaje del predicador?*

El mensaje comenzó como una verdadera palabra de Dios y fue dada como verdad porque el propósito de Dios era trasmitir verdad. Fue ordenado por Dios como verdad y presentado por el Espíritu de Dios en cooperación con hombres santos que la recibieron con la calidad pura y exacta que Dios quería (2 P 1.20-21). Fue recibida como *Scriptura*

9 Packer, «Preaching», p. 203.

inerrantis por los profetas y los apóstoles, es decir, sin desviarse de la formulación original de la Escritura en la mente de Dios.

Entonces la infalibilidad expresa la calidad con la que los escritores de nuestro canon recibieron el texto que llamamos Escritura.

6. *¿Cómo ha de continuar el mensaje de Dios en su estado original?*

Si el mensaje de Dios comenzó verdadero y si también ha de ser presentado tal y como fue recibido, ¿qué procesos de interpretación a raíz de los cambios de lenguaje, cultura y el tiempo asegurarán su pureza al predicarse actualmente? La respuesta es que sólo el acercamiento exegético es aceptable para una exposición precisa.

Una vez establecida la necesidad esencial de la exégesis, la siguiente pregunta lógica es: «¿Cómo se vincula la interpretación exegética con la predicación?»

Packer responde de la mejor forma:

> Toda interpretación de la Biblia, como tal, debe tomar la forma de predicación. Con esto va una antítesis de igual importancia: que toda predicación, como tal, debe tomar la forma de interpretación bíblica.[10]

7. *Ahora bien, uniendo todo nuestro pensamiento de forma práctica: «¿cuál es el paso final que vincula la infalibilidad a la predicación?*

Primero, debe usarse el verdadero texto. Estamos endeudados con aquellos eruditos selectos que trabajaron tediosamente en el campo de la crítica textual. Sus estudios recobran el texto original de la Escritura del extenso volumen de copias de manuscritos en existencia que están afectadas por variantes textuales. Este es el punto de partida. Sin el texto como Dios lo dio, el predicador no podría presentarlo como Dios quería.

Segundo, habiendo comenzado con un texto verdadero, necesitamos interpretarlo de forma precisa. Pensamos en la ciencia de la hermenéutica.

> Como disciplina teológica la hermenéutica es la ciencia de la interpretación correcta de la Biblia. Es una aplicación especial de la ciencia general de la lingüística y el significado. Procura formular esas reglas en particular que se relacionan con los factores especiales conectados con la Biblia [...] La hermenéutica es una ciencia porque puede determinar ciertos principios para descubrir el significado de un documento, y porque esos principios no son una mera lista de reglas sino que tienen una conexión orgánica entre sí. También es un arte, como indicamos anteriormente, porque los principios

10 *Ibíd.*, p. 187.

ni las reglas jamás pueden aplicarse mecánicamente, sino que implican la habilidad (*technē*) del intérprete.[11]

Tercero, nuestra exégesis debe fluir de una hermenéutica apropiada. En base a esta relación, Bernard Ramm observa que la hermenéutica:

> tiene la misma relación con la exégesis que la que tiene un libro de reglas con un juego. El libro de reglas es escrito en términos de reflexión, análisis y experiencia. El juego se juega mediante la ejecución concreta de las reglas. Éstas no son el juego, y éste es insignificante sin las reglas. La hermenéutica en sí no es exégesis, pero la exégesis es la hermenéutica aplicada.[12]

Ahora se puede definir a la exégesis como la hábil aplicación de sólidos principios hermenéuticos al texto bíblico en el lenguaje original con el propósito de entender y declarar el significado que procuraba el autor tanto para su audiencia inmediata como para las posteriores. Junto con esto, la hermenéutica y la exégesis se enfocan en el texto bíblico para determinar lo que dijo y lo que significaba originalmente.[13] Por lo tanto, la exégesis, en su sentido más amplio incluirá las diversas disciplinas de la crítica literaria, los estudios históricos, la exégesis gramática, la teología histórica, la teología bíblica y la teología sistemática. La exégesis adecuada le dirá al estudiante lo que dice el texto y lo que éste significa, guiándolo para que pueda realizar una aplicación adecuada del mismo.

> La interpretación de la Escritura es la piedra angular no sólo de todo el proceso de preparación del sermón, sino también de la vida del predicador. Un estudiante fiel de la Escritura procurará estar tan seguro como sea posible de que la interpretación es bíblicamente precísa.[14]

Cuarto, ahora estamos listos para una verdadera exposición. Basados en el flujo del pensamiento que acabamos de sobrepasar, declaro que la

---

11 Bernard Ramm, *Protestant Biblical Interpretation* [Interpretación bíblica protestante], Baker, Grand Rapids, 1970, p. 11.

12 *Ibíd.* Véase también Jerry Vines y David Allen, «Hermeneutics, Exegesis and Proclamation», *Criswell Theological Review,* 1, número 2, primavera 1987, pp. 309-34.

13 Esta definición ha sido adaptada de John D. Grassmick, *Principles and Practice of Greek Exegesis* [Principios y prácticas de exégesis griega] Seminario Teológico de Dallas, Dallas, 1974, p. 7.

14 Al Fasol, *Essentials for Biblical Preaching* [Elementos esenciales de la predicación bíblica], Baker, Grand Rapids, 1989, p. 41.

predicación expositiva realmente es predicación exegética y no tanto la forma homilética del mensaje. Merrill Unger comentó apropiadamente:

> No es la extensión de la sección tratada, ya fuere un versículo o una unidad más larga, sino la manera en la que se trata. No importa cuán amplia sea la extensión de la porción a explicarse, si se maneja de forma tal que su significado real y esencial, tal y como existió a la luz del contexto general de la Escritura, es aclarado y aplicado a las necesidades actuales de los oyentes, podría decirse con propiedad que es una predicación expositiva.[15]

Como resultado de este proceso exegético que comenzó con un compromiso con la infalibilidad, el expositor está equipado con un mensaje verdadero, con un propósito verdadero y con una verdadera aplicación. Esto le da a su predicación una perspectiva histórica, teológica, con textual, literaria, sinóptica y cultural. Su mensaje es el mensaje que Dios deseaba.

Ahora, debido a que esto parece ser tan obvio, podríamos preguntarnos: «¿Cómo es que la iglesia perdió de vista la relación de la infalibilidad con la predicación?» Permítame sugerir que principalmente fue por el «legado del liberalismo».

El legado del liberalismo

Un ejemplo

Robert Bratcher, antiguo asistente de investigaciones de la Sociedad Bíblica Americana, es el traductor de *Good News For Modern Man* [Buenas Nuevas para el hombre moderno] y también es pastor ordenado por los Bautistas del Sur. Como uno de los conferencistas invitados a la «Comisión de vida cristiana de la Convención Bautista del Sur», presentó el tema «La autoridad bíblica para la iglesia de hoy». Se citó a Bratcher diciendo:

> Sólo la ignorancia voluntaria o la deshonestidad intelectual puede responsabilizarse por la afirmación de que la Biblia es infalible. Ningún creyente que ame la verdad, que respete a Dios y que honre a Cristo debe ser culpable de tal herejía. Investir a la Biblia con las cualidades de la infalibilidad es idolatrarla y transformarla en un dios falso.[16]

---

15 Merrill F. Unger, *Principles of Expository Preaching* [Principios de predicación expositiva], Zondervan, Grand Rapids, 1955, p. 33.

16 «Inerrancy: Clearing Away Confusion» [Infalibilidad: aclarar la confusión], *Christianity Today,* 25, número 10,29 de mayo de 1981, p. 12.

Esta manera de pensar es típica del legado del liberalismo que le ha robado a los predicadores la verdadera dinámica de la predicación. Pregunto: ¿por qué ser cuidadosos con contenido que no refleja la naturaleza de Dios o cuya veracidad es incierta?

Nociones falsas

Bratcher y otros que se someten a la infalibilidad «limitada» o «parcial» son culpables de error en cuanto a varias formas de razonar.[17] *Primero,* no han confrontado lo que la Escritura enseña en cuanto a sí misma.

Benjamin Warfield se concentró en el corazón del asunto con esta pregunta: «La cuestión verdaderamente decisiva entre los eruditos cristianos [...] pareciera ser: "¿Qué doctrina bíblica de la inspiración podemos determinar en base a una exégesis exacta y científica?"»[18]

La respuesta es que las Escrituras no enseñan en ninguna parte que hay una dicotomía verdad y error, y los autores jamás ofrecen ni siquiera la menor pista de que estaban conscientes de este supuesto fenómeno mientras escribían. Los escritores humanos de la Escritura concuerdan de forma unánime que es la Palabra de Dios; por lo tanto debe ser cierto.

Segundo, la infalibilidad limitada o parcial asume que hay una autoridad mayor para establecer la calidad de la Escritura que la revelación de Dios en las Escrituras. Ellos se equivocan al darle al crítico *a priori* un lugar de autoridad sobre las Escrituras. Esto asume que el crítico es infalible.

Tercero, si la infalibilidad limitada es cierta, entonces sus proponentes se equivocan al asumir que haya parte alguna de las Escrituras que sea una comunicación fiel de la verdad de Dios. Una Escritura que no sea infalible definitivamente descalificaría la Biblia como fuente confiable de verdad.

Hay presuposiciones en ambos bandos. ¿Pondrán su fe los hombres en las Escrituras o en los críticos? Ellos no pueden quedarse con el pastel (Escritura confiable) y comérselo también (infalibilidad limitada). Pinnock señaló hábilmente: «El intento de reducir la integridad de la Biblia a asuntos de "fe" y a su fidelidad histórica es un procedimiento tonto e injustificado».[19]

---

17 Estos argumentos han sido adaptados de Richard L. Mayhue, «Biblical Inerrancy in the Gospels» [La infalibilidad bíblica en los evangelios], manuscrito sin publicarse, Seminario Teológico Grace, Winona Lake, Indiana, 1977, pp. 12-15.

18 Benjamin Breckinridge Warfield, *The Inspiration and Authority of the Bible* [Inspiración y autoridad de la Biblia], Presbyterian and Reformed, Filadelfia, 1948, p. 175.

19 Clark H. Pinnock, «Our Source of Authority: The Bible» [La Biblia: nuestra fuente de autoridad], *Bibliotheca Sacra*, 124, número 494, abril-junio 1967, p. 154.

Si la Biblia es incapaz de producir una doctrina sólida de la Escritura, también es incapaz de producir, sin ningún grado de credibilidad, una doctrina acerca de ningún otro asunto. Si los escritores humanos de la Escritura se han equivocado en su entendimiento de la pureza de la Escritura Sagrada, entonces se han descalificado a sí mismos como escritores para ninguna otra área de la verdad revelada de Dios. Si están tan descalificados en todas las áreas, entonces a cada predicador se le ha robado cualquier confianza y convicción que pudiera tener en cuanto al alegado mensaje verdadero que estaría comunicando para Dios.

¿Cuál es verdaderamente el asunto?

G. Campbell Morgan, elogiado como el «príncipe de los expositores» del siglo veinte, fue un mensajero muy usado por Dios. Sin embargo, hubo un momento en su vida cuando luchó con este mismo asunto que estamos discutiendo. Concluyó que si había errores en el mensaje bíblico, no podía ser proclamada en público de manera honesta.

He aquí un relato de la lucha del joven Campbell Morgan por conocer si la Biblia verdaderamente era la Palabra de Dios:

> Por espacio de tres años este joven que contemplaba seriamente un futuro de enseñanza y en última instancia de predicación, sintió que las atormentadas aguas de la controversia religiosa lo arrastraban más allá de su nivel. Leyó los nuevos libros que debatían asuntos tales como: «¿Se puede conocer a Dios?» y encontró que la decisión colectiva del autor fue que: «No podemos conocerle». Se confundió y se desorientó. Ya no estaba seguro de lo que su padre proclamaba en público ni de lo que le había enseñado en el hogar.
>
> Aparecieron otros libros que procuraban defender la Biblia de los ataques a los cuales se encontraba sometida. Mientras más leía, más difícil resultaba contestar las preguntas que llenaban su mente. Aquel que no lo haya sufrido no puede apreciar la angustia espiritual que el joven Campbell Morgan sufrió durante este período crucial de su vida. Esto le permitió sentir mayor simpatía, durante los años posteriores, por jóvenes universitarios que tenían experiencias similares; las que igualó a «pasar por un desierto sin camino alguno». Finalmente llegó la crisis cuando reconoció su completa falta de seguridad de que la Biblia era la Palabra autorizada de Dios al hombre. Canceló de inmediato todos sus compromisos para predicar. Entonces, tomó todos sus libros, los que atacaban y los que defendían la Biblia, y los colocó en la esquina de un armario. Al relatar esto luego, como muchas veces lo hizo al predicar, habló acerca de cerrar la puerta con la llave. «Puedo

escuchar el ruido de esa cerradura», acostumbraba decir. Salió de la casa y fue hasta una librería en ese mismo bloque. Compró una Biblia nueva y, al regresar al cuarto con ella, se dijo: «Ya no estoy seguro de que esto sea lo que mi padre declara que es, la Palabra de Dios. Pero de esto estoy seguro. Si es la Palabra de Dios, y si me allego a ella con una mente receptiva y libre de prejuicios, le ofrecerá certeza a mi alma en cuanto a sí misma». «Esa Biblia me encontró a mí», decía, «entonces comencé a leerla, era el 1883. Desde ese entonces he sido un estudiante, y todavía lo soy (en 1938)».

Al final de dos años Campbell Morgan surgió de ese eclipse de fe absolutamente seguro de que la Biblia era, en cada obra y verdad, nada menos que la Palabra del Dios viviente. Citamos de nuevo en base a su relato del incidente: «Esta experiencia es lo que, finalmente, me regresó a la tarea de la predicación y a la obra del ministerio. Pronto hallé suficiente base como para comenzar a predicar, y seguí desde ese entonces».

Una vez que sobrepasó esta crisis y con una nueva certeza motivando su alma, alcanzó una convicción decisiva. Este Libro, como lo que es, ameritaba todo lo que el hombre pudiera ofrecer para su estudio, no sólo a causa del gozo de explorar profundamente en el corazón, la mente y la voluntad de Dios, sino también para que aquellas verdades descubiertas por tal investigación de las Escrituras se hicieran conocer al mundo de los hombres en busca de luz, que perecen en las tinieblas sin conocimiento claro de esa voluntad.[20]

Que Dios se complazca en multiplicar la tribu de hombres llamados «predicadores» que, convencidos de la naturaleza infalible de la Biblia, se aplicarán en forma diligente para entender y proclamar su mensaje como los que han sido comisionados por Dios para presentarla por Él.

Nuestro reto

Uno de los predicadores más consagrados que jamás haya vivido fue el escocés Robert Murray McCheyne. Andrew Bonar escribe sobre las memorias de McCheyne:

Él deseaba acercarse a la manera primitiva de exponer la Escritura en sus sermones. Por eso cuando alguien le preguntó si alguna vez temía quedarse sin sermones, replicó: «No, sólo soy un intérprete de la Escritura en mis sermones, cuando la Biblia se seque, entonces me secaré yo». Y en el mismo

20 Jill Morgan, A *Man of the Word: Life of G. Campbell Morgan* [Vida de G.C.M. Un hombre de la Palabra], Baker, Grand Rapids, 1978, pp. 39-40.

espíritu evitó cuidadosamente la costumbre muy común de acomodar los textos: unir una doctrina a las palabras, y no sacar de ellas la obvia conexión al pasaje. En todo tiempo se esforzó por predicar la idea del Espíritu en un pasaje, porque temía que hacer algo diferente sería contristar el Espíritu que la había escrito. Así que la interpretación era un asunto solemne para él. Y, sin embargo, a pesar de seguir este certero principio de forma muy escrupulosa, no se sintió restringido en manera alguna a utilizar, para las necesidades diarias, todas las partes del Antiguo Testamento tanto como las del Nuevo. Su costumbre era establecer primero el sentido principal y la aplicación, y proceder así a tratarlo para usarlo en su momento.[21]

La tarea del expositor es predicar el pensamiento de Dios tal y como lo encuentre en su Palabra infalible. Lo entiende a través de las disciplinas de la hermenéutica y la exégesis. Entonces lo declara de forma expositiva como el mensaje que pronunció Dios y le comisionó a presentar.

John Stott bosquejó hábilmente la relación del proceso exegético y la predicación expositiva:

> La predicación expositiva es una disciplina muy ardua. Quizás por eso es que es tan rara. Sólo la emprenderán aquellos que están preparados para seguir el ejemplo de los apóstoles y decir: «No es justo que nosotros dejemos la palabra de Dios, para servir a las mesas [...] persistiremos en la oración y en el ministerio de la palabra» (Hch 6.2, 4). La predicación sistemática de la Palabra es imposible sin el estudio sistemático de la misma. No será suficiente un vistazo general a unos pocos versículos en la lectura bíblica diaria, ni estudiar un pasaje sólo cuando tenemos que predicar del mismo. No. Debemos empapamos cada día en las Escrituras. No debemos simplemente estudiar, como si usáramos un microscopio, las minucias lingüísticas de algunos versículos, sin tomar nuestro telescopio e inspeccionar las amplias magnitudes de la Palabra de Dios, asimilando su gran tema de la soberanía divina en la redención de la humanidad. «Es una bendición», escribió C. H. Spurgeon, «comer el alma misma de la Biblia hasta que, al fin, llegue a conversar en lenguaje bíblico y su espíritu tenga el sabor de las palabras del Señor, para que su sangre sea bíblica y la esencia misma de la Biblia fluya a través de usted».[22]

---

21 Andrew A. Bonar, *Memoir and Remains of Robert Murray McCheyne* [Memorias de Robert Murray McCheyne], Baker, Grand Rapids, 1978, p. 94.

22 John R. W. Stott, *The Preacher's Portrait* [El retrato del predicador], Eerdmans, Grand Rapids, 1961, pp. 30-31.

La infalibilidad demanda un proceso exegético y una proclamación expositiva. Sólo el proceso exegético preserva completamente la Palabra de Dios, resguardando el tesoro de la revelación y declarando su significado exactamente como Él quiso que fuera proclamada.[23] La predicación expositiva es el resultado del proceso exegético. Por lo tanto, es el vínculo esencial entre la infalibilidad y la proclamación. Se le ha encomendado preservar la pureza de la Palabra infalible de Dios en su forma original y a proclamar todo el consejo de la verdad redentora de Dios.[24]

---

23 Véanse 1 Ti 6.20, 21 y 2 Ti 2.15.

24 Estas verdades centrales acerca de la Biblia infalible, la hermenéutica, la exégesis y la predicación reflejan el corazón del currículo de *Master's Seminary* y el compromiso de la facultad de preparar expositores fieles a la Palabra de Dios para los años noventa y hasta el siglo veintiuno.

3

Historia de la predicación expositiva

James F. Stitzinger

La historia de la predicación expositiva comienza con una comprensión de la predicación revelada y explicada registrada en la Escritura. La predicación legítima en la Era de la Iglesia continúa la predicación expositiva que comenzó en la Biblia. La historia descubre limitado, aunque rico y continuo legado de expositores bíblicos hasta el día de hoy. Estos hombres que derramaron sus vidas en la exposición de la Palabra de Dios demandan una atención cuidadosa de parte de quienes lo hacen hoy.

La abundante herencia de la predicación expositiva en la historia de la Iglesia se concentra en un número relativamente pequeño de hombres que se han dedicado a esta clase de predicación.[1] Estos hombres que es-

1 No conozco obra alguna que se dedique específicamente a la historia de la predicación expositiva. Esto incluye las disertaciones, las monografías definitivas y los sondeos. Refiere al lector a las obras de Edwin Charles Dargan, *A History of Preaching* [Una historia de la predicación], 2 vol., Baker, Grand Rapids, 1968; Ralph G. Tumbull, *A History of Preaching,* 3 vol., Baker, Grand Rapids, 1974; y Frederick Roth Webber, *A History of Preaching in Britain and America,* 3 vol., Northwestem, Milwaukee, 1957, por sus referencias en los índices a la predicación expositiva. Warren W. Wiersbe y Lloyd M. Perry, *The Wycliffe Handbook of Preaching and Preachers,* Moody, Chicago, 1984, trata de forma limitada a la historia de la predicación expositiva. Véanse también William Toohey y William D. Thompson, *Recent Homiletical Thought, A Bibliography*, [Una idea homilética reciente, Bibliografía], 1935-1965, Abingdon, Nashville, 1967 y A. Duane Litfin y Haddon W. Robinson, *Recent Homiletical Thought, an Annotated Bibliography,* 1966-1979, 2 vol., Baker, Grand Rapids, 1983.

tán dedicados a exponer las Escrituras nos animan y retan debido a los profundos resultados de sus ministerios. Dargan señala que «la predicación es una parte esencial y una característica distintiva del cristianismo y, por consiguiente, la extensa historia de movimientos religiosos generales incluye la de la predicación».[2] Además observa que «se debe lidiar con una influencia recíproca: el movimiento ocasionalmente ha producido la predicación, en otras ocasiones la predicación ha producido el movimiento, pero comúnmente colaboran entre sí.[3] Esta profunda influencia de la predicación en general aplica de forma especial a la predicación expositiva. Ha sido un factor significativo en la historia de la iglesia, alcanzando una función digna de estudio.

El apóstol Pablo se refirió a esta predicación como algo que no fue «con palabras persuasivas de humana sabiduría, sino con demostración del Espíritu y de poder» (1 Co 2.4). Instruyó a Timoteo, al establecer el patrón para la iglesia, que predicara «la palabra» (2 Ti 4.2). Dios ha utilizado los fieles esfuerzos de los predicadores expositivos de su Palabra para honrar su nombre y aumentar la fe de sus santos (1 Co 2.5) a través de la historia.

La historia de la predicación expositiva es una división principal de la ciencia y el arte general de la homilética.[4] Al enfatizar la importancia de tal estudio, Garvie escribió lo siguiente hace más de setenta años:

> El mejor acercamiento a cualquier tema es mediante su historia; si es una ciencia, debemos aprender todo lo que podamos acerca de los descubrimientos anteriores; si es un arte, acerca de los métodos anteriores. El predicador cristiano estará mejor equipado para su tarea actual si tiene algún conocimiento de cómo predicaron los hombres anteriormente [...] Aunque hasta en la predicación, como en las actividades humanas de menos importancia, hay modas temporales que sería tonto reproducir una vez que hayan pasado, sin embargo hay metas permanentes y reglas de predicación, que deben tomarse en cuenta en cada era y que pueden aprenderse mediante el estudio de la predicación pasada. La admiración de lo grande y lo bueno, aun sin imitación, mejora al hombre y lo hace más sabio; el predicador cristiano enriquecerá su valor mediante la intimidad con aquellos a quienes

---

2 Dargan, *History*, 1:12. Véase también Edwin Charles Dargan, *The Art of Preaching in the Light of Its History* [El arte de la predicación a la luz de su historia], Southern Baptist Convention, Nashville, 1922, pp. 14-15.

3 *Ibíd.*

4 R. W. Dale, *Nine Lectures on Preaching* [Nueve conferencias sobre la predicación], Hodder and Stoughton, Londres, 1890, pp. 93-94.

ha sucedido [...] El que ignore menos el pasado estará menos esclavizado al mismo, y dominará mejor el presente quien menos se encuentre restringido por el mismo.[5]

Es más, hay mucho valor al comprender a aquellos que se han dedicado a una vida de exposición bíblica. La generación actual, cuya historia todavía no ha sido escrita, puede aprender mucho de aquellos que la han completado. Mas todavía hay tiempo para cambiar, reenfocar, mejorar y ser llevado a mayores logros. Exponerse a la historia de la predicación expositiva provee un contexto, un punto de referencia y una base para distinguir lo transitorio de lo eterno. Motivará a la persona la confianza en la fiel exposición bíblica, mientras que al mismo tiempo aumenta esa confianza. En palabras de Stott, vislumbrará «la gloria de la predicación a través de los ojos de sus campeones en cada siglo».[6] La historia de la predicación expositiva tiene muchos principios y lecciones que enseñarle a aquellos que la estudien.

El período bíblico

El estudio histórico de la predicación expositiva comienza con un entendimiento adecuado de su registro en la Escritura. Hay dos formas básicas de predicación en la Biblia: reveladora y descriptiva. Toda la predicación posbíblica tiene el trasfondo de la registrada en la Escritura y debe trazar sus raíces hasta esta fuente.

Aquellos que fueron originalmente comisionados con la tarea de proclamar la Palabra de Dios le revelaron a Dios a los hombres mientras hablaban. Esta Palabra de Dios vino a través de diferentes instrumentos, incluyendo al profeta que pronunció una palabra divina del Señor, el sacerdote que pronunció la ley y el sabio que ofreció buen consejo (Jer 18.18). El Antiguo Testamento está repleto con pronunciamientos de estos predicadores reveladores que expresaron de forma precisa el mensaje de Dios para los hombres.

Uno de los primeros ejemplos de la predicación reveladora es el último encargo de Moisés para Israel (Dt 31—33). Este discurso fue presentado con tremenda habilidad y claridad por alguien que una vez se describió a sí mismo como «tardo en el habla y torpe de lengua» (Éx 4.10). En

5 Alfred Ernest Garvie, *The Christian Preacher* [El predicador cristiano], T. & T. Clark, Londres, 1920, p. 22.

6 John R. W. Stott, *Between Two Worlds: The Art of Preaching in the Twentieth Century* [Entre dos mundos: El arte de la predicación en el siglo veinte], Eerdmans, Grand Rapids, 1982, p. 47.

sus dos discursos de despedida Josué ofreció profundas palabras de revelación y explicación a su pueblo (Jos 23.2-16 y 24.2-27). Broadus señala hacia el «agudo uso retórico de la narrativa histórica, el diálogo animado, y las súplicas imaginativas y apasionadas»[7] en estos mensajes del Señor.

David y Salomón ofrecieron profundos ejemplos de la predicación reveladora y descriptiva de la Palabra en forma poética. David dedicó muchos salmos a revelar la naturaleza y el carácter de Dios (Sal 8, 9, 16, 22, 24, 34, 68, 75, 89, 93, 105, 110, 119, 136, 145). Una cantidad similar le explica Dios al pueblo (Sal 1, 23, 32, 37, 40, 46, 50, 66, 78, 92, 100, 104, 106, 118, 128, 150; véase especialmente 32.8). Los salmos proveen una extraordinaria y rica instrucción acerca de la naturaleza y el contenido de la predicación.[8]

Salomón utilizó proverbios para proveer instrucción (Pr 1.2-3) y enseñó mediante un discurso en la dedicación del templo (2 Cr 6.1-42). «El predicador» de Eclesiastés 12.9-10 también ofreció un discurso explicativo acerca de la filosofía de vida, en el cual procuró pronunciar, mediante la sabiduría (Ec 1.12-13), «palabras de verdad» (12.10) y tuvo mucho éxito.

Es posible que los mayores ejemplos de la predicación veterotestamentaria se encuentren entre los profetas. Una evaluación de sus mensajes revela tanto revelación como explicación. Broadus señala este hecho y su relevancia para los predicadores contemporáneos:

> ¡Qué sorpresa que la inmensa mayoría del mundo cristiano perdió tan pronto de vista el hecho y que muchos todavía sean tan lentos, aun entre los protestantes, en percibirlo claramente! El ministro del Nuevo Testamento no es un sacerdote, un *clérigo,* excepto en cuanto a que todos los cristianos son un sacerdocio, él es, un *maestro* en el nombre de Dios, así como el profeta del Antiguo Testamento era un maestro, con la peculiar ventaja de estar inspirado. Usted también sabe que definitivamente el negocio principal de los profetas no era predecir el futuro [...] sino que hablaban del pasado y del presente, con mucha más frecuencia que del futuro.[9]

Los mensajes proféticos no sólo fueron predicciones del futuro (Is 9, 53), sino que frecuentemente llamaron al pueblo al arrepentimiento y a la obediencia (Is 1.2-31) o le ofrecieron una explicación de la Palabra

---

7 John A. Broadus, *Lectures on the History of Preaching* [Conferencias sobre la historia de la predicación], Sheldon, Nueva York, 1886, p. 7.

8 Véase Charles H. Spurgeon, *The Treasury of David* [El tesoro de David], 3 vols., Zondervan, Grand Rapids, 1966. Véanse sus «pistas para los predicadores» bajo cada salmo.

9 Broadus, *History,* p. 11.

del Señor (Is 6). «Los profetas eran predicadores».[10] Varios pasajes en los cuales la explicación fue el enfoque y el propósito de los mensajes incluyen el mandamiento de Josías de reparar y reformar la casa del Señor (2 R 22—23); el estudio y la enseñanza de la ley de Esdras (Esd 7.10), los comentarios de Nehemías acerca de la ley (Neh 8.1-8) y la explicación de Daniel de su visión de las setenta semanas (Dn 9). Los profetas que se refirieron a su obra como instrucción son Samuel (1 S 12.23), Isaías (Is 30.9), Jeremías (Jer 32.33) y Malaquías (Mal 2.9). Juan el Bautista ocupa un lugar especial porque mezcló una valiente determinación con una profunda humildad (Jn 1; 3.22-30) mientras «testificó» acerca de Cristo y llamó a los hombres al arrepentimiento y a la fe (Mr 1.4; Jn 1.15,29).

Lo que resulta claro en el Antiguo Testamento es que luego de que se ofreciera cierta revelación, el pueblo regresaría a ella con la necesidad de que fuera explicada o expresada. Esto fue particularmente cierto en el caso de las porciones difíciles de comprender. La predicación del Antiguo Testamento proveyó la aclaración necesaria.

Una historia de los expositores bíblicos debe incluir a Cristo, que es tanto el modelo de la predicación como el mensaje a predicarse. Jesús vino predicando (Mr 1.14) y enseñando (Mt 9.35). Era bastante joven cuando comenzó a desplegar su comprensión de la Escritura (Lc 2.46-50). Como los expositores que le precedieron, su predicación incluyó tanto la revelación como la explicación. Los sermones de Cristo, como el Sermón del Monte (Mt 5—7) y el que pronunció en Nazaret (Lc 4.16-30), son modelos perennes de explicación y exposición. En Mateo 5, Jesús dijo: «Oísteis que fue dicho [...] Pero yo os digo». Al hacer esto, instruyó e iluminó a sus oyentes y amplió el texto, para sorpresa del pueblo. Él sobrepasa en mucho a todos aquellos que disfrutan el título de «predicador» con él.[11] Muchas de las cualidades de la enseñanza y la predicación de Cristo se pueden identificar rápidamente. Las siguientes son algunas de ellas: (1) habló con autoridad (Mt 7.29); (2) utilizó cuidadosamente las otras Escrituras en sus explicaciones (Lc 24.27, 44); (3) vivió lo que enseñó (Lc 2.40, 52); (4) enseñó simplemente para adaptarse al hombre común (Mr 12.37); y (5) su enseñanza algunas veces fue controversial (Mt 10.35-37). Cristo, para que fuera comprendido

---

10 *Ibíd.,* p. 12. Véase también Leon J. Wood, *The Prophets of Israel* [Los profetas de Israel], Baker, Grand Rapids, 1979, p. 94.

11 Benjamin B. Warfield, *The Lord of Glory* [El Señor de Gloria], Baker, Grand Rapids, 1974, pp. 8-9. H. E. W. Tumer, *Jesus Master and Lord* [Jesús, Maestro y Señor], Mowbray, Londres, 1954, pp. 129-55, y Robert A. Guelich, *The Sermon on the Mount, a Foundation for Understanding* [El Sermón del Monte, una base para su comprensión], Word, Waco, Texas, 1982, pp. 43-46.

apropiadamente, debe ser visto «no como un conferencista científico sino como un *predicador,* primordialmente como predicador al pueblo común, un predicador al aire libre, que se dirigía a muchedumbres agitadas y antipáticas».[12] Le enseñó a sus oyentes la verdad y se la explicó a ellos en palabras simples pero profundas. Algunos se confundieron (Lc 4.28) y otros se regocijaron (Mt 15.15). El predicador expositivo de hoy debe moldear su ministerio de acuerdo a la obra expositiva de Cristo. Debe estudiar el método de Cristo cuidadosamente, «no como ejemplo a imitarse de forma esclavizada, sino como un ideal a realizarse libremente».[13] La enseñanza de Cristo muestra que la exposición puede tomar varias formas, siempre y cuando sea fiel al propósito distintivo de la explicación de la Escritura.

La predicación de los apóstoles y otros líderes de la iglesia primitiva contribuye significativamente a la historia de la predicación expositiva. Los mensajes de Pedro (Hch 2.14-36), Esteban (Hch 7.2-53), Pablo (Hch 17.16-31) y Santiago (Hch 15.14-21) tienen elementos de la predicación reveladora y descriptiva. Las epístolas son, en su mayoría, exposiciones escritas diseñadas para enseñar varias lecciones. Como señala Barclay:

> Las cartas de Pablo son sermones más que tratados teológicos. Se ocupan de situaciones inmediatas. Son sermones hasta en el sentido de que fueron proferidas en lugar de ser escritas. No fueron escritas cuidadosamente por alguien sentado en un escritorio; fueron derramadas por alguien moviéndose de un lado al otro a medida que las dictaba, pensando en todo momento en las personas a quienes habrían de ser enviadas. Su estilo torrencial, su catarata de pensamientos, sus complicadas oraciones, llevan la señal de la palabra hablada en lugar de escrita.[14]

Pablo, en particular, entregó su vida a la predicación de Cristo (1 Co 1.23; 2.2; 2 Co 4.5) para revelar quién era Él (Ro 1.18; 1 Co 2.10; Ef 3.5) y para explicarlo al pueblo (Ro 15.4; 1 Co 10.11, 17; 1 Ts 4.2; 2 Ts 3.14; 1 Ti 1.5). Un estudio cuidadoso de este apóstol como maestro y predicador expositivo de Cristo producirá profundos conocimientos en cuanto a la predicación.[15] Como dijo Broadus acerca de Pablo: «Incons-

---

12 Warfield, *Lord of Glory,* pp. 33-34.

13 Garvie, *Christian Preacher* [El predicador cristiano], p. 43.

14 William Barclay, «A Comparison of Paul's Missionary Preaching and Preaching to the Church», *Apostolic History and the Gospel* [Una comparación de la predicación misionera de Pablo y la predicación a la iglesia, Historia apostólica y el evangelio], Eerdmans, Grand Rapids, 1970, p. 170.

15 Véase Benjamin B. Warfield, «The Christ that Paul Preached, The Person and Work of Christ» [El Cristo que Pablo predicó, la persona y obra de Cristo], Baker,

cientemente, miles han aprendido a predicar por él. Y cuán abundante y más completa sería la lección si todos nos aplicáramos a ello de forma consciente y reflexiva».[16]

Pablo le dijo a Timoteo que «predicara la Palabra» (2 Ti 4.2), que «enseñara y predicara estos principios» (1 Ti 6.2) y que «instruyera» (1 Ti 6.17; cf. 1 Ts 5.15). Aquí no estaba involucrada la predicación revelada. Aunque los primeros predicadores de la Escritura ofrecieron mensajes descriptivos y reveladores, los timoteos enviados por ellos habrían de concentrarse en explicaciones que expusieran la Palabra al pueblo que necesitaba comprender la verdad (1 Ti 4.13; 2 Ti 2.15; 4.2-5). Una vez que la era del Nuevo Testamento llegaba a su fin, la obra de los predicadores bíblicos llegó a ser sólo descriptiva, en lugar de ocuparse de la revelación y la explicación.

La predicación en la Biblia manda *sólo una respuesta bíblica* para la era posbíblica: continuar explicando y exponiendo el mensaje que ahora está plenamente revelado (Heb 1.1-3). *Toda predicación debe ser expositiva* si ha de ajustarse al patrón de la Escritura. Es una extensión de la dimensión descriptiva o expositiva de la predicación de los predicadores del Antiguo y del Nuevo Testamento.

Ya que la exposición está basada en la Escritura, un estudio de su historia en la iglesia debe darse en términos de este trasfondo. El compromiso para con la predicación expositiva así como para con la averiguación para identificar el hilo de expositores a través de la historia de la iglesia, sólo es posible a la luz de la predicación tal y como se le percibe en la Biblia.

La iglesia cristiana antigua, 100–476

El rápido deterioro del cristianismo primitivo ha sido bien documentado.[17] La falta de la predicación expositiva en el período postapostólico

---

Grand Rapids, 1970, pp. 73-90; R. H. Mounce, *The Essential Nature of New Testament Preaching*, Eerdmans, Grand Rapids, 1960; Ralph Martin, *Worship in the Early Church* [Adoración en la iglesia primitiva], Eerdmans, Grand Rapids, 1974, pp. 66-71.

16 Broadus, *History*, p. 40.

17 William R. Estep, «A Believing People: Historical Background», *The Concept of the Believer's Church* [Un pueblo creyente, antecedentes históricos, El concepto de la iglesia de los creyentes], Herald, Scottsdale, Arizona, 1969, pp. 35-58; Franklin Hamlin Littel, *The Origins of Sectarian Protestantism* [Orígenes del sectarismo protestante], Macmillan, Nueva York, 1964; Earl D. Radmacher, *The Nature of the Church* [La naturaleza de la iglesia], Western Baptist, Portland, Oregon, 1972; Johannes Warns, *Original Christian Baptism* [Bautismo cristiano original], Kregel, Grand Rapids, 1962; E. C. Whitaker, *Documents of the Baptismal Liturgy* [Documentos de la liturgia bautismal],

es evidencia de esto, pero no es el único problema. El mandamiento del bautismo de los creyentes se convirtió rápidamente en la doctrina de la regeneración bautismal. La Cena del Señor cambió de un memorial para creyentes a una percepción general de un sacramento que confería gracia salvífica. El liderazgo cristiano cambió rápidamente de los oficios bíblicos de anciano y diácono a la jerarquía humana sacerdotal con los excesos autoritarios del «obispo», junto con el concepto secular de la «sucesión apostólica». Una de las principales causas del deterioro fue la importación de la filosofía griega al pensamiento cristiano por parte de los padres de la iglesia. Este intento de «integración» llevó a una erosión completa de la teología bíblica en la perspectiva de muchos de los padres. Hatch, comentando acerca de este cambio, escribe:

> Es imposible para cualquiera, ya sea estudiante de historia o no, ignorar la diferencia tanto en forma como contenido entre el Sermón del Monte y el Credo Niceno. El Sermón del Monte es el establecimiento de una nueva ley de conducta; este asume creencias en lugar de formularlas; los conceptos teológicos que subyacen el mismo pertenecen al lado ético de la teología en lugar del lado especulativo; no hay metafísica alguna. El Credo Niceno es una declaración en parte de hechos históricos, en parte de deducciones dogmáticas; es probable que los términos metafísicos que contiene fueran ininteligibles a los primeros discípulos; la ética no tiene lugar alguno en él. Uno pertenece a un mundo de campesinos sirios, el otro a un mundo de filósofos griegos.[18]

Los tres productos de la mente griega fueron la metafísica abstracta (filosofía), la lógica (los principios del razonamiento) y la retórica (el estudio de la literatura y la expresión literaria). La suma de la retórica griega al cristianismo produjo un gran énfasis en el cultivo de la expresión literaria y los argumentos quasiforenses.[19] «Sus predicadores predicaron no porque estaban estallando con verdades que no podían sino expresarse, sino porque eran maestros de las finas frases y vivían en una era en la cual éstas tenían un valor».[20]

SPCK, Londres, 1970; Kurt Aland, *Did the Early Church Baptize Infants?* [¿Bautizaba niños la iglesia primitiva?], Westminster, Filadelfia, 1963; Dom Gregory Dix, *The Shape of Liturgy* [La forma de la liturgia], Dacre, Westminster, 1945; J. B. Lightfoot, *The Christian Ministry,* Whittaker, Nueva York, 1879.

18 Edwin Hatch, *The Influence of Greek Ideas and Usages Upon the Christian Church* [La influencia del pensamiento griego y su uso en la Iglesia de Cristo], Williams and Norgate, Londres, 1914, p. 1.

19 *Ibid.*, p. 30.

20 *Ibid.*, pp. 113-14.

Una indicación significativa de esta adaptación es el alejamiento de la predicación, la enseñanza y el ministerio de la Palabra. Su lugar lo ocupó el «arte del sermón» que estaba más ligado a la retórica que a la verdad.[21] El concepto del «sermón» griego se convirtió rápidamente en una tradición significativa. Craig concluye, en su excelente artículo, que «el "sermón" fue resultado del sincretismo, la fusión de la necesidad Bíblica de enseñar con la noción secular griega de la retórica».[22] Y continúa:

> Estos sermones no fueron solamente el establecimiento de teología influida por los griegos. Eran, en realidad, copias externas de la forma retórica de los filósofos griegos más populares de ese entonces. *No era solamente lo que se dedo en el sermón, es que toda la presentación y el formato procedía del paganismo.*[23]

La misma secularización de la predicación cristiana ha dominado la iglesia cristiana hasta hoy día. El expositor bíblico comprometido ha sido, frecuentemente, la excepción en lugar de la regla. Por lo tanto, los expositores aquí mencionados merecen atención especial como representantes de un grupo raro y noble.

Los primeros cuatrocientos años de la iglesia produjeron muchos predicadores, pero pocos verdaderos expositores. Los padres apostólicos (ca. 96–125) siguieron un método tipológico de interpretación en sus obras. Los padres del segundo siglo (ca. 125–190) como Justino Mártir y Tertuliano compusieron apologías en defensa del cristianismo. Los padres del tercer siglo (ca. 190–250) como Cipriano y Orígenes se dedicaron a la polémica, discutiendo en contra de la doctrina falsa. El uso del método alegórico de interpretación, por parte de Orígenes, estimuló un aumento en el interés en la exposición del texto. Desafortunadamente, su alegorización fue destructiva para la verdadera exégesis bíblica y redujo el interés en la exposición entre sus seguidores en la Escuela de Alejandría.

En el cuarto siglo (ca. 325–460), un significativo grupo se dedicó al estudio bíblico serio. Seis de los distinguidos predicadores de este período fueron Basilio, Gregorio Nazíanceno, Gregorio de Nisa, Agustín, Juan Crisóstomo y Ambrosio. Además de sus escritos teológicos, Agustín

---

21 Kevin Craig, «Is the "Sermon" Concept Biblical?» [¿Es el sermón un concepto bíblico?], *Searching Together,* 15, primavera/verano, 1968, p. 25.

22 *Ibíd.,* p. 28. Véase también Lawrencc Wills, «The Form of the Sermon in Hellenistic Judaism and Early Christianity» [La forma del sermón en el judaismo helénico y la iglesia primitiva], *Harvard Theological Review,* 77, 1984, pp. 296-99.

23 *Ibíd.,* p. 24.

(354–430) produjo más de seiscientos sermones. Entre sus obras hay exposiciones de los Salmos, homilías acerca del Evangelio de Juan, 1 Juan y los evangelios. Algunos de sus sermones podrían describirse como exegéticos,[24] pero sus interpretaciones generalmente eran alegóricas e imaginativas, como lo hacían otros en ese entonces.

La excepción más significativa en el período temprano fue Juan Crisóstomo (347–407). Él dirigió, junto con Teodoro de Mopsuestia, la escuela antioqueña de interpretación, que rechazó el acercamiento alegórico. En agudo contraste con sus contemporáneos, Crisóstomo predicó exposiciones versículo por versículo y palabra por palabra acerca de muchos libros de la Biblia. Entre ellas hay homilías acerca de Génesis, Salmos, Mateo, Juan, Hechos, Romanos, 1 y 2 Corintios y las otras epístolas paulinas.[25] Se le ha llamado el «pico de oro» a raíz de su gran habilidad para atraer una audiencia y mantenerla cautivada a través del sermón. Schaff señala que: «General y justamente se le considera como el más grande orador de púlpito de la iglesia griega. Y tampoco hay nadie que le supere o que le iguale entre los padres latinos. Sigue siendo hasta hoy un modelo para el predicador».[26]

La predicación de Crisóstomo se caracterizaba por una exposición bíblica sencilla[27] una valerosa proclamación de la moralidad en lugar del dogma, una profunda solemnidad, y una aplicación dirigida al hombre común. Este poderoso expositor dijo en una ocasión: «Ustedes alaban lo que yo dije, y reciben mi exhortación con tumultos de aplausos; pero muestren su aprobación mediante la obediencia; esa es la única alabanza que procuro.[28]

El período medieval, 476–1500

El período medieval fue quizás el más pobre para la predicación expositiva. James Philip lo describe de la siguiente manera:

24 G. Wright Doyle, «Augustine's Sermonic Method» [Método homilético agustino], *Westminster Theological Journal,* 39, primavera 1977, pp. 215, 234-35.

25 Algunos han llegado a la conclusión de que escribió comentarios acerca de toda la Biblia, por ejemplo, Philip Schaff, *A Selected Library of the Nicene and Post-Nicene Fathers* [Biblioteca selecta de los Padres nicenos y postnicenos], Eerdmans, Grand Rapids, 1983, 9:7.

26 *Ibíd.,* p. 22.

27 Enfatizaba la historia y la gramática en lugar de la alegoría de la Escuela de Alejandría.

28 Schaff, *Selected Library,* 9:22.

La influencia de la teología escolástica de las universidades, que desde el principio fueron instituciones clericales, dominó, y la combinación de teología y filosofía, así como la aplicación de la lógica aristotélica a la interpretación de la Escritura, con su especulación, análisis y racionalización impuso una aflicción intolerable sobre la predicación que prácticamente la destruyó como medio efectivo para comunicar el evangelio. Por lo tanto, no sorprende que prácticamente no haya contraparte alguna para las exhaustivas exposiciones patrísticas de libros enteros de la Biblia en la literatura eclesiástica medieval.[29]

Los sermones medievales tardíos se caracterizaban por la interpretación alegórica con su deficiente método exegético tal y como fuera empleado por los intérpretes de Homero e introducido en la iglesia por los padres del segundo y tercer siglos.[30] Aunque el período produjo algunos predicadores famosos, como Pedro el Ermitaño, Bernardo de Clairvaux y Tomás Aquino, ninguno manejó el texto de forma expositiva. Se han detectado débiles señales de la exposición bíblica entre grupos independientes como los paulicianos, los valdenses, y los albigenses a pesar del hecho de que estos grupos frecuentemente eran rechazados como «herejes».[31]

Una vez que el período medieval llegaba a su final, varios líderes anteriores a la Reforma encendieron una vez más el fuero de la predicación expositiva. Entre ellos estaba Juan Wyclif (1330–1384), quien estaba profundamente preocupado en cuanto a la proclamación de la Palabra. Además denunció la predicación de su tiempo, declarando que se debían rechazar todos los sermones que no trataran la Escritura.[32] Guillermo Tyndale (1494–1536) sostuvo una opinión similar. Una vislumbre de su

---

29 James Philip, «Preaching in History» [La predicación en la historia], *Evangelical Review of Theology,* 8, 1984, p. 300.

30 Erwin R. Gane, «Late-Medieval Sermons in England: an Analysis of Fourteenth and Fifteenth Century Preaching» [Sermones medievales en Inglaterra: un análisis de la predicación de los siglos catorce y quince], *Andrews University Seminary Studies,* 20, 1982, p. 201-3.

31 Dargan, *History,* p. 218; Garvie, *Christian Preacher,* p. 108; Peter Allix, *Some Remarks upon the Ecclesiastical History of the Ancient Churches of Piedmont* [Algunas notas sobre la historia eclesiástica de las antiguas iglesias de Piedmont], Clarendon, Oxford, 1821; Peter Allix, *Remarks upon the Ecclesiastical History of the Ancient Churches of the Albigenses,* Clarendon, Oxford, 1821; F. C. Conybeare, *The Key of Truth, a Manual of the Paulician Church of Armenia* [La clave de la verdad, un manual de la iglesia paulina de Armenia], Clarendon, Oxford, 1898.

32 John Stacey, «John Wycliff and the Ministry of the Word» [John Wyclif y el Ministerio de la Palabra], *The London Quarterly and Holborn Review,* 190, 1965, p. 53.

predicación se refleja en este comentario acerca de los métodos de interpretación de su tiempo:

> Ellos dividen la Escritura en cuatro sentidos: literal, tipológico, alegórico y analógico. El sentido literal ha desaparecido porque el papa lo ha eliminado por completo y lo ha hecho posesión suya. Lo ha encarcelado parcialmente con las apócrifas y falsas llaves de sus tradiciones, ceremonias y mentiras engañosas; y ha apartado a los hombres del mismo con la violencia de la espada: porque ningún hombre se atreve a seguir el sentido literal del texto, sino bajo protesta: «Si le place al papa» [...] Por lo tanto, usted debe comprender que las Escrituras tienen sólo un sentido, el cual es literal. Y ese sentido literal es la raíz y la base de todo, y el ancla que jamás falla, sobre la cual si se agarra, jamás podrá errar o perder el camino.[33]

Otros, incluyendo a Juan Huss (1373–1415) y Girolamo Savonarola (1452–98), llegaron a ser estudiantes y predicadores de la Escritura.[34] Sin así desearlo, humanistas como Erasmo (1469–1536) y Juan Colet (1466–1519) ayudaron a preparar la base para que llegara la predicación expositiva.[35] Su énfasis en la publicación y el estudio de los documentos originales como el Nuevo Testamento griego tuvo su efecto. El Nuevo Testamento griego de Erasmo, publicado como *Novum Instrumentum* (1516) y *Novum Testamentum* (1518), llevó a un estudio intenso de la Escritura. Sin embargo, a pesar de sus contribuciones, ninguno de los humanistas llegaron a ser expositores fieles. En lugar de eso, más bien proveyeron un fundamento para el reavivamiento de la predicación expositiva durante la Reforma.

El período de la reforma, 1500–1648

La Reforma se edificó sobre el fundamento de la centralidad de la Biblia. Principios tales como *Sola Deo Gloria* («A Dios sea la gloria»), *Sola Gratia* («Sólo por gracia») y especialmente *Sola Scriptura* («Sólo las

33 William Tyndale, «The Obedience of a Christian Man», *Doctrinal Treatises* [La obediencia del hombre cristiano, Tratado doctrinal], Cambridge, 1848, pp. 303-4. Véase también J. W. Blench, *Preaching in England in the Late Fifteenth and Sixteenth Centuries* [La predicación en Inglaterra a fines del siglo quince y principios del dieciséis], Blackwell, Oxford, 1964, pp. 1-48.

34 James M. Hoppin, *Homiletics*, [Homilética: bases y características], Fund and Wagnalls, Nueva York, 1883, pp. 123-24.

35 Frederick Roth Webber, *A History of Preaching in Britain and America* [Una historia de la predicación en Gran Bretaña y América], 3 vols., Northwestern, Milwaukee, 1957, 1:150.

Escrituras») vinieron como resultado del estudio y la enseñanza de la Palabra. *Sola Scriptura* significaba «la libertad de la Escritura para gobernar como palabra de Dios en la iglesia, desentendida tanto del magisterio como de la tradición papal y eclesiásticas».[36] Percibía la Palabra como suprema a la tradición y a los sacramentos. Algunos de los líderes de la Reforma son dignos de ser mencionados.

Martín Lutero (1483–1546) habló de la suprema importancia de la Palabra cuando escribió: «La Palabra viene primero, y con la Palabra el Espíritu sopla sobre mi corazón para que yo crea».[37] Además señaló:

> Veamos como cierto y establecido, sin lugar a dudas, que el alma no puede sobrevivir sin la Palabra de Dios, y que donde ella no esté no hay ayuda para el alma en ningún otro aspecto. Pero si tiene la Palabra en abundancia no le hace falta nada, ya que esta Palabra es la Palabra de vida, de verdad, de luz, de paz, de justicia, de salvación, de gozo, de libertad, de sabiduría, de poder, de gracia, de gloria y de cada bendición más allá de nuestro poder para estimarla.[38]

Lutero se convirtió en creyente gracias a sus esfuerzos por aprender y exponer las Escrituras.[39] Sus palabras fueron: «Anhelaba grandemente comprender la Epístola de Pablo a los Romanos y nada me lo impidió excepto la expresión "la justicia de Dios"». Luego de su conversión añadió: «El todo de la Escritura adquirió un nuevo significado, y aunque antes "la Justicia de Dios" me había llenado con odio, ahora llegó a ser inexpresablemente dulce con gran amor».[40]

Lutero probó ser un expositor al producir comentarios acerca de Génesis, Salmos, Romanos, Gálatas, Hebreos, 2 Pedro y Judas, así como de los evangelios y las epístolas. Enfatizó la importancia de predicarle a

---

36 David F. Wright, «Protestantism» [Protestantismo], en *Evangelical Dictionary of Theology* [Diccionario de teología evangélico], editado por Walter A. Elwell, Baker, Grand Rapids, 1984, p. 889.

37 Martin Luther, *Table Talk* [Mesa redonda], Fortress, Filadelfia, 1967, p. 63.

38 Martin Luther, «A Treatise on Christian Liberty» [Tratado sobre la libertad cristiana], *Three Treatises,* Muhlenberg, Filadelfia, 1947, p. 23.

39 Roland H. Bainton, *Here I Stand* [Aqui estoy, firme], Abingdon-Cokesbury, Nueva York, 1950, pp. 60-67.

40 *Ibíd.*, p. 65.

los sencillos, no a los educados,[41] la importancia de la humildad en el estudio de la Biblia,[42] y que la predicación debe ser sencilla, no erudita.[43]

Él también habló acerca de cómo predicar en tres breves pasos: «Primero, debe aprender a subir al púlpito. Segundo, debe saber que debe estar allí por un tiempo. Tercero, debe aprender a bajarse de nuevo».[44] En su famosa réplica ante la Dieta de Worms, dijo: «Mi conciencia está cautiva a la Palabra de Dios».[45] Luego dijo: «Yo sencillamente enseñé, prediqué y escribí la Palabra de Dios: aparte de eso no hice nada más [...] La Palabra lo hizo todo».[46]

Ulrico Zwinglio (1484–1531) también estudió la Biblia cuidadosamente en sus idiomas originales y aplicó al texto sus «sustanciales habilidades lingüísticas y exegéticas».[47] Procuró predicar:

> Lecciones bíblicas sencillas y didácticas, dirigiéndose a temas más difíciles sólo después que sus oyentes [...] habían obtenido instrucción adecuada. Su principal objetivo al predicar era repetir la Palabra de Dios sin abreviación alguna y sin adulterada, estableciendo claramente la Ley y los profetas, llamando de forma ferviente a sus oyentes al arrepentimiento y, con la gentileza de un pastor, guiar la comunidad a la salvación. Las acciones del predicador deben corresponder con sus palabras, y debe estar preparado, de ser necesario, a aceptar la suerte de un mártir.[48]

El anabaptista Baltasar Hubmaier (1485–1528), quien fuera influido por Zwinglio, produjo, a pesar de mucha persecución, escritos llenos con la exposición de la Escritura.[49]

El expositor más significativo de la era de la Reforma fue Juan Calvino (1509–1564). En la primera edición de sus *Instituciones* (1536) Calvino escribió, acerca de los ministros: «Toda su tarea está limitada al ministerio de la Palabra de Dios, toda su sabiduría al conocimiento de su

---

41 Luther, *Table Talk*, p. 235.

42 *Ibíd.*, pp. 378-79.

43 *Ibíd.*, pp. 382-84.

44 *Ibíd.*, p. 393.

45 R. C. Sproul, *The Holiness of God* [La santidad de Dios], Tyndale, Wheaton, Illinois, 1985, pp. 111-12.

46 Citado por Ernest Gordon Rupp, *Luther's Progress of the Diet of Worms 1521* [El avance de Lutero ante la dieta de Worms 1521], SCM, Londres, 1951, p. 99.

47 G. R. Potter, *Zwingli*, Cambridge University, Cambridge, 1976, p. 92.

48 *Ibíd.*, p. 61.

49 H. Wayne Pitkin y John H. Yoder, *Balthasar Hubmaier, Theologian of Anabaptism* [Teología del Anabaptismo], Herald, Scottsdale, Arizona, 1989.

Palabra: toda su elocuencia, a su proclamación».[50] Luego, veintitrés años después (1559), añadió estos otros relevantes comentarios: «Siempre que veamos la Palabra de Dios predicada y escuchada de forma pura [...] no debe dudarse, existe una iglesia de Dios».[51] Calvino también enfatizó: «El ministerio de la Palabra y los sacramentos, y cuán lejos debe ir nuestra reverencia por ellos, deben ser una señal perpetua mediante la cual se pueda distinguir la iglesia».[52]

En el prefacio a su *Comentario a los Romanos,* Calvino declaró que «esa lúcida brevedad constituía la virtud particular de un intérpretes.[53] Parker resume el método de Calvino de la siguiente manera: «Lo importante es que la Escritura debe ser entendida y explicada, cómo se explique es secundario».[54] Calvino estaba sumamente preocupado con la claridad y la brevedad al declarar: «La principal virtud del intérprete yace en una brevedad clara».[55] Describió el deber supremo del expositor: «Ya que su única tarea casi es desenvolver la mente del escritor a quien procura exponer, él yerra, o al menos se extravía, siempre y cuando aparte a sus lectores del significado de su autor».[56] Delinea la tarea del predicador de hablar por Dios en su comentario acerca de Isaías 55.11: «La Palabra sale de la boca de Dios de forma similar a la que "sale de la boca" del hombre; porque Dios no habla abiertamente desde el cielo, sino que emplea a los hombres como instrumentos suyos, para hacer conocer su voluntad mediante ellos».[57] La evidencia de su sinceridad fue una vida entera exponiendo la Palabra de Dios. Como principal ministro de Ginebra, Calvino predicó dos veces cada domingo y cada día de la semana, alternando las

---

50 John Calvin, *Institutes of the Christian Religion,* [Instituciones de la religión cristiana], traducido y anotado por Ford Lewis Battles, Eerdmans, Grand Rapids, 1975, p. 195.

51 John Calvin, *Institutes of the Christian Religion,* XX y XXI en *The Library of Christian Classics,* editada por John T. McNeill, traducida por Ford Lewis Battles, Westminster, Filadelfia, 1960, 4:1:9, (XXI: 1,023).

52 *Ibíd.,* 4:2:1 (XXI: 1,041).

53 John Calvin, *The Epistles of Paul the Apostle to the Romans and to the Thessalonians* [Las epístolas de Pablo a los Romanos y a los Tesalonicenses], editado por David W. Torrance y Thomas F. Torrance, Eerdmans, Grand Rapids, 1973, p. 1.

54 T. H. L. Parker, *Calvin's New Testament Commentaries* [Comentarios de Calvino al N.T.], Eerdmans, Grand Rapids, 1971, p. 50.

55 *Ibíd.,* p. 51.

56 Calvin, *Romans,* p. 1.

57 John Calvin, *Commentary on the Book of the Prophet Isaiah* [Comentario al libro del profeta Isaías], 22 vols., Baker, Grand Rapids, 1981, p. 8, 2, 172. Véase también Ronald S. Wallace, *Calvin's Doctrine of the Word and Sacrament* [Doctrina de la Palabra y el sacramento de Calvino], Eerdmans, Grand Rapids, 1957, pp. 82-95.

semanas desde 1549 hasta su muerte en el 1564. Predicó más de 2,000 sermones del Antiguo Testamento. Se pasó un año exponiendo a Job y tres en Isaías.[58] Además de su predicación estaban sus conferencias acerca de la Biblia que llevaron a sus comentarios bíblicos.[59] Calvino dijo: «No nos metamos en la cabeza buscar a Dios en ningún otro sitio que en su Sagrada Palabra, o pensar cosa alguna acerca de Él que no esté motivada en su Palabra, o decir nada que no sea tomado de esa Palabra».[60]

Calvino influyó a muchos de sus contemporáneos, incluyendo a Enrique Bullinger (1504–1575)[61] y Juan Knox (1513–1572).[62] Knox argumentaba que fue llamado a «instruir ... mediante la lengua y una voz vital en estos días tan corruptos [en lugar] de componer libros para la edad por venir».[63] Varios predicadores anglicanos, incluyendo a Juan Jewel (1522–1571),[64] Hugh Latimer (1485–1555),[65] y Thomas Cartwright (1535-1603),[66] también practicaron la predicación expositiva.

El período moderno, 1649 hasta hoy

La era posterior a la Reforma produjo varios expositores importantes, incluyendo a algunos puritanos. Estos últimos, eran predicadores más que nada. La predicación era tan central que muchos de los puritanos la enfatizaron colocando sus púlpitos, con su Biblia abierta, en el centro del local para que fuera el foco de la iglesia en lugar del altar.[67] Para los

58 Marvin Anderson, «John Calvin: Biblical Preacher (1539-1564)» [Juan Calvino: predicador bíblico], *Scottish Journal of Theology,* 42, 1989, p. 173.

59 *Ibíd.*, p. 176.

60 Calvin, *Institutes in Christian Classics* [Fundamentos de los clásicos cristianos], 1:13:21, (1,146).

61 Heiko A. Oberman, «Preaching and the Word in the Reformation» [La predicación y la palabra en la Reforma], *Theology Today,* 18, 1961, p. 26.

62 John Knox, *The Works of John Knox* [Obras de John Knox], 6 vols., Thin, Edimburgo, 1845; véase también Dargan, *History*, 1:513-14.

63 Clyde E. Fant y William M. Pinson, *Luther to Massillon 1483–1742 (20 Centuries of Great Preaching)* [Veinte siglos de predicación], 13 vols., Word, Waco, Texas, 1971, 2:189.

64 Erwin R. Gane, «The Exegetical Methods of Some Sixteenth-Century Anglican Preachers: Latimer, Jewel, Hooker, and Andrewes» [Métodos exegéticos de algunos predicadores anglicanos del siglo dieciséis ...], *Andrews University Seminary Studies,* 17, 1979, p. 33.

65 *Ibíd.*, p. 32.

66 Erwin Gane, «Exegetical Methods of Some Sixteenth-Century Preachers: Hooper, Cartwright, and Perkins», *Andrews University Seminary Studies,* 19, 1981, pp. 32-33.

67 D. M. Lloyd-Jones, *The Puritans: Their Origins and Successors* [Los puritanos: sus orígenes y sucesores], Banner of Truth, Edimburgo, 1987, pp. 375-378.

puritanos, «la verdadera predicación es la exposición de la Palabra de Dios. No es una mera exposición del dogma o la enseñanza de la iglesia [...] La predicación, decían, es la exposición de la Palabra de Dios; y, por lo tanto, debe controlarlo todo».[68] Lloyd-Jones también sugiere que los puritanos percibieron la predicación como la marca distintiva del verdadero cristianismo al compararla con la religión. Mientras la religión (Islam, etc.) enfatiza lo que el hombre hace en su intento de agradar y aplacar a su Dios, el cristianismo es primordialmente un escuchar a Dios a medida que «Dios habla»: «La religión es el hombre buscando a Dios: el cristianismo es Dios buscando al hombre, manifestándosele, acercándosele, Esto, creo yo está en el origen de la idea puritana de colocar la exposición de la Palabra en el lugar céntrico de la predicación».[69]

William Perkins (1558–1602), un antiguo expositor puritano, tuvo una profunda influencia sobre todo en el movimiento puritano.[70] Percibía la predicación de la Palabra como la presentación del testimonio de Dios mismo, idea desarrollada en *The Art of Prophesying* [El arte de profetizar], el primer manual de su clase para predicadores en la Iglesia Anglicana. Perkins identificó cuatro principios para guiar al predicador:

1. Leer en forma clara el texto de las Escrituras canónicas.
2. Ofrecer el sentido y la comprensión del mismo, interpretándolo mediante las Escrituras mismas.
3. Recoger unos pocos y provechosos puntos de doctrina del sentido natural.
4. Aplicar las doctrinas, recogidas apropiadamente, a la vida y las costumbres de los hombres en forma simple y sencilla.[71]

Perkins también enseñó que el conocimiento para exponer la Escritura sólo pertenece a Cristo. El hombre recibe la capacidad para interpretar un pasaje de la Escritura por otro, pero sólo como un regalo de Cristo.[72]

---

68 *Ibíd.*, p. 379.

69 *Ibíd.*, p. 380.

70 Christopher Hill, *The Century of Revolution 1603–1714* [El siglo de la revolución 1603–1714], Norton, Nueva York, 1980, p. 68. Véanse también a Gane, «Puritan Preachers» [Predicadores puritanos], 27, y Jan Breward, editor, *The Work of William Perkins* [La obra de William Perkins], Sutton Counenay, 1969, pp. 331-49.

71 M. William Perkins, *The Works of that Famous and Worthy Minister of Christ in the Universitie of Cambridge* [La obra de ese famoso y meritorio ministro de Cristo en la Universidad de Cambridge], M. William Perkins, 3 vols., Cambridge, 1608-09, 2:762.

72 Gane, «Puritan Preachers», p. 34.

Muchos siguieron esta humilde pero noble tradición. Ocasionalmente predicaron por varias horas a la vez, creyendo que «ninguna verdad bíblica puede presentarse en menos de una o dos horas».[73] Acerca de los puritanos, Webber observa:

> Algunos de los predicadores de aquellos días derivaron sus divisiones y subdivisiones del texto, pero estas con mayor frecuencia se basaban parcialmente en los pensamientos del texto y, en parte, en ideas sugeridas por la naturaleza general del tema. Esta pasión por el análisis minucioso frecuentemente se dio mediante el sacrificio de la claridad y el estilo literario.[74]

Empero, los puritanos en su totalidad estaban dominados por un sentido de la presencia de Dios. Procuraron ser fieles a la Palabra y a su predicación sencilla y práctica.[75] Algunos de los principales predicadores puritanos que demostraron gran habilidad como expositores fueron José Hall (1574–1656),[76] Tomás Goodwin (1600–1680),[77] Ricardo Baxter (1615–1691),[78] y Juan Owen (1616–1683).[79] Hablando de Goodwin, Brown comenta:

> Al compararlo con eminentes contemporáneos como Juan Owen y Ricardo Baxter, se ha dicho que Owen predicó fervorosamente al entendimiento, razonando en base a su crítico y devoto conocimiento de la Escritura; Baxter predicó enérgicamente a la conciencia, razonando en base a la competencia de las cosas; mientras que Goodwin apeló a los afectos espirituales, razonando en base a su propia experiencia religiosa e interpretando la Escritura mediante el conocimiento de un corazón renovado.[80]

La diversidad de estilo entre los puritanos es sorprendente en vista del patrón de consagración a una explicación fiel del texto que todos tenían

---

73 Webber, *History*, 1:204.

74 *Ibíd.*, 1:202-3.

75 Lloyd-Jones, *Puritans*, p. 388.

76 Joseph Hall, *Works of Joseph Hall* [Obras de Joseph Hall], 12 vols., Oxford, 1837-39.

77 Thomas Goodwin, *Works of Thomas Goodwin*, 12 vols., Edimburgo, 1861-66.

78 Richard Baxter, *The Practical Works of Richard Baxter* [Obras prácticas de R. Baxter], 2 vols., Londres, 1830.

79 John Owen, *The Works of John Owen*, 16 vols, editado por William Goold, Banner of Truth, Edimburgo, 1965; véase también John Owen, *An Exposition of the Epistle to the Hebrews* [Una exposición de la Epístola a los Hebreos], 4 vols., Sovereign Grace, Wilmington, Delaware, 1969.

80 John Brown, *Puritan Preaching in England* [Predicación puritana en Inglaterra], Hodder and Stoughton, Londres, 1901, p. 101.

en común. Cada uno tenía su énfasis propio, como se muestra en la famosa frase de Baxter, que dijo: «Yo predico como si jamás fuera a predicar de nuevo, como un hombre moribundo para hombres moribundos».[81]

Otros expositores puritanos importantes, fueron Tomás Manton (1620–1677),[82] Juan Bunyan (1628–1688)[83] y Esteban Charnock (1628–1680).[84] Además, Guillermo Greenhill (1581–1677), un expositor puritano, predicó una gran serie de conferencias acerca de Ezequiel.[85] Todos estos hombres fueron estudiantes diligentes de la Palabra, buscando explicar claramente las verdades de la Escritura a otros.

Una vez que la era puritana cedió su lugar al reavivamiento evangélico, la predicación, generalmente temática como la de Wesley y Whitefield, reemplazó a la expositiva. Sin embargo, varios de los inconformes durante este período fueron expositores bíblicos. Los más notables fueron Juan Gill (1697–1771)[86] que publicó nueve volúmenes de exposición bíblica entre 1746 y 1763, y Mateo Henry (1662–1714).[87] Ambos fueron muy influidos por los puritanos. En los siguientes cincuenta años otras notables excepciones a los predicadores temáticos fueron Andrés Fuller (1754–1815),[88] Roberto Hall (1764–1831),[89] Juan Brown (1784–1858),[90] Juan Eadie (1810–1876) y Alejandro Carson (1776-1844). Eadie es bien conocido por sus comentarios surgidos de su sorprendente

---

81 Citado en Fant, *Luther to Massillon,* pp. 238-39.

82 Thomas Manton, *The Complete Works of Thomas Manton* [La obra completa de T. Manton], 22 vols. Nisbet, Londres, 1870-75.

83 John Bunyan, *Complete Works, 3 vols.*, editado por George Offer, Londres, 1853.

84 Stephen Charnock, *The Works of the Late Reverend Stephen Charnock*, 9 vols., Robinson, Leeds, 1815.

85 William Greenhill, *An Exposition of the Prophet Ezekiel* [Una exposición del profeta Ezequiel], Edimburgo, 1863.

86 John Gill, *An Exposition of the Old Testament* [Una exposición del Antiguo Testamento], 4 vols., Londres, 1852; idem., *An Exposition of the New Testament* [Una exposición del N.T.], 2 vols., Londres, 1852.

87 Matthew Henry, *Matthew Henry's Commentary on the Whole Bible* [Comentario completo de la Biblia Matthew Henry], 6 vols., Revell, Nueva York, s.f.

88 Andrew Fuller, *Works of Andrew Fuller*, Londres, 1838.

89 Roben Hall, *The Works of Roben Hall*, 6 vols., Holdsworth and Ball, Londres, 1832.

90 John Brown, *Analytical Expositions of Saint Paul to the Romans* [Exposición analítica de San Pablo a los Romanos], 1857; *Expository Discourses on First Peter* [Discursos expositivos sobre 1 Pedro], 3 vols., 1848; *Expository Discourses on Galatians* [Discursos expositivos sobre Gálatas], 1853; *Exposition of the Epistle to the Hebrews* [Exposición de la Epístola a los Hebreos], 1862.

ministerio homilético. Se le consideró con frecuencia como un maestro de la predicación expositiva al mismo nivel que Alejandro Maclaren.[91]

La última parte del siglo diecinueve produjo varios expositores bíblicos importantes en Gran Bretaña y EE.UU., incluyendo a Santiago H. Thornwell (1812–1862)[92] y Juan A. Broadus (1827–1895). Broadus ha sido denominado como «El príncipe de los expositores».[93] Él describió sus principios de predicación expositiva en *On the Preparation and Delivery of Sermons* [Sobre la preparación y presentación de sermones] en 1870. Las subsecuentes revisiones de este libro han reducido su valor y empuje original.[94] El punto de vista de Broadus acerca de la predicación era predicar «las doctrinas definitivas de la Biblia, y ... [una] abundante exposición del texto bíblico».[95]

Otros en este período fueron Juan C. Ryle (1816–1900),[96] Carlos J. Vaughan (1816–1897), Alejandro Maclaren (1826–1910), José Parker (1830–1902),[97] y Charles Haddon Spurgeon (1834–1892). El período termina con la fundación de *Expository Times* en 1889 por Santiago Hastings.[98] Este fue el editor de varios diccionarios, enciclopedias, y comentarios que, juntamente con *Times,* promovieron la predicación expositiva. Guillermo Robertson Nicoll (1851–1923) fue un expositor bíblico y también editó una revista titulada *The Expositor.* Esta se publicó desde 1886 hasta 1923, también promovió la exposición de la Escritura.

Varios expositores de este período son notables. Alejandro Maclaren alcanzó fama internacional como expositor. Luego de 1869 predicó a más de 2,000 personas semanalmente en Manchester. Aunque comenzó en oscuridad, predicó por 63 años. Leyó un capítulo de la Biblia hebrea y uno de la griega todos los días de su vida.[99] En 1896 escribió estas palabras:

---

91 Webber, *History*, 2:631.

92 *Ibíd.,* 3:350.

93 Nolan Howington, «Expository Preaching», *Review and Expositor,* 56, 1959, p. 60.

94 John A. Broadus, *A Treatise on the Preparation and Delivery of Sermons* [Tratado sobre la preparación y presentación de sermones], 1870; cf. *idem., On the Preparation and Delivery of Sermons* [Sobre la preparación y presentación de sermones], edición revisada por Jesse Burton Weatherspoon, Harper, Nueva York, 1943.

95 Broadus, *History,* p. 232. Véase también Turnbull, *History,* pp. 108-9.

96 John C. Ryle, *Expository Thoughts on the Gospels* [Pensamientos expositivos sobre los evangelios], 7 vols., 1856-1873.

97 Joseph Parker, *Preaching Through the Bible* [Predicación a través de la Biblia], 28 vols., 1896-1907. Reimpresión de Baker, Grand Rapids, 1956-61.

98 L. E. Elliott-Binns, *Religion in the Victorian Era* [Religión en la era victoriana], Lutterworth, Londres, 1946, pp. 336-37.

99 Webber, *History*, 1:575.

> Creo que el secreto del éxito para todos nuestros ministerios yace en gran medida en el simple encanto de concentrar su poder intelectual en la obra única de la predicación. He tratado de hacer que mi ministerio sea uno de exposición de la Escritura. Sé que he fallado en muchos aspectos, pero diré que he laborado desde el principio hasta el fin para que esa sea la característica de mi labor pública. He tratado de predicar a Jesucristo, y no sólo al Jesucristo de los evangelios, sino al Cristo de los evangelios y las epístolas: Él es el mismo Cristo.[100]

Los 32 volúmenes de sermones de Maclaren, así como sus contribuciones a *The Expositor's Bible* [La Biblia de los expositores], son muy respetados hasta hoy.[101]

Charles Haddon Spurgeon es muy respetado como predicador y expositor.[102] Él predicó más de 3.560 sermones, que comprenden los sesenta y tres volúmenes del *Metropolitan Tabernacle Pulpit* [El púlpito del Tabernáculo Metropolitano], publicado entre 1855 y 1917. A pesar de que insiste en ser un fiel expositor del texto,[103] su exégesis a veces es difícil. Webber hace la siguiente comparación:

> En su predicación, él difería de F. W. Robertson. Este realizó un minucioso estudio de su texto, investigándolo, y sacando del mismo las verdades contenidas en él. Spurgeon invirtió este proceso. Seleccionaba su texto, y entonces procuraba agrupar alrededor las verdades bíblicas que estuvieran íntimamente relacionadas con él... [enfatizando ocasionalmente enseñanzas] aunque su texto no las mencionara.[104]

Spurgeon percibió a Whitefield como un héroe y un modelo de predicación,[105] aunque éste último era más temático y teológico que expositivo.

---

100 E. T. Maclaren, *Dr. Maclaren of Manchester, a Sketch* [Un bosquejo del doctor Maclaren de Manchester], Hodder and Stoughton, Londres, 1911, p. 151.

101 Alexander Maclaren, *Expositions of Holy Scripture,* 32 vols. reimpresos en 16, Eerdmans, Grand Rapids, 1932; William Robertson Nicoll, editor, *The Expositor's Bible,* 25 vols. originales reimpresos en 6, Eerdmans, Grand Rapids, 1965. Maclaren contribuyó con los Salmos y Colosenses en esta última obra.

102 Horton Davies, «Expository Preaching: Charles Haddon Spurgeon», *Foundations,* 6, 1963, p. 15.

103 *C. H. Spurgeon Autobiography,* vol. 2: *The Full Harvest 1860-92*, Banner of Truth, Edimburgo, 1976, pp. 50, 346-47.

104 Webber, *History*, 1:602. Nótese también el cuidadoso análisis de Davies, «Expository Preaching», pp. 18-25.

105 Davies, «Expository Preaching», pp. 17-18.

La verdadera obra expositiva de Spurgeon fue su *Treasury of David,*[106] en la cual provee una cuidadosa exposición versículo por versículo junto con «pistas para los predicadores».

El siglo veinte ha producido unos cuantos expositores bíblicos, de los cuales algunos han sido excelentes: Harry Allan Ironside (1876–1951),[107] Donald Grey Barnhouse (1895–1960), James M. Gray (1881–1935), William Bell Riley (1861–1947), Wallie Amos Criswell (1909–2002), James Denny (1856–1917), George Campbell Morgan (1863–1945), William Graham Scroggie (1877–1958), D. Martyn Lloyd-Jones (1899–1981), John Robert Walmsley Stott (1921–), y James Montgomery Boice (1938–2000).

G. Campbell Morgan fue un poderoso expositor de la Palabra cuyas obras abundan en explicaciones e ilustraciones textuales. Morgan leía y estudiaba toda la Biblia y su exposición se basaba en una exégesis cuidadosa, percibida a la luz de toda la Biblia.[108] Morgan expresó este pensamiento:

> Se da por sentado que los predicadores han de predicar la Palabra. Usted dice que eso significa la Biblia. ¿Es así? Sí. ¿Eso es todo? No. Sí, todo está allí. Pero usted desea más que eso, más que todo. La Palabra es verdad expresada o revelada. La Palabra no es algo que yo he hallado mediante la actividad de mi vida intelectual. La Palabra es algo que mi vida intelectual acoge, porque ha sido expresado [...] Y eso es lo que debemos predicar. La revelación de Dios, la verdad, tal y como ha sido expresada. Debemos entrar al ministerio cristiano bajo la presuposición de que Dios se ha expresado a Sí mismo en Su Hijo, y que la Biblia es la literatura de esa expresión propia. El minuto en que perdamos nuestra Biblia en ese sentido, habremos perdido a Cristo como la revelación final [...] Cada sermón que no tenga alguna interpretación de esa santa verdad es un fracaso [...] La predicación no es la proclamación de una teoría, o la discusión de una duda [...] La especulación no es predicación. Tampoco es la declaración de negaciones. La predicación es la proclamación de la Palabra, la verdad tal y como ha sido revelada.[109]

---

106 C. H. Spurgeon, *Treasury of David* [Tesoro de David], 7 vols. originales reimpresos en 3, Zondervan, Grand Rapids, 1966.

107 Véase, para una breve descripción de los siguientes predicadores, a Tumbull, *History;* Horton Davies, *Varieties of English Preaching 1900-1960,* SCM, Londres, 1963; Wiersbe y Perry, *Preaching and Preachers;* William Presten Ellis, «A Study of the Nature of the Expository Sermon in the United States from 1940-1968» [Un estudio de la naturaleza del sermón expositivo en los EE.UU. desde 1940 a 1968], Disertación de Th.D., Seminario Teológico de Nueva Orleans, 1971.

108 *Ibíd.*, p. 435.

109 G. Campbell Morgan, *Preaching*, Revell, Nueva York, 1937, pp. 17-21; idem., *The Study and Teaching of the English Bible,* Hodder and Stoughton, Londres, 1910, pp. 72-95.

Morgan creía que la Biblia era absolutamente cierta[110] y se pasó la vida en la cuidadosa exposición, como lo muestran sus numerosas exposiciones.[111]

D. Martyn Lloyd-Jones era un dotado expositor que percibía la predicación no como «la exposición de un sermón para cada servicio, sino simplemente [como] la continuación de la exposición que estaba llevando a cabo en un libro de la Biblia».[112] Su predicación procedía de una exégesis cuidadosa y se caracterizaba por el establecimiento metódico del significado y la aplicación de sus textos. Esto continuó la abundante tradición de José Parker y Alejandro Maclaren.[113] Lloyd-Iones produjo una obra significativa acerca de la predicación expositiva en la cual escribió lo siguiente en el capítulo intitulado. «La primacía de la predicación»:

> Para mí, la obra de la predicación es la mayor y la más grande y el más glorioso llamado al cual alguien jamás pueda ser convocado. Si usted desea algo además de eso yo diría sin vacilación alguna que la necesidad más urgente en la iglesia cristiana hoy día es la verdadera predicación, obviamente también es la más grande necesidad del mundo.[114]

Lloyd-Jones no conocía ningún sustituto para la tarea de exponer la Palabra en la iglesia.[115] Él identificó tres clases de predicación (evangelística, la enseñanza instructiva y la puramente instructiva), pero sostenía que toda predicación debía ser expositiva, tanto en su preparación como en su presentación al pueblo.[116] Su principal prioridad a través de toda su

---

110 Jill Morgan, A *Man of the Word, Life of G. Campbell Morgan,* Revell, Nueva York, 1951, pp. 39-40.

111 G. Campbell Morgan, *The Westminster Pulpit,* 10 vols., Revell, Nueva York, 1954; *idem., Studies in the Four Gospels,* 4 vols., Revell, Old Tappan, Nueva Jersey, 1929, así como sus otras numerosas exposiciones bíblicas. Véase también Don M. Wagner, *Expository Method of G. C. Morgan,* Revell, Westwood, 1957.

112 Turnbull, *History,* pp. 442-43.

113 James Melvin Keith, «The Concept of Expository Preaching as Represented by Alexander Maclaren, George Campbell Morgan, and David Manyn Lloyd-Jones», [El concepto de la predicación expositiva representado por Alexander Maclaren, George Campbell Morgan y David Martyn Lloyd-Jones], Disertación de Th.D., Seminario Teológico del Suroeste, 1975.

114 D. Martyn Lloyd-Jones, *Preaching and Preachers,* Zondervan, Grand Rapids, 1971, p. 9.

115 *Ibíd.,* pp. 26-44.

116 *Ibíd.*, pp. 63, 75-76. Véase también Robert L. Penny, «An Examination of the Principles of Expository Preaching of David Martyn Lloyd-Jones» [Un examen de los

existencia fue la exposición bíblica, un hecho que resulta evidente para cualquiera que investigue su vida.[117]

En una investigación de esta naturaleza se necesita tener mucha precaución cuando uno llega al punto de comentar acerca de los expositores contemporáneos. El libro de la historia acerca de ellos no puede cerrarse porque todavía tienen que cumplir más de su ministerio. Una investigación histórica no estaría completa sin una palabra tentativa en cuanto a la aparente contribución de varios predicadores representativos del presente de la predicación expositiva, con el debido reconocimiento de que todavía podría suceder mucho antes de que se cierre el «libro de la historia» acerca de sus ministerios.

John R. W. Stott, que es uno de esos ejemplos,[118] ha seguido la misma tradición expositiva que Lloyd-Jones. En cuanto a la predicación, él dijo:

> La verdadera predicación cristiana (con lo cual quiero decir predicación «bíblica» o «expositiva», como sostendré más adelante) es extremadamente rara en la iglesia de hoy. Jóvenes atentos la están pidiendo en muchos países, pero no pueden hallarla. ¿Por qué? La principal razón debe ser la falta de convicción en cuanto a su importancia.[119]

Stott se ocupó de la importancia de la predicación expositiva de la siguiente manera:

> No puedo ceder a relegar (algunas veces hasta rencorosamente) la predicación expositiva a una alternativa entre tantas. Sostengo que toda verdadera predicación cristiana es predicación expositiva. Por supuesto, si por sermón «expositivo» se quiere decir una exposición versículo por versículo de un

---

principios de la predicación expositiva de D. M. Lloyd-Jones), Disertación de D. Min., Harding Graduate School of Religion, 1980.

117 Iain H. Murray, *David Martyn Lloyd-Jones,* Banner of Truth, Edimburgo, 1990, pp. 697-713. Este libro merece atención especial, juntamente con *idem., David Martyn Lloyd-Jones, The First Forty Years, 1899-1939* [Los primeros cuarenta años], Banner of Truth, Edimburgo, 1982.

118 La reciente declaración de rechazo de Stott a una doctrina ortodoxa de castigo eterno para los perdidos (David L. Edwards y John Stott, *Evangelical Essentials,* InterVarsity, Downers Grave, Illinois, 1988, pp. 319-20) ilustra la necesidad de precaución al recomendar expositores contemporáneos. Se espera que él repudiara su aprobación del aniquilacionismo y regrese al punto de vista ortodoxo que pareció sostener anteriormente.

119 Stott, *Two Worlds* [Dos mundos], p. 92.

> extenso pasaje de la Escritura, entonces, en realidad, sólo es una posible forma de predicar, pero esto sería abusar de la palabra. Propiamente hablando, «exposición» tiene un significado mucho más amplio. Se refiere al contenido del sermón (verdad bíblica) en lugar de a su estilo (un comentario corriente). Exponer la Escritura es sacar del texto lo que allí se encuentra y exponerlo a la vista. El expositor abre lo que parece estar cerrado, aclara lo oscuro, desenreda lo enredado y desenvuelve lo que está empacado. Lo opuesto a la exposición es la «imposición», lo cual es imponer sobre el texto lo que no se encuentra allí. Pero el «texto» en cuestión podría ser un versículo, o una oración, o hasta una sola palabra. Podría ser un versículo, o un párrafo, o un capitulo, o todo un libro. El tamaño del texto es irrelevante, siempre y cuando sea bíblico. Lo que importa es qué hacemos con él.[120]

Stott le ofrece al estudiante contemporáneo de la predicación expositiva un persuasivo argumento en cuanto a la naturaleza y el contenido de la verdadera predicación bíblica. Él es digno de cuidadosa atención.

Otro ejemplo actual de los expositores bíblicos es John MacArthur. Para algunos él ha surgido como un notable expositor estadounidense al final del siglo veinte, continuando en el legado de Lloyd-Jones. Actualmente está publicando un comentario de exposiciones acerca de todo el Nuevo Testamento.[121] Ha descrito su comentario de la siguiente forma:

> Mi meta siempre es tener una profunda comunión con el Señor en el entendimiento de su Palabra, y de esa experiencia explicarle a su pueblo lo que significa un pasaje [...] Por lo tanto, el impulso dominante de mi ministerio es ayudar a avivar la Palabra viviente de Dios para Su pueblo. Es una aventura refrescante. Esta serie de comentarios del Nuevo Testamento refleja el objetivo de explicar y aplicar la Escritura. Algunos comentarios son primordialmente lingüísticos, otros son mayormente teológicos, y algunos son principalmente homiléticos. Este es básicamente descriptivo o expositivo. No es lingüísticamente técnico, pero se ocupa de la lingüística cuando parece necesario ofrecer una interpretación adecuada. No es exhaustivamente teológico, pero se concentra en las principales doctrinas en cada texto y en cómo se relacionan con el resto de la Escritura. No es primordialmente homilético, aunque cada unidad de pensamiento es tratada en general como un capitulo, con un bosquejo claro y un flujo lógico de pensamiento.[122]

---

120 *Ibíd.*, pp. 125-26.

121 John F. MacArthur, *The MacArthur New Testament Commentary,* Moody, Chicago, 1983.

122 *Ibíd., Matthew 1-7*, vii.

MacArthur percibe la predicación expositiva como algo relacionado primordialmente con el contenido de la Biblia.[123] Y señala:

> La Biblia es la Palabra de Dios. Emana de la santidad de Dios. Refleja la mente, el corazón y la voluntad de Dios y, como tal, debe ser tratada con una tremenda dedicación. La Biblia no debe ser tratada de forma frívola, no debemos acercarnos a ella con falta de diligencia, no debemos manejarla de forma superficial, debe ser manejada con tremendo compromiso.[124]

Este énfasis sobre la precisión en el manejo de las Escrituras ha caracterizado el ministerio de MacArthur.[125]

Otros predicadores contemporáneos podrían ser identificados por nombre como expositores, pero en esta investigación se han mencionado suficientes características acerca de la exposición bíblica que se elaboran en otras partes de *La predicación* como para facilitar el reconocimiento de quiénes son. Se espera que el número de tales individuos aumentará dramáticamente.

Una conclusión inevitable

Un estudio de la historia de la predicación expositiva aclara que la misma está profundamente enraizada en el suelo de la Escritura. Por lo tanto, es la única clase de predicación que perpetúa la exposición bíblica en la iglesia. A través de la historia, unos pocos hombres reconocidos en cada generación, que a su vez representan un cuerpo más extenso de expositores fieles, se han comprometido a este ministerio de la exposición bíblica.

Sus voces del pasado deben animar al expositor contemporáneo y retado a alinear su predicación con el patrón bíblico. La Escritura demanda nada menos que una exposición capacitada por Dios como lo demuestran esos dignos santos que han dedicado sus vidas a esta noble tarea.

---

123 Ben E. Awbrey, «A Critical Examination of the Theory and Practice of John F. MacArthur's Expository Preaching» [Un examen crítico de la teoría y práctica de la predicación expositiva de MacArthur], Disertación de Th.D., Seminario Teológico de Nueva Orleans, 1990, p. 17; cf. R. Keith Willhite, «Audience Relevance and Rhetorical Argumentation in Expository Preaching: A Historical-Critical Comparative Analysis of Selected Sermons of John F. MacArthur and Charles R. Swindoll, 1970, 1990», Disertación de Ph.D., Universidad de Purdue, 1990.

124 John F. MacArthur, «Principies of Expository Preachings» [Principios de predicación expositiva], cinta magnetofónica GC2001, Word of Grace, Panorama City, California, 1980, p. 1.

125 John F. MacArthur, *Our Sufficiency in Christ* [Nuestra suficiencia en Cristo], Word, Dallas, Texas, 1991, pp. 129-37.

Parte II

La preparación del expositor

4. La prioridad de la oración y la predicación expositiva

5. El hombre de Dios y la predicación expositiva

6. El Espíritu de Dios y la predicación expositiva

4

La prioridad de la oración y la predicación expositiva

James E. Rosscup

La oración no es electiva, sino que es el elemento principal en el caleidoscopio de las características espirituales que destacan al predicador. Estas características se unen en una fuerza espiritual poderosa; ellas edifican un vocero para Dios. Jesús, el mejor modelo, y otros voceros efectivos de Dios han sido poderosos en la oración juntamente con las virtudes de la santidad y la dependencia en Dios. El compuesto de cualidades espirituales que se enfoca en la oración es evidente en la extensa línea de proclamadores de Dios en el Antiguo Testamento, el Nuevo Testamento y en la historia de la iglesia, hasta el día de hoy. Algunos libros acerca de los elementos esenciales para la predicación menosprecian la oración, pero otros reconocen su función invalorable. Los predicadores que siguen el modelo bíblico toman la oración muy seriamente. Ellos se saturan de oración al preparar el sermón.

El predicador que sigue el camino bíblico encuentra que la oración es un arma fenomenal. Ella, unida en armonía con otras prioridades espirituales, es evidente en la predicación bíblica a través de la historia como cualidad esencial para el proclamador mediante el cual presenta Su poder.

La necesidad de la oración para la espiritualidad

Si el predicador ha de presentar el mensaje de Dios con poder, la oración debe permear su vida y proveer un medio ambiente para el fruto del Espíritu que dure a través de toda su existencia (Gá 5.22, 23). Su ejemplo espiritual hace que otros tomen su mensaje con seriedad. Como seguidor de Dios, su credibilidad espiritual atrae poderosamente a otros a seguirle, debido a que es un pionero, él practica una devoción total a Dios. Él le da humildemente toda la gloria a Dios y se somete a Su Palabra. Demuestra honestidad y disciplina la lengua, el tiempo, la mente y el cuerpo, juntamente con un ferviente ingenio. Dios utiliza su liderazgo para marcar el camino a medida que llama a otros a la obediencia. Todas las cualidades espirituales, particularmente la santidad y la dependencia en Dios, son ingredientes básicos en la experiencia de un predicador que ora.

Santidad

Un noble hombre de Dios, un hombre de oración, es apasionado en su búsqueda de Dios y Sus valores (Sal 42.1, 2). Persigue a Dios en una vida moldeada por la santidad que recomienda a otros. Es profundamente serio en cuanto al principio divino de seguir la justicia y desea que Dios le muestre Su salvación (Sal 50.23). La luz divina resplandece de manera más brillante en él, obligando a sus oyentes a buscar las bellezas de Dios.

El mayor ejemplo del predicador es Jesús. Desde la niñez, el corazón del Salvador estaba ocupado en «las cosas de Mi Padre» (Lc 2.49, traducción del autor). Su pasión, al entrar en el ministerio público, era «cumplir toda justicia» (Mt 3.15). Experimentó pruebas severas y tomó decisiones consagradas basadas en la Palabra de Dios (Mt 4.1-11), al consagrarse a Dios, con valentía, en contra del diablo. Cuando se acercaba el final de su vida la celebró como algo que fue consagrado: «Yo te he glorificado en la tierra; he acabado la obra que me diste que hiciese» (Jn 17.4).

Pablo es otro ejemplo. Pablo había sido «crucificado con Cristo» (Gá 2.20). En vista de esto, vivió en una consagración que reflejó de forma coherente su muerte con Cristo. El secreto de su poder no era él mismo sino «Cristo que vive en mí». Pablo fue un ejemplo de Cristo en valores y servicio santo (1 Co 11.1). No tomó el camino fácil, sino que enfrentó las adversidades que conlleva una búsqueda consagrada (1 Co 4.8ss; 2 Co 6.3-10).

Phillips Brooks es un ejemplo moderno. Phillips Brooks (1835–1893) tenía poder al declarar la Palabra de Dios en la Iglesia de la Santa Trinidad, en Filadelfia, y en la Iglesia Trinidad, en Boston. La piedad era de importancia suprema en la preparación del sermón.

> Sólo el fuego enciende al fuego. Conocer en carne viva lo que es vivir por Cristo; ser Suyo, no de uno; estar tan ocupado con gratitud por lo que hizo por nosotros y por lo que continuamente representa para nosotros para que

Su voluntad y Su gloria sean los únicos deseos de nuestra vida [...] esa es la primera necesidad del predicador.[1]

La santidad no está sola. Incluye la dependencia, su compañera inseparable.

Dependencia en el poder de Dios

Jesús cubrió su territorio como una llama, predicando la Palabra de Dios en el poder del Espíritu (Lc 4.14). Él dijo: «El Espíritu del Señor está sobre mí, por cuanto me ha ungido para dar buenas nuevas» (Lc 4.18). Mediante la capacitación del Espíritu, proclamó libertad a los cautivos y vista a los ciegos. Reconoció que «El Padre que mora en mí [...] hace las obras» (Jn 14.10). Si Jesús, el hombre, dependió del poder divino, ¡cuánto más necesitan otros predicadores hacer lo mismo!

Pablo dependió del Espíritu (Ro 15.19). Por lo tanto aconsejó a otros creyentes (Gá 5.16-18). A los corintios les habló «con demostración del Espíritu y de poder» (1 Co 2.1-5). Dios fue su suficiencia (2 Co 3.5, 6; 4.7). Al predicar asimiló totalmente en su vida el principio de Cristo, «porque separados de mí, nada podéis hacer» (Jn 15.5).[2]

La oración, con su compuesto de virtudes espirituales, es indispensable en la predicación bíblica. Ella satura al predicador y a la predicación consagrada, cumple la dependencia del predicador en Dios, y es auténticamente bíblica.

La necesidad de la oración en los sermones de la Biblia

En los ministerios durante los tiempos bíblicos, la oración siempre jugó una función importante. Desde esos días, la oración ha permanecido como suprema prioridad para los predicadores.

Libros que menosprecian la importancia de la oración

Es desconcertante que libros acerca de lo esencial para la preparación del sermón frecuentemente *no* discuten la oración. Esto se hace más confuso cuando estos autores afirman enseñar el patrón bíblico. La oración no es prominente entre lo que consideran como esencial cuando

---

1 Phillips Brooks, *The Joy of Preaching* [El gozo de la predicación], Kregel, Grand Rapids, 1989, p. 47.

2 «Nada» definido por su contexto es lo opuesto a «fruto». La persona que mora en Cristo lleva *algún* fruto y puede llevar *más* fruto (Jn 15.2b) y *mucho* fruto (Jn 15.5, 8).

discuten lo que creen importante, como si la oración no tuviera una parte vital en ello.[3] Descuidar la oración la relega a una función menor. Un sentido de imparcialidad le concedería a estos escritores el beneficio de la duda y se preguntaría si ellos procuraban dar tal impresión. Empero cuando se dice poco o nada acerca de la oración y se exalta la labor y la capacidad humana, sólo es posible concluir una cosa.[4] Algunos libros requieren una extensa búsqueda para siquiera encontrar una breve idea de la importancia de la oración privada. El lector no lo ve en los títulos de los capítulos, ni en los subtítulos, ni en los índices temáticos.[5] En lugar de ello, podría aparecer al final o en una breve discusión como reflexión posterior. Felizmente, algunos autores que a veces escriben poco acerca

3 Por ejemplo, Don M. Wardlaw, *Preaching Biblically* [Predicación bíblica], Westminster, Filadelfia, 1983; John E. Baird, *Preparing for Platform and Pulpit* [Cómo prepararse para la plataforma y el púlpito], Abingdon, Nueva York, 1968. Wardlaw se enfoca en cosas buenas como el aprendizaje de la estructura, el estilo, el contenido y las imágenes bíblicas, tal y como son creadas y tratadas por el predicador. La oración y la dependencia en el Espíritu no son integradas de manera alguna para mostrar todo el panorama. Baird refuta de forma correcta la lógica de que el Espíritu prepara al hombre, y por lo tanto el hombre no necesita estudiar (p. 8). Empero no ofrece balance alguno al enfatizar una sola cara de la moneda, es decir, la preparación sólo mediante las habilidades humanas.

4 Por ejemplo, R. E. O. White, *A Guide to Preaching* [Una guía para la predicación], Eerdmans, Grand Rapids, 1973. Él cubre la predicación como adoración, valora la predicación bíblica, la hermenéutica, la técnica, la recolección y el uso de materiales, las ayudas para el estilo, el celo, etc. Se le ofrece poco espacio a la oración. «Hace falta decir poco en cuanto a la preparación privada para el púlpito. [¿Por qué?] La mayoría de los hombres halla que, antes de cada servicio, deben encontrar la oportunidad de orar quedamente, recordar y repasar mentalmente ...» (p. 152). White seguramente no deseaba eso, pero el peso de los detalles sugiere la dependencia en lo que el *predicador* puede hacer. Prestarle más atención a lo que sólo *Dios* puede hacer (cf. Hch 6.4) le daría una mejor perspectiva.

5 Por ejemplo, Dwight Stevenson y Charles Diehl, *Reaching People From the Pulpit. A Guide to Effective Sermon Delivery* [Alcance al pueblo desde el púlpito. Una guía para presentar un sermón efectivo], Harper and Brothers, Nueva York, 1958. Este libro afirma cubrir todos los temas esenciales para una comunicación oral efectiva (p. 81), pero la oración no está en la tabla de contenido, en los subtítulos ni en el índice. Quizás habrá alguna vaga referencia en la declaración de que el predicador puede ayudar a otros porque ha encontrado un poder externo para darle sobriedad (p. 81). En la sección titulada «La preparación del hombre» (pp. 100-102) llega una oportunidad para incluir a la oración, pero el énfasis en dormir bien, la buena salud, el vigor, librarse de distracciones y el uso «de todos sus poderes» (p. 99) excluye a la oración. Uno se pregunta por qué no se la incluyó entre todas estas excelentes sugerencias, para balancear el poder del predicador con el poder de Dios.

de la oración, le conceden un lugar crucial en otros libros.[6] ¿Cómo es que un escritor le puede conceder a la oración tan poca atención si la Escritura la considera como algo que tiene urgentes consecuencias en la preparación para predicar?

Libros que enfatizan la importancia de la oración

Otros libros acerca de la predicación, o biografías de predicadores, le asignan mucho espacio a la oración. Hacen referencia a ella con frecuencia,[7] o le dan preponderancia,[8] o declaran fuertes convicciones acerca de cuán crucial es al preparar mensajes.[9] Algunos libros están totalmente dedicados al significado de la oración en la predicación.[10]

---

6 Compárense dos libros de Andrew W. Blackwood. En *Preaching From the Bible* [Predicación desde la Biblia], Abingdon-Cokesbury, Nueva York, 1941, él no enfatiza al Espíritu Santo, ni al poder, ni a la santidad, ni a la oración. Un abrupto comentario al final del prefacio dice que el Espíritu Santo debe ser nuestro maestro (p. 9). La declaración de que la predicación en la iglesia apostólica fue en un espíritu de oración (p. 18) está enterrada entre otros énfasis. La oración obtiene una breve mención en el último párrafo del capítulo 11 (p. 196), y en otras partes hay breves referencias a la misma (pp. 207-8, 218, 222). En *The Preparation of Sermons* [La preparación de sermones], Abingdon, Nueva York, 1948, (por ejemplo, pp. 36,208, y en la declaración «las Escrituras y la oración son tan inseparables como lo son la luz y el calor del sol» [p. 45]) se le presta mayor atención a la oración.

7 Por ejemplo, Asa Cummings, *A Memoir of the Rev. Edward Payson* [Memoria del Rev. Edward Payson], American Tract Society, Nueva York, 1830; Andrew Bonar, editor, *Memoirs of McCheyne,* Moody, Chicago, 1947.

8 Por ejemplo, R. A. Bodey, editor, *Inside the Sermon. Thirteen Preachers Discuss Their Methods of Preparing Messages* [En el sermón, trece predicadores discuten sus métodos de preparación de enseñanza], Baker, Grand Rapids, 1990, pp. 28-35. Bodey dice que «la oración fiel y fervorosa, así como largas horas de estudio diligente creyendo en la Palabra de Dios» son más necesarios que ninguna otra cosa (p. 28).

9 Roger Manin, *R. A. Torrey, Apostle of Certainty* [Apostol de la seguridad], Sword of the Lord, Murfreesboro, Tennessee, 1976. J. I. Packer está en lo correcto al aplaudir las palabras de Richard Baxter: «La oración debe tener el mismo peso en nuestra labor que la predicación: el que no ore de forma diligente por su pueblo no podrá predicarles con fervor. Si no prevalecemos ante Dios para darles fe y arrepentimiento jamás prevaleceremos ante ellos para que Crean y se arrepientan», Richard Baxter, *The Reformed Pastor* [El pastor reformado], Banner of Truth, Londres, 1974, pp. 120-23, citado por J. I. Packer, *A Quest for Holiness: The Puritan Vision of Christian Life* [En busca de santidad: Una visión puritana de la vida cristiana], Crossway, Wheaton, Illinois, 1990, p. 289.

10 Gardiner Spring, *The Power of the Pulpit* [El poder del púlpito], Banner of Truth, Carlisle, Pennsylvania, 1986, particularmente «los ministros deben ser hombres de oración», pp. 137-44; W. E. Sangster, *Power in Preaching* [Poder en la predicación], Baker, Grand Rapids, 1976. El capitulo 7 es «Sosténgalo en oración», pp. 96-107.

La verdad es que muchas cosas son importantes para la predicación. Ningún heraldo consciente de Dios elegirá voluntariamente ignorar ninguna de ellas. Trabajará arduamente en la exégesis del texto, utilizará fuentes confiables, estimulará su mente mediante mucha lectura, se esforzará en ser preciso, para obtener un bosquejo claro. Buscará analogías vívidas, memorizará la Escritura, nutrirá una meta evangelística y edificante, y siempre andará mirando a Dios. Podrá escribir su mensaje en su totalidad o lo predicará en base a notas. Integrará detalles y formará transiciones claras. Conocerá al pueblo al cual le habla. Le prestará atención a la sinceridad, el entusiasmo, los toques artísticos, el poder, la gracia y el buen humor. Se ocupará de la enunciación, los gestos, el valor, la postura, la duración del mensaje, el contacto visual, y otros asuntos; además se cuidará de declaraciones hirientes.

El énfasis en la oración no debe hacer que se menosprecie ninguno de estos aspectos, pero *estos no deben eliminar la atención sobre la necesidad de ella.* Desafortunadamente, los predicadores pierden el equilibrio de varias maneras:

1. Enfatizan sólo la oración y esquivan remolonamente la responsabilidad de ser obreros de Dios mediante el estudio fiel.

2. Enfatizan los aspectos humanos de la preparación del sermón y no tienen una determinante dependencia de Dios en la oración. Dios puede bendecir, a pesar de esto, pero el predicador sólo sirve un producto de la labor humana. La fina técnica de este sermón es impresionante, pero le falta el poder vital.

3. Enfatizan la sagacidad homilética, pero sólo ofrecen una exposición trivial a la Palabra de Dios al descuidar la diligente labor en el estudio y la oración. No tienen mucho con qué alimentar a los hambrientos y reflejan poca dependencia de Dios.

¡Pero hay buenas noticias! Los predicadores pueden tener equilibrio.

Pueden enfatizar la elección de un texto y la diligencia en el estudio de un pasaje y los libros que clarifican su significado, bajo oración. Ellos buscan, de forma diligente, ilustraciones apropiadas, trabajan fervientemente para organizar bien su material y construyen buenos puentes. Oran todo el tiempo. Entonces presentan sus mensajes, fortificados por una vida consagrada y un espíritu que descansa en Dios. Esto es lo preferible. La oración es una potencia, pero no se menosprecian los otros aspectos esenciales.

La proclamación en tiempos del Antiguo Testamento

¿Qué papel ha jugado la oración durante los tiempos bíblicos y desde ese entonces? Una evaluación de la predicación de hombres que tuvieron un gran impacto para Dios, bajo oración, sería muy informativa.

Moisés. Este legislador tuvo un ministerio similar al predicador de hoy. Habló la Palabra de Dios y fue relevante para las necesidades de su tiempo. La oración tuvo una función importante en su ministerio.[11]

Un ejemplo fue cuando Moisés le rogó a Dios que exonerara a Israel luego de la adoración idólatra del becerro de oro; intercedió ante Dios para que retuviera Su propósito de *redimir* a Israel de Egipto. Segundo, tenía mucho celo para que Dios preservara Su *reputación* de deshonra alguna ante los impíos. También le imploró que proveyera algún *recordatorio* de Su promesa del pacto (Éx 32.11-13). Le pidió que perdonara a Su pueblo (Éx 32.32).

Samuel. Para animar a su pueblo, Samuel, que era sacerdote y profeta, utilizó1a lealtad de Dios a la meta de Su pacto para el bien de Israel (1 S 12.22). Percibió1a fidelidad de Dios como algo coherente con Su reputación. Porque si Dios renegaba Su promesa esto lo haría infiel a Su Palabra y su carácter, sacrificando Su honor. Samuel conocía el propósito del pacto de Dios de poseer a Israel, y sometió su voluntad al propósito de Él. Caminando al paso con Dios, le dijo a sus oyentes: «Así que, lejos sea de mí que peque yo contra Jehová cesando de rogar por vosotros» (1 S 12.23).

Es evidente el vínculo entre *predicarles* la Palabra de Dios a ellos y *orar* por ellos. La oración armoniza con la voluntad de Dios. En lugar de pecar por cesar de orar, el predicador Samuel tomó el camino que honra a Dios: «Antes os instruiré en el camino bueno y recto» (1 S 12.23). Él estableció un ejemplo para cada predicador en su *percepción* de la voluntad que articulaba la Palabra de Dios, su *oración* por el pueblo para que se relacionaran con esa voluntad, y su *proclamación* de esa voluntad. Todos estos elementos eran cruciales, incluyendo a la oración.

Daniel. Este fue el canal humano que utilizó Dios para registrar Su plan profético para los siglos venideros. La preparación de Daniel para esta tarea se centraba en la oración. Fue primordial para recibir la *información* de Dios acerca del sueño de Nabucodonosor. También procuró la *interpretación* mediante la oración (Dn 2). Luego, meditó en Jeremías 25 y 29 en cuanto a los setenta años que Dios había establecido para que

---

11 La oración fue algo frecuente en la vida de Moisés. Podemos verlo en Éx 3.1-4; 5.22-23; 6.12, 30; 8.12, 30; 9.33; 15.1-18, 25; 17.8-13; 19.23; 32.7-14, 30-34; 33.18; Nm 11.2, 11-15, 21-22; 12.13; 14.13-19; 16.15, 22; 27.15-17; Dt 3.23-28; 9.7-29; 32.1-43.

Israel estuviera en el exilio babilónico (Dn 9), e hizo tres peticiones por su pueblo: la restauración de Jerusalén (Dn 9.16), la reedificación del templo (Dn 9.17), y el regreso del pueblo (Dn 9.18, 19). La respuesta de Dios fue Su plan para conceder los tres a Su tiempo (Dn 9.24-27). En Daniel 10, este se humilló por tres semanas de ayuno y oración (Dn 10.2-3). Oró (Dn 10.12) y recibió la Palabra de Dios en cuanto a los acontecimientos en Persia, en Grecia, y en otros imperios posteriores (Dn 10-12).

La proclamación en tiempos neotestamentarios

Jesús. El Salvador utilizó la oración a fin de prepararse para el ministerio.[12] Lucas se refiere a Su oración con más frecuencia que los demás escritores evangélicos. Esto concuerda con el énfasis de Lucas en la humanidad de Jesús. Él es rey (Mt), siervo (Mr) y Dios (Jn) pero también es un hombre y ora como tal.

La oración tenía una importancia suprema en la predicación de Jesús. El Hijo del Hombre comenzó y consumó Su ministerio terrenal en oración (Lc 3.21, 22; 24.49-51). Percibió la oración como algo vital cuando el pueblo se amontonaba para escucharle predicar. A diferencia de algunos de los predicadores contemporáneos, Jesús tomó la tremenda demanda de Su tiempo como un llamado a mantener la oración como algo prioritario. Él «se apartaba a lugares desiertos, y oraba» (Lc 5.16). El aislamiento en el desierto con Dios era algo esencial antes de servirle a una multitud que se había reunido a escucharle. Para los predicadores que son sensibles a los latidos de Su corazón, las rodillas dobladas son tan cruciales para el reino como los léxicos abiertos. Su vigilia ante Dios reflejó Su sistema de valores. Jesús dependía de Dios, ¡aunque Él mismo era Dios encarnado!

Luego de esa cita en oración (Lc 5.16), Jesús estaba listo para predicar y confundir a los expertos religiosos que le llevaban la contraria (Lc 5.17). Uno se pregunta qué oraron los labios del predicador. ¿Oró por sabiduría para enfrentar las pruebas o quitar las vendas de las muchedumbres y que así vieran su desesperada necesidad espiritual (Lc 5.15, 26)? Una cosa es cierta. Independientemente de las razones por las cuales orara, el Jesús que predicó fue el Jesús que oró.

---

12 Cf. Charles E. Hoekstra, «An Examination of the Prayer Life of Jesus to Ascertain the Relation of Prayer to the Pastor's Work» [Una evaluación de la vida de oración de Jesús para establecer la relación de la oración con la obra del pastor], Disertación de D. Min., Covenant Theological Seminary, San Luis, Missouri, 1987. Aparte de evaluar las ocasiones en el ministerio de Jesús, Hoekstra relaciona la oración con la obra pastoral y sugiere aplicaciones.

Antes de comisionar a los doce discípulos, Jesús «fue al monte a orar» (Lc 6.12). Mostrando Su dependencia y sumisión a Dios a través de una vigilia nocturna en oración, luego predicó el Sermón del Monte (Lc 6.20-49). Aún después, uno de los Doce pidió: «Señor, enséñanos a orar» (Lc 11.1). El predicador que oraba, respondiendo, les enseñó la «Oración de los discípulos» (Lc 11.2-4) y otros asuntos relacionados con la oración (Lc 11.5-13).

La oración precedió a los anuncios de Jesús acerca de la iglesia y las llaves del reino (Mt 16.18-19; Lc 9.18), acerca de Su muerte y resurrección, acerca de un hombre que perdía su alma, los que se avergonzaban de Él, y Su futura venida (Lc 9.18, 29-35). También precedió a Su transfiguración (Lc 9.18, 29-35).

Jesús exhortó a sus discípulos para que oraran a medida que los moldeaba en predicadores: «Rogad, pues, al Señor de la mies, que envíe obreros a su mies» (Mt 9.38). El seguimiento de esa prioridad podría mantener a los predicadores orando por el resto de sus vidas.

Los primeros cristianos. Los primeros cristianos tenían un sentido urgente de la oración. En Hechos, ellos oraron en muchas circunstancias.[13] Lucas continuó su énfasis en la oración en este, su segundo volumen. Las oraciones de estos primeros santos son de gran estímulo para otros que deseen agradar a Dios. En Pentecostés oraron, aguardando la llegada del Espíritu con poder (Hch 1.14; cf. 1.5-7; 2.33), una preparación importante para el potente mensaje de Pedro, en Hechos 2. Sus oraciones también buscaron la elección de Dios al reemplazar a Judas entre los doce (Hch 1.15-26).

La oración fue uno de los cuatro elementos esenciales cristianos (Hch 2.42). Si era de tanta importancia en ese entonces, ¡cuán crucial debe ser para los predicadores de hoy! Los creyentes oraban regularmente (Hch 3.1; 10.9), así como en cualquier momento urgente. Pedro y Juan son un ejemplo. Ellos fueron los canales de Dios para la milagrosa sanidad de un hombre inválido (Hch 3.7-10). Luego, oraron con otros para ser valientes al testificar (Hch 4.29-31), una oración que Dios respondió capacitándolos para confrontar a los enemigos. Fueron fortalecidos,

---

13 Compárese con Hermann Wang, «The Prayers of Acts» [Los oradores de Hechos], Disertación de Th. M., Escuela de Teología Talbot, La Mirada, California, 1988, dónde se tratan la mayoría de las oraciones en Hechos. En Warren Wiersbe, *Something Happens When Churches Pray* [Algo ocurre cuando las iglesias oran], Victor Books, Wheaton, Illinois, 1984, el autor percibe la Palabra de Dios como la fuente de sabiduría en la oración, los esfuerzos exitosos que proceden de la misma, el poder del Espíritu mediante la oración, etc.

unidos y abnegados. Luego, los apóstoles ofrecieron la importancia de la oración en la predicación: «y nosotros persistiremos en la oración y en el ministerio de la palabra» (Hch 6.4). El orden de sus palabras es interesante.[14] Aun si la mención de la oración en primer orden no es significativa, es cierto que ella es de tanta importancia para los predicadores como lo es la Palabra.

Pablo. Pablo oró para que Dios ayudara a los nuevos conversos a crecer (Hch 14.23). Aparentemente percibía la oración como algo inseparable de la predicación, como lo hicieron sus antecesores (cf. Hch 6.4). Tras la oración de Hechos 14.23 y la comisión de ancianos yace el recuerdo de la preocupación de Dios por los nuevos creyentes. Su crecimiento espiritual dependía de la comisión de ancianos que los exhortaran y los nutrieran de la Palabra de Dios (cf. Hch 14.22). Hacía falta la oración para sostener este proceso.

Pablo y sus asociados oraron cuando predicaron la Palabra de Dios en Europa (Hch 16.13). Penetraron la cortina celestial antes de penetrar la humana (Hch 16.14). Dios utilizó la oración para prosperar su ministerio, el cual también era *Su* ministerio.

La dependencia de Pablo en la oración al predicar es sinónima con su dependencia en Dios en lugar de la capacidad humana (cf. 1 Co 2.1-5). Empero esto no eliminaba su hábil uso de técnicas efectivas de comunicación. Pablo, así como Jesús, adoptó buenos métodos, como las parábolas.[15] Pablo, sin embargo, dependía en última instancia del contenido «cruzcéntrico» de la Palabra de Dios y del poder del Espíritu de Dios para su efectividad en la predicación, una dependencia que se mostraba en la oración.

La dependencia de Pablo en Dios también surge en sus apelaciones a que otros oren por él. Un ejemplo es Efesios 6.18-20. Como parte de su llamado para que los cristianos se vistan de la armadura de Dios, describe esa armadura y les pide que oren «totalmente» por él. Nótese el cuádruple uso de «todo».

1. *Toda situación.* Orar «a través de (*διά*) [*dia*] toda oración y petición». Involúcrese en toda manera de oración. La palabra (*προσευχῆς*) [*proseuchēs*]) puede indicar oración en general, en todas sus

14 Sin llegar a una conclusión, Sinclair Ferguson se pregunta a la mención de la oración antes de la predicación en Hechos 6.4, Bodey, *Inside*, p. 82.

15 Jesús y Pablo utilizaron herramientas de introducción, buena organización, ejemplos vívidos, apelaciones para un veredicto, etc.

expresiones.[16] como la alabanza de agradecimiento, la confesión, la petición y la intercesión. «Petición» (δεήσεως) [*deēseōs*]) especifica cada ruego.[17]

2. *Todo tiempo.* «En todo tiempo» implica todas las oportunidades cuando los creyentes oran. Orar «en el Espíritu» para el éxito del predicador y la Palabra predicada. Pedir en sumisión a la voluntad y sabiduría del Espíritu y dependiendo de Su poder y motivaciones ajustadas a Sus valores.
3. *Toda perseverancia.* Pablo desea que ellos velen «con toda perseverancia y súplica». «Velar» (ἀγρυπνέω) [*agrupneō*]) se refiere a permanecer despierto al realizar una tarea. La oración alerta es «con toda perseverancia» (προσκαρτέρησις) [*proskarterēsis*]). El verbo relacionado significa «sostenerse de».[18] Se usa la misma palabra acerca de los cristianos que se *aferraban* a la Palabra (Hch 2.42). Pablo quiere personas alertas y tenaces orando por él en cada petición específica (δέησις) [*deēsis*]).
4. *Todo tema.* Pablo desea guerreros de oración que intercedan por «todos los santos», incluyéndose a sí mismo: «y por mí» (v. 19). ¿Orar para qué? Pablo menciona el «denuedo» en dos ocasiones. Él desea levantar la espada del Espíritu, predicando «como debo hablar» (v. 20). Hablar con denuedo concuerda con el hecho de que, de ser lleno del Espíritu (Ef 5.18), Pablo hablaría «en el poder de su fuerza» (Ef 6.10). El denuedo es necesario si el predicador ha de triunfar sobre el temor y las fuerzas reunidas en contra de su éxito (Ef 6.12). También se ajusta a un mensaje que provee cada bendición espiritual (Ef 1.3) y una herencia con Dios (Ef 1.11, 14). El predicador no debe proclamar tales verdades de manera indefinida, débil o confusa.

La oración que saturaba los sermones de Pablo también se sugiere en Filipenses 4.6. «En toda» incluye algo *más* que sermones como objeto de oración, pero ciertamente también incluye cada aspecto de la preparación del sermón. «En toda oración» utiliza una vez más la palabra

---

16 J. B. Lightfoot, *Saint Paul's Epistle to the Philippians* [Epístola de San Pablo a los Filipenses), Zondervan, Grand Rapids, 1953, p. 160.

17 *Ibíd.*, p. 160.

18 Walter Bauer, William Arndt, y F. W. Gingrich, *A Greek-English Lexicon of the New Testament and Other Early Christian Literature* [Un diccionario inglés-griego del N.T. y otra literatura de los primeros cristianos], University of Chicago Press, Chicago, 1957, p. 715.

(προσευχή) [*proseuchē*]), una palabra general para la oración.[19] Pablo continúa, «y ruego» (δέησις [*deēsis*]), que significa «una petición especial [ruego] para la satisfacción de necesidades».[20] Pablo exhorta: «Sean conocidas vuestras peticiones». Estas peticiones (αἰτήματα [*aitēmata*]), como J.B. Lightfoot supone, son «varios objetos de δέησι».[21]

Tal oración es «con acción de gracias». ¿Por qué? La persona que ora desea mostrar gratitud por las respuestas pasadas que endulzaron su vida. Dar gracias también resulta apropiado a la generosidad de Dios al conceder Su audiencia y acción. La acción de gracias se debe al Espíritu para Su ayuda (Ro 8.26, 27; Ef 6.18-20; Fil 1.19). Estas ilustran las múltiples razones para la gratitud.

La oración ha continuado a través de los siglos de la historia de la iglesia desde la época neotestamentaria.

La necesidad de oración para el poder en la predicación actual

El llamado de trompeta de la oración como preparación para la predicación resuena en los predicadores de tiempos relativamente recientes hasta el presente. Los predicadores oran y solicitan que otros oren por sus mensajes. El poder de Dios en la predicación es efectivo.

Poder mediante las oraciones de los predicadores

R. Kent Hughes, actual pastor de College Church of Wheaton, Illinois, evaluó muchos libros acerca de la predicación y se desalentó mucho porque los autores decían poco o nada acerca de la oración. Esto lo llevó a comentar:

> Esto, y la experiencia que Dios me ha concedido hasta ahora en la predicación y la oración, han provocado una convicción. Si alguna vez decido escribir un libro acerca de lo esencial para la predicación, ahora sé que dedicaría al menos un *tercio* del mismo a la preparación espiritual de asuntos tales como la oración. Este sería el *primer* tercio.[22]

---

19 Lightfoot, *op. cit.*, p. 160.

20 *Ibíd.*

21 *Ibíd.*

22 R. Kent Hughes, conversación personal, 21 de diciembre de 1990; compare con Kent y Barbara Hughes, *Liberating Ministers from the Success Syndrome* [Ministerios de liberación desde el síndrome del éxito], Tyndale, Wheaton, Illinois, 1987. El capítulo «La

E. M. Bounds (1835–1913) sirvió como capellán durante la Guerra Civil a los estados confederados. Luego pastoreó varias iglesias y llegó a ser un hombre motivado por la oración. Acostumbraba orar por las mañanas de cuatro a siete. Sus oyentes comentaban acerca de sus poderosas oraciones públicas y acerca de sus mensajes. Se han publicado al menos ocho de sus manuscritos acerca de la oración[23] y una biografía.[24] Los libros de Bounds han hecho que muchos logren mayor fervor en la oración. Él escribió:

> Al joven predicador se le ha enseñado que invierta toda su fuerza en la forma, sabor y belleza de su sermón como producto mecánico e intelectual. Por lo tanto hemos cultivado un vicioso gusto entre el pueblo y reclamado talento en lugar de gracia, elocuencia en lugar de piedad, retórica en lugar de revelación, reputación y brillantez en lugar de santidad.[25]

Gran parte de esto es cierto, pero no es una situación exclusiva. La combinación de capacidad homilética *y* mucha oración es la respuesta. Bounds también escribió: «La oración ligera aligerará la predicación. La oración fortalece la predicación [el Dios que responde a la oración realiza esto...] y hace que funciones.[26]

David Larsen, profesor de homilética en Trinity Evangelical Divinity School [Escuela Evangélica de Divinidad Trinity], también ha enfatizado la oración:

---

oración es el éxito», pp. 71-81, especialmente la p. 77, enfatiza la primacía de la oración; también véase R. Kent Hughes, *Ephesians, The Mystery of the Body of Christ* [Efesios, el misterio del Cuerpo de Cristo], Crossway, Wheaton, Illinois, 1990, en donde discute Efesios 6.18-20.

23 Todas han sido publicadas en ediciones recientes por Baker Book House. Cf. E. M. Bounds, *Purpose in Prayer* [Propósito de oración], Baker, Grand Rapids, s.f. En las páginas 5-7 y en la contraportada se ofrece un recuento biográfico.

24 Lyle W. Dorsett, *E. M. Bounds, Man of Prayer* [Hombre de Oración], Zondervan, Grand Rapids, 1991. La segunda parte del libro de Dorsett tiene selecciones de los escritos de Bound, especialmente algunos ensayos en periódicos cristianos que hacía tiempo estaban perdidos. Él tiene información, incluyendo fotografías, de los descendientes de Bound.

25 E. M. Bounds, *Power Through Prayer* [Poder a través de la oración], Baker, Grand Rapids, s.f., p. 74.

26 *Ibíd.*, p. 31.

> Es extraño que haya cualquier discusión de la predicación fuera del contexto de la oración creyente. No nos hemos preparado hasta que hayamos orado [...]
>
> No podemos representar a Dios sin antes presentarnos ante Él. Por lo tanto, para mí es más importante enseñarle a un estudiante a orar que a predicar.[27]

Luego de un poderoso mensaje por Alexander Whyte (1836–1921), pastor de Free Saint George West en Edimburgo, Escocia, un oyente exclamó: «Dr. Whyte, usted predicó hoy como si hubiera acabado de salir de la antesala del trono del Todopoderoso». El predicador replicó: «En realidad, así es».[28]

En la ordenación de un hombre preparándose para predicar, Whyte aconsejó: «Levántate antes de lo acostumbrado para meditar y orar. Satura cada frase de la oración en el Espíritu [...] Y luego ora».[29]

Un biógrafo dice que a pesar de que Whyte valoraba la adoración pública y se preparaba diligentemente para ella, la oración secreta era de mayor importancia para él. Las «características principales de su predicación»[30] eran la disciplina, la oración, las motivaciones internas, la humildad ante Dios y los hombres, y la pureza adquirida mediante el sufrimiento. El mismo escritor dice que la oración secreta de Whyte llevó a una oración pública que tuvo un poderoso impacto sobre el pueblo. Uno de los estudiantes de Whyte habló de los días cuando «cada sermón en Free St. George era un volcán, y cada oración de apertura una revelación».[31] Whyte «jamás se cansó de enfatizar la necesidad de la oración y de la disciplina en la vida cristiana: la necesidad de la humildad y de renovados comienzos».[32]

Una «vigilia matutina» era casi tan común como el amanecer para H. A. Ironside (1876–1951). Este expositor meditaba en su Biblia y

---

27 David Larsen, *The Anatomy of Preaching. Identifying the Issues in Preaching Today* [Anatomía de la predicación. Cómo identificar los temas en la predicación actual] Baker, Grand Rapids, 1989, pp. 53-54. El capítulo cuatro es útil en cuanto a la preparación espiritual, la afirmación de la identidad en Cristo, la Palabra, la oración, el poder del Espíritu y la santidad personal.

28 *Ibíd.*, p. 55.

29 G. F. Barbour, *The Life of Alexander Whyte* [La vida de A. Whyte], George H. Doran, Nueva York, 1923, pp. 296-97.

30 *Ibíd.*, p. 307.

31 *Ibíd.*, p. 309.

32 *Ibíd.*, pp. 388-89.

oraba por una hora,[33] y luego se dedicaba al estudio intensivo y a más oración. Ríos de agua viva fluían de sus momentos con Dios hacia las multitudes que le escuchaban. Insistía en que «si hemos de prevalecer sobre los hombres en público, debemos prevalecer con Dios en secreto».[34]

Los que se encontraban en Trinity Chapel, en Brighton, Inglaterra, escucharon mensajes penetrantes de parte de Frederick W. Robertson (1816–1853). Algunos lo han clasificado como el más grande predicador inglés. En los primeros años se concentró en leer acerca de David Brainerd y Henry Martyn.[35] Él bañó su vida en comunión con Dios, anhelando conformarse a la imagen de Cristo y ajustar sus valores a Sus ideales.[36] Oraba sin cesar y cada día se ocupaba de intereses distintos: domingo, la parroquia y el derramamiento del Espíritu; lunes, devoción especial; martes, la divulgación del evangelio; miércoles, el reino de Cristo; jueves, negación propia; viernes; evaluación especial y confesión; sábado, intercesión.[37]

Charles Finney (1792–1875), evangelístico en su enfoque, vivió como Jesús, escapándose para meterse en vigilias especiales de oración y ayuno. Vio a Dios bendecir grandemente su ministerio al hablar luego de mucha oración.[38] Estaba convencido de la importancia de la oración:

> Sin esto estará tan débil como la debilidad misma. Si pierde su espíritu de oración, no hará nada, o prácticamente nada, aunque tenga la capacidad intelectual de un ángel [...] El bendito Señor libera, y preserva a Su iglesia muerta de la dirección y la influencia de hombres que no conocen lo que es orar.[39]

Finney dijo: «Yo diría que a menos que tenga el espíritu de oración no podría hacer nada».[40] Si perdía, aun por un momento, el sentido del

---

33 E. S. English, HA. *Ironside, Ordained of the Lord,* Zondervan, Grand Rapids, 1946, p.176.

34 H. A. Ironside, *Praying in the Holy Spirit* [Orar en el Espíritu Santo], Loizeaux, Nueva York, s.f, p. 59.

35 Stopford A. Brooke, *Life and Letters of Frederik W. Robertson* [Vida y cartas de F. W. Robertson], Harper & Brothers, Nueva York, 1865, p. 60.

36 *Ibíd.,* p. 60.

37 *Ibíd.,* pp. 60-61.

38 L. G. Parkhurst, *Charles G. Finney's Answers to Prayer* [Respuestas de Finney a la oración], Bethany, Minneapolis, 1983. Véase, por ejemplo, el capítulo 25.

39 *Ibíd.,* pp. 126-27.

40 *Ibíd.,* p. 59; cf. Jn 15.5: incapacidad sin Cristo de hacer cosa alguna que lleve fruto. Fructificar (hacer lo que Dios considera exitoso) está íntimamente relacionado con la oración (Jn 15.7, 8).

espíritu de gracia y oración, no podía predicar con poder y era impotente en el testimonio personal.

Un famoso predicador metodista de Inglaterra, William Sangster (1900–1960), sintió que la cercanía con Dios tenía una importancia suprema al preparar el mensaje, porque luego de un estudio lleno de oración,

> el predicador parece desvanecerse y dejar a los oyentes cara a cara con Dios [...] Si se nos obliga a hacer comparaciones, debemos insistir que los dones de gracia son más importantes que los dones naturales. Es cierto que el Espíritu Santo puede obrar con poca materia prima, y si se piensa en la *efectividad* en lugar de la popularidad, la unción del Espíritu es el mayor don de todos.[41]

Por más de 46 años George W. Truett (1867-1944) pastoreó la Primera Iglesia Bautista en Dallas, Texas. Luego de pasar tiempo con su familia cada noche, iba a su biblioteca a estudiar y orar desde las 7:00 p.m. hasta la medianoche.[42] También se preparaba en otras horas. En una ocasión se encontraba en una nave sacudida por fuertes vientos y una marejada. La tensión provocó que se le pidiera a Truett orar. Se marchó a solas con Dios, en busca de un mensaje apropiado. Luego de orar, encontró el mensaje en Hebreos: «Necesitas paciencia». Cuando anunció su tema, las personas, que se encontraban agotadas por la tormenta, sonrieron aprobando el mismo.[43]

Truett sentía pasión por la salvación de las personas. Dijo que la persona que ha de ganar a otros para Cristo debe orar mucho por sí mismo y por ellos.[44] A Truett le llegaron peticiones de oración de todas partes del mundo. En una calle de Dallas, conoció a un anciano que era un renombrado abogado criminalista. «Dr. Truett», dijo el hombre, «estuve en su iglesia el domingo y escuché lo que dijo acerca de la oración. Supongo que no ora por un pecador como yo». Truett replicó: «Durante años, he orado por usted, por nombre y diariamente». Para probarlo, sacó una libreta con el nombre del abogado. Los labios del abogado temblaron

---

41 William Sangster, *The Approach to Preaching* [Acercamiento a la predicación], Epworth, Londres, 1951; véase también la nota 10 de este capítulo.

42 Joe W. Burton, *Prince of the Pulpit* [Príncipe del púlpito], Zondervan, Grand Rapids, 1946, p. 26.

43 *Ibíd.*, p. 27.

44 *Ibíd.*, p. 65.

y sus ojos se humedecieron. «Gracias, doctor, gracias por recordar a un viejo pecador endurecido».[45]

Thomas Armitage pinta esta representación de la oración:

> Un sermón saturado en oración en el suelo del estudio, como el vellón de lana de Gedeón saturado con rocío, no perderá su humedad entre eso y el púlpito. El primer paso para hacer cualquier cosa en el púlpito como obrero dedicado debe ser besar los pies del crucificado, como adorador, en el estudio.[46]

Whitesell, un maestro de la predicación, se ocupa de la oración:

> El predicador debe ser un hombre de oración [...] Debe orar por sus mensajes [...] saturarlos en oración [...] orar a medida que marcha hacia el púlpito, orar a medida que predica siempre y cuando eso sea posible, y seguir sus sermones con oración.[47]

Sinclair Ferguson, un predicador escocés, quien desde 1982 ha sido profesor de teología sistemática en el Seminario Teológico Westminster, también apoya este punto:

> Para mí, es de suprema importancia realizar toda mi preparación en el contexto de un espíritu de oración [...] buscando al Señor y dependiendo de la gracia de Su Espíritu iluminador y vivificador. Esto se acentúa mediante jaculatorias especificas y periodos de petición tanto por la exposición como por la aplicación [...]
>
> Como lo expresó John Owen, pienso en el Espíritu moviéndose entre el pueblo, dándole a cada uno un paquete de forma, tamaño y envoltura idénticas (el sermón); pero [...] el regalo que se encuentra adentro es especialmente apropiado para cada uno. Por lo tanto, oro que mi material pueda estar en armonía con Su propósito y que mi espíritu sea sensitivo a

---

45 P. W. James, *George W. Truett. A Biography* [Biografía de G. Truett], Macmillan, Nueva York, 1945, pp. 267-68.

46 Thomas Armitage, *Preaching: Its Ideals and Inner Life* [La predicación: sus ideales y su vida interior], American Baptist Publication Society, Filadelfia, 1880, p. 170.

47 Faris D. Whitesell, *The Art of Biblical Preaching* [El arte de la predicación bíblica], Zondervan, Grand Rapids, 1950, p. 86; cf. los elementos esenciales de la predicación en el capítulo 3.

Su gracioso carácter, para que no lo distorsione en mis palabras o mediante mi espíritu.[48]

Henry Holloman, un expositor en muchas conferencias de los Hermanos de Plymouth y profesor de teología sistemática en la Escuela de Teología Talbot, ha dicho:

> Detrás de cada buen predicador bíblico hay mucha labor ardua en la preparación (1 Ti 5.17; 2 Ti 2.15). Sin embargo, sólo la oración puede asegurar que su trabajo no sea desperdiciado y que su mensaje impacte espiritualmente a sus oyentes. A medida que el predicador bíblico teje la oración con su preparación, este debe enfocarse en ciertas peticiones: (1) que recibirá el mensaje de Dios [...] en su *comprensión* espiritual y mental, 1 Co 2.9-16; (2) que el mensaje de Dios agarre primero su corazón con una fuerte *convicción,* 1 Ts 1.5; (3) que exprese clara y correctamente el mensaje de Dios en el poder del Espíritu en *comunicación* efectiva, [...] 1 Ts 1.5; (4) que el Espíritu utilice el mensaje para producir la respuesta y el cambio adecuados [...] la *transformación* espiritual, 2 Co 3.18 ... y (5) que todo el proceso y el producto terminado realicen el propósito de Dios *glorificándolo* mediante Cristo, 1 Co 10.31; 1 P 4.11.[49]

Holloman aclara que «el conocimiento y la organización es lo que debemos hacer, pero la oración nos da lo que Dios sólo puede dar».

John MacArthur, pastor y maestro de la Grace Community Church, Sun Valley, California, percibe la oración como inseparable de la preparación y la predicación.

> Durante la semana [...] me encierro con mis libros [...] el estudio y [...] la comunión se entremezclan mientras aplico las herramientas de la exégesis y la exposición en [...] comunión abierta con el Señor. Busco su dirección, le agradezco por lo que descubro, ruego por sabiduría y conocimiento y deseo que me capacite para vivir lo que aprenda y predique.
>
> El sábado en la noche mi corazón comienza a sentirse cargado de manera especial por la oración. Antes de dormir, me [...] repaso las notas una vez más. Eso implica una línea abierta de comunicación con Dios mientras ofrezco mis notas al Señor, de manera consciente mientras medito, para que las apruebe, las refine y las aclare.

48 Sinclair B. Ferguson, citado por Bodey, *Inside*, pp. 82-83.

49 Carta personal, 14 de enero de 1991.

> Despierto el domingo por la mañana en el mismo espíritu de oración. Llego temprano a la iglesia y paso un tiempo [...] en oración, entonces me uno a los ancianos que oran conmigo por los mensajes. El domingo por la tarde, paso un tiempo parecido para repasar en oración mi mensaje vespertino.[50]

Juan Stott dice que un predicador, como un padre (1 Ts 2.11), debe orar por su familia eclesiástica. Los predicadores sólo dedicarán tiempo para esta ardua y secreta labor si aman a su pueblo lo suficiente. «Debido a que es algo secreto y que no recibe recompensa de parte de los hombres, sólo nos involucraremos en ella si anhelamos su bienestar espiritual más que su agradecimiento».[51]

Andrew Blackwood, quien por mucho tiempo fue profesor de homilética en el Seminario Teológico Princeton, aconseja al predicador que establezca una regla y jamás haga excepción alguna: comience, continúe, y termine con oración.[52] Un sermón bíblico, dice él, posiblemente valdrá todo lo que el predicador invierta en el mismo, el tiempo que le dedique, el pensamiento que le ofrezca y la oración:

> Porque en su estudio el profeta puede edificar su altar y poner sobre el mismo la madera. Allí puede colocar su sacrificio de forma amorosa [...] Sermón [...] pero todavía sabe que el fuego debe venir de Dios. Y vendrá si ora antes de obrar, y si obra en el espíritu de oración.[53]

Edward Payson (1783–1827) ejemplificó la preparación del sermón con estudio diligente lleno de horas de oración. Pastoreó la Segunda Iglesia Congregacional de Portland, Maine. Su rapidez en la lectura, su agudeza en la asimilación de los detalles, y su buena erudición eran notables.[54] Estudió los escritos de Jonathan Edwards y otros,[55] pero su mayor celo estribaba en el estudio de la Biblia y la oración por la ayuda de Dios en la interpretación y la aplicación de la misma.[56] La oración era «el he-

---

50 Carta personal, «Expository Preaching», 16 de enero de 1991.

51 John R. Stott, *The Preacher's Portrait,* Eerdmans, Grand Rapids, 1961, pp. 98-99.

52 Andrew W. Blackwood, *The Preparation of Sermons* [La preparación de sermones], Abingdon, Nueva York, 1948, p. 36.

53 Blackwood, *Preaching,* p. 196.

54 Asa Cummings, *Memoir,* pp. 13-14.

55 *Ibíd.,* p. 65.

56 *Ibíd.,* p. 71.

cho más obvio en su historia».[57] Él «estudió teología en sus rodillas. Se pasó gran parte de su tiempo literalmente postrado con la Biblia abierta ante él, rogando las promesas».[58]

La disciplina de Payson le llevó a guardar su tiempo. Su horario regular era de doce horas diarias de estudio: dos para devoción, dos para relajarse, dos para comer y tener devocionales familiares, y seis para dormir.[59] En su diario y sus cartas, hay muchos comentarios como este: «Se me ayudó mucho en los estudios [...] fui capacitado para escribir doce páginas de mi sermón. Fue mucho más precioso porque pareció ser respuesta a la oración».[60] Escribió el 17 de marzo de 1806 que desde que comenzó a rogar por la bendición de Dios sobre su preparación: «He realizado más en una semana que lo que antes hacía en todo un año».[61]

Hasta en casos en que Payson sintió que había predicado débilmente, su pueblo era refrescado. Cuando se sentía muerto en las devociones, frecuentemente continuaba orando hasta alcanzar la victoria.[62] Dios reanimó en gran medida a este predicador como reanimó al salmista.[63] Durante horas Payson oraba por los perdidos y les testificaba con frecuencia. Vio a muchos salvarse y ser añadidos a la iglesia.

Un hermano le dijo a Payson que se sentía descorazonado en cuanto a la predicación debido a su falta de experiencia e ignorancia. Payson le escribió, admitiendo que él mismo se había sentido así:

> Esto me llevó a orar casi incesantemente [...] Confío en que Él, que me ha guiado a mí y a miles de otros igual de tontos, así lo hará contigo [...] Si habremos de hacer mucho por Dios, debemos pedirle mucho a Él... No puedo recalcar esto más. La oración es lo primero, lo segundo y lo tercero que necesita un ministro, especialmente en temporadas de reavivamiento [...] Ora, entonces, mi querido hermano, ora, ora, ora.[64]

Charles Spurgeon (1834–1892), un predicador que fue usado en gran manera, enfatizó mucho la oración. Opinaba que los ministros debían orar sin cesar (1 Ts 5.17). «Todas nuestras bibliotecas y nuestros

---

57 *Ibíd.*, p. 242.
58 *Ibíd.*, p. 74.
59 *Ibíd.*, p. 75.
60 *Ibíd.*, p. 81.
61 *Ibíd.*, p. 59.
62 *Ibíd.*, p. 106.
63 Cf. Sal 119.25b, 37, 88.
64 Cummings, *Memoir*, pp. 255-56.

estudios son nada comparados con nuestras recámaras. Crecemos, nos fortalecemos y prevalecemos en la oración privada»,[65] escribió. Oraba al elegir un tema, al adentrar el espíritu de un texto, al ver las profundas verdades de Dios, al exhibirlas, al recibir frescos arroyos de pensamiento, y para la presentación. Porque:

> Nada puede prepararle de manera tan gloriosa para predicar como descender fresco del monte de la comunión con Dios para hablar con los hombres. Nadie es capaz de rogar con los hombres como aquel que ha estado luchando con Dios a su favor.[66]

Spurgeon estudiaba arduamente, pero obtuvo algunos de sus mejores pensamientos mientras predicaba.[67] O, al sentirse restringido, se lamentaba en secreto con Dios y recibía una libertad poco común. «¡Pero cómo nos atrevemos a orar en la batalla si jamás le hemos llorado al Señor mientras nos ponemos los arreos!»[68]

Luego de predicar, Spurgeon veía a la oración como algo estratégico. «Si no podemos prevalecer con los hombres por Dios, al menos tratemos de prevalecer con Dios por los hombres».[69]

Así que el predicador que realiza su labor de la forma que Dios desea ora, pero también nombra a otros para que oren por el éxito de la Palabra.

Poder mediante las oraciones de otros

A comienzos de este siglo, John Hyde oró por los predicadores en las conferencias en India. Él y R. McCheyne Patterson oraron durante un mes por una conferencia en 1904. George Turner se unió a ellos por tres de esas semanas.[70] Dios salvó cientos de personas y restauró a creyentes. Hyde se arrodillaba muchas horas en su cuarto o se postraba en el suelo, o se sentaba en un mensaje mientras intercedía por el conferenciante y los oyentes.

---

65 Helmut Thielicke, *Encounter With Spurgeon* [Encuentro con Spurgeon], Fortress, Filadelfia, 1963, p. 117.

66 *Ibíd.*, p. 118.

67 *Ibíd.*, p. 119.

68 *Ibíd.*

69 *Ibíd.*

70 E. G. Carré, editor, *Praying Hyde*, Bridge, South Plainfield, Nueva Jersey, 1982, pp. 13-14.

Dwight L. Moody (1837–1899), fundador del Instituto Bíblico Moody, frecuentemente vio a Dios obrar poderosamente cuando otros oraban por sus reuniones en los EE.UU. y en el extranjero. Le enviaba frecuentes telegramas a R. A. Torrey en la escuela, pidiendo oración. La facultad y los estudiantes oraban toda la noche o hasta temprano en la mañana.[71]

Después de la muerte de Moody, Torrey (1856–1928) predicó en muchos países. Él también era respaldado por la oración. En Australia, se reunieron 2.100 grupos de oración en las casas por espacio de dos semanas antes de que llegara. Dios convirtió muchas vidas.[72] Luego de que Torrey muriera, la Señora Torrey dijo: «Mi esposo fue un hombre de mucha oración y estudio bíblico. Se negó la interacción social hasta con sus mejores amigos, a fin de tener tiempo para la oración, el estudio y la preparación para su obra».[73]

Torrey dijo: «Ore por grandes cosas, espere grandes cosas, obre por grandes cosas, pero sobre todo ore».[74] Le dijo a los miembros de la iglesia, «¿Desean un nuevo ministro? Puedo decirles cómo obtenerlo. Oren por el que tienen hasta que Dios lo rehaga».[75] Creía que «la oración es la llave que abre todos los almacenes de la gracia y el poder infinito de Dios».[76] Pastoreó por muchos años la Iglesia Chicago Avenue en Chicago, Illinois, luego denominada Moody Memorial. Gran parte del crecimiento allí provino de la oración de Torrey y las personas que oraban que se reunían los sábados en la noche y los domingos por la mañana.[77]

Payson, anteriormente mencionado, reunía personas para orar en las «Sociedades de Aarón y Hur» en grupos de cuatro y cinco por una hora. Ellos oraban antes de que Payson predicara.[78] Un predicador necesita ser líder de la oración y también lograr que la iglesia:

---

71 R. A. Torrey, *Why God Used D. L. Moody* [Por qué Dios usó a D. L. Moody], Moody, Chicago, 1923, pp. 16-17.

72 Martin, *Torrey,* p. 139; para el impacto luego de que el pueblo orara, véanse las pp. 110, 131-132, 134, 144, 169-70, 173, 186.

73 Martin, *Torrey,* p. 279.

74 *Ibíd.,* p. 166.

75 R. A. Torrey, *The Power of Prayer and the Prayer of Power* [El poder de la oración y la oración de poder], Revell, Nueva York, 1924, p. 35.

76 *Ibíd.,* p. 17.

77 Manin, *Torrey,* p. 110.

78 Cummings, *Memoir,* p. 180.

> Se estimule orando por las influencias del Espíritu divino; y ellos deben reunirse frecuentemente para este propósito [...] En ese deber reconocemos explícitamente, no solo a Él, sino a nuestras criaturas compañeras, que nada sino las influencias de Su Espíritu pueden hacer que cualquier medio sea efectivo, y que somos completamente dependientes ... de Su Soberana voluntad.[79]

Payson dependía de las oraciones de otros. Su itinerario de conferencias frecuentemente estaba lleno. Preparaba cuatro sermones semanales y algunos para la prensa. Dentro de un período de dos meses también tuvo tres mensajes de ordenación, dos mensajes para sociedades misioneras, y uno para un asilo de mujeres.[80] No importaba cuán ocupado estuviera, mantuvo sus vigilias de oración. Su biógrafo dice que «la oración [...] era el negocio preponderante de su vida [...] mediante la cual derivaba abastecimientos interminables».[81] Añade que «su conversación estaba en el cielo».

Spurgeon dijo mucho acerca de la oración de otros. El predicador, no importe cuán brillante, consagrado o elocuente sea, no tiene poder sin la ayuda del Espíritu:

> La campana en el campanario podrá estar bien puesta, bien hecha, y ser del mejor metal, pero no suena hasta que la hagan sonar. Y [...] el predicador no tiene palabra de vida para los muertos en el pecado, o de consuelo para los santos vivos a menos que el espíritu divino [Espíritu] le dé un empuje de gracia, y le ruegue hablar con poder. De ahí la necesidad de orar tanto por el predicador como por los oyentes.[82]

Spurgeon dijo que él rogaba hasta llorar por las oraciones de otros.[83] La iglesia sólo podía continuar o prosperar mediante la intercesión abundante. Él percibía la reunión de oración de los lunes en la noche, en el Tabernáculo Metropolitano de Londres, como «el termómetro de la iglesia».[84] Durante años gran parte del auditorio y la primera galería estuvie-

---

79 *Ibíd.*, p. 256.

80 *Ibíd.*, pp. 260-61.

81 *Ibíd.*, p. 122.

82 Charles H. Spurgeon, *The Quotable Spurgeon* [El digno de citarse Spurgeon], Harold Shaw, Wheaton, Illinois, 1990, p. 207.

83 Spurgeon, *Metropolitan Tabernacle Pulpit* [Púlpito del tabernáculo Metropolitano], Pilgrim, Pasadena, Texas, 1971, 19:169.

84 Susannah Spurgeon y Joseph Harrald, *The Full Harvest 1860-1892* [La cosecha completa], edición revisada, vol. 2 de *C. H. Spurgeon Autobiography* [Autobiografia de

ron llenos para estas reuniones.[85] Según Spurgeon, la reunión de oración era «la más importante de la semana».[86]

LA PRIMACÍA DE LA ORACIÓN

La oración reina suprema, junto con la Palabra de Dios, en los ministerios del Antiguo Testamento, el Nuevo Testamento, y desde entonces. El predicador contemporáneo, como siempre, necesita un sabio balance entre los diferentes aspectos de la preparación del sermón que dependan de la capacidad humana y las facetas que requieren a Dios para su todopoderoso poder. El hombre que representa a Dios en el púlpito debe cultivar una creciente pasión en cuanto a ser el canal de más oración y diligencia que pueda para anunciar el mayor mensaje de todos los tiempos.

C. H. Spurgeon], Banner of Truth, Carlisle, Pennsylvania, 1987, p. 321.

85 *Ibíd.*

86 *Ibíd.*, p. 322.

5

El hombre de Dios y la predicación expositiva

John MacArthur

Tras el concepto de este mensaje está el carácter del expositor. Quien debe estar separado de los asuntos mundanos, elevado sobre las metas y las ambiciones mundanas y dedicado de forma singular al servicio de Dios. En 1 Timoteo 6.11-14, Pablo enumera cuatro características de ese hombre de Dios: está marcado por aquello de lo cual huye, lo que sigue, por lo que lucha y a lo que le es fiel.

En la Escritura, los voceros de Dios frecuentemente son denominados mediante diferentes títulos tales como profeta, anciano, evangelista y pastor.[1] Estos títulos se refieren, por lo general, a la tarea que ejecuta el hombre. Sin embargo, uno de ellos hace referencia al *carácter* del hombre que sostiene un oficio. Ese título es «hombre de Dios». Es usado frecuentemente en el Antiguo Testamento. Moisés (Dt 33.1; 1 Cr 23.14; Esd 3.2), el profeta anónimo que pronunció juicio divino sobre la familia de Eliseo (1 S 2.27), Samuel (1 S 9.6), David (Neh 12.24,36), Elías (1 R 17.18) y Elías (2 R 4.8-9) están entre aquellos que fueron designados «hombres de Dios». En cada caso, el término «hombre de Dios» se refiere a alguien que representó a Dios al hablar Su Palabra.

Aunque el título es bastante común en el Antiguo Testamento, en donde aparece unas setenta veces, solo se usa tres veces en el Nuevo Testamento. En 2 Pedro 1.21, la forma plural se refiere a los profetas del

1 Para el desarrollo de otros temas como mayordomo, heraldo, testigo y siervo, véase a John R. W. Stott, *The Preacher's Portrait*, Eerdmans, Grand Rapids, 1961.

Antiguo Testamento. En 2 Timoteo 3.16-17 Pablo lo usa para referirse a los que predican la Palabra como Timoteo, aunque el principio del poder perfeccionador de la Escritura en ese texto extiende su sentido de referencia a todos los creyentes (cf. Sal 19.7-9). El tercer uso, el tema de la presente discusión, está en 1 Timoteo 6.11, en donde Pablo se dirige a Timoteo como «hombre de Dios».

Al llamarlo así, Pablo lo identifica con una extensa línea de voceros de Dios que se extiende hasta el Antiguo Testamento. Pablo indudablemente procuraba que el recordatorio de este noble linaje fortaleciera la determinación de Timoteo de permanecer firme frente a las presiones del ministerio. Al ministerio de Timoteo en Éfeso ciertamente no le faltaron presiones, por supuesto: falsa doctrina, líderes pecaminosos y descalificados, impiedad y tolerancia del pecado, sólo por nombrar algunos. Pablo le recuerda a Timoteo que él es «el hombre de Dios», añadiendo así un tremendo peso de responsabilidad a su ministerio. Él representa a Dios.

En 1 Timoteo 6.11-14, Pablo presenta cuatro señales de un hombre de Dios: este debe identificarse por aquello a lo cual le huye, lo que sigue, por lo que lucha y a lo que le es fiel.

Un hombre de Dios está marcado por aquello a lo cual le huye

En el versículo 11, Pablo le manda a Timoteo que «huya de estas cosas». «Huir» proviene de la palabra griega *pheugō,* de donde se deriva la palabra *fugitivo*. Se utiliza en la literatura extrabíblica griega para hablar de huir de un animal salvaje, una serpiente venenosa, una plaga mortal, o un enemigo que ataca. Es un imperativo en el sentido presente y podría traducirse «continúa huyendo». Un hombre de Dios es un fugitivo por toda su vida, uno que huye de aquellas cosas que podrían destruirlo a él y a su ministerio. En otros lugares Pablo presenta algunas de estas amenazas: la inmoralidad (1 Co 6.18), la idolatría (1 Co 10.14), las falsas enseñanzas (1 Ti 6.20; 2 Ti 2.16), los falsos maestros (2 Ti 3.5), así como la concupiscencia juvenil (2 Ti 2.22).

¿De qué le aconseja Pablo a Timoteo que huya? El contexto inmediato indica que es el amor al dinero. En los versículos 9-10, Pablo advierte:

> Porque los que quieren enriquecerse caen en tentación y lazo, y en muchas codicias necias y dañosas, que hunden a los hombres en destrucción y perdición; porque raíz de todos los males es el amor al dinero, el cual codiciando algunos, se extraviaron de la fe, y fueron traspasados de muchos dolores.

El hombre de Dios debe huir de los males asociados con el amor al dinero: varias tentaciones, trampas, deseos dañinos que llevan a la destrucción, la apostasía y la pena. La codicia es el enemigo. Destruirá al hombre de Dios, así que debe huir de él.

El amor al dinero y las posesiones materiales es un pecado característico de los maestros falsos. Desde Balaam, el codicioso profeta que servía a precio (Dt 23.4; 2 P 2.15), hasta Judas, que traicionó a nuestro Señor por treinta monedas de plata (Mt 27.3); a los falsos profetas que Isaías llamó perros codiciosos (Is 56.11) a los codiciosos profetas de los días de Jeremías (Jer 6.13; 8.10) y los que profetizaron por dinero, de los cuales habla Miqueas (Miq 3.11); a aquellos esclavos de sus apetitos que engañaron a los romanos (Ro 16.18) y los parlantes vacíos y engañadores de Creta, que molestaron a familias completas por ganancias depravadas (Tit 1.11), hasta los teleevangelistas hambrientos de dinero y los predicadores del evangelio de la prosperidad de nuestros días, falsos maestros que se han caracterizado por la codicia.

Pero eso no es así con el hombre de Dios. Un hombre de Dios no es como aquellos que, en palabras de Pablo, están «falsificando la Palabra de Dios» (2 Co 2.17). No es un farsante espiritual. Es uno que proclama el mensaje de Dios, no lo que crea vendible. Él está en el negocio de penetrar los corazones de los hombres con la verdad de Dios, no en el de cosquillear sus orejas. N o hace nada por ganancia personal.

Por eso es precisamente que un pastor, administrador o anciano debe estar libre del amor al dinero (1 Ti 3.3). Esta virtud resguarda contra dos verdaderos peligros: primero, la tentación de pervertir el ministerio mediante el uso de la Palabra de Dios para enriquecerse, y segundo, en contraste, el peligro de ignorar el ministerio para enriquecerse mediante negocios ajenos.

Pablo se esforzó por evitar que se le acusara de codicia en su ministerio. Les dijo a los ancianos de Éfeso:

> Ni plata ni oro ni vestido de nadie he codiciado. Antes vosotros sabéis que para lo que me ha sido necesario a mí y a los que están conmigo, estas manos me han servido. En todo os he enseñado que, trabajando así, se debe ayudar a los necesitados, y recordar las palabras del Señor Jesús, que dijo: Más bienaventurado es dar que recibir (Hch 20.33-35).

Pablo era tan sensible a que se le acusara de predicar por ganancia que, a pesar de que tenía el derecho de ser apoyado financieramente en su ministerio (1 Co 9.3-15), cedió ese derecho para que no se obstaculizara el evangelio (v. 12). A los tesalonicenses escribió: «Porque os acordáis, hermanos, de nuestro trabajo y fatiga; cómo trabajando de noche y de día, para no ser gravosos a ninguno de vosotros, os predicamos el evangelio de Dios» (1 Ts 2.9). Defendió el derecho de cada predicador a que fuera pagado por aquellos que recibían su ministerio (cf. Gá 6.6), pero prohibió el pecado de la codicia y el descontento (1 Ti 6.6-8).

Un hombre podría denominarse como predicador, pero si está en el ministerio por dinero, no es un hombre de Dios. Ha prostituido el llamado de Dios por la ganancia personal. Nuestro Señor advirtió: «No podéis servir a Dios y a las riquezas» (Mt 6.24). El hombre de Dios jamás debe poner precio a su ministerio, jamás debe pedir dinero por proclamar la Palabra. Debe contentarse con el apoyo que provea el Señor mediante las ofrendas de Su pueblo. Cualquiera que ponga precio a su ministerio lo devalúa.

Un hombre de Dios está marcado por aquello que sigue

El hombre de Dios se conoce no sólo por aquello a lo cual le huye, sino también por aquello que sigue. Atrás están los pecados que podrían destruirle; adelante yacen las virtudes que hacen poderoso su ministerio. Siempre y cuando viva en esta tierra, el hombre de Dios jamás dejará de correr. Si deja de huir del mal, este le alcanzará; y si deja de seguir la justicia, esta le eludirá. Toda su vida y ministerio es una huida de lo que está mal y la búsqueda de lo correcto. El verbo griego traducido «buscar» (*diōkō*) es otro presente imperativo, que indica la naturaleza continua de esta búsqueda.

En la segunda parte de 1 Timoteo 6.11, Pablo presenta seis virtudes que todo hombre de Dios debe buscar: justicia, piedad, fe, amor, paciencia, mansedumbre. Las primeras dos son principios generales, mientras que las últimas cuatro son más específicas.

Justicia

El primero de los grandes principios, «justicia» (gr. *dikaiosun*) se refiere al comportamiento correcto hacia Dios y el hombre. Aquí la referencia no es a la justicia imputada recibida en la salvación, sino a la justicia práctica que debemos exhibir en nuestras vidas.

Ya que la práctica de la justicia es una marca del pueblo de Dios, obviamente debe ser modelada por el hombre de Dios que es un ejemplo para todos los creyentes. En el Salmo 15.1 David pregunta: «Jehová, ¿quién habitará en tu tabernáculo? ¿Quién morará en tu monte santo?» En el próximo versículo está la respuesta: «El que anda en integridad y hace justicia».

El pueblo de Dios es llamado «justo» a través del libro de Proverbios (cf. 11.9-10; 12.5; 18.10; 21.18). Aquellos que el Señor ama son los que buscan la justicia (Pr 15.9). Isaías se refiere al remanente fiel de Israel como «los que seguís justicia» (Is 51.1).

Justicia como la señal de un verdadero creyente es también la lección del Nuevo Testamento. En el Sermón del Monte, Jesús describió los verdaderos creyentes como aquellos que tienen hambre y sed de justicia (Mt 5.6), y le advirtió a Sus oyentes que «si vuestra justicia no fuere mayor que la de los escribas y fariseos, no entraréis en el reino de los cielos» (Mt 5.20). En 1 Juan 3.10 se resume todo: «En esto se manifiestan los hijos de Dios, y los hijos del diablo: todo aquel que no hace justicia, y que no ama a su hermano, no es de Dios». Si la justicia es la señal de un verdadero cristiano, ¡cuánto más ha de caracterizar al hombre de Dios! Este debe ser como Timoteo, a quien Pablo exhortó: «Sé ejemplo de los creyentes en palabra, conducta, amor, espíritu, fe y pureza» (1 Ti 4.12). El salmista lo dijo de forma específica: «El que ande en el camino de la perfección, éste me servirá» (Sal 101.6). El hombre de Dios no hace menos.

La Inglaterra del siglo diecinueve no conoció modelo mayor de un pastor piadoso y justo que el puritano Richard Baxter. En su obra maestra *The Reformed Pastor* [El pastor reformado], que todo pastor debería leer, exhortó a sus compañeros ministros a:

> Escucharse a sí mismos, para que sus ejemplos no contradigan su doctrina, y para que no coloquen piedras de tropiezo ante los ciegos, porque esto podría ser la causa de su ruina; para que no deshagan con sus vidas, lo que dicen con sus lenguas; y sean los principales obstáculos para el éxito de sus mismas labores [...] Su labor será mucho más obstaculizada si se contradicen a sí mismos, si sus acciones ofrecen mentira a sus lenguas, y si edifican una o dos horas con sus bocas, ¡y el resto de la semana lo destruyen con sus manos! Esta es la manera de hacer que los hombres piensen que la Palabra de Dios no es sino una mera historieta, y hacer que la predicación no parezca mejor que una charla. Aquél que realmente crea lo que habla seguramente hará lo que dice. Una palabra orgullosa, hostil, o altanera, una contienda innecesaria, una acción codiciosa, podría cortarle el cuello a muchos sermones, y destruir el fruto de todo lo que ha estado haciendo [...]
>
> Hermanos, ciertamente tenemos una gran razón para respetar lo que hacemos, así como lo que decimos: si hemos, de ser siervos de Cristo, no debemos servir de lengua solo, sino que debemos servir mediante nuestras obras, y ser «hacedores de la obra, para que seamos bendecidos en nuestra obra». Así como nuestro pueblo debe ser «hacedor de la palabra y no solo oyentes»; debemos ser hacedores y no solo habladores, a menos que «nos

engañemos a nosotros mismos...» Debemos estudiar con el mismo empeño para vivir bien como para predicar bien.[2]

Que trágico es cuando la vida de un pastor no respalda su mensaje. Los mejores y más poderosos sermones expositivos no tendrán efecto alguno si le falta justicia a la vida del predicador. El hombre de Dios debe vivir una vida de obediencia a la Palabra de Dios. Él, de entre todas las personas, debe practicar lo que predica, o nadie más lo hará. El Señor sólo le permite a un hombre justo de Dios que predique de forma legítima el mensaje de la justicia divina en Cristo. El temor de Pablo era que pudiera caer en pecado y fuera descalificado de la predicación (1 Co 9.27). El hombre de Dios debe ser moralmente irreprensible (1 Ti 3.2; Tit 1.6).

La piedad

«Piedad» (griego, *eusebeia*) está íntimamente relacionada con la justicia. La justicia podrá hablar de la conducta externa, la piedad de la actitud interna. La piedad es el espíritu de la santidad, la reverencia y la devoción que dirige el comportamiento justo. Este fluye de una actitud correcta; la que a su vez fluye de un motivo apropiado. El significado básico de *eusebeia* es reverencia por Dios. El hombre caracterizado por *eusebeia* tiene un corazón adorador. Sabe lo que significa perseverar «en el temor de Jehová todo el tiempo» (Pr 23.17). No sólo hace lo correcto, sino que también piensa de forma correcta; no sólo se comporta adecuadamente, sino que también está correctamente motivado. Es un hombre que sirve a Dios con reverencia y admiración (He 12.28). Aunque vive en la presencia consciente de la santidad de Dios, paradójicamente podría sentirse muy impío, como Isaías (cf. Is 6).

La justicia y la piedad son las dos cualidades indispensables de un hombre de Dios, sin embargo, su búsqueda es para toda la vida. También son centrales para su utilidad; están en la médula de su poder. Él las posee, no obstante las busca (cf. Fil 3.7-16). Un predicador que no esté santificado es inútil para Dios, y un peligro para sí mismo y para el pueblo. Richard Baxter escribió:

> Muchos sastres, que hacían costosos vestidos, terminan en harapos; y muchos cocineros apenas se chupan los dedos aunque prepararon los platillos

2 Richard Baxter, *The Reformed Pastor,* Banner of Truth, Edimburgo, 1979, pp. 63-64.

> más costosos para otros [...] Ser un profesor impío es algo temeroso, pero mucho más lo es ser un predicador impío.[3]

Dios tiene una pobre opinión de los tales. El Salmo 50.16-17 dice: «Pero al malo dijo Dios: ¿Qué tienes tú que hablar de mis leyes, y que tomar mi pacto en tu boca? Pues tú aborreces la corrección, y echas a tu espalda mis palabras». Las palabras de Jeremías a los pastores impíos son aterradoras. «¡Ay de los pastores [...] que apacientan mi pueblo: Vosotros dispersasteis mis ovejas, y las espantasteis, y no las habéis cuidado. He aquí que yo castigo la maldad de vuestras obras» (Jer 23.1-2). Los acusó de ser «impíos» (Jer 23.11).

El hombre de Dios debe resguardar constantemente su corazón, sus motivaciones, sus deseos y su conducta, conociendo que en la carne no mora nada bueno (Ro 7.18). Debe limpiarse «de toda contaminación de carne y de espíritu, perfeccionando la santidad en el temor de Dios» (2 Co 7.1). Alguien no menor como hombre de Dios que el apóstol Pablo dijo: «*Soy* el mayor de los pecadores», no «*fui* el mayor de los pecadores». Él conocía sus tendencias pecaminosas y su necesidad de utilizar todos los medios de gracia para permitir que el Espíritu las conquistara.

En una ocasión un amigo le dijo al gran predicador escocés del siglo diecinueve, Alexander Whyte, que un evangelista visitante había dicho que otro predicador, el Dr. Wilson, no era un hombre convertido. Saltando de su silla, Whyte exclamó: «¡Qué villano! ¡Que el Dr. Wilson no es un hombre convertido!» Su amigo entonces le dijo que el evangelista también había dicho que Whyte mismo no era convertido. Whyte se sentó, ocultó su rostro entre sus manos y estuvo callado por mucho tiempo. Entonces le dijo a su amigo: «¡Déjame, amigo, déjame! ¡Debo examinar mi corazón!»[4]

En raras ocasiones alguien ha declarado la necesidad de que un hombre resguarde su corazón de forma tan poderosa como Richard Baxter:

> Escúchense, a menos que vivan en los mismos pecados contra los cuales predican, y a menos que sean culpables de aquello que condenan a diario, ¿se ocuparán de magnificar a Dios y, al así hacerlo, deshonrarlo tanto como los demás? ¿Proclamarán el dominante poder de Cristo, para luego condenarlo y rebelarse? ¿Predicarán sus leyes para luego quebrantarlas voluntariamente? Si el pecado es maldad, ¿por qué viven en él? De no serlo,

---

3 *Ibíd.*, p. 54.

4 Citado en Warren Wiersbe, *Walking With the Giants* [Camine con gigantes], Baker, Grand Rapids, 1976, p. 92.

¿por qué disuaden a los hombres de él? Si es peligroso, ¿cómo se atreven a aventurarse en él? De no serlo, ¿por qué le dicen eso a los hombres? Si las amenazas de Dios son ciertas, ¿por qué no le temen a ellas? Si son falsas, ¿por qué molestan innecesariamente a los hombres con ellas, y los atemorizan sin razón alguna? Saben «que los que practican tales cosas son dignos de muerte»; empero, ¿van a hacerlas? ¿«Tú, pues, que enseñas a otro, no te enseñas a ti mismo? [...] Tú que dices que no se ha de adulterar, ¿adulteras? Dices que no se ha de ser borracho, ni codicioso», ¿eres eso mismo? «Tú que te jactas de la ley, ¿con infracción de la ley deshonras a Dios?» ¡Qué! ¿Hablará la misma lengua que anuncia maldad contra ella? ¿Los mismos labios que censuran, calumnian y difaman a su prójimo, van a lamentar esas cosas y otras parecidas en otros? Escuchen, a menos que lamenten el pecado, aunque no puedan vencerlo; a menos que, mientras procuran derrotarlo en otros, y ustedes se rindan a él, y se conviertan en esclavos ustedes mismos: Porque el hombre es esclavizado por aquello que pueda vencerlo. «¿No sabéis que si os sometéis a alguien como esclavos para obedecerle, sois esclavos de aquel a quien obedecéis, sea del pecado para muerte, o sea de la obediencia para justicia?» ¡Ay hermanos!, es más fácil reprimir el pecado que vencerlo.[5]

John Flavel, otro puritano, concordaba con Baxter: «Hermanos, es más fácil denunciar mil pecados de otro, que mortificar uno propio en nosotros mismos».[6]

El hombre de Dios debe esforzarse mucho por eliminar de sí la dicotomía entre lo que *parece ser* en el púlpito y lo que *es* fuera de él. Spurgeon escribió:

Que el ministro se ocupe de que su carácter personal concuerde en todo con su ministerio.

Todos hemos escuchado la historia de un hombre que predicaba tan bien y vivía tan mal, que cuando estaba en el púlpito todos decían que no debía salirse de allí, y cuando estaba fuera del mismo todos declaraban que jamás debía entrar a él. Que el Señor nos libere de tal Janus. Que jamás seamos sacerdotes de Dios en el altar, e hijos de Belial fuera de la puerta del tabernáculo; sino todo lo contrario, que seamos, como dijo Nacianceno de Basilea, «trueno en nuestra doctrina, y relámpago en nuestra conversación». No confiamos en aquellas personas que tienen dos caras, ni los hombres

5 Baxter, *op cit.*, pp. 67-68.

6 Citado en I. D. E. Thomas, *A Puritan Golden Treasury* [Un tesoro puritano], Banner of Truth, Edimburgo, 1977, p. 191.

creerán en aquellos cuyos testimonios verbales y prácticos sean contradictorios [...] Los verdaderos ministros siempre son ministros.[7]

Sólo los que practican la justicia y la piedad están preparados para el servicio del Maestro. En 2 Timoteo 2.21, Pablo le escribió a Timoteo: «Así que, si alguno se limpia de estas cosas, será instrumento para honra, santificado, útil al Señor, y dispuesto para toda buena obra». El noble escocés, Robert Murray McCheyne, hombre de Dios, repitió los sentimientos de Pablo cuando pronunció las siguientes palabras de consejo a un joven pastor que estaba siendo ordenado:

> No olvide la cultura del hombre interior, quiero decir del corazón. Cuán diligentemente el oficial de caballería mantiene su sable limpio y afilado; limpia cada mancha con mucho cuidado. Recuerde que usted es la espada de Dios, Su instrumento: confío que es un receptáculo elegido para llevar Su nombre. El éxito, depende en gran medida, de la pureza y la perfección del instrumento. Dios no bendice tanto a los grandes talentos sino al gran parecido con Jesús. Un ministro santo es un arma temible en la mano de Dios.[8]

La búsqueda de la justicia y la piedad requiere autonegación, Pablo en 1 Corintios 9.27, no sólo articuló su temor de ser descalificado, sino también su defensa contra ello: «golpeo mi cuerpo, y lo pongo en servidumbre, no sea que habiendo sido heraldo para otros, yo mismo venga a ser eliminado». Temía que luego de predicarle a otros, podría ser *adikomos:* probado y hallado descalificado para el servicio. Para evitar eso, Pablo practicó la autodisciplina, especialmente en cuanto a sus apetitos corporales. Todo el mundo está bastante familiarizado con la tragedia de aquellos que han sido descalificados del ministerio debido al fracaso en el ejercicio de esta disciplina.

El hombre de Dios obviamente habrá de descansar en el Señor para su fortaleza y, al hacerlo, llega a ser un hombre de oración. John Owen advirtió: «Un ministro puede llenar los banquillos, su lista de comunión, las bocas del público, pero lo que ese ministro es sobre sus rodillas en secreto ante Dios Todopoderoso, es lo que es y nada más».[9] Spurgeon añadió: «Si hay algún hombre bajo el cielo que está obligado a cumplir el

---

7 C. H. Spurgeon, *Lectures of My Students: First Series* [Conferencias a mis estudiantes: Primera serie], Baker, Grand Rapids, 1977, pp. 12-13.

8 Andrew A. Bonar, editor, *Memoirs of McCheyne,* Moody, Chicago, Illinois, 1978, p. 95.

9 Citado en Thomas, *op cit.*, p. 192.

precepto, "orad sin cesar", seguramente lo es el ministro cristiano [...] El hecho es que el secreto de todo éxito ministerial yace en la prevalencia ante el trono de la misericordia».[10] Los líderes de la iglesia primitiva eran hombres que se dedicaban a la oración (Hch 6.4).

El hombre de Dios también debe evitar el peligro de lo que Spurgeon llamó el «ministerialismo»: la tendencia a leer nuestras Biblias como ministros, orar como ministros, practicar nuestra religión no como nosotros mismos, sino sólo preocupados por ella de forma relativa».[11] En su libro *The Christian Ministry* [El ministro cristiano], Charles Bridges advirtió acerca de este peligro:

> Porque si hemos de estudiar la Biblia más como ministros que como cristianos, más para encontrar materia para la instrucción de nuestro pueblo, que alimento para la nutrición de nuestras almas, entonces no nos colocamos a los pies de nuestro Divino Maestro, nuestra comunión con Él es cortada, y llegamos a ser meros formalistas en nuestra profesión sagrada [...]
>
> No podemos vivir alimentando a otros; ni sanarnos nosotros mismos sólo ejerciendo la sanidad de nuestro pueblo. El curso del servicio oficial, nuestra familiaridad con las terribles realidades de la muerte y la eternidad pueden ser similares a las del sepulturero, el médico y el soldado y no como el hombre de Dios que percibe la eternidad con profunda seriedad y preocupación y lleva a su pueblo el lucrativo fruto de sus contemplaciones. Bien se ha señalado que, «cuando un hombre comienza a percibir la religión como algo que no es personal, sino meramente algo de importancia profesional, tiene un obstáculo en su camino, con el cual el cristiano privado no está familiarizado». En realidad, es difícil determinar si nuestra relación familiar con las cosas de Dios es más nuestra tentación que nuestra ventaja.[12]

Jamás debemos estudiar un pasaje para hallar un sermón. Debemos estudiar un pasaje para ver completamente la verdad que enseña el Señor en él, y preparar el sermón del flujo de ese extenso entendimiento y la aplicación personal del pasaje. En 2 Timoteo 3.16-17 se indica que lo primero que la Escritura enseña es a redargüir, corregir y preparar al

---

10 Spurgeon, *Lectures*, pp. 41, 49. Es provechoso leer la conferencia de donde se sacaron estas citas: «The Preacher's Private Prayer» [La oración privada del predicador].

11 *Ibíd.*, p. 11.

12 Charles Bridges, *The Christian Ministry*, Banner of Truth, Edimburgo, 1980, p. 163.

hombre de Dios en justicia equipándolo para toda buena obra. Luego, a través de él esto hace lo mismo para las personas que lo escuchan.

Dos virtudes internas

Las virtudes específicas que menciona Pablo en 1 Timoteo 6.11 corresponden a las dos virtudes generales de justicia y piedad. Dos son internas dos externas.

«Fe» (griego *pistis),* significa confianza plena en Dios para todo, una lealtad absoluta al Señor. Es una confianza firme en el poder, el plan, la provisión y la promesa de Dios. El hombre de Dios vive por fe. Confía en el Dios soberano para que cumpla Su palabra, para satisfacer todas sus necesidades, y proveer los recursos que necesita para proseguir su ministerio. Puede decir con Pablo:

> No lo digo porque tenga escasez, pues he aprendido a contentarme, cualquiera que sea mi situación. Sé vivir humildemente, y sé tener abundancia; en todo y por todo estoy enseñado, así para estar saciado como para tener hambre, así para tener abundancia como para padecer necesidad. Todo lo puedo en Cristo que me fortalece (Fil 4.11-13).

Porque: «Mi Dios, pues, suplirá todo lo que os falta conforme a sus riquezas en gloria en Cristo Jesús» (Fil 4.19).

Vivir una vida de fe es vivir libre de frustración, libre de la obligación de forzar las cosas para que sucedan o manipular a las personas. Es vivir en un estado de desesperación relajada. El hombre de Dios está desesperado, debido al tremendo peso de responsabilidad que tiene su ministerio, empero está relajado debido a su confianza en la soberanía de Dios.

Las frenéticas actividades, programas, planes y trucos en los cuales se involucran algunos pastores son evidencia de su falta de fe en la soberanía de Dios. Al tratar de edificar sus iglesias solos, se encuentran en competencia con el Único que puede edificar su iglesia (Mt 16.18). El hombre de Dios debe demostrar fe en Dios para su santificación personal y su ministerio, confiado de que si sigue el patrón prescrito por la Biblia de oración y ministerio de la Palabra (cf. Hch 6.4), su ministerio glorificará a Dios y será fructífero.

«Amor» (griego *agapē*) se refiere a un amor determinado, no a un sentimiento emocional. Es un amor que no tiene restricción, condición o límite alguno. Debe interpretarse en este pasaje en su sentido más amplio. Significa amor para todos: amor a Dios, al hombre, a los creyentes y a los incrédulos. Como dice nuestro Señor en Mateo 22.37-39: «AMARÁS

AL SEÑOR TU DIOS CON TODO TU CORAZÓN, Y CON TODA TU ALMA, Y CON TODA TU MENTE. Este es el primero y grande mandamiento. Y el segundo es semejante: AMARÁS A TU PRÓJIMO COMO A TI MISMO».

El hombre de Dios es especialmente un amante de Dios. Anhela a Dios, como el salmista que escribió: «Como el ciervo brama por las corrientes de las aguas, así clama por ti, oh Dios, el alma mía. Mi alma tiene sed de Dios, del Dios vivo; ¿cuándo vendré, y me presentaré delante de Dios?» (Sal 42.1-2). Del Espíritu Santo inmanente proviene el amor por Dios que crece dentro de un creyente (Ro 5.5). Él entiende el clamor del corazón de Pablo, «de conocerle» (cf. Fil 3.10). Su deseo es ser uno de los padres espirituales de los cuales escribió Juan: «conocéis al que es desde el principio» (1 Jn 2.13). Debido a que ama a Dios, él ama al pueblo de Dios (cf. 1 Jn 5.1-2).

A medida que ama a Dios lo suficiente como para apartarse del pecado, también ama a otros lo suficiente como para confrontar su pecado. El verdadero amor «no se goza de la injusticia, mas se goza de la verdad» (1 Co 13.6). Entiende el principio de que «Mejor es reprensión manifiesta que amor oculto. Fieles son las heridas del que ama» (Pr 27.5-6). Ama al mundo de aquellos que no son redimidos lo suficiente como para sentir la obligación de predicarle la verdad (2 Co 5.11-14, 20).

Dos virtudes externas

«Perseverancia» (griego, ***hupomonē***) traduce una palabra que significa literalmente «permanecer debajo». No es una resignación pasiva, sino victoriosa, una resistencia triunfante, una lealtad inquebrantable para con el Señor en medio de las pruebas. Pablo expresó tal lealtad en Hechos 20.22-24:

> Ahora, he aquí, ligado yo en espíritu, voy a Jerusalén, sin saber lo que allá me ha de acontecer; salvo que el Espíritu Santo por todas las ciudades me da testimonio, diciendo que me esperan prisiones y tribulaciones. Pero de ninguna cosa hago caso, ni estimo preciosa mi vida para mí mismo, con tal que acabe mi carrera con gozo, y el ministerio que recibí del Señor Jesús, para dar testimonio del evangelio de la gracia de Dios.

Aunque el hombre de Dios pueda sobrepasar pruebas severas, una angustia severa, y dificultades severas, no fluctúa ni se compromete. Continuamente confía en Dios, no importa cuáles sean las circunstancias. Como dijo Pedro: «De modo que los que padecen según la voluntad de Dios, encomienden sus almas al fiel Creador, y hagan el bien» (1 P 4.19).

Esta es la resistencia del mártir dispuesto a morir antes de traicionar a su Señor, del pastor preparado a entregar su vida por su rebaño, así como su Maestro hizo. Eso caracteriza a la persona que, bajo las peores circunstancias, rehúsa magnificar sus derechos y las necesidades propias.

La perseverancia es una cualidad esencial del hombre de Dios porque puede esperar más pruebas que el cristiano promedio. Richard Baxter le advirtió a sus compañeros pastores que:

> Escuchen, porque el tentador los acosará más con sus tentaciones que a otros hombres. Si han de ser líderes contra el príncipe de las tinieblas, él les hará todo lo que Dios le permita hacer. Él ejerce la mayor malicia hacia aquellos que están dedicados a causarle los mayores problemas [...] Escuchen, por lo tanto, hermanos, porque el enemigo tiene un ojo especial sobre ustedes. Sentirá sus insinuaciones más sutiles, y sus incesantes peticiones y asaltos violentos.[13]

Pablo sufrió pruebas constantes, como lo indica una lectura de 2 Corintios 11.23-28, y aparentemente sólo uno de los apóstoles murió de ancianidad.

«Mansedumbre» (griego *praupathia*) es la segunda virtud externa. También podría traducirse «tolerancia» o «humildad». El hombre de Dios no tiene razón alguna para alardear. Como Pablo, reconoce que aunque labora, es el poder de Dios obrando a través de él para hacer efectivo al ministerio (cf. Col 1.29). Recuerda las palabras del Señor en Lucas 17.10: «Así también vosotros, cuando hayáis hecho todo lo que os ha sido ordenado, decid: Siervos inútiles somos, pues lo que debíamos hacer, hicimos». No existe lugar alguno para el horrendo orgullo en el ministerio cristiano. El hombre de Dios tiene la mente de Cristo: la mente de la humildad (Fil 2.18).

Un verdadero hombre de Dios procura exaltar a su Maestro, no a sí mismo. La justicia, la piedad, la fe, el amor, la perseverancia y la mansedumbre son la meta de un hombre de Dios. Son sus objetivos para toda la vida. Si esas virtudes no son el fin constante del predicador, él no es un hombre de Dios, sino un predicador que se comisionó a sí mismo.

El hombre de Dios se conoce por lo que lucha

En 1 Timoteo 6.12, Pablo le manda a Timoteo: «Pelea la buena batalla de la fe, echa mano de la vida eterna, a la cual asimismo fuiste llamado,

13 Baxter, *op cit.*, p. 74.

habiendo hecho la buena profesión delante de muchos testigos». El hombre de Dios es un luchador. Es polémico, peleador, guerrero, es un soldado. Debe entender que el ministerio es guerra y que está luchando del lado de la verdad contra el error. Percibir el ministerio como algo menor es perder. Batalla contra el mundo, contra la carne, y contra el diablo y su reino de tinieblas. Batalla contra el pecado, la herejía, la apatía y el letargo en la iglesia.

Me fue mostrado, de forma forzosa, que el ministerio es una guerra cuando, como joven pastor, confronté a una mujer poseída por un demonio. Ella tenía una fuerza sobrenatural, tiraba los muebles de mi oficina y pateaba mis espinillas hasta que sangraron. En una voz que no era la suya me dijo: «Él no [...] no él [...] sáquenlo». Entonces me percaté de que esos demonios sabían que había una guerra en progreso, y también sabían de cuál lado me encontraba.

Pablo percibió claramente que el ministerio era una batalla. En 2 Timoteo 2.3-4 le dijo a Timoteo: «Tú, pues, sufre penalidades como buen soldado de Jesucristo. Ninguno que milita se enreda en los negocios de la vida, a fin de agradar a aquel que lo tomó por soldado». Eligió servir en Éfeso a pesar de los muchos adversarios que allí enfrentó (1 Co 16.8-9). y al final de su vida pudo exclamar de forma triunfante: «He peleado la buena batalla» (2 Ti 4.7).

Es triste que muchos pastores estén tan involucrados en los asuntos de la vida diaria que no se percaten completamente de la intensidad de la batalla. Otros están luchando la batalla equivocada. Martín Lutero dijo en una ocasión:

> Si profeso con una voz más audible y una exposición más clara cada porción de la verdad de Dios, excepto, precisamente, ese pequeño punto en donde el mundo y el diablo están atacando en ese momento, no estoy confesando a Cristo, sin importar cuán valientemente esté profesándolo. La lealtad del soldado se prueba allí en donde ruge la batalla, y si es firme en el resto de los campos de batalla, sería una mera huida y una desgracia si se acobarda en ese punto.[14]

Aun así otros se marchan de la batalla, huyendo a otra iglesia o ministerio a la primera señal de problema. Un joven me dijo una vez: «Voy a entrar al pastorado, pero estoy siendo cuidadoso en cuanto a la iglesia que acepte. Quiero una que no tenga problemas». ¡Le contesté que las

14 Citado en Francis A. Schaeffer, *The God Who Is There* [El Dios que está presente], Intervarsity, Downers Grove, Illinois, 1973, p. 18.

únicas iglesias que conocía que no tuvieran problemas eran las que no tenían gente! Debemos aceptar el hecho de que estamos en una batalla. Las palabras de Pablo en 2 Timoteo 3.12: «y también todos los que quieren vivir piadosamente en Cristo Jesús padecerán persecución», son doblemente ciertas en el caso de los pastores, ya que son los blancos especiales del enemigo. El hombre de Dios debe estar dispuesto a seguir a su Maestro hasta la muerte (Lc 9.23-24).

La palabra «pelea» en 1 Timoteo 6.12 se deriva del término griego, *agn,* de donde se deriva el vocablo *agonía.* Se usa en contextos militares y en referencia a acontecimientos atléticos incluyendo la lucha libre y el boxeo. Habla de concentración, esfuerzo, y la disciplina requeridas para ganar una competencia. En los días de Pablo, el boxeo era un asunto mucho más serio que lo que es hoy. En contraste con los abultados guantes de boxeo utilizados por los boxeadores modernos, los de los juegos griegos y romanos usaban guantes rellenos con plomo y hierro. Y al perdedor de la pelea se le sacaban los ojos. Por lo tanto, las imágenes que usa Pablo para el ministerio como una pelea tenían un sentido muy serio. Al igual que los verbos en 1 Timoteo 6.11, *agonizomai* es un presente imperativo, indicando la naturaleza continua de nuestra lucha. «Buena» (griego *kalos*) se traduce mejor como «excelente» o «noble», Pablo le dice a Timoteo (y a nosotros) que experimente la función de hombre de Dios con un noble compromiso para con la competencia por la verdad.

El hombre de Dios motivado por ser un soldado. No es que se esfuerza por molestar a las personas y hacer enemigos, pero está dispuesto a pelear la batalla por la verdad. Es muy desconcertante vivir en un tiempo cuando se percibe la lucha por la verdad como algo que causa división y falta de amor. Demasiadas personas en la iglesia de hoy están dispuestas a comprometerse teológicamente para evitar conflicto, olvidando la exhortación de Judas a «que contendáis ardientemente por la fe» (Jud 3).

Al igual que en Judas 3, el texto griego de 1 Timoteo 6.12 tiene el artículo determinado antes de «fe». Pablo dice: «Pelea por *la* fe», es decir, el contenido de la Palabra de Dios, la suma total de la doctrina cristiana. Esa es la mayor causa del mundo, y debemos luchar por ella sin compromiso alguno.

En la segunda parte del versículo 12, Pablo ofrece ánimo para la pelea: «Echa mano de la vida eterna, a la cual asimismo fuiste llamado, habiendo hecho la buena profesión delante de muchos testigos». ¿Qué quiere decir Pablo con eso? No le está diciendo a Timoteo que se salve, porque ya estaba salvado. Lo que, en realidad dice es agarra: la vida eterna. Vive a la luz de la eternidad. «Poned la mira en las cosas de arriba, no en las de la tierra» (Col 3.2), porque «nuestra ciudadanía está en los cielos» (Fil 3.20). Como lo dice el viejo himno, el hombre de Dios ha de vivir «con los valores eternos en mente». Si hace eso, no le importará realizar sacrificios en su vida. El hombre de Dios tiene una perspectiva eterna; no está en el ministerio meramente por lo que pueda ganar en esta vida. Como Jim Elliot, misionero y mártir de los indios Auca, escribió: No es «tonto el que da lo que no puede retener para ganar lo que no puede perder».[15] Vivir y servir a la luz de la eternidad mantiene el enfoque del hombre de Dios en la importancia de la batalla.

Pablo continúa animando a Timoteo al recordarle que fue «llamado», una referencia al llamado efectivo de Dios a la salvación. En respuesta a ese llamado, Timoteo había confesado públicamente a Jesús como Señor. Pablo podría referirse a la ocasión del bautismo o la ordenación de Timoteo, pero más seguramente a toda confesión que Timoteo había hecho, comenzando con su conversión.

El hombre de Dios se eleva sobre las luchas por las cosas perecederas e inútiles. Lucha por lo que es eterno: la verdad de Dios. Es sólo cuando se divorcia de las cosas de este mundo y vive a la luz de la eternidad que puede tener éxito.

El hombre de Dios se conoce por aquello a lo cual le es fiel

En 1 Timoteo 6.13-14, Pablo enfatiza la importancia de ser fiel: «Te mando delante de Dios, que da vida a todas las cosas, y de Jesucristo que dio testimonio de la buena profesión delante de Poncio Pilato, que guardes el mandamiento sin mácula ni reprensión, hasta la aparición de nuestro Señor Jesucristo».

El énfasis principal de la exhortación de Pablo es sobre la frase «el mandamiento» en el versículo 14. Algunos dicen que es el evangelio, otros dicen que es el contenido de esta epístola, y aún otros dicen que todo el nuevo pacto. Creo que se interpreta mejor en el sentido más amplio de toda la Palabra revelada de Dios. Al ser nutrido por la Palabra, preservándola pura, el hombre de Dios es primera y primordialmente un guardián del tesoro de la verdad que ha de proclamar. Debe guardarla de todo error o confusión. Pablo le advirtió a Timoteo que la preservara y la tratara de forma precisa (1 Ti 4.6-7; 6.2-4; 6.20; 2 Ti 1.13; 2.15) así como que trabajara fuerte al predicarla y enseñarla (1 Ti 5.17;

---

15 Elisabeth Elliot, *Shadow of the Almighty* [La sombra del Todopoderoso], Harper & Row, San Francisco, 1979, p. 108.

2 Ti 4.2). Pablo manda a Timoteo a guardar o vigilar la Palabra. ¿Cómo se hace esto? Se hace no sólo predicando la Palabra, sino viviéndola. Como se señaló anteriormente en esta discusión, nada es más trágico que un pastor que menosprecia su mensaje con un comportamiento pobre. Que Dios no permita que nuestras vidas jamás manchen o reprochen la Palabra.

Para motivar más a Timoteo a ser fiel, Pablo le recuerda que él sirve a la vista de Dios el Padre y Jesucristo (v. 13). El Padre es el que «vivifica todas las cosas», o en otras palabras, que levanta a los muertos. Esa es una motivación poderosa para un hombre de Dios. Aun si la lealtad le cuesta la vida, el Dios que levanta los muertos está velando sobre él.

No sólo el Padre vela sobre sus hombres, sino que ellos también tienen el ejemplo del Señor Jesús «que dio testimonio de la buena profesión delante de Poncio Pilato». Cristo sostuvo su confesión, aun al enfrentar la muerte. Él es la ilustración perfecta de uno que permaneció valerosamente fiel a la Palabra, sin importarle cuál fuera el costo. Jesús le dijo a Pilato la verdad acerca de quién era Él, a pesar de que le costó la vida. El hombre de Dios no puede hacer menos.

Una sobria responsabilidad

No hay mayor privilegio que ser un hombre de Dios y predicar Su Palabra. Pero junto con ese privilegio viene una temible responsabilidad. Santiago advirtió que los maestros enfrentan un juicio más estricto (Stg 3.1). A través de la Escritura hay muestras de ello. Por ejemplo, a Moisés y Aarón se les negó la entrada a la tierra prometida debido a un acto de desobediencia. Un ejemplo más gráfico está en 1 Reyes 13. El primer versículo presenta a un hombre de Dios de Judá, que vino al norte a presentarle una profecía a Jeroboam, el rey de Israel. Dios le había encargado, de manera estricta, que no comiera pan o bebiera agua mientras estaba allí. Pero cuando otro profeta lo engañó, desobedeció a Dios y comió y bebió con él (v. 19). La reacción de Dios fue inmediata:

> Y aconteció que estando ellos en la mesa, vino palabra de Jehová al profeta que le había hecho volver. Y clamó al varón de Dios que había venido de Judá, diciendo: Así dijo Jehová: Por cuanto has sido rebelde al mandato de Jehová, y no guardaste el mandamiento que Jehová tu Dios te había prescrito, sino que volviste, y comiste pan y bebiste agua en el lugar donde Jehová te había dicho que no comieses pan ni bebieses agua, no entrará tu cuerpo en el sepulcro de tus padres (vv. 20-22).

Poco después de marcharse, un león lo atacó y lo mató (v. 24).

Ser un hombre de Dios implica una tremenda responsabilidad. Que Dios nos ayude a cada uno de nosotros, mediante su gracia, a permanecerle fieles y a ser ese verdadero hombre de Dios que es bendecido y no castigado.

6

El Espíritu de Dios y la predicación expositiva

John MacArthur, Jr.

Es imposible entender adecuadamente la revelación objetiva de Dios en la Escritura aparte de la obra iluminadora del Espíritu Santo. La iluminación no es lo mismo que la revelación o la inspiración. Ella no comunica ninguna nueva verdad divina, sino que nos capacita para comprender la verdad de Dios en la revelación completa y final en la Escritura. Sin la obra de la iluminación no se puede alcanzar un entendimiento claro de la Escritura con el fin de predicar de forma poderosa.

Charles Haddon Spurgeon, el más noble de los predicadores del siglo diecinueve, ofreció la siguiente advertencia a estudiantes de su *Pastor's College* [Escuela de Pastores]:

> Si ha de haber un resultado divino de la Palabra de Dios, el Espíritu Santo debe acompañarlo. Así como Dios iba frente a los hijos de Israel cuando dividió el Mar Rojo y los guió a través del desierto mediante la nube y el fuego, así también debe acompañar la poderosa presencia del Señor a su Palabra si ha de haber bendición alguna de ella.[1]

La advertencia de Spurgeon es tan compulsiva hoy como cuando fue pronunciada por vez primera. La exposición poderosa no es predicación

1 C. H. Spurgeon, *An All-Round Ministry* [Un ministerio global], Pilgrim, Pasadena, Texas, 1973, p. 339.

manipuladora diseñada para jugar con las emociones. No son «sermoncitos para cristianitos» insípidos y orientados a la devoción. Tampoco son relatos benignos de historias, comentarios sociológicos acerca de hechos del momento, ni psicología popular diseñada para que todo el mundo se sienta bien. La predicación poderosa ocurre sólo cuando un hombre de Dios iluminado por el Espíritu expone clara y obligatoriamente la revelación inspirada por el Espíritu de Dios en la Escritura a una congregación iluminada por el Espíritu.

Iluminación[2]

La iluminación es la obra del Espíritu Santo que abre los ojos espirituales para comprender el significado de la Palabra de Dios. Involucra el predicador de la Escritura y a su audiencia. La revelación objetiva e histórica en la Escritura no puede comprenderse de forma precisa aparte de la obra presente, personal y subjetiva del Espíritu Santo. La «iluminación», que es sólo para creyentes,[3] simplemente es la obra continua del Espíritu que provoca una comprensión iluminada de la doctrina y de la manera como debe aplicarse a la vida. Los creyentes que andan en desobediencia no pueden comprender las verdades espirituales de la Escritura mejor que los incrédulos. Por eso precisamente es que Pedro exhorta a aquellos que han de crecer en la Palabra a primeramente desechar «toda malicia, todo engaño, hipocresía, envidias, y todas las detracciones» (1 P 2.1-2). Santiago escribe: «Por lo cual, desechando toda inmundicia y abundancia de malicia, recibid con mansedumbre la palabra implantada» (Stg 1.21).

A pesar de que la Biblia no tiene ningún término técnico para la iluminación, sin embargo, tiene mucho que decir en cuanto a la iluminación. El Salmo 119 es esencialmente el compromiso de un creyente con la autoridad de la Palabra salpicado con lamentos por la iluminación. He aquí ejemplos de las peticiones de iluminación: «Abre mis ojos, y miraré las maravillas de tu ley» (vv. 18); «Enséñame, oh Jehová, el camino de tus estatutos, y lo guardaré hasta el fin. Dame entendimiento, y guardaré tu ley, y la cumpliré de todo corazón» (vv. 33-34).[4]

---

2 El ensayo acerca de la iluminación, generalmente reconocido como un clásico, fue hecho por John Owen en William H. Goold, editor, *The Works of John Owen* [Obras de John Owen], vol. 4, Banner of Truth, Edimburgo, 1967, pp. 121-73.

3 La iluminación inicial que ocurre en la conversión se discutirá luego en este capítulo.

4 Véanse también Sal 119.12, 26-27, 66, 68, 73, 125, 135, 144, 169 y 171.

En Lucas 24.45, los discípulos comprendieron el significado del Antiguo Testamento sólo después de que Jesús «les abrió el entendimiento para que comprendiesen las Escrituras». Para los creyentes de hoy el Espíritu de Cristo es el que provee una comprensión parecida.

En Efesios 1.17-18, Pablo oró: «Para que el Dios de nuestro Señor Jesucristo, el Padre de gloria, os dé espíritu de sabiduría y de revelación en el conocimiento de Él, alumbrando los ojos de vuestro entendimiento, para que sepáis cuál es la esperanza a que Él os ha llamado, y cuáles las riquezas de la gloria de su herencia en los santos».

Él reconoció le necesidad de la iluminación si los cristianos habrían de progresar en la santificación, y oró frecuentemente por ellos para que la tuvieran (cf. Fil 1.9-11; Col 1.9-11). El inmanente Espíritu Santo provee la respuesta a esa oración como lo explica el apóstol Juan en 1 Juan 2.20, 27: «Pero vosotros tenéis la unción del Santo, y conocéis todas las cosas [...] Pero la unción que vosotros recibisteis de Él permanece en vosotros, y no tenéis necesidad de que nadie os enseñe; así como la unción misma os enseña todas las cosas, y es verdadera, y no es mentira, según ella os ha enseñado, permaneced en Él».

La diferencia entre la iluminación, la revelación y la inspiración

La iluminación se define mejor distinguiéndola de dos términos teológicos relacionados: revelación e inspiración.

«Revelación» se refiere al acto mediante el cual Dios da a conocer lo que no podría saberse de otra manera. Los teólogos a veces lo llaman «revelación especial». La «revelación natural», lo que se puede observar en la naturaleza y la experiencia en cuanto a la existencia y el poder de Dios (Ro 1.20), no es específica o lo suficientemente completa como para redimir, así que Dios dio una «revelación especial» en la Escritura que es clara e incuestionable. Ese don fue un acto libre motivado por amor y gracia mediante el cual Dios divulgó la plenitud de su verdad al hombre. El Espíritu Santo fue el agente de esa revelación. En 1 Co 2.10, Pablo afirmó que «nos [...] reveló a nosotros [su Palabra] por el Espíritu; porque el Espíritu todo lo escudriña, aun lo profundo de Dios». Sólo el Espíritu Santo es capaz de revelar la verdad de Dios, porque sólo Él puede investigar las «profundidades» de Dios. Debido a que es Dios, es omnisciente y conoce la mente de Dios perfectamente (cf. Ro 8.26).

Si no fuera por la elección soberana de Dios de revelarse, no podríamos conocer lo suficiente de su verdad como para salvarnos. Como vivimos en el mundo natural, encerrados en la caja del tiempo y el espacio, no podemos salirnos de ella y salir al mundo sobrenatural. El único que tenemos de ese dominio es lo que Dios añade a nuestra restringida situación. No podemos conocer nada acerca de su plan de redención ni su voluntad para nuestras vidas excepto a través de la revelación.

La «inspiración» es el vehículo mediante el cual llegó al hombre la revelación especial de Dios. Fue el proceso por el que «los santos hombres de Dios hablaron siendo inspirados por el Espíritu Santo» (2 P 1.21). Fue el medio que Dios usó para incorporar su revelación en la Biblia.

La inspiración es *verbal.* Las palabras de la Escritura son inspiradas, no sólo los pensamientos o los conceptos de los escritores. En 1 Corintios 2.12-13, Pablo escribió:

> Y nosotros no hemos recibido el espíritu del mundo, sino el Espíritu que proviene de Dios, para que sepamos lo que Dios nos ha concedido, lo cual también hablamos, no con palabras enseñadas por sabiduría humana, sino con las que enseña el Espíritu, acomodando lo espiritual a lo espiritual.

El «nosotros» en este pasaje no incluye a todos los cristianos, sino que se limita a los predicadores y escritores inspirados. Pablo y los otros escritores de la Biblia recibieron la revelación de Dios. Fueron los instrumentos que Dios usó para trasmitir esta revelación al hombre. En el siguiente versículo, Pablo añadió una descripción de cómo ilumina el Espíritu a todos los cristianos para recibir esa revelación inspirada.

La inspiración también es *plenaria.* Toda la Biblia es inspirada, no sólo las partes que se ocupan de los asuntos de la fe y la práctica. Pablo declaró enfáticamente en 2 Timoteo 3.16 que «*toda* la Escritura es inspirada por Dios» (énfasis añadido). *Inspirada* traduce la palabra griega *theopneustos,* que literalmente significa «exhalada por Dios». La Escritura no es un producto humano sobre el cual Dios inspiró vida espiritual. Al contrario, surgió al ser exhalada por Dios. Y ya que es ridículo acusar al Dios de la verdad de inspirar error, la inspiración plenaria de la Biblia garantiza su infalibilidad.

La revelación especial y la inspiración no están ocurriendo hoy, contrario a la enseñanza de muchos. La Biblia contiene la revelación escrita definitiva y completa para el hombre (cf. Jud 3; Ap 22.18-19). El Espíritu Santo actualmente instruye y guía al creyente, no mediante la revelación de nueva información inspirada, sino iluminando la Palabra de Dios que ya ha sido revelada.

Debatir que Dios tiene que, mediante el Espíritu, continuar proveyendo hoy revelación oral o escrita, menospreciaría la revelación del Espíritu en la Escritura y negaría la suficiencia de la Palabra de Dios. Es más, se le está faltando el respeto al valor de la iluminación al tratar de sustituirla con una falsa revelación. Estos tres ministerios del Espíritu no deben confundirse. Los escritores bíblicos recibieron *revelación* cuando Dios *inspiró* la Escritura. Recibimos *iluminación* cuando el Espíritu vivifica las palabras de la Escritura en nosotros. Confundir la iluminación con la revelación o la inspiración llevará inevitablemente al error. La iluminación no es la recepción de nuevas revelaciones del Espíritu. Más bien es la aplicación del Espíritu de las verdades de la revelación completa de Dios en la Escritura.

A pesar del hecho de que la iluminación siempre está conectada a la Palabra revelada, a través de la historia de la Iglesia, algunas personas dicen tener iluminación aparte de la Escritura. Calvino describió a estas personas como «personas de mal carácter» que «no deben ser tenidas por equivocadas, sino más bien llenas de furor y desatinos.[5] Él continuó regañándolos por no percatarse de que los escritores de la Biblia, que recibieron revelación, respetaban mucho algunos de sus escritos antes de su tiempo.[6] Y advierte de forma enérgica:

> ¿No es, pues, un furor diabólico decir que el uso de la Escritura es temporal y caduco, viendo que según el testimonio mismo del Espíritu Santo ella guía a los hijos de Dios a la cumbre de la perfección? También querría que me respondiesen a otra cosa, a saber, si ellos han recibido un Espíritu distinto del que el Señor prometió a sus discípulos [...] Ahora bien, cuando Él se lo prometió, ¿cómo dijo que había de ser su Espíritu? Tal, que no hablaría por sí mismo, sino que sugeriría e inspiraría en el ánimo de los apóstoles lo que Él con su palabra les había enseñado (Jn 16.13). Por tanto, no es cometido del Espíritu Santo que Cristo prometió, inventar revelaciones nuevas y nunca oídas ni formar un nuevo género de doctrina, con la cual apartarnos de la enseñanza del evangelio, después de haberla admitido; sino que le compete al Espíritu de Cristo sellar y fortalecer en nuestros corazones la misma doctrina que el evangelio nos enseña.[7]

Lutero nos da una opinión pésima de aquellos que decían tener iluminación fuera de la Biblia. Frecuentemente se refirió a ellos como «enjambrados», comparándolos con enjambres de abejas que andaban sin

---

5 Juan Calvino, *Institución de la religión cristiana,* Fundación Editorial de Literatura Reformada, Países Bajos, 1968, 1.9, p. 1.

6 *Ibíd.*

7 *Ibíd.*

ningún lugar dónde aterrizar. «Los enjambrados», dijo él, «andan revoloteando en las nubes de sus sueños y rehúsan basar su fe en la Biblia».[8]

Mientras Lutero estaba exiliado en el castillo de Wartburg, Andreas Carlstadt, un amigo y compañero reformador de Wittenberg, casi llegó a arruinar su obra allí al iniciar unas radicales reformas sociales y religiosas basadas en una imaginaria guía del Espíritu y no en la Escritura. Sólo el oportuno regreso de Lutero del exilio y sus valerosas acciones salvaron la situación.

Otros conceptos equivocados acerca de la iluminación

Se deben reconocer y evitar otros conceptos equivocados acerca de la iluminación. Primero, *iluminación no significa que se puede conocer o entender todo acerca de Dios.* Deuteronomio 29.29 dice: «Las cosas secretas pertenecen a Jehová nuestro Dios; mas las reveladas son para nosotros». Pablo en su gran doxología al final de Romanos 11, exclama: «¡Oh profundidad de las riquezas de la sabiduría y de la ciencia de Dios! ¡Cuán insondables son sus juicios, e inescrutables sus caminos!» (v. 33). Dios ha ofrecido una revelación verdadera, pero no completa, acerca de sí mismo. Por ejemplo, iluminación no significa que todas las aparentes paradojas de la Escritura pueden resolverse. El hombre en su finitud no tiene todas las respuestas.

Segundo, *la iluminación no elimina la necesidad de maestros humanos.* Algunos han malinterpretado 1 Juan 2.27. Esta mala interpretación viola la intención de ese texto y contradice Efesios 4.11-13, que declara que Dios utiliza la enseñanza de hombres dotados para llevar la iglesia a la madurez. El Espíritu Santo utiliza líderes para ayudar a la iglesia en la comprensión de las riquezas de la Escritura. Juan en realidad dice en 1 Juan 2.27 que el Espíritu Santo le enseña al creyente a distinguir la verdad del evangelio de la herejía para que no sea engañado por falsos maestros.

Tercero, *la iluminación no va más allá de la Palabra de Dios.* La iluminación no significa qué un cristiano tendrá mejores conocimientos como negociante o abogado que los que tendría un incrédulo. No garantiza que los cristianos pasarán sus clases en la escuela sin estudiar porque el Espíritu Santo los ayuda a entender la historia y la biología. Su enfoque se limita a la Palabra de Dios.

Cuarto, *la iluminación no elimina la necesidad de estudiar diligentemente la Biblia.* «La iluminación del Espíritu no es un sustituto tipo reunión de oración para la ardua tarea de aprender hebreo y griego y

---

8 J. Theodore Mueller, «The Holy Spirit and the Scriptures», *Revelation and the Bible* [«El Espíritu Santo y las Escrituras», Revelación y la Biblia], editado por Carl F. H. Henry, Baker, Grand Rapids, 1959, p. 278.

el uso de los léxicos establecidos, los comentarios y otros materiales de investigación».[9] Por un lado, Pablo animó a Timoteo para que «el Señor te dé entendimiento en todo» (2 Ti 2.7). Luego lo exhortó a que procurara presentarse a Dios «aprobado, como obrero que no tiene de qué avergonzarse, que usa bien la palabra de verdad» (2 Ti 2.15).

Esto debe notarse, especialmente, en los predicadores. «El intérprete bíblico no puede esperar que le caiga un relámpago encima. Debe estudiar, leer y luchar para colocarse en posición de recibir la iluminación del Espíritu. No basta abrir la boca y esperar que Dios la llene el domingo a las once de la mañana».[10] Pablo enseñó que los ancianos que laboraban arduamente en cuanto a la predicación y la enseñanza eran dignos de doble honor (1 Ti 5.17). Demasiados predicadores van al púlpito sin la preparación adecuada para dividir correctamente la Palabra. Tienen buena razón para avergonzarse.[11]

La misma tensión entre los elementos divinos y humanos en la inspiración también está presente en la iluminación. La inspiración del Espíritu Santo no excluye el esfuerzo de parte de los escritores. Lucas, por ejemplo, a pesar de que recibió revelación divina para escribir, investigó «con diligencia todas las cosas desde su origen» (Lc 1.3) antes de escribir su Evangelio. Si el esfuerzo humano era un componente en la inspiración, cuanto más hará falta para el estudio diligente en relación con la iluminación.

Por último, *la iluminación no garantiza la unidad doctrinal.* Las personas frecuentemente preguntan por qué existen tantas diferencias doctrinales entre hombres iluminados por el Espíritu. Esa pregunta se contesta primordialmente con tres respuestas. Primera, algunos pasajes son muy difíciles de interpretar y la información no es lo suficientemente definitiva como para alcanzar una conclusión dogmática que todos habrán de aceptar.

Aparte de los pasajes difíciles, otra razón para el desacuerdo es la práctica de interpretar un texto a la luz de presuposiciones teológicas en lugar de dejarlo hablar por sí mismo. Para muchos, las tradiciones doctrinales y eclesiológicas tienden a controlar la exégesis. Pero la teología debe basarse en la exégesis, en lugar de la exégesis en la teología.

---

9 Bernard Ramm, *Questions About the Spirit* [Preguntas acerca del Espíritu], Word, Waco, Texas, 1977, p. 85.

10 Wilber T. Dayton, «A Response to The Role of the Holy Spirit in the Hermeneutic Process», en *Summit II: Hermeneutic Papers* [Segunda cumbre: Roles hermenéuticos], International Council on Biblical Inerrancy [Concilio Internacional sobre infalibilidad bíblica], Oakland, California, 1982, pp. A8-9.

11 Esa es la confesión de H. Beecher Hicks, en Richard Allen Bodey, *Inside the Sermon,* Baker, Grand Rapids, Michigan, 1990, p. 111.

La tercera razón para las diferencias doctrinales es la falta de trabajo minucioso en el estudio bíblico. Mientras más diligente y cuidadoso es el estudio bíblico, menos posibilidad hay de que los hombres difieran con otros estudiantes diligentes y cuidadosos de la Palabra. Y en donde queden desacuerdos, hay mayor posibilidad de que la diferencia de opinión pueda resolverse una vez que los partidos en desacuerdo estudien el asunto minuciosamente.

La necesidad de la iluminación

La iluminación, aunque frecuentemente considerada como secundaria a la revelación y a la inspiración, es tan importante como ellas. Sin la revelación y la inspiración no tendríamos la Biblia. Sin la iluminación, no podemos tener un entendimiento preciso de ella. Valdría poco tener una revelación especial de parte de Dios que nadie pudiera comprender. Así que la iluminación es la culminación del proceso de la revelación.

La necesidad de iluminación comienza en el momento de la salvación. Los incrédulos no pueden entender adecuadamente la Escritura porque el evangelio les está vedado y están enceguecidos por Satanás (2 Co 4.3-4). Ese velo debe ser levantado sobrenaturalmente (2 Co 3.16). Ya que el hombre caído está muerto a las cosas de Dios (Ef 2.1), el Espíritu debe eliminar esa limitación e impartir una comprensión de la verdad espiritual salvífica.

Woolley escribe, comentando acerca del significado de esta necesidad:

> Hay una diferencia de opiniones entre el cristiano y el incrédulo, entre el hombre que ha sido renovado por el Espíritu de Dios y el que no lo ha sido. Esa diferencia de punto de vista tiene consecuencias vitales en cuanto al asunto de la claridad de las Escrituras. El hombre espiritual tiene, mediante su regeneración, una base para comprender lo que le hace falta al hombre natural. Por lo tanto, dada una igualdad de dones y poderes mentales, el hombre espiritual tiene una llave, por así decir, que le hace falta al otro para abrir el significado de las declaraciones bíblicas.[12]

La importancia de la iluminación fue incluida en las enseñanzas de los reformadores acerca de la *sola scriptura.* En *The Bondage of the Will* [La atadura del albedrío], Lutero escribió:

---

12 Paul Woolley, «The Relevancy of Scripture», en *The Infallible Word,* editado por N. B. Stonehouse y Paul Woolley, Presbyterian and Reformed, Phillipsburg, Nueva Jersey, 1978, pp. 201-2.

> Nadie que no tenga el Espíritu de Dios puede ver una jota de lo que está en las Escrituras. Todos los hombres tienen sus corazones entenebrecidos, para que, aunque puedan discutir y citar todo lo que está en la Escritura, no la entiendan ni conozcan realmente parte alguna de ella [...] Es necesario el Espíritu para entender toda la Escritura y cada parte de ella.[13]

Calvino también promulgó la iluminación como necesaria para una comprensión apropiada de la Escritura:

> El testimonio del Espíritu Santo es superior a la razón. Porque, aunque Dios solo es testigo suficiente de sí mismo en su Palabra, con todo, a esta Palabra nunca se le dará crédito en el corazón de los hombres mientras no sea sellada con el testimonio interior del Espíritu [...] aunque ella [Escritura] lleva consigo el crédito que se le debe para ser admitida sin objeción alguna y no está sujeta a pruebas ni argumentos, no obstante alcanza la certidumbre que merece por el testimonio del Espíritu Santo.[14]

El pasaje preciso acerca de la necesidad de la iluminación es 1 Corintios 2.6-11. Aquí, el apóstol Pablo explicó por qué es esencial la iluminación.

El trasfondo corintio

Es proverbial decir que la iglesia en Corinto estaba plagada de problemas. Pablo dedicó la mayor parte de su primera carta a corregir los errores prácticos y doctrinales que arruinaban la iglesia. El primer asunto era la filosofía humana (capítulos 1 y 2). Los corintios se habían enamorado de las filosofías paganas que dominaban su día, percibiéndolas como un suplemento necesario para la sabiduría de Dios. Pablo les advirtió de manera absoluta en cuanto a la incompatibilidad entre la sabiduría humana y la divina. El hombre no acepta la sabiduría de Dios (1.18), así como Dios no acepta la humana (1.19-24). Y de las dos, la sabiduría de Dios es incomparable e infinitamente superior (1.25).

Una situación parecida a la de Corinto es *déjà vu* en la iglesia actual. Las filosofías humanas han enamorado y capturado a los creyentes. Muchos aceptan de manera acrítica la evolución como un hecho, e intentan en vano armonizarla con los primeros dos capítulos de Génesis. La

---

13 John Dillenberger, editor, *Martin Luther: Selections From His Writings* [Martín Lutero: escritos selectos], Anchor, Garden City, Nueva York, 1961, pp. 174-75.

14 *Instituciones,* 1:7, pp. 5-6.

psicología ha penetrado masivamente en la iglesia, redefiniendo los problemas espirituales en categorías que no son bíblicas, convenciendo así a muchos de que la Biblia es insuficiente para lidiar con esos problemas.[15] En cada era, la Iglesia ha enfrentado constantemente el reto de protegerse contra la invasión de la sabiduría humana. La resistencia exitosa a esta invasión sólo alcanza a quienes tienen un entendimiento minucioso de la Palabra de Dios. Los que no tienen ese conocimiento de la Escritura caen víctima de los engaños de la sabiduría humana.

La locura de la sabiduría humana (1 Corintios 1.20)

«La locura de la sabiduría humana» no implica incapacidad humana para comprender el mundo natural, ni tampoco significa que los incrédulos no poseen información ni inteligencia acerca de las cosas físicas. Los hombres pueden tener y tienen sabiduría en campos tales como la ciencia, la tecnología, la medicina y las finanzas. Es más, Jesús dijo en Lucas 16.8 que los incrédulos frecuentemente son más sabios en asuntos financieros que los creyentes. Más aun, tienen suficiente poder de observación y razonamiento como para estar conscientes de la existencia de un Dios soberanamente poderoso (Ro 1.20).

Lo que la sabiduría humana no alcanza a comprender es la realidad de la dimensión divina espiritual. Los incrédulos pueden entender, hasta cierto punto, la claridad externa de la Escritura, pero no pueden ver la realidad interna de la Escritura. Eso requiere la iluminación del Espíritu. La sabiduría humana, cuando se ocupa del carácter moral del hombre y de su yo espiritual, es ineficaz y hasta dañina. La verdad es que nuestro día es testigo de un esfuerzo agresivo por reclasificar todos los problemas del hombre de un modelo moral a uno médico: el pecado ahora es una enfermedad. La sabiduría humana se retrae cada vez más de la teología, mostrando así su inequívoca falta de entendimiento espiritual. Además, la sabiduría humana no es redentora. Su diagnóstico es malo y su cura es espiritualmente inútil. No ofrece verdadero conocimiento de Dios ni puede transformar el alma.

Lutero distinguió entre la claridad interna y la externa, la misma perspectiva que tenía Ramm:

---

15 Para una defensa de la doctrina de la creación, véase a Henry M. Morris, *The Biblical Basis for Modern Science* [Bases bíblicas para una ciencia moderna], Baker, Grand Rapids, 1984. Para una defensa de la suficiencia de la Escritura, véase a John F. MacArthur, *Our Sufficiency in Christ,* Word, Dallas, 1991.

Para Lutero había una claridad exterior e interior de la Escritura. Un cristiano podía comprender la Escritura como documento escrito mediante las leyes o reglas comunes del lenguaje. Esta es la claridad externa de la Escritura. Debido a la pecaminosidad del hombre, este necesita asistencia interna para que pueda entender la Palabra espiritual de Dios como tal. Esta es una entidad espiritual y sólo puede comprenderse en fe con la ayuda del Espíritu Santo. Esta es la claridad interna de la Escritura.[16]

Ramm ilustra, además, el punto con dos ejemplos de Soren Kierkegaard, el filósofo danés y padre del existencialismo moderno:

Kierkegaard presenta el asunto de cómo un enamorado lee una carta de amor de su amante cuando sucede que ellos hablan dos idiomas diferentes. Lo primero que el enamorado tiene que hacer con la carta es traducirla. Saca su diccionario de ese lenguaje extranjero, quizás hasta una gramática, y se pone atrabajar. La traduce palabra por palabra, línea por línea, párrafo por párrafo, hasta que toda la carta está en el escritorio ante él.

Pero realizar toda esa ardua labor de traducir esa carta a su lenguaje no es leerla como una carta de amor. Ahora que tiene toda la traducción se relaja, se recuesta en la silla y lee la carta traducida como una de amor.

Así es con la Sagrada Escritura. No podemos evitar toda la ardua labor de buscar las palabras griegas y hebreas, preguntamos acerca de las construcciones, consultar comentarios y otras ayudas similares. Pero realizar este cuidadoso trabajo académico de traducir e interpretar la Escritura no es leer la Palabra de Dios como tal. Desafortunadamente, allí es donde se detiene el profesor. Para leer la Escritura como la Palabra de Dios debe leerla una segunda vez. Ahora ya no es una tarea académica, sino que es asunto de permitir que la Palabra de Dios llegue hasta el alma del hombre *como Palabra de Dios.* Es en la segunda lectura de la carta que el Espíritu Santo, el Hermes del cielo, entra en el proceso de entender la Sagrada Escritura.

Kierkegaard nos ofrece una segunda ilustración. Un niño ha de ser castigado por su padre. Mientras este busca la vara, el niño llena la parte posterior de sus pantalones con varias servilletas. Cuando el padre regresa y castiga al niño, este no siente dolor alguno ya que las servilletas amortiguan el golpe de la vara. El niño representa a los eruditos bíblicos. Rellenan sus pantalones con sus léxicos, comentarios y concordancias. Como resultado, la Escritura jamás los alcanza como Palabra de Dios. Por lo tanto, jamás la escuchan como la Palabra de Dios por haber anulado su poder al escudarse con parafernales académicos. Si se sacaran sus libros de sus pantalones (los

16 Ramm, *Questions,* p. 84.

cuales son necesarios cuando se utilizan correctamente, como se ilustra en el relato de la carta de amor), las Escrituras podrían alcanzarlos como Palabra de Dios. Permitir que la Sagrada Escritura nos llegue como Palabra de Dios es la obra especial del Espíritu Santo.[17]

La habilidad natural, el intelecto, el discernimiento, la educación, los conocimientos, la experiencia y la sabiduría no contribuyen al entendimiento espiritual de la verdad divina en la Escritura que transforma. Las universidades seculares usualmente tienen cursos acerca de la Biblia como literatura o como elemento en el estudio de religiones comparadas. Para ellos, no es nada más que literatura religiosa, valorada por su contribución histórica, cultural, prosaica y poética. Para Dios y para los que el Espíritu de Dios ilumina, contiene el único mensaje verdadero de vida eterna en Cristo Jesús.

La verdadera sabiduría (1 Corintios 2.6-9)

Ya que los incrédulos tienden a valorar el cristianismo como algo tonto y sin sentido alguno porque rechaza la sabiduría humana acerca de los asuntos espirituales, Pablo insiste que es la verdadera sabiduría. Él escribe: «Sin embargo, hablamos sabiduría entre los que han alcanzado madurez» (1 Co 2.6). «Madurez» (griego, *teleios*) no se refiere a un grupo especial de cristianos singulares. Pablo no estaba enseñando acerca de alguna clase de gnosticismo. Más bien es una referencia a todos los cristianos (cf. el uso de *teleios* para referirse a todos los creyentes en He 10.14). Los cristianos conocen la revelación de Dios y, por lo tanto, son lo suficientemente maduros como para entender la verdadera sabiduría espiritual. Entienden la profunda sabiduría de la cruz, que Dios en Cristo se hizo hombre y murió por los pecados del mundo. Esa misma sabiduría es locura para los perdidos (1 Co 1.18). Los cristianos entienden que la sabiduría de Dios es infinitamente mayor que la del hombre (cf. Ro 11.33).

Debido a que la sabiduría humana no se extiende al dominio espiritual, Pablo dice en 1 Corintios 2.6 que él proclama la verdadera sabiduría espiritual sólo entre los salvados. En los versículos 6-9, presenta el punto en general ofreciendo razones específicas por las cuales el hombre no puede descubrir la verdadera sabiduría espiritual.

La primera razón está en la segunda mitad del versículo 6. La verdadera sabiduría, escribe Pablo, es una sabiduría «no de este siglo, ni de los

---

17 *Ibíd.*, pp. 85-86.

príncipes de este siglo, que perecen». Está fuera del marco de referencia del hombre, no se encuentra en el sistema mundial. No es de esta era (griego, *aiōn*), es decir, de este tiempo.

La verdadera sabiduría tampoco viene de los «príncipes de este siglo». *Príncipes* podría traducirse mejor como «líderes». Se refiere a las principales luminarias del mundo, tanto religiosas como filosóficas. Las dos están estrechamente ligadas, porque cuando la filosofía habla de los asuntos esenciales, llega a ser de naturaleza religiosa. A pesar de la inteligencia y la educación de estos líderes, Pablo dice «que perecen». La palabra griega *katargeō* también podría traducirse «llegar a ser ineficaz». La sabiduría humana está limitada en poder y alcance, y a la larga es inútil. Es claro que los líderes humanos de los días de Pablo no entendían la verdadera sabiduría porque crucificaron «al Señor de gloria» (v. 8). Y los líderes de nuestros días prueban su falta de comprensión de la verdadera sabiduría al rechazar a Jesucristo y sus afirmaciones. Están con los que le crucificaron. Hasta los hombres más nobles e importantes no tienen acceso natural a ella. Es eterna y viva, pero ellos son temporales y siempre mueren.

Otra razón para la incapacidad del hombre de entender la verdadera sabiduría espiritual se expresa en 1 Corintios 2.7. Pablo escribe: «Mas hablamos sabiduría de Dios en misterio, la sabiduría oculta, la cual Dios predestinó antes de los siglos para nuestra gloria». *Mas* (griego, *alla*) es una potente conjunción adversativa. Pablo enfatiza el agudo contraste entre la sabiduría de Dios y la sabiduría del hombre. En el texto griego, «Dios» está en una posición enfática, que destaca el carácter sobrenatural de la sabiduría espiritual. Pablo refuerza este punto al referirse a la sabiduría de Dios como un «misterio». El término no se refiere a un secreto complicado, o al conocimiento oculto, sino a algo que estuvo escondido y ahora ha sido revelado, a saber, la revelación del Nuevo Testamento (cf. Ef 3.4-10). Los cristianos conocen este misterio, pero todavía está oculto a los incrédulos.

En contraste con la sabiduría terrenal humana, la sabiduría de Dios es trascendentalmente celestial. La última parte del versículo 7 describe la sabiduría de Dios como algo predestinado «antes de los siglos para nuestra gloria». Dios planeó, desde la eternidad, revelar su sabiduría a los pecadores indignos, para que puedan pasar la eternidad con Él. Tal sabiduría sobrepasa la mera sabiduría humana tanto como los cielos sobrepasan la tierra.

Pablo cierra esta sección en el versículo 9 enfatizando una vez más la completa incapacidad del hombre para descubrir la verdadera sabiduría: «COSAS QUE OJO NO VIO, NI OÍDO OYÓ, NI HAN SUBIDO EN CORAZÓN DE HOMBRE,

SON LAS QUE DIOS HA PREPARADO PARA LOS QUE LE AMAN». Entre ellos, esas tres vías dan cuenta de las formas en las cuales el hombre amasa conocimiento. Los hombres descubren el conocimiento mediante la vista, el oído o el razonamiento (como lo representa el «corazón del hombre»). La vista y el oído se refieren a un método empírico y objetivo para descubrir la verdad, y el razonamiento a los medios subjetivos. Pero la sabiduría de Dios no puede descubrirse mediante el empirismo ni el racionalismo. Se enseña mediante el Espíritu Santo a los que le aman.

LOS RESULTADOS DE LA ILUMINACIÓN

Obtenemos al menos cuatro beneficios de la dinámica espiritual de la iluminación:

1. *El cristiano no está esclavizado a la tradición ni al dogma.* El Espíritu Santo es un maestro de verdad personal e inmanente que ilumina e instruye a los creyentes. Ya no están atascados con lo que la iglesia del pasado le adjudique autoridad. Pueden examinarlo todo a la luz de la Escritura.

2. *Cada cristiano puede entender la Escritura.* Uno de los logros monumentales de los reformadores fue devolverle la Biblia al hombre en los bancos. A través de los siglos anteriores, estaba en el dominio exclusivo de la iglesia católica romana y su sacerdocio. Se relata la historia de un sacerdote católico que le dijo horrorizado a Lutero: «Martín, ¿no te das cuenta de lo que sucedería si se le permitiera a cada niño campesino y zapatero leer la Biblia?» A lo cual Lutero replicó: «Sí, ¡tendríamos más cristianos! La Escritura no es un libro cerrado que sólo ha de ser comprendido por una élite espiritual. Cada creyente puede entender la Escritura.

3. *El estudio bíblico llega a ser una comunicación personal con Dios mediante la iluminación.* La Escritura *es* la revelación mediante silogismos de Dios para el hombre. No *llega a ser* revelación mediante la iluminación. Sin embargo, el Espíritu vivifica la Palabra a través de la iluminación.

4. *La iluminación produce gozo.* Los corazones de dos de los discípulos en el camino a Emaús ardían con gozo cuando Jesús les explicó las Escrituras (Lc 24.32). La obra iluminadora del Espíritu tiene el mismo efecto.

Una última palabra

La iluminación, como señalamos anteriormente, no es algo que opera aparte de los esfuerzos del creyente. ¿Cuál es nuestra responsabilidad? La respuesta está en el Salmo 119.130: «La exposición de tus palabras alumbra; hace entender a los simples». Las palabras de Dios se nos revelan primero mediante el descubrimiento. Nosotros logramos la verdad de Dios mediante el diligente estudio bíblico. Descubrimos que la meditación en vista a aplicar la verdad profundiza su impacto. La combinación del descubrimiento y la meditación ofrecen la luz más brillante de la iluminación a nuestros corazones.

No nos atrevemos a subestimar la obra iluminadora del Espíritu en nuestras vidas mientras estudiamos las Escrituras en preparación para nuestros mensajes. Y debemos percatarnos de que nuestros sermones no lograrán nada aparte de la obra de iluminación del Espíritu en nuestras congregaciones.

Parte III

Cómo procesar el texto bíblico y cómo establecer y aplicar sus principios

7. La hermenéutica y la predicación expositiva
8. La exégesis y la predicación expositiva
9. El análisis gramatical y la predicación expositiva
10. Herramientas de estudio para la predicación expositiva
11. Un método de estudio para la predicación expositiva

PARTE III

CÓMO PROCESAR EL TEXTO BÍBLICO Y CÓMO ESTABLECER Y APLICAR SUS PRINCIPIOS

7. La hermenéutica y la predicación expositiva

8. La exégesis y la predicación expositiva

9. El análisis gramatical y la predicación expositiva

10. Herramientas de estudio para la predicación expositiva

11. Un método de estudio para la predicación expositiva

7

La hermenéutica y la predicación expositiva

James E. Rosscup

El expositor que representa a Dios cumple funciones comparables con las de los exploradores, detectives, historiadores, rastreadores e investigadores. Necesita la perspectiva de alguien que desea realizar su mejor trabajo al enfrentar los distintos retos analizando su texto antes de predicar. También debe utilizar principios sólidos de hermenéutica tales como la inspección del contexto pertinente, la búsqueda de construcciones gramaticales importantes, el estudio de usos más amplios para las palabras en su texto, aprender a distinguir el lenguaje literal y el figurado, dar espacio para la revelación progresiva, incorporar conocimientos adquiridos de otros pasajes pertinentes y el sabio uso de la información acerca de las costumbres de los tiempos bíblicos. La implementación de estos y otros importantes principios asegurará que el expositor represente de forma precisa la verdad de la Palabra de Dios.

En cierto sentido, el expositor de Dios de pronto es un explorador, un detective, un historiador, un rastreador y un investigador. En su búsqueda del mensaje de Dios, es un Colón que navega los extensos mares de la Escritura para traer noticias de un mundo más atractivo. Es un «Sherlock Holmes» que anda buscando pistas que causarían que la verdad, la justicia y la misericordia de Dios prevalezcan. Se parece a Catton, quien, en su famosa trilogía de la Guerra Civil,[1] examinó la historia y presentó los hechos en su luz original. De nuevo, es comparable a Tom Tobin,

1 W. B. Canon, *Bruce Catton's Civil War* [Guerra Civil de Bruce Catton], Fairfax, Nueva York, 1984.

rastreador y experto en las señales de los senderos de Colorado, que podía hallar pistas ignoradas por la mayoría.[2] Un expositor de la Biblia es un explorador que descubre un nuevo sendero[3] que las personas *necesitan* seguir, pero que a veces desconocen. Sirve como investigador, por causa de otros, que busca oro en los arroyos de agua viva de la Palabra.[4]

Este estudio procura repasar cómo los predicadores expositivos cumplen su encargo de predicar la Palabra. Para lograr lo mejor que *Dios* pueda hacer de ellos, como exploradores espirituales, detectives, historiadores, rastreadores e investigadores, deben concentrarse en principios tradicionales de interpretación bíblica para asegurarse de que el mensaje predicado es la Palabra de Dios y no ninguna otra.

Primero, es necesario mantener en mente la relación entre el uso de la hermenéutica (reglas de interpretación) y realizar la exégesis y la exposición. MacArthur articula los pasos.[5]

1. Use el verdadero texto, la Palabra de Dios, de manera tan precisa como sea posible, determinándola, de forma responsable, mediante la consulta de especialistas en la crítica textual.
2. Emplee la ciencia de la hermenéutica con sus principios de interpretación.
3. Permita que estos principios expongan el significado de un pasaje (es decir, realice un estudio exegético del texto) como una persona sigue las reglas preescritas al participar en un juego. Entonces, la exégesis es la aplicación de principios hermenéuticos para decidir lo que dice y significa un texto en su propio medio histórico, teológico, contextual, literario y cultural. Así, el significado que se obtiene concordará con otras Escrituras relacionadas.
4. Predique la exposición que fluye de este proceso. Haga evidente el significado verdadero y esencial; aplique este significado a las necesidades actuales de los oyentes en su propia situación cultural.

---

2 Tobin (1822–1904), quizá mejor conocido por rastrear al servicio del Fuerte Garland en el suroeste de Colorado, ca. 1863. El comandante de la posta dijo que Tobin podía rastrear un saltamontes a través de los arbustos *(The Pueblo Star-Journal* and *Sunday Chieftain,* 11 de marzo de 1984, 2G., 3G).

3 Cf. buenos senderos/sendas (Sal 17.5; 23.3; Pr 4.11) y los malos (Sal 17.4; Pr 2.15). El Antiguo Testamento tiene varias palabras para «senda», así como el Nuevo Testamento. Una es aplicada a Jesucristo. Él es «el camino» (Jn 14.6).

4 Nótese los términos para arroyos utilizados en Sal 1.2; Is 44.3; Jn 7.37-39, etc.

5 John F. MacArthur, «The Mandate of Biblical Inerrancy: Expository Preaching» [Predicación expositiva: El mandato de la infalibilidad bíblica], *The Master's Seminary Journal,* n. 1, primavera 1990:3-15, especialmente pp. 9-10.

Esta es la manera históricamente reconocida de interpretar y proclamar la Palabra de Dios.

PRINCIPIOS ESPECÍFICOS QUE GUÍAN AL INTÉRPRETE[6]

Enseñar principios para interpretar la Biblia por más de un cuarto de siglo ha sido muy gratificante. Una recompensa ha sido escuchar a estudiantes, que ahora son predicadores, contarme cómo esos principios les han ayudado a preparar mensajes. Los comentarios han sido algo así: «Luego de aprender cómo usar los principios, podía hacer en una hora lo que acostumbraba tomarme muchas, así que lograba realizar más en mi tiempo de estudio. Ahora veo cómo llegar al principio primordial de un asunto y puedo utilizar varias clases de evidencias para verificar que lo que estoy predicando es la Palabra de Dios, no alguna opinión maliciosa que pensaba era lo correcto».

Los principios clave de interpretación, al aprenderse y desarrollarse a través de la práctica, proveen mucha ayuda al determinar lo que la Palabra de Dios dice y significa. El expositor puede desarrollar competencia como intérprete si emplea estas importantes guías de forma diligente, sana y capaz. Además, puede utilizarlas como fundamento para desarrollar aún más su capacidad hermenéutica.

El uso hábil de buenas herramientas[7]

Es obvio que el predicador debe utilizar *buenas* herramientas. Sin embargo, muchos confían de forma habitual en fuentes débiles. Así como un cirujano, un dentista y un carpintero necesitan tener y conocer cómo

---

6 Entre los muchos libros acerca de principios algunos sobresalen: Elliott Johnson, *Expository Hermeneutics* [Hermenéutica expositiva], Zondervan, Grand Rapids, 1990; A. B. Mickelsen, *Interpreting the Bible* [Cómo interpretar la Biblia], Eerdmans, Grand Rapids, 1963; Bernard Ramm, *Protestant Biblical Interpretation* [Interpretación bíblica protestante], Baker, Grand Rapids, 1970; Milton Terry, *Biblical Hermeneutics* [Hermenéutica bíblica], Zondervan, Grand Rapids, 1969. Algunos de los mejores libros acerca del estudio bíblico en general son: Richard L. Mayhue, *How To Interpret the Bible for Yourself* [Cómo interpretar la Biblia por sí mismo], BMH, Winona Lake, Indiana, 1983; A. B. Mickelsen, *Better Bible Study* [Estudio bíblico superior], Regal, Glendale, California, 1977; Roy Zuck, *Basic Bible Interpretation* [Interpretación básica superior], Victor, Wheaton, Illinois, 1991. Dos obras útiles acerca de cómo aplicar el significado son: Jack Kuhatsehek, *Taking the Guesswork Out of Applying the Bible* [Cómo eliminar las conjeturas al usar la Biblia], InterVarsity, Downer's Grove, Illinois, 1990; J. R. McQuilkin, *Understanding and Applying the Bible* [Cómo entender y aplicar la Biblia], Moody, Chicago, 1983.

7 Véase el capítulo 10 de este libro para otras herramientas de estudio.

utilizar las herramientas correctas, lo debe hacer también el expositor. Él no puede darse el lujo de descuidarse al elegir sus herramientas como lo haría cualquiera de sus oyentes especializado en unas de estas otras profesiones o carreras.

La vagancia, una aparente vida ajetreada y/o la falta de disciplina controlada por el Espíritu (cf. Gá 5.23) en un compromiso sólido de estudio son algunas de las múltiples razones que causan la elección o el uso pobre de la herramienta. Es fácil meramente pasar los idiomas bíblicos en el seminario, pero el que así lo hace no tendrá las herramientas indispensables de un obrero capacitado. Sin ellas el predicador puede caer presa de escritores que son efervescentes, pero desconfiables en muchas de sus aseveraciones y gran parte de su lógica. Esos astutos escritores imponen sus ideas que tuercen la Escritura y el predicador que se alimenta de sus errores les provee con mayor exposición. Los predicadores absorben, con demasiada frecuencia, información engañosa impresa en fuentes frívolas y fáciles de estudiar. Estos pesos ligeros en el púlpito generalmente cultivan pesos ligeros en la iglesia.

En una ocasión, un conferenciante estaba enseñando acerca del diablo ante un grupo que había sido cristiano por mucho tiempo. Estaba en lo correcto cuando dijo que la palabra «diablo» viene del griego *diabolos*. Proviene de *día* y *ballos,* este último es un sustantivo relacionado con el verbo *ball,* «tirar», concluyó correctamente. «Ahora», continuó, «hallé que *día* significa "debajo". El diablo es fuerte, pero Dios lo ha tirado bajo su poder, y podemos vivir en la victoria de Dios sobre él». Esta profunda promesa fue auspiciada por «amenes» de la audiencia. Pero parte de ello no era cierto. El conferenciante se hubiera alarmado al buscar *diabolos* en una fuente griega confiable. *Día* se deriva de la raíz *duo,* que significa «dos», y en composición puede significar «dos, entre, a través».[8] En su uso *día* llega a indicar «mediante» y varias otras cosas, pero nunca «bajo». Otra palabra que frecuentemente significa «bajo» es *hupo*.[9] El conferenciante se dejó engañar y, por consiguiente, engañó a otros también. *Diabolos,* en fuentes fidedignas, se limita a indicar «acusador, difamador, el que denigra».[10]

---

8 H. E. Dana y Julius R. Mantey, *A Manual Grammar of the Greek New Testament* [Manual de gramática griega del N.T.], Macmillan, Nueva York, 1958, pp. 101-2. W. E. Vine piensa que este significado surge de una persona que lanza palabras a través o al otro lado, como en un asalto verbal, p. ej., en Lucas 16.1 un siervo es *acusado* ante el hombre a quien sirve, *Expository Dictionary of New Testament Words* [Diccionario expositivo de palabras del N.T.], Revell, Westwood, Nueva Jersey, 1959, I, p. 26.

9 Dana y Mantey, *ibíd.,* p. 112.

10 Bauer, et al., *A Greek-English Lexicon,* p. 181; cf. también, Vine, *Expository*

Esta es una perspectiva importante para el predicador. Asegúrese de que realmente procura proclamar la verdad en lugar de un error de pacotilla. Debe utilizar buenas herramientas en su labor, si es que ha de hacerlo. Un hombre disciplinado por esta perspectiva trabajará para emplear sólidos principios para interpretar la Palabra de Dios.

Lo que la Biblia dice en su contexto

Lo que un predicador declara que un pasaje dice puede ser muy diferente de lo que realmente indica. Su meta debe ser indagar lo que *señala* el texto, no apilar sobre él algunas *ideas* propias.

Algunos discuten que Jonás tenía que morir en el estómago del monstruo marino. Empero, la necesidad no se basa en lo que Jonás *dice* inequívocamente. Surge de la lógica de un predicador basado en sus inferencias en cuanto a Jonás y en lo que Jesús dijo en Mateo 12.40: «Porque como estuvo JONAS EN EL VIENTRE DEL GRAN PEZ TRES DÍAS Y TRES NOCHES, así estará el Hijo del Hombre en el corazón de la tierra tres días y tres noches». Jesús sí murió, así que el razonamiento es que Jonás tenía que morir. Sólo entonces, dice la teoría, podría la experiencia de Jonás convertirse en una analogía plena y un verdadero «tipo» de Jesús.

Sin embargo, ninguno de los dos conceptos apoya tal necesidad. Jonás 2 no dice en ninguna parte que el profeta murió. El contexto está lleno de expresiones que indican que estaba vivo, ciertamente angustiado, pero no muerto. En Mateo 12.39, la «señal de Jonás el profeta» nos prepara para la analogía de *cómo* Jonás fue una señal (12.40). El punto del versículo 40 es darle prominencia al *elemento del tiempo,* es decir, tres días y tres noches. El mismo período se especifica también para el viaje en «submarino» de Jonás (Jon 1.17). Jesús dice que Jonás estuvo *en* la criatura marina, pero no habla de su muerte. Eso encaja bien con el contexto de Jonás 2 en donde el profeta siempre está consciente. Es mejor no insistir en la muerte de Jonás como requisito para la analogía de

---

Dictionary, I, p. 306, bajo «Diablo». Aun una persona que no sabe griego se le hace fácil utilizar a Vine. Una reciente edición de Vine la liga al sistema de numeración en James L. Strong, *The Exhaustive Concordance of the Bible,* Abingdon-Cokesbury, Nashville, 1890 y en *New American Standard Exhaustive Concordance* [Nueva concordancia completa americana], Robert L. Thomas, editor general, Holman, Nashville, 1981. p. ej. Vine, M. F. Unger y William White, *Vine's Expository Dictionary of the New Testament Words,* Nelson, Nueva York, 1985. El sistema numérico para las palabras griegas y hebreas es diferente en *The NIV Exhaustive Concordance,* editado por Edward W. Goodrick y John R. Kohlenberger, III, Zondervan, Grand Rapids, 1990.

Jesús. La analogía en la cual el intérprete puede insistir es en el aspecto de los períodos de tiempo correspondientes. Entonces necesita hallar lo que significaba «tres días y tres noches» en esa cultura.[11]

El expositor necesita observar cada pista en cuanto a lo que el contexto dice de manera explícita y también lo que no dice. Debe buscar prueba en el contexto bíblico como Columbo, el detective de televisión, busca pistas en su alrededor. El predicador obtendrá sus puntos de pistas tratadas apropiadamente, no saltando a conclusiones que surgen de su imaginación en cuanto a lo que es necesario.

¿Qué busca el siervo de Dios en el contexto? ¡Muchas cosas! ¡Todo! ¿Puede ver palabras que conectan como «y», «por lo tanto» y «para»? ¿Qué muestran estas palabras? ¿Cuál es el significado de los tiempos verbales?

¿Puede detectar series o patrones en un contexto? Por ejemplo, un himno de cinco verbos en Efesios 5.19-21 sigue al mandamiento de Pablo de no emborracharse con vino, sino ser lleno con (por) el Espíritu (v. 18). ¿Qué sugiere la serie y qué punto de vista probablemente encaja mejor en el flujo contextual basado en los múltiples factores del pasaje? ¿Cómo encaja mejor el hilo de los verbos con la idea del mandamiento en el versículo 18?

¿Se repite alguna palabra de manera tal que llame la atención al punto? El predicador hallará «creen» tres veces en un versículo al final de la parábola de los dos hijos (Mt 21.32). ¿Es significativo esto, y cómo se relaciona con la parábola?

El predicador puede dirigir siendo «todo ojos» para ver y «todo oídos» para escuchar y obedecer. Examina los contextos para hallar contrastes, por ejemplo, no emborracharse con vino sino ser lleno con (por) el Espíritu. Busca para ver si otros contrastes están en un patrón en el cual encaje este. Estudia para aprender cómo este contraste se relaciona con otros versículos y secciones y con toda la epístola.

Los adjetivos no deben eludir la incesante investigación del expositor. ¿Indica un versículo «el *Espíritu* Santo» o sólo dice «el espíritu»? El expositor se beneficiará al determinar qué frases pueden referirse al Espíritu de Dios y las razones contextuales que indican tal referencia. Hallará varias maneras para designar al Espíritu de Dios inspeccionando el contexto inmediato, el de todo un libro de la Biblia (p. ej., las epístolas de Pablo), el de todo un testamento y el de toda la Biblia.

El predicador debe buscar, volcando cada piedra y descubriendo con frecuencia «pepitas de oro», sobre todo el punto general que gobierna los

---

11 Cf. Harold Hoehner, *Chronological Aspects of the Life of Christ* [Aspectos cronológicos de la vida de Cristo], Zondervan, Grand Rapids, 1977, pp. 65-66, 72-74.

detalles de un contexto. Por ejemplo, la plenitud del Espíritu (Ef 5.18) encaja con el amplio tema de la conducta de los creyentes (Ef 4—6) que surge de su riqueza espiritual (Ef 1—3). La repetición de la palabra *andar* en el contexto (4.1, 17; 5.2, 8, 15) indica esto. Ser lleno del Espíritu es parte de una descripción de lo que debe ser el comportamiento cristiano. Andar es varias cosas en una singularidad compuesta. Es en *unidad* con otros cristianos (4.1-16), *santidad* (4.17-32), *amor* (5.1-6), *luz* (5.7-17) y *el Espíritu* (5.18—6.20). Una búsqueda en otras partes de los escritos de Pablo, el Nuevo Testamento, y la Biblia revela que el Espíritu de Dios promueve tal vida de unidad, santidad, etc. El expositor descubre, penetrando profundamente en el contexto de Efesios, algo más: andar en el Espíritu es una vida de *plenitud* (5.18), una que fluye en la vida eclesiástica, familiar y de negocios (5.19—6.9), una *pelea* para la cual los cristianos deben ponerse la armadura de Dios (6.10-17), y en *comunión* con Dios y los santos en oración (6.18-20).

Estos aspectos del contexto sólo son destellos de tesoros mucho más grandes. El siervo motivado seguirá escudriñando el contexto. Esa laboriosidad le ayudará a exponer vetas de oro bíblico y hasta abrir vetas mayores. Gritará con frecuencia a raíz de su gozo por el descubrimiento. Tiene su versión propia de «¡Eureka!» Exclama: «¡Lo hallé! ¡Alabado sea Dios!»

La elegancia de la gramática

El expositor bíblico encontrará un verdadero amigo en la gramática al ayudarle a comprender el significado que Dios desea en un pasaje. Aquí puede aprovechar mucho si evita preocuparse de la gramática como un fin en sí mismo.

La gramática es la relación de palabras y frases entre sí. Sus detalles aclaran las ideas que el escritor humano (y Dios) procuraba que los lectores originales (y subsiguientes) entendieran. El predicador debe ser versado en los elementos de la gramática. Esto lo libera del predicamento de no conocer la de los idiomas originales de la Biblia y por lo tanto es una gran ventaja. Si no la conoce, está a la misericordia de los comentaristas que a veces chocan en sus puntos de vista en cuanto a las construcciones gramaticales de un texto. El expositor, al conocer la gramática, puede aplicarla con creciente habilidad para aprender el mensaje de Dios.

El compromiso de ser lo mejor posible para el Señor puede resguardar al predicador de excusas vagas y de la falta de una motivación poderosa. Esos enemigos están al acecho y han dañado a muchos predicadores que pudieron llegar a ser más útiles.

¡Cuán importante es percibir la construcción correcta de un texto y cómo bosquejarlo para un mensaje! Uno puede ser preciso al representar detalles tal y como la Palabra los relata y evitar ser artificial y falsificar las cosas. Es posible apreciar de manera precisa el esquema de las cláusulas en las oraciones de Pablo en Efesios 1.15-23 y 3.16-21. O, el expositor también tiene una posibilidad al notar los principales verbos que usa Pablo en 5.18, «no se emborrachen y llénense» (traducción del autor del griego) y los cinco participios griegos (vv. 19-21) que llevan la fuerza del mandamiento de llenarse. Las personas que obedecen y están llenos con (o por) el Espíritu tendrán las correspondientes virtudes expresadas por estos participios, a saber, hablarles a otros en un ambiente reverente, cantar, llevar melodía, darle gracias a Dios y al someterse a otros cristianos (o esposas sometiéndose a sus esposos). Cuando el predicador comprende las relaciones entre las palabras, puede recontar estos detalles acerca de 5.18 y capturar el flujo básico del pensamiento.

Ya sea que el predicador haya aprendido bien la gramática bíblica en la escuela o no (y así debió ser), el estudio fiel en buenas fuentes resulta provechoso. De todas maneras puede mejorar si de dedica a aprender gramática y a utilizar buenas herramientas. Puede enriquecerse mediante los escritos de expertos en las gramáticas,[12] los comentarios exegéticos y los artículos en las revistas. No está forzado a depender de libros escritos para el gusto popular al nivel superficial de una ligera revista de Escuela Dominical o algo aún menor. ¿Por qué ha de limitarse a beber de los pozos de escritores que se inclinan a enseñar error con estilo atractivo? ¿Por qué no asegurarse, de manera celosa, de obtener resultados sólidos en obras confiables para entonces correlacionar lo aprendido con todos los principios de interpretación, incluyendo a la gramática? La oración por la dirección de Dios en todo momento es necesaria, porque Él, cuyo siervo es el expositor, se preocupa mucho de que este obtenga correctamente su mensaje.

12 Las mejores gramáticas del Antiguo Testamento son E. Kautsch (1910), J. Weingreen (1959) y R.J. Williams (1967). Las mejores del Nuevo Testamento son F. W. Blass y A. Debrunner (1961), E.D. Bunon (1965), Dana y Mantey (cf. nota 8 en este capítulo), C. F. D. Moule (1963), J. H. Moulton, W. F. Howard y N. Turner (1908–76), y A. T. Robenson (1934). En la mayoría de los casos los predicadores encontrarán lo que necesitan en Weingreen, Dana/Mantey y Robertson.

El significado de las palabras: una mina de oro

El estudio dedicado de palabras bíblicas clave en las mejores fuentes suplirá al conferenciante con grandes tesoros. Las verdades eternas tienen mucho más valor que las fabulosas minas de Jackson y Gregory en la búsqueda de oro en Colorado en el 1859 y los años siguientes.

Es importante lidiar con cada palabra, sin embargo hay que dedicarle más investigación a los términos clave. La concordancia presenta todos los pasajes en donde aparece una palabra. El hacedor de sermones puede encontrar en su Biblia, ya sean textos griegos, hebreos o en español, los contextos de una palabra en un libro bíblico, en un escritor o en el Antiguo Testamento o en el Nuevo. En un léxico localiza los posibles significados que la palabra tiene en diferentes situaciones. Su tarea es encontrar la idea correcta en el contexto del texto estudiado.

Por ejemplo, *león* tiene varios significados en la Escritura: un animal de poder espantoso, Babilonia como un aterrador invasor (Jer 4.7), la nación de Israel o un líder (Ez 19.2),[13] una analogía para Satanás (1 P 5.8) y Cristo (Ap 5.5), para sólo nombrar unos cuantos. Detrás de cada uno están las ideas de tremendo poder, autoridad y la capacidad para vencer.

Se pueden elegir muchas palabras en diferentes pasajes para designar conceptos distintivos. Las palabras para «mundo», «bautismo», «espíritu», «fuego», «estrella» y «corona» son ejemplos típicos. El expositor, como mayordomo útil de la Palabra de Dios, debe estudiar y lograr una percepción más profunda de las distinciones válidas entre las palabras. También debe resguardarse contra la aceptación de declaraciones de parte de otros predicadores que no han sido verificadas. Algunas podrían parecer impresionantes, pero engañan al ingenuo que no dedica el tiempo para investigarlas. Pronunciamientos absolutistas pueden resonar como si provinieran de las alturas del Sinaí: «Las tinieblas siempre son malas en la Escritura»,[14] ni «los pájaros siempre son malos en la Biblia».[15] O un

---

13 Charles Dyer, «Ezekiel», en *Bible Knowledge Commentary* [Comentario bíblico], editado por John Walvoord y Roy Zuck, Victor, Wheaton, Illinois, 1983–85, I, p. 1262; John Taylor, *Ezekiel,* InterVarsity, Downers Grove, Illinois, 1969, p. 153.

14 Esta declaración se ha utilizado a menudo para apoyar la teoría de la brecha en Génesis 1.2. Muchos de los que la favorecen están conscientes de que las tinieblas *no* siempre son malas en su uso (cf. Sal 18.9; 97.2; 104.20, etc.), así que encuentran apoyo en otra parte. Por supuesto, muchos otros no ven brecha alguna *o* maldad en Génesis 1.2.

15 Este principio ha sido utilizado para probar que los pájaros en la planta de mostaza representan el mal (Mt 13.31, 32). Pero los pájaros *no* siempre se relacionan con la maldad (cf. Sal 104.12; Mt 6.26, etc.), En los pasajes del Antiguo Testamento

conferenciante podría insistir sin criterio alguno que «Dios no escucha la oración de un hombre perdido».[16] Esta clase de declaraciones debe ser sometida a otros criterios antes de otorgarle validez hermenéutica. En algunos contextos cada una de las aseveraciones podría ser cierta, pero se exagera cuando se les convierte en guías universales para toda la Biblia.

Es sabio que el expositor trace una palabra en todos sus contextos. Esto le permite «sentir» la palabra y el aspecto del mensaje que abarca en cada contexto. Sólo puede presentar un resumen a su audiencia, pero su conclusión, que ha sido cuidadosamente estudiada, puede prevalecer ante Dios y los hombres. El estudio de las palabras puede aguzar la mente del expositor y su corazón para que tenga mayor sensibilidad hacia las metas y la actitud de un escritor bíblico.

Uno puede añadir detalles coloridos mediante la consulta de un léxico. Barber presenta una lista de varios de ellos en *The Minister's Library* [La biblioteca del ministro].[17] Las obras más útiles acerca del Antiguo Testamento son de Brown/Driver/Briggs, Holladay, y Koehler y Baumgartner.[18] Hay una valiosa ayuda en cuanto al Nuevo Testamento en Abbott-Smith y Arndt y Gingrich.[19] Otras provechosas obras lexicográficas

---

que tienen una presentación de árboles pájaros análoga a Mateo 13.31, 32, los pájaros simplemente ayudan a representar la idea de un árbol lo suficientemente grande como para proveer albergue o refugio. Un árbol enorme para los pájaros es como un reino interesado en proveer recursos para sus súbditos (Ez 17.23, el reino del Mesías; 31.6, el asirio; Dn 4.12, el gobierno de Nabucodonosor). Este parece ser el punto de Jesús en cuanto al interés del reino de Dios, y en donde los textos del Antiguo Testamento indican maldad, lo aclaran mediante el uso de otros detalles.

16 Uno necesita delimitar tal declaración, porque Dios sí escucha la oración de los perdidos cuando claman por misericordia (Lc 18.9-12). Cf. O. Hallesby, Prayer, Augsburg, Minneapolis, 1975, pp. 159-160: Dios no necesariamente *promete* responder a las oraciones de los perdidos, pero algunas veces *elige* hacerlo de manera favorable a ellas para Sus propósitos.

17 Cyril J. Barber, *The Minister's Library,* Moody, Chicago, Illinois, 1985, I, p. 130 (Antiguo Testamento), pp. 167-69 (Nuevo Testamento).

18 Francis Brown, S. R. Driver, y C. A. Briggs, *A Hebrew and English Lexicon of the Old Testament,* [Léxico hebreo-inglés del A.T.] Clarendon, Oxford, 1952; William Holladay, *A Concise Hebrew and Aramaic Lexicon of the Old Testament* [Diccionario breve de hebreo y arameo del A.T.], Eerdmans, Grand Rapids, Michigan, 1970; L. H. Koehler y W. Baumgarmer, *Lexicon in Veteris Testamenti Libros* [Diccionario del Antiguo Testamento], Brill, Leiden, Holanda, 1953.

19 G. Abbott-Smith, *A Manual Greek Lexicon of the New Testament* [Diccionario manual griego del N.T.], T. & T. Clark, Edimburgo, 1937; cf. Bauer, et al., *A Greek-English Lexicon.*

son los dos volúmenes de *Theological Wordbook of the Old Testament* [Vocabulario teológico del A.T.], de R. Laird Harris, et al., Moody, Chicago, Illinois, 1980, y el *Diccionario Expositivo de Vine* (cf. las notas 8 y 10 de este capítulo). Este último presenta cada palabra en español, luego (en la edición citada en la nota 10) clasifica el hebreo y el griego para cada palabra correspondiente al sistema numérico en la concordancia de *Strong* y la *New American Standard Concordance.*

Dos fuentes guían a los usuarios al punto exacto que define casi cada palabra en cada versículo de la Biblia. Estas útiles herramientas son Bruce Einspahr, *An Index to Brown, Driver and Briggs' Hebrew-English Lexicon* [Diccionario hebreo-inglés temático de Brown, Driver y Briggs], Moody, Chicago, Illinois, 1980 y John Alsop, *An Index of the Revised Bauer-Arndt-Gingrich Greek Lexicon* [Diccionario temático revisado del griego], segunda edición, Zondervan, Grand Rapids, Michigan, 1981. Hasta un predicador que no sepa hebreo ni griego puede acudir inmediatamente a la clasificación del léxico y a la definición de una palabra en inglés.

Otra fuente son los tres volúmenes del *New International Dictionary of New Testament Theology* [Nuevo diccionario internacional de Teología Neotestamentaria], editado por Colin Brown, Zondervan, Grand Rapids, Michigan, 1975–78. Se ocupa de palabras significativas del Nuevo Testamento en inglés, y David Townsley y Russell Bjork, *Scripture Index to the NIDNTT,* Zondervan, Grand Rapids, Michigan, 1985, provee ayuda conveniente para su uso. El predicador puede buscar la palabra sobre la cual necesita información sin mucho esfuerzo.

Una obra monumental editada por Gerhard Kittel y Gerhard Friedrich son los diez volúmenes de *Theological Dictionary of the New Testament* [Diccionario teológico del N.T.], Eerdmans, Grand Rapids, Michigan, 1964–76. El volumen 10 tiene índices útiles para palabras clave en inglés, griego, hebreo y arameo, así como referencias bíblicas. Eerdmans también ha publicado un resumen en un solo volumen por Geoffrey Bromiley (1985), que ofrece la esencia de la obra más extensa y que cuesta mucho menos.

Otros recursos que relatan las riquezas de las palabras bíblicas incluyen *The New Bible Dictionary* [El nuevo diccionario bíblico], editado por J. D. Douglas, Eerdmans, Grand Rapids, Michigan, 1970; *The Zondervan Bible Pictorial Dictionary* [Enciclopedia de la Biblia Internacional], editado por M. C. Tenney, Zondervan, Grand Rapids, Michigan, 1963; *The International Standard Bible Encyclopedia,* 4 volúmenes, editado por Geoffrey Bromiley, Eerdmans, Grand Rapids, Michigan, 1979-86, y

The Zondervan Pictorial Encyclopedia of the Bible, 5 volúmenes, editado por M. C. Tenney, Zondervan, Grand Rapids, Michigan, 1975.

Los comentarios exegéticos también incluyen, entre otra información, buen material acerca de palabras. Barber (*The Minister's Library*) tiene buenas listas para el Antiguo Testamento (pp. 129-31) y el Nuevo Testamento (pp. 167-69) en conjunción con cada libro. Los artículos en las revistas a menudo ayudan con el significado de las palabras.

Los predicadores deben manejar la Palabra de Dios con integridad. Esto es mucho mejor que una suposición inventada y medio cocinada. Aun en el estudio de las palabras, un ministerio puede ser bueno de verdad para ahora, así como para el futuro trono del juicio de Cristo.

Cómo distinguir lo literal de lo simbólico

Por lo general, no es difícil clasificar lo literal y lo simbólico. Casi siempre es obvio cuando una palabra se usa en su sentido literal. Esta es la connotación fundamental al comenzar a usar una palabra en un idioma. El uso simbólico en un dominio análogo a lo anteriormente dicho, a menudo es aparente.

Aun en los días de la Biblia el león primeramente era un animal de cuatro patas. Esta idea básica hizo natural que se asemejara una persona o una cosa a un león, es decir, alguien o algo parecido a un león en poder y autoridad. La Escritura tiene su espada del Espíritu (Ef 6.17), la leche de la Palabra (1 P 2.2, 3) y Jesús como la puerta (Jn 10.9). Él es la puerta a la salvación que corresponde, en el reino *espiritual,* a una puerta de entrada al rebaño en la esfera física (Jn 10.1-3).

Algunas veces el expositor enfrenta un problema cuando la distinción entre lo literal y lo simbólico no es tan obvia. Sin embargo, aun aquí puede determinar las principales posibilidades, con los argumentos que las sostienen, mediante la diligente exposición a través del uso de varios principios de interpretación y de fuentes autorizadas en cuanto a palabras: léxicos, comentarios exegéticos, etc.[20] Puede separarlas o dividirlas en distintas clases para tomar una decisión cuidadosa y firme.

Otros problemas son más difíciles. Por ejemplo, en predicciones de batallas futuras, ¿serán los caballos, las lanzas, las espadas y las flechas las mismas armas de los tiempos bíblicos cuando se pronunció la profecía?

---

20 Las expresiones idiomáticas son tratadas detalladamente por E. W. Bullinger, *Figures of Speech Used in the Bible* [Figuras literarias usadas en la Biblia], Baker, Grand Rapids, Michigan, 1974. Un buen libro acerca del significado de los números es John J. Davis, *Biblical Numerology* [Numerología bíblica], Baker, Grand Rapids, 1968.

¿Se volverán a utilizar? ¿O el predicador las percibe como términos culturalmente condicionados para ayudar a su actual audiencia a entender la idea, puntos de partida análogos a alguna otra clase de armas cuando ocurra la batalla mucho después, armas de un tiempo futuro? Las armas cambian a través de los siglos.

Si el expositor opta por el último punto de vista acerca de *las armas,* ¿acaso requiere el principio de la coherencia que se aplique a todo en el Antiguo Testamento? No. Es innecesario pensar que la *tierra* que prometió Dios a Abraham y a sus descendientes (cf. Gn 12.7, etc.) sea distinta en el futuro, como la espiritual «tierra de la iglesia» o todas las actuales bendiciones espirituales en Cristo (cf. Ef 1.3). Si esto fuera cierto, la Iglesia sería el Israel espiritual y, para algunos intérpretes, Israel como nación no tendría destino distintivo luego de la Segunda Venida de Cristo. Sin embargo, una masa particular de tierra (como Palestina) sigue siendo la misma a medida que pasa el tiempo, al menos dentro del presente sistema terrenal. Aparte de eso, la Escritura dice mucho para sugerir un futuro regreso de un arrepentido pueblo de Israel a Palestina. Todo eso es igual pese a los cambios en las armas militares.

Los escritores con mayor capacidad interpretativa continuarán disputando sus puntos de vista en cuantos a las armas. Esto es cierto aun cuando concuerden en que ocurrirán batallas literales en un regreso de Israel a Palestina. Ya sea que las lanzas continúen siendo armas similares lanzadas por caballería o lanzadas por máquinas futuras, todavía son armas físicas reales, aunque de forma diferente. La caridad estimula la tolerancia y busca un espíritu de unidad al exaltar a Cristo aun cuando los siervos de Dios sostengan interpretaciones diferentes. Esto es posible porque no está en juego ninguna verdad fundamental de la Escritura.

¿Cuándo debe ser literal el predicador? Siempre debe utilizar la idea literal de un término como su punto de partida. Es una base desde la cual se puede evaluar la posibilidad de una figura sensible. Debe ser literal cuando esto produzca el mejor sentido, a saber, cuando el contexto y el uso de la palabra lo señalen de esta manera. Un contexto de historia probablemente no utilizará un término de forma simbólica, aunque podría ocurrir. De ser así, los factores de ese texto o alguno similar deben demostrar que así es. Pero los libros con muchos símbolos, como Salmos, Isaías, Zacarías y Apocalipsis, a menudo tienen su justificación propia para que las ideas simbólicas se ajusten con otros detalles.

Algunas veces aun cuando los términos simbólicos sean frecuentes, otras expresiones podrían ser literales. Por ejemplo, es debatible si se debe percibir la Nueva Jerusalén como algo literal o no. Contextualmente, el cielo nuevo y la tierra nueva son tan literales como el cielo viejo o la tierra vieja que los sucedieron (Ap 21.1—22.5). Además, se ofrecen medidas precisas para la ciudad como si fuera literal. El árbol de la vida (Ap 22.2) también puede ser tan literal o físico como el árbol de la vida y otros árboles en el huerto del Edén (Gn 2—3). Esa evidencia convence a muchos para que entiendan que se habla de una ciudad y un árbol literal, aun en un contexto en donde «el libro de la vida» (Ap 20.15) puede ser un símbolo para escribir algo de lo que Dios está consciente.

Obviamente el león que Sansón derrotó tenía cuatro patas. De forma también razonable, el león que vigila desde la espesura en Jeremías 4 es un símbolo de Babilonia, que es semejante a un león, porque Jeremías la identifica como la invasora de Judá (Jer 20.4) y muchos detalles en el capítulo 4 representan al león como un ejército humano.

El asunto es utilizar todos los principios de interpretación en un texto, filtrando de manera diligente la evidencia y buscando indicadores que señalan hacia una idea literal o simbólica.[21] Ocasionalmente, aun después de arduo estudio, el predicador podría no ser capaz de llegar a una conclusión antes de predicar. Debe depender del Señor para comprender cómo explicar el pasaje, y hasta para reconocer con sinceridad la necesidad de más luz que refleje humildad e integridad con su audiencia.[22] El Espíritu hasta puede utilizar esto para fomentar la seguridad de que el pueblo puede confiar en este hombre de verdad.

La revelación progresiva: la revelación gradual de Dios

No todo el programa divino le fue revelado al hombre de una vez por todas. Dios ha revelado aspectos de su plan en etapas a medida que se ha desarrollado el drama de la Biblia. La revelación gradual es evidente,

---

21 Este escritor considera las siguientes obras como las más precisas en la mayoría de los puntos al manejar los temas proféticos: Alva J. McClain, *The Greatness of the Kingdom* [La grandeza del reino], Moody, Chicago, Illinois, 1968; John Walvoord, *The Revelation of Jesus Christ* [La revelación de Jesucristo], Moody, Chicago, Illinois, 1966; Leon Wood, *A Commentary on Daniel,* Zondervan, Grand Rapids, Michigan, 1973; y *The Bible Knowledge Commentary* [Comentario de Daniel], 2 vols., editado por John Walvoord y Roy Zuck, Victor, Wheaton, Illinois, 1983–85.

22 Un líder eclesiástico podría considerar el riesgo de mostrarse indeciso en una presentación pública. Podría ser que desee admitir cuán difícil es un problema de interpretación y declarar su intención de continuar estudiándolo, pero en lugar de dejar a su audiencia «colgando» y sin una respuesta para el significado de un pasaje, puede expresar una solución tentativa como su opinión hasta que reciba una luz más clara. Este procedimiento aliviará la tensión de la incertidumbre que la indecisión por parte del liderazgo podría crear para sus oyentes.

aun en la profecía directa, y es elemento de predicción en la tipología.[23] Las personas necesitan fe y paciencia para esperar el cumplimiento de las etapas que Dios ha proyectado por adelantado.

Un predicador que sea sensible a la revelación progresiva debe ser cuidadoso y hacer distinciones claras. Por ejemplo, desde una perspectiva contemporánea, tiene un amplio entendimiento de las ramificaciones a largo alcance de Génesis 3.15. Se encuentra en el tope de una revelación avanzada y puede sacar detalles iluminadores de ambos Testamentos. Empero también ve que Adán y Eva estaban en un punto primitivo en el desarrollo progresivo del plan de la redención. No tenían acceso a las implicaciones posteriores que le proveen al predicador contemporáneo una imagen compuesta. Seguramente no podían decirle a Dios: «Ah, ahora entendemos; tú enviarás a Cristo para derrotar a Satanás y pagar la penalidad por pecados como los nuestros». No tenemos indicación bíblica de que Dios les reveló eso.

Pasajes posteriores nos ayudan a integrar muchos detalles en el flujo de la revelación progresiva. Vemos particularidades acerca del nacimiento, la persona, el ministerio, la muerte, la resurrección y la ascensión de Jesús. Pero el conocimiento posterior de estas no justifica que se interpreten como si el pueblo de Dios las conociera, en los días del Antiguo Testamento, desde el momento en que fueran predichas por vez primera.[24]

Para ilustrarlo mejor, una perspectiva posterior a la crucifixión no puede señalar al arreglo en forma de cruz de los muebles del tabernáculo como evidencia de que el mismo señalaba a la cruz de Cristo. Esta percepción es muy avanzada como para atribuirla al santo del Antiguo Testamento. La Palabra de Dios tiene lenguaje suficientemente claro en cuanto a la cruz, para que el predicador no tenga que hacer declaraciones

---

23 Acerca de la tipología, véase Patrick Fairbairn, *The Typology of Scripture* [Tipología en la Escritura], 2 vols., Kregel, Grand Rapids, Michigan, 1989, una de las muchas reimpresiones de una obra de 1845–47. Fairbaim todavía es muy respetado. Véanse los estimados de sus puntos fuertes y sus debilidades, así como su interacción con literatura reciente acerca de la tipología en artículos por Roger Nicole, Ronald Youngblood y S. Lewis Johnson en Earl D. Radmacher y Robert Preus, editores, *Hermeneutics, Inerrancy and the Bible,* Zondervan, Grand Rapids, Michigan, 1984, pp. 765-99. Cf. también D. L. Baker, *Two Testaments, One Bible* [Dos testamentos, una Biblia], InterVarsity, Downers Grove, Illinois, 1976.

24 Entre los libros útiles acerca del uso neotestamentario del Antiguo Testamento, cf. S. Lewis Johnson, Jr., *The Old Testament in the New* [El Antiguo Testamento en el nuevo], Zondervan, Grand Rapids, Michigan, 1980; y Walter Kaiser, Jr., *The Uses of the Old Testament in the New Testament* [Usos del A.T. en el N.T.], Moody, Chicago, Illinois, 1985.

que parezcan «abracadabra» o que son, dentro de las mejores circunstancias, arbitrarias. ¿Por qué no concentrarse en los buenos abastecimientos que hay en la alacena de la verdad que es predicable, sin improvisaciones o cosas raras? ¡Dios no nos ha llamado a desplegar ingenuidad para añadirle a su revelación progresiva!

La ayuda bíblica para interpretar la Escritura[25]

La Biblia ilumina mucho a los comentarios y a sí misma mediante las referencias cruzadas. Dios ha usado de manera poderosa a los predicadores que se saturan con la Palabra y la obedecen mediante su poder. Ellos, al vivirla día y noche (Sal 1.1-3), consiguen conexiones válidas entre varios pasajes y llenan el panorama en cuanto a aspectos de la verdad. Este principio suplementa el uso del contexto, los estudios de palabras, la gramática y otras reglas hermenéuticas.

El aspecto «vida» (*zōē*) en el Evangelio de Juan, es decir, la vida eterna como don espiritual de Dios recibido cuando una persona cree en Cristo, prepara al predicador con la misma palabra de 1 Juan. Es lógico, si damos por sentado que el apóstol Juan escribió ambos libros, que usara la misma palabra en las mismas conexiones para expresar el mismo concepto, a menos que surja evidencia contraria. Los dos libros usan la palabra de varias maneras que convergen en el mismo sentido. Una persona que cree en Cristo pasa de muerte a vida (Jn 5.24; 1 Jn 3.14). El término «vida» aparece a menudo en el Evangelio y se repite en 1 Juan con el adjetivo *aiōnios* («eterno»). Además, la «vida» es un regalo relacionado con Cristo (Jn 3.16; 1 Jn 5.11, 12). Se refiere a «vida» en otras relaciones semánticas comunes a ambos libros. Este tipo de observación fortalece la confianza del predicador para que, al hablar acerca de 1 Juan, relacione apropiadamente las referencias a «vida» allí con la «misma palabra» que se usa de manera similar en el Evangelio de Juan.

Estas relaciones llevan a afirmaciones como las siguientes. En su Evangelio, el propósito general de Juan es describir las señales (milagros) de Jesús para que los hombres puedan creer y tener vida eterna (Jn 20.30, 31). Así que en 1 Juan añade a esto las maneras en las cuales las personas pueden probar su profesión para tener vida y estar

25 Para discusiones del principio de la «analogía de la fe», véanse a Robert L. Thomas, «A Hermeneutical Ambiguity of Eschatology: The Analogy of Faith» [Ambigüedad hermenéutica de la escatología: La analogía de la fe], *Journal of the Evangelical Theological Society*, 23, núm. 1, marzo de 1980, pp. 45-53; Walter C. Kaiser, Jr., «Hermeneutics and the Theological Task» [La hermenéutica y las tareas teológicas], *Trinity Journal*, 12NS, 1991, pp. 3-14.

adecuadamente asegurados de que han creído de manera genuina y tienen la vida (1 Jn 5.13; cf. 2.3-5, etc.).

La consulta de referencias cruzadas, implementada con una sensibilidad competente respecto a las pistas en cada contexto, evita realizar relaciones inválidas y añade conocimientos para la predicación.[26] Es mejor no presionar una referencia cruzada si la evidencia para una relación no es sólida. La pasión del hombre que sigue arduamente a Dios es la certeza de que comunica sólo la Palabra de Dios y no desecho de invención propia.

El colorido de las costumbres bíblicas

Dios dio su palabra a personas en culturas distintas, así que el predicador debe ver lo que el texto dice en la suya. Una vez que haya hecho esto, puede ayudar a sus oyentes a ver cómo usar las verdades donde las costumbres difieren del contexto original. Actualmente, los siervos de Dios, tienen mucho que aprender acerca de la idea de cualquier pasaje de la Biblia en un contexto de hace mucho tiempo atrás.[27]

Predicar a través de las parábolas de Jesús y usar buenas fuentes puede proveer un «reporte noticioso» esclarecedor. Muchos comentarios y libros se especializan en las parábolas; las obras acerca de las costumbres ayudan a explicar las circunstancias. El predicador que usa su tiempo sabiamente tiene la oportunidad de filtrar y ajustar la información en una presentación completa; además, puede comparar y evaluar los puntos de vista. Puede visualizar los predicamentos humanos tanto cuando Jesús enseñó como los del día de hoy y aplicar la verdad con una relevancia fascinante.

Un versículo podría indicar algo diferente de lo que uno supone a primera vista. Romanos 12.20 es un ejemplo. Un cristiano que le hace bien a un enemigo amontonará «ascuas de fuego sobre su cabeza». Hacerle bien a un enemigo tiene mucho en común con Proverbios 25.21 y 22: «Si el que

---

26 La mejor herramienta para las referencias cruzadas es *The Treasury of Scripture Knowledge* [Tesoro de conocimiento bíblico], Revell, Old Tappan, Nueva Jersey, s.f.

27 Hay muchos libros disponibles acerca de las costumbres y la conducta en la Biblia. Un ejemplo es Ralph Gower, *The New Manners and Customs* [Nuevos usos y costumbres], Moody, Chicago, Illinois, 1989. Al parecer, se escribió de nuevo en base a Fred Wight, *Manners and Customs of Bible Lands* [Usos y costumbres de las tierras bíblicas], Moody, Chicago, Illinois, 1953, el cual fue reimpreso varias veces, realmente es una obra nueva con muchas ilustraciones y menos material explicativo. Empero, aun así es útil. También hay mucha información útil en J. A. Thompson, *Handbook of Life in Bible Times* [Manual de vida en tiempos bíblicos], InterVarsity, Downers Grove, Illinois, 1987. Aquí los léxicos también proveen mucha asistencia.

te aborrece tuviere hambre, dale de comer pan, y si tuviere sed, dale de beber agua». Eso se refiere a la bondad, pero las ascuas de fuego pueden causar un dolor intenso. Así que algunos enseñan que Romanos 12.20 significa que la bondad aumenta la culpabilidad de la persona mientras resiste a Dios. Esto lleva a que sufra un castigo ardiente al rechazar a Dios y a tal bondad. Sin embargo, Romanos 12 señala las intenciones bondadosas hacia los enemigos, no los motivos de venganza (vv. 14, 15, 17, 18, 20, 21). En una fertilización recíproca de culturas en el mundo bíblico, Klassen describe una costumbre egipcia que se ajusta a un punto de vista amoroso, no a uno cruel.[28] De acuerdo a la costumbre, una persona que había llegado a ser penitente cargaba sumisamente ascuas de fuego sobre su cabeza en una vasija. Ellas simbolizaban su cambio a una mente tierna. Esa costumbre concuerda con el enfoque en Romanos 12 de una obra de amor que podría afligir a una persona hasta el arrepentimiento.

Ese punto de vista es sumamente posible. Sin embargo, la cuestión principal no es que sea correcto o no. La importancia del principio es el punto esencial. Procure ver la costumbre como la veía el escritor bíblico en su día. El predicador que disciplina su mente de esta manera a menudo halla luz adicional en cuanto a lo que la Palabra significa.

Otro ejemplo de interpretar una costumbre tiene que ver con la «piedrecita blanca» que Cristo promete como recompensa para el cristiano vencedor (Ap 2.17).[29] Uno no hallará lo que la frase quería decir en la cultura del siglo primero adivinando en base a las piedrecitas blancas de la cultura actual.

Las referencias geográficas deben verificarse en fuentes confiables acerca de geografía bíblica.[30] La precisión y las vívidas descripciones

---

28 William Klassen, «Coals of Fire: Sign of Repentance or Revenge?» [Aguas de fuego: ¿Señal de arrepentimiento o de venganza?], *New Testament Studies* [Estudios del Nuevo Testamento], 9, 1962–63, pp. 337-50; cf. también Leon Morris, *The Epistle of the Romans* [Epístola a los Romanos], Eerdmans, Grand Rapids, Michigan, 1988, pp. 454-55 para los principales puntos de vista y un reconocimiento de que la mayoría de los eruditos favorecen algún punto de vista consolador más que el cruel.

29 Isbon T. Beckwith ofrece seis puntos de vista acerca de la «piedra blanca» en *The Apocalypse of John* [El Apocalipsis de Juan], Baker, Grand Rapids, Michigan, 1967, pp. 461-63. Una de varias obras especiales acerca de Apocalipsis 2—3 que son útiles, es Colin J. Hemer, *The Letters to the Seven Churches of Asia in Their Local Setting* [Cartas a las siete iglesias de Asia], JSOT, Sheffield, Inglaterra, 1986, pp. 94-102, 105, 237, 242, 244.

30 Yohanan Aharoni y Michael Avi-Yonah, *The Macmillan Bible Atlas* [Atlas bíblico], Macmillan, Nueva York, 1977; Barry Beitzel, *The Moody Atlas of Bible Lands* [Atlas de las tierras bíblicas], Moody, Chicago, Illinois, 1985; James Pritchard, *The Harper*

de localización, distancia, terreno, clima, vegetación, etc., mejoran la presentación. A menudo es sabio verificar la información investigando en varias fuentes, sobre todo si una idea confirmada cuidadosamente influye en la elección de puntos de vista.

Todos los humanos estamos limitados. Sólo Jesucristo Hombre conoce las cosas de la Palabra perfectamente, y Él es el exégeta intachable de la verdad. Un intérprete astuto es diligente en su estudio, pero también anhela aprender de otros algo que puede haber obviado. Después de todo, otros intérpretes también han sido enseñados por el Espíritu.[31]

UNA POSTDATA

El espacio sólo permite la breve mención de otros axiomas hermenéuticos.

1. *El hábito de verificar.* Comprende un punto de vista y todos sus detalles en fuentes confiables, de especialistas. En relación a detalles históricos, consulte fuentes fidedignas acerca de la historia.[32] Para la geografía, busque expertos en geografía.[33] En relación el significado de palabras, acuda a los mejores léxicos, a los comentarios exhaustivos, etc. Evite, sobre todo, descansar en fuentes débiles, a saber, aficionados que debieron haber dependido de fuentes confiables, pero que por una razón u otra no lo hicieron. La verificación con expertos genuinos, y no falsos, se aplica a cada área: parábolas, profecía, tipología, etc. Hasta podría ser fructífero para externos pasajes de Escritura. Las obras que

---

Atlas of the Bible, Harper & Row, Nueva York, 1987. Las explicaciones de Beitzel son más útiles, él y Pritchard tienen buenos mapas; Aharoni y Avi-Yonah han contribuido más con mapas que señalan acontecimientos bíblicos clave. Cf. también Barry Beitzel, *Moody Atlas of Bible Lands Transparencies,* Moody, Chicago, Illinois, 1990, que incluye mapas para usarse en la docencia.

31 C. H. Spurgeon, *Lectures to My Students,* Pilgrim, Pasadena, Texas, 1990, 4:1: «Parece extraño, ciertos hombres que hablan tanto de lo que el Espíritu Santo les revela, menosprecien lo que les ha revelado a otros. Mi charla [...] no es para aquellos grandes creadores, sino para ustedes que se placen en aprender acerca de los hombres santos, enseñados por Dios, y poderosos en las Escrituras».

32 La fuente a la cual acudir depende de qué historia está involucrada. Por ejemplo, en cuanto a la historia de una ciudad en Apocalipsis 2—3, el expositor puede buscar la ciudad en una enciclopedia regular así como en una enciclopedia bíblica o diccionario. También puede verificar las introducciones de los comentarios mejor investigados y usar obras especiales que se concentran en Apocalipsis 2—3, como la de Hemer (cf. nota 29 de este capítulo).

33 Cf. nota 30 en este capítulo.

se especializan en una porción más breve podrían proveer ayuda que los comentarios sobre toda la Biblia no analizan tan minuciosamente. Los estudios concentrados se ocupan de cosas tales como la creación, el diluvio, Abraham, el tabernáculo, el Salmo 25, el juicio y la muerte de Jesús, su resurrección, Romanos 6—8, 1 Corintios 13, Hebreos 11, Apocalipsis 2—3, 20, y 21—22. Las obras temáticas discuten el matrimonio, el divorcio, los ángeles, la guerra espiritual, el movimiento de la Nueva Era y más.

Algunas fuentes proveen bibliografías anotadas acerca de asuntos bíblicos. Esas ayudas son muy valiosas.[34] Investigue, en cada tema, las mejores fuentes. Es ilógico que nos preparemos mal para predicar las inescrutables riquezas de Cristo.

2. *El principio de la verificación.* Investigue sobre la vigencia de la declaración bíblica que afirma que un deber es obligatorio para todos los tiempos y no sólo para un personaje bíblico. Use otros principios para percibir el asunto desde todo ángulo posible. Para ilustrar el mandamiento de Dios para Jacob de abandonar su tierra (Gn 31.13), a saber, abandonar a Harán para regresar a Canaán, es inaplicable a un cristiano actual en una situación determinada. El principio general que podría derivarse es que Dios dirige voluntariamente al creyente, a una verdad que puede verificarse en otras Escrituras. Pero Génesis 31 no le ordena hacer algo como abandonar el servicio militar o dejar a California para irse a otro estado. La voluntad de Dios en cuanto a los movimientos exactos de cada creyente depende de varias consideraciones.

3. *El principio de la regulación.* La Escritura, y no la experiencia, regula la doctrina. Los expositores pastorales deben indicarles a las ovejas de Dios que se concentren en lo que dice el Gran Pastor en su Palabra interpretada apropiadamente. Cualquier afirmación que señale que la Biblia más la experiencia proveen una norma de la cual se puede depender, debe ser evaluada a partir del criterio de la «Agencia de normas» de Dios, su Palabra.

Esta discusión no ha tratado cada regla hermenéutica importante, pero ha tocado las más cruciales para un ministerio fiel en la Palabra. Al usarse hábilmente, ayudarán a los heraldos bíblicos de Dios para obtener la verdad de la Palabra que Él quiere que proclamemos a otros.

34 Por ejemplo, Barber es muy valioso; cf. nota 17 en este capítulo.

8

La exégesis y la predicación expositiva

Robert L. Thomas

La característica distintiva de la predicación expositiva es su función institucional. Una explicación de los detalles de un texto en particular imparte información que de otra forma no estaría disponible para el feligrés promedio que no está preparado y le provee un fundamento para el crecimiento y el servicio cristiano. La importancia y la centralidad de la exégesis minuciosa al preparar al expositor para este servicio no se pueden exagerar. La exégesis misma debe descansar sobre una sólida base y debe llevar al desarrollo en campos suplementarios que, a su vez, también proveen información importante para la predicación expositiva. Con el material crudo para la preparación del sermón obtenido de esa manera, se deben aplicar principios lógicos al poner el material en una forma que la congregación pueda recibir con facilidad y que puedan aprender del mismo.

La marca distintiva de la predicación expositiva, llamada también exposición bíblica, es la interpretación escritural comunicada a través del sermón. El expositor debe enseñar a su audiencia el significado del texto deseado por su autor y comprendido por sus destinatarios originales. Debido a que los idiomas originales del Antiguo y el Nuevo Testamentos son inaccesibles para la mayoría de las congregaciones, así también lo serán las interpretaciones precisas y detalladas de la Escritura. De manera que la responsabilidad central de un expositor bíblico es familiarizar a la congregación con estas interpretaciones que anteriormente le eran desconocidas. La prueba final de la efectividad de la exposición bíblica es cuán bien los individuos que escuchan el sermón pueden irse a casa y leer el pasaje con mayor comprensión de su significado exacto que lo que podían hacer antes de escuchar el mensaje.

El punto que separa a los sermones expositivos de otros no es la astucia de sus bosquejos ni sus atractivos clichés. Tampoco es la relevancia del mensaje para la vida diaria. Estos son útiles y necesarios como herramientas para la comunicación y las ayudas devocionales, pero no distinguen la predicación expositiva de otras clases de sermones. Un sermón todavía podría ser expositivo sin ellos, pero si no se incluye la explicación de lo que el autor indicaba, también hará falta el corazón de la exposición bíblica.

La contribución singular de la exposición bíblica es su sustancial mejora del entendimiento del oyente en cuanto a la intención de la Escritura. Tal servicio es la manera ideal de cooperar con el Espíritu Santo que inspiró la Escritura, ya que Él toma un entendimiento mejorado del significado del texto y muestra el significado de su aplicación a los oyentes particulares. Este es el mejor camino para edificar a los santos. El Nuevo Testamento enfatiza mucho el uso de la mente como principal vía para el crecimiento cristiano (p. ej., Ro 12.2; 1 P 1.13), así que el predicador debe hacer lo mismo.[1]

La construcción de la exposición bíblica

La función crítica de la exégesis

La responsabilidad que descansa en los hombros de alguien que predica esta clase de mensaje es pesada. Debe tener un entendimiento *minucioso* del pasaje que ha de ser predicado antes de concebir la mecánica para expresar su comprensión a la congregación. Debe ser un exégeta

1 Stott ha escrito: «Las grandes doctrinas de la creación, la revelación, la redención y el juicio implican que el hombre tiene un deber ineludible de pensar y actuar en base a lo que piensa y conoce», John R. Stott, *Your Mind Matters* [Su mente cuenta], InterVarsity, Downers Grove, Illinois, 1972, p. 14. Keiper concuerda: «Si entramos por completo en el poder del pensamiento bíblico, llegaremos a ser personas milagrosas, tendremos una mente saludable en Cristo, seremos un ejemplo de nuestra ciudadanía celestial en la tierra, y seremos continua y diariamente limpiados por su Palabra (véase Jn 15.3)», Ralph L. Keiper, *The Power of Biblical Thinking* [El poder del pensamiento bíblico], Revell, Old Tappan, New Jersey, 1977, p. 159. Hull es más especifico: «La transformación llega mediante el compromiso de la mente. Sin el conocimiento y el pensamiento adecuados no tenemos base para el cambio o el crecimiento personal. La mente es el punto de partida primordial para el cambio», Bill Hull, *Right Thinking* [Pensamiento Correcto], Navpress, Colorado Springs, Colorado, 1985, p. 8.

preparado con un conocimiento apropiado de los idiomas bíblicos y un método sistemático para utilizarlos al analizar el texto.[2]

Un ensayo de esta naturaleza no puede proveer un programa de instrucción exegética. Los seminarios teológicos existen para este propósito. También escapa al propósito actual formular un sistema de exégesis para el Nuevo Testamento griego (o el hebreo del Antiguo Testamento). Empero, son necesarias algunas sugerencias en cuanto a la exégesis para identificar lo que contiene este proceso fundamental.

La exégesis precisa depende, en última instancia, de la dirección del Espíritu Santo en la investigación del exégeta. Aparte de esto, no sólo le evadirá el significado del texto, sino que las aplicaciones válidas también probarán ser evasivas (1 Co 2.14). Como Dios es un Dios de orden (1 Co 14.33, 40) y las criaturas racionales creadas a su imagen y regeneradas por su Espíritu son capaces de entender la lógica divina, la dirección del Espíritu en el estudio exegético concordará con la razón divina disponible al exégeta.

La exégesis se ocupa de los lenguajes originales de la Escritura, griego en el Nuevo Testamento, hebreo y arameo en el Antiguo Testamento. No se contenta con las incertidumbres de trabajar en base a una traducción o traducciones. Estas jamás abarcarían todas las sugerencias del texto original. Este es el aspecto clave en el cual el expositor puede añadir al conocimiento del texto de sus oyentes, porque ellos usualmente estarán limitados en cuanto a lo que puedan derivar de una traducción en su idioma nativo.

---

2 «El griego (o hebreo) de charlatanes», una expresión acuñada para describir métodos que debían ahorrar tiempo en el aprendizaje y el uso de los idiomas originales, no es adecuado para este propósito. Los supuestos atajos para aprender un idioma han probado ser, una y otra vez, contraproducentes en el estudio de la Escritura. Si el expositor ha puesto el fundamento correcto en su entrenamiento y ha mantenido su familiaridad con los idiomas a través de un disciplinado programa de unos minutos de repaso diario, varios días a la semana, no necesitará depender constantemente de «muletas» para traducir su texto en los idiomas originales. Los que pretenden conocer los lenguajes de la Escritura pero dependen de esas muletas son aquellos a quienes se aplica apropiadamente la conocida advertencia de: «Un *poco* de conocimiento de griego (o hebreo) es algo peligroso». La combinación de un fundamento sólido en griego y hebreo así como un programa consistente de repaso han probado ser suficiente para muchos expositores de la Palabra. Aquellos para los cuales las circunstancias han hecho de esta combinación una meta imposible de alcanzar deben ser *extremadamente* cuidadosos en su uso de los idiomas bíblicos y deben darse todas las oportunidades posibles para verificar una y otra vez opiniones acerca del texto antes de expresarlas a otros.

La exégesis también se basa en sólidos principios hermenéuticos. Es posible que el colapso más grande en los estudios bíblicos, al final del siglo veinte, sea en este campo. Se han lanzado múltiples retos contra guías tradicionales para interpretar la Biblia. Los mismos provienen de una amplia variedad de fuentes. El predicador promedio podría ser «zarandeado» con facilidad si no está alerta para detectar las amplias aberraciones que están en circulación. La importancia de la vigilancia en cuanto a esto amerita que se incluyan varias ilustraciones del problema contemporáneo entre los evangélicos.

El erudito del Antiguo Testamento, William LaSor, dice que los escritores del Nuevo Testamento no siguieron el método histórico-gramático en su uso del Antiguo Testamento, así que los intérpretes de hoy no deben estar limitados por ese método.[3] Sin embargo, lo que no observa es que los escritores del Nuevo Testamento recibieron revelación divina de manera directa, y los intérpretes contemporáneos no. Por lo tanto, no pueden tomarse las libertades con el texto que los escritores del Nuevo Testamento se tomaron con el del Antiguo Testamento.[4]

El teólogo Paul Jewett entiende que Pablo fue incoherente consigo mismo en cuanto a la función de la mujer en la iglesia, concluyendo que promueve la igualdad sexual en uno de sus libros (Gá 3.28) y la desigualdad en otro (1 Co 11.3).[5] Esta opinión en esencia evade el reconocido principio de la «analogía de fe» en la interpretación bíblica. Percibe la Biblia como incongruente consigo misma.

El filósofo Anthony Thiselton nos informa que la hermenéutica es un proceso circular y los prejuicios humanos hacen imposible la interpretación objetiva.[6] Esa clase de pronunciamiento desanima los intentos de aprender el significado original de un texto y abre las puertas para el subjetivismo descontrolado en la interpretación. En su mejor momento,

---

3 William S. LaSor, «The Sensus Plenior and Biblical Interpretation», en *Scripture, Tradition, and Interpretation* [Escritura, tradición e interpretación], editado por W. W. Gasque y LaSor, Eerdmans, Grand Rapids, Michigan, 1978, pp. 267-68.

4 Larry D. Petegrew, «Liberation Theology and Hermeneutical Preunderstandings» [Teología de la liberación y presuposiciones hermenéuticas], *Bibliotheca Sacra,* 148, no. 591, julio-septiembre, 1991, p. 283.

5 Paul K. Jewett, *Man as Male and Female* [El hombre como varón y hembra], Eerdmans, Grand Rapids, MI, 1975, pp. 133-35, 142.

6 Anthony C. Thiselton, *The Two Horizons* [Los dos horizontes], Eerdmans, Grand Rapids, MI, 1980, pp. 105, 110; véase también, «The New Hermeneutic» [La nueva Hermenéutica], en *New Testament Interpretation* [Interpretación del N.T.], editado por I. Howard Marshall, Eerdmans, Grand Rapids, MI, 1977, p. 317.

tiene el efecto de destruir la meta de la objetividad que la interpretación tradicional protestante siempre ha buscado, y en el peor, señala el final de la razón al estudiar la Biblia.

El misiólogo Krikor Haleblian promueve el principio de la contextualización mediante el cual se le permite a cada cultura que forme su sistema propio de hermenéutica basado en la praxis ministerial al satisfacer sus necesidades peculiares.[7] Mas si cada cultura formula sus propios principios de interpretación, para que la Biblia signifique algo concebido como necesario en su situación, se termina el control objetivo de lo que la Biblia significa. Las connotaciones para los destinatarios originales de los escritos llegan a ser completamente irrelevantes.

El crítico de redacción, I. Howard Marshall, cita como ahistóricos varios dichos atribuidos a Cristo en los Evangelios, percibiéndolos como adiciones posteriores añadidas por la Iglesia con el propósito de aclarar las cosas.[8] La interpretación tradicional, por otro lado, percibe los Evangelios como algo que contiene información histórica precisa acerca de Jesús.[9]

---

7 Krikor Haleblian, «The Problem of Contextualization», *Missiology: An International Review* [«El problema de la contextualización», Misiología: Un análisis internacional], 9, no. 1, enero 1983, pp. 97-99, 103.

8 I. Howard Marshall, *The Origins of New Testament Christology* [Los orígenes de la cristología del N.T.], InterVarsity, Downers Grove, IL, 1990, pp. 57, 62 (nota 50), 78-79, 82 (nota 49), 85, 108 (nota 11).

9 El propósito de este capítulo no permite una representación completa de todos los escollos hermenéuticos corrientes. Unos cuantos ejemplos más de otras fuentes recientes podrían ayudar a mostrar qué es lo que debemos evitar:

1. Los antropólogos Smalley y Kraft dicen que los cambios en la cultura causan alteraciones en el significado de la revelación divina para adaptarla a la nueva situación cultural, William A. Smalley, «Culture and Superculture», *Practical Anthropology,* 2, 1955, pp. 58-71; y Charles H. Kraft, *Christianity in Culture,* Orbis, Maryknoll, Nueva York, 1979, p. 123. En otras palabras, la revelación divina no es absoluta. En contraste con esto, el método histórico-gramático de interpretación asume la naturaleza absoluta de la revelación divina.

2. El misiólogo Bonino afirma que no hay verdad en la Biblia aparte de su aplicación en la situación actual, J. M. Bonino, *Doing Theology in a Revolutionary Situation* [Cómo hacer teología en una situación revolucionaria], Fortress, Filadelfia, Pennsylvania, 1975, pp. 88-89. Esta posición exagera la función de la aplicación y hace que esta determine la interpretación histórica. La aplicación debe seguir a la interpretación y basarse en ella, no lo contrario.

3. La escritora feminista Russell nota que el texto bíblico sólo puede ser considerado como perentorio cuando no es sexista, a saber, cuando no viola la perspectiva de la liberación feminista, Letty M. Russell, «Introduction: Liberating the Word» [La palabra liberada], en *Feminist Interpretation of the Bible*

La circulación de esas sutiles variaciones hermenéuticas ha contribuido mucho a la confusión prevalente en la interpretación del movimiento evangélico en la década de los noventa. De no ser rechazadas, pueden llegar a ser un serio obstáculo para la exégesis precisa y, en última instancia, para la predicación expositiva.

La exégesis también presupone un texto fijado mediante una aplicación válida de principios de crítica textual. Los cánones del Antiguo y el Nuevo Testamentos también están establecidos y son objeto de los esfuerzos de interpretación del expositor. El campo llamado introducción bíblica, a saber, el conocimiento minucioso de la autoría, fecha en la cual fue escrito el libro en cuestión, su destino y cosas semejantes, también es un fundamento necesario para la exégesis.

La exégesis incorpora un estudio de palabras individuales, sus trasfondos, su derivación, su uso, sus sinónimos, sus antónimos, sus usos simbólicos y otros aspectos léxicos. La elaboración de palabras griegas y hebreas en la exposición en el púlpito es definitivamente el uso más homilético y frecuente de la exégesis, pero sólo es un pequeño comienzo. De al menos igual, o probablemente mayor, importancia es la manera en la cual se unen las palabras en las oraciones, los párrafos, las secciones,

---

[Interpretación feminista de la Biblia], editado por Letty M. Russell, Westminster, Filadelfia, Pennsylvania, 1985, p. 16. Ella misma admite que esto la coloca en una posición contraria al método de interpretación histórico-gramático. En el mismo libro, véase también su artículo «Authority and the Challenge of Feminist Interpretation» [Autoridad y reto de la interpretación feminista], pp. 55-56, y el Elisabeth Schüssler Fiorenza, «The Will to Choose or to Reject: Continuing Our Critical Work» [La voluntad de escoger o rechazar, continuación de nuestro trabajo crítico], p. 132. Considerar unas partes de la Escritura como más perentorias que otras le falta el respeto a un acercamiento hermenéutico normal.

4. El filósofo Thiselton presupone algo en la experiencia actual del intérprete, es decir, presuposiciones hechas o preguntas elaboradas por el intérprete, como el punto de partida de la interpretación, Thiselton, «New Hermeneutic», p. 316. El método histórico-gramático dice que el texto debe ser el punto de partida. La teoría de Thiselton fuerza al texto a lidiar con un asunto que probablemente es irrelevante para la intención original del escritor.

5. El exégeta Carson se alinea con la teoría lingüística moderna al cuestionar la práctica tradicional de distinguir diferencias menores en significado entre sinónimos utilizados lado a lado en el texto, D. A. Carson, *Exegetical Fallacies* [Falacias exegéticas], Baker, Grand Rapids, Michigan, 1984, pp. 48-54. Su posición es una falacia porque no le hace justicia a la precisión de la Escritura inspirada. La interpretación histórico-gramática ha sostenido la validez de estas distinciones entre sinónimos, pero Carson está en desacuerdo.

etc. Este aspecto sintáctico, como se llama, es descuidado con demasiada frecuencia. Sin embargo, sólo una plena apreciación de las relaciones sintácticas puede proveer una comprensión específica del flujo del pensamiento que procuraba el Espíritu en su revelación mediante los escritores humanos de la Escritura.

También es imperativa una minuciosa familiarización con el trasfondo histórico de cada libro. Sin esto, el significado para los lectores en el contexto original está más allá del alcance del expositor y, por lo tanto, de su audiencia.

La iglesia de finales del siglo veinte es la beneficiaria de un rico tesoro de enseñanza bíblica publicada a través de los siglos de la era cristiana. Los dotados maestros que Cristo puso en la iglesia han preservado sus interpretaciones en la página impresa. Es necesario que el exégeta se aproveche por completo de estas fuentes de enriquecimiento dadas por Dios al adquirir un astuto dominio del significado que debe enseñar.

Es ingenuo suponer que estos dotados escritores jamás están en desacuerdo en sus interpretaciones. Es reto del expositor de la Biblia evaluar bajo la guía del Espíritu cada una de las opiniones conflictivas a la luz de sólidos principios hermenéuticos y así como de procedimientos exegéticos y quedarse con la que crea correcta. Esto es lo que predicará a su congregación como interpretación verdadera.

Luego del tedioso proceso del análisis exegético, el expositor habrá amasado una inmensa cantidad de información, en su mayoría técnica, pero también debe haber alcanzado una comprensión detallada de la interpretación de la Escritura.[10] Ahora debe seleccionar de esta masiva acumulación de material las partes más significativas para trasmitirlas a sus oyentes.

Una de las principales precauciones es no predicar información exegética desde el púlpito. Debido a que el expositor ha sido iluminado tanto por lo que ha descubierto, su impulso inicial podría ser contagiar

---

10 Como un servicio para los expositores en todas panes, uno de los proyectos continuos de la facultad de Nuevo Testamento y los estudiantes del Seminario de Maestros es la producción de «selecciones exegéticas» de varios libros del Nuevo Testamento y porciones de libros. Estas selecciones consisten de todo el material exegético relevante derivado de las ochenta a cien fuentes principales relacionadas con el libro o la sección de Escritura pertinente. Ellas proveen acceso instantáneo a la mejor información exegética que le tornaría al expositor muchas horas de preparación para descubrirla. Esta clase de recurso ha probado ser un gran ahorro de tiempo en la preparación del sermón para muchos. La extensión del *Exegetical Digest of I John* [Compendio exegético de 1 Juan], 508 páginas, ilustra la magnitud de la tarea exegética que confronta el expositor.

a su pueblo con la emoción de su descubrimiento en la misma terminología que la recibió. Este es un gran error. Muy pocos oyentes tienen suficiente trasfondo como para entender la clase de información técnica derivada de la exégesis. Así que el ministro de la Palabra debe adaptar sus explicaciones para ajustarse al vocabulario y el nivel de interés de aquellos a quienes habla. Debe desarrollar una técnica para expresar en el lenguaje de un inexperto lo que aprendió de su análisis profesional. La forma de hacer eso podría variar. Podría ser mediante la paráfrasis, la descripción, la analogía, la ilustración o de una multitud de otras maneras. No obstante, debe explicar el texto de manera tal que sea interesante y comprensible para su pueblo. Esta explicación es la médula de la exposición bíblica.

Campos de estudio auxiliares

La exposición bíblica incluye mucho más que la exégesis. En un desarrollo lógico de las disciplinas teológicas y ministeriales se construye sobre otros campos de investigación también. Estos otros campos de estudio están basados en exégesis también, pero amplifican la exégesis al estipular diversas maneras para aplicarla. Las otras disciplinas incluyen las siguientes:

1. *La teología bíblica y sistemática.* Uno no puede alcanzar una percepción precisa de Dios y sus obras sin basarla en una interpretación correcta de la Biblia. Es vital que estas perspectivas teológicas se incorporen en una predicación expositiva en sus momentos adecuados.

2. *Historia eclesiástica.* El desarrollo doctrinal y ético de la iglesia cristiana de siglo en siglo puede evaluarse adecuadamente sólo mediante los ojos de una Biblia comprendida de manera correcta. Las lecciones aprendidas por generaciones de creyentes, tanto buenas como malas, son excelentes ilustraciones para sermones. También motivan la imitación del comportamiento ejemplar de los santos del pasado y resguardan a los cristianos para que no repitan los errores de aquellos que les precedieron.

3. *La apologética.* El Nuevo Testamento es claro en su instrucción a los cristianos en cuanto a defender la fe contra los ataques (Fil 1.7; 1 P 3.15-16). Las filosofías de la religión varían mucho porque su naturaleza se presta al mero razonamiento humano. Sin embargo, la lógica no es necesaria y puramente secular. Bajo el control de las conclusiones alcanzadas en la exégesis bíblica, las metodologías apologéticas pueden aplicar una lógica sólida al responderle a aquellos que atacan la integridad de la Biblia y la fe cristiana. La predicación expositiva bien balanceada incorporará esas respuestas orientadas bíblicamente siempre que sea necesario.

4. *Los ministerios aplicados.* Hay una amplia gama de servicios, también basados en la exégesis, en los cuales los principios de la Escritura correctamente interpretada son aplicados a la existencia humana. Los usos prácticos de la Biblia son múltiples y variados, pero deben controlarse. La interpretación correcta es el *único* control apto. Si el significado del texto en su contexto original no regula la aplicación, las aplicaciones llegan a ser extremadamente subjetivas y esencialmente nulas. En los ministerios aplicados se incluyen los siguientes:

a. *Homilética.* El campo de la preparación del sermón y su presentación es amplio, pero la estructura del sermón y la motivación para su presentación deben estar enraizadas en el texto. Muy a menudo, las ideas y las metodologías seculares que sólo son humanas han determinado el molde del sermón. Esto no sucederá si la exégesis minuciosa es el fundamento de un pasaje.

b. *Consejería.* El consejo que la Biblia prescribe se administra de manera más efectiva mediante los miembros del Cuerpo de Cristo que poseen el don de la exhortación. Este don, juntamente con el de la enseñanza, forman una combinación eficaz que configura lo que llamamos predicación (Ro 12.7-8). La exhortación (o «incentivo», como también podría traducirse el término griego) incluye la reprimenda para el cristiano desobediente y consuelo para el atormentado por el dolor. Abarca el amplio espectro de consejo acerca de cómo vivir la vida cristiana. Desafortunadamente, mucho de lo que pasa como consejería cristiana es más secular que bíblico. Esto es así porque no está sobre una base exegética sólida. La predicación expositiva hace bien en incluir el tipo de aplicación correcta para el grupo reunido, como debe hacerse en base a un individuo o grupos pequeños, es decir, una situación de consejería.

c. *Educación cristiana.* La educación realmente cristiana se derivará de la exégesis. Lo que resulta cierto en cuanto a las metodologías docentes seculares no aplicará necesariamente en los esfuerzos por impartir la verdad bíblica. Por ejemplo, la presuposición secular de que se debe experimentar algo antes de que pueda aprenderse es la secuencia inversa de lo que la Biblia prescribe. La doctrina precede y determina la experiencia práctica en el patrón bíblico. El uso de los principios bíblicos de educación en mensajes cuyo propósito es enseñar el significado de la Escritura es otro elemento de apoyo de la exposición bíblica.

d. *La administración.* Desafortunadamente, muchos han intentado incorporar filosofías de administración secular en las operaciones de la iglesia local. A menudo se ha ofrecido el pragmatismo como razón para ello: «Si da resultados en el mundo de los negocios, úselo». Empero, esa clase de razonamiento es inferior. La dimensión bíblica en la administración le presta suma atención al principio: «¿Está en lo correcto de acuerdo con la Escritura?» La Biblia tiene mucho que decir en cuanto a cómo dirigir o gobernar. Es más, ella designa un don especial del Espíritu para realizar esta función (cf. Ro 12.8; 1 Co 12.28). Ya que, bajo circunstancias normales, el expositor bíblico servirá a su iglesia en una capacidad administrativa, se puede esperar que los principios de liderazgo basados en la exégesis se reflejen algunas veces en su predicación.

e. *Las misiones y la evangelización.* Las misiones y la evangelización son metas apropiadas en el servicio cristiano, pero los medios utilizados para alcanzar estas metas no siempre son muy adecuados. Aun aquí los esquemas fabricados por los humanos han reemplazado los métodos prescritos por la Biblia para ganar personas perdidas para Cristo. Mas, cuando los métodos misioneros y las técnicas evangelísticas se basan en lo que la Biblia enseña, tanto los medios como el fin honran a Dios. Por lo tanto, la exégesis también debe ser la base sobre la cual se edifica el alcance cristiano. La predicación expositiva, a su vez, se basará en misiones y evangelización correctamente construidas en aquellos aspectos del sermón dedicados a presentar una oferta de salvación.

f. *Asuntos sociales.* Los cristianos deben involucrarse en combatir los males de la sociedad y ayudar a satisfacer las múltiples necesidades del mundo en general, como también proveer una comprensión precisa de la Palabra. La Escritura aclara ciertas causas que son muy dignas, y suple instrucciones acerca de cómo el pueblo de Dios puede ayudar a aliviar el sufrimiento y rectificar la injusticia. Los cristianos tienen responsabilidades como ciudadanos del mundo. El predicador que presenta la exposición bíblica debe ampliar estas responsabilidades cuando son apropiadas al pasaje que está desarrollando.

La extensión de la exposición bíblica es enorme, pero su médula es siempre la exégesis escritural. Como repaso, las relaciones de varias disciplinas y su clímax en una exposición de la Palabra podrían mostrarse en el esquema 8-1, que representa las relaciones entre los campos de estudio teológico.

El esquema refleja los bloques fundamentales que llevan a la exposición bíblica, comenzando en el primer nivel y progresando hasta el cuarto. También muestra la función crucial de la exégesis bíblica en el proceso. Si hay un colapso en la exégesis, toda la estructura, de la cual la predicación expositiva es el clímax, se derrumba. La exposición bíblica puede, basada en la exégesis minuciosa, derivar cosas de manera fructífera de toda la gama de las disciplinas teológicas.

SUGERENCIAS PRÁCTICAS PARA LOS PREDICADORES EXPOSITIVOS

Los señalamientos anteriores reflejan que la exégesis y la exposición bíblica no son iguales. La exégesis ha sido definida como «la aplicación crítica o técnica de principios hermenéuticos a un texto bíblico en los idiomas originales en vista a la exposición o declaración de su significado».[11] Ya que la exégesis lleva a la exposición pero no es idéntica a ella, es necesario hacer algunas sugerencias acerca de cómo hacer la transición de una a la otra.

Tanto en el proceso de la exégesis, como en la transición de ese punto a la preparación del sermón, la guía del Espíritu de Dios es indispensable. Esta es la única manera de concretar la obra de Dios en las vidas de las personas mediante la predicación (cf. 1 Ts 1.5). El predicador debe ser un hombre en el cual el Espíritu ha estado y está obrando antes de que pueda ser un instrumento mediante el cual el Espíritu obre en la vida de otros mientras predica.

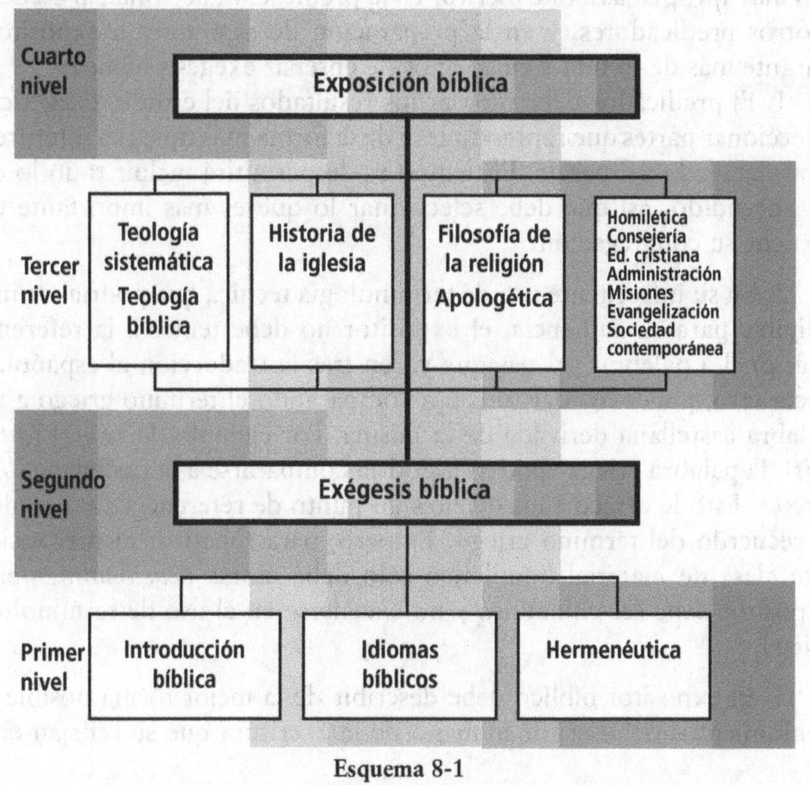

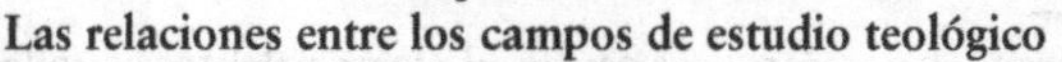
Esquema 8-1
Las relaciones entre los campos de estudio teológico

11 Robert L. Thomas, *Introduction to Exegesis* [Introducción a la exégesis], Robert L. Thomas, Sun Valley, California, 1987, pp. 15-16.

Vale la pena repetir una advertencia que ofreciéramos anteriormente: Una transición de la exégesis a la exposición bíblica es obligatoria. Los predicadores que son lo suficientemente capacitados como para explicar la información técnica de la exégesis y mantener aún la atención de una congregación común han sido y son extremadamente raros. La información derivada de la exégesis debe ponerse en un formato que se ajuste a la comprensión de la persona en el banco y que sea aplicable a su situación.

La exégesis, como lo refleja el esquema 8-1, también debe expandirse para incorporar otros campos de relevancia doctrinal y ética. Un predicador no necesita incluir cada campo de estudio en cada sermón que predica. Estas son áreas que podrían ser introducidas según lo requieran la naturaleza del pasaje y la ocasión.

Aparte de estas sugerencias generales, algunos señalamientos específicos podrían ser beneficiosos. Estas guías misceláneas son las que parecen más apropiadas a este escritor en la predicación personal, al escuchar a otros predicadores, y en la preparación de aspirantes a expositores durante más de treinta y cinco años de enseñar exégesis bíblica:

1. El predicador debe repasar los resultados del estudio exegético y seleccionar partes que representarán de la forma más típica su interpretación detallada del pasaje. El tiempo no le permitirá incluir todo lo que ha aprendido, así que debe seleccionar lo que es más importante que escuche su congregación.

2. En su infrecuente uso de terminología técnica que podría ser ininteligible para su audiencia, el expositor no debe temer a la referencia ocasional a palabras griegas que yacen tras la traducción al español. Al hacer esto, puede ayudar su causa comparando el término griego a una palabra castellana derivada de la misma. Por ejemplo, [δύναμις] *(dunamis)*, la palabra griega «poder»), podría compararse a la castellana *dinámico.*[12] Esto le ofrece a los oyentes un punto de referencia para facilitar el recuerdo del término griego. Empero, para repetir otra precaución, esta clase de material homilético sólo debe usarse *ocasionalmente.* El expositor debe ser cuidadoso y no excederse en el uso de terminología griega.

3. El expositor bíblico debe describir de la mejor forma posible los pensamientos del escritor humano de la Escritura que se reflejan en el

---

12 Sin embargo, es necesario ser cautos al elegir palabras castellanas análogas a las griegas. «Dinamita», por ejemplo, expresa una impresión sumamente correcta de lo que connota la palabra griega *dynamis.*

escrito que realizó. Estas impresiones subjetivas eran productos de la inspiración del Espíritu Santo y son elementos clave en una comprensión precisa de la interpretación exacta. Los desenvolvimientos lógicos de un escritor se captan mejor mediante la atención a las características de la exégesis sintáctica a la cual hicimos referencia anteriormente. El uso de conjunciones en el Nuevo Testamento es particularmente estratégico en el cultivo de una sensibilidad hacia el movimiento del pensamiento en el texto. Esta clase de información se pasa de manera más efectiva a la audiencia en la forma de descripciones o paráfrasis del texto.

4. La presentación pública no es el foro apropiado para resolver en detalle problemas difíciles de interpretación, pero la conciencia que tiene el expositor de los problemas debe reflejarse en esta presentación. Luego de evaluar los posibles puntos de vista, debe incluir una o dos buenas razones por las cuales ha seleccionado una solución como la correcta. Si hubiera de sobrepasar un problema en el texto sin percatarse de ello, debilitaría la confianza de los oyentes que podrían estar conscientes del problema. Los problemas difíciles no deberían dejarse sin resolver, no importa cuán arduos sean. Si el predicador es indeciso, su indecisión se convertirá en confusión total para sus oyentes, los que no tienen otro recurso para obtener una respuesta. No tienen nada comparable a las herramientas de un exégeta capacitado para lidiar con pasajes oscuros. Con asuntos particularmente difíciles, el expositor hace bien en reconocer públicamente su lucha personal para llegar a una decisión, mas no debe evitar expresar su respuesta preferida en cada pasaje problemático.

5. Una traducción personal cuidadosa del pasaje a predicarse basada en una exégesis minuciosa es un prerrequisito primordial en la preparación del sermón. Al producirla, el predicador debe leer el texto varias veces en el idioma original y entonces buscar traducciones castellanas para mayor claridad en cuanto a cómo otros han expresado las palabras. A medida que surjan las oportunidades, la traducción personal del expositor podría hacerse disponible a la congregación de manera impresa.

6. La proposición del sermón y el bosquejo deben tener una orientación interpretativa más bien que aplicativa. Esto refuerza el propósito central del sermón como instrumento docente. Es primordial que los oyentes se lleven un entendimiento del *significado* del texto. Las sugerencias en cuanto a los efectos prácticos sobre la vida cristiana son muy apropiados en el mensaje, pero si no se fundan en la intención original del autor, no durarán mucho. Aparte de eso, después que se termine el sermón, el Espíritu Santo añadirá a estas lecciones prácticas otras de

naturaleza individual a medida que las personas reflexionen acerca de lo que significa el texto. La predicación es primaria y principalmente un servicio para la mente como fundamento para un servicio al corazón. La voluntad y las emociones son influidas de manera permanente sólo en proporción con el grado que la mente haya aprendido la enseñanza bíblica correcta y el nivel de comportamiento en consonancia con esa enseñanza.

7. En una situación ideal, la secuencia dentro de la estructura del sermón debe seguir la del pasaje bíblico que se está tratando, pero algunas veces la naturaleza del pasaje y/o la ocasión del sermón podrían requerir un bosquejo homilético que dependa del énfasis dentro del pasaje en un orden sin secuencia. Este último acercamiento ocasionalmente podría ser la mejor herramienta pedagógica para ayudar a la audiencia a entender la intención fundamental del pasaje. Siempre que se utilice un bosquejo sin secuencia, se debe incluir una delineación del flujo sucesivo del pasaje en la introducción o en alguna otra parte del sermón. Un énfasis combinado en base al resumen sucesivo y los principios subyacentes del texto expresados de manera irregular beneficiará a los oyentes cuando estén repasando el pasaje, de manera privada, después del sermón.

8. Un expositor debe esforzarse por no predicar nociones preconcebidas de lo que un texto pudiera decir. Su confianza sagrada es permitir que el texto hable por sí mismo y no imponer sobre él lo que crea o desee que diga. Demasiado a menudo el predicador concibe lo que son las necesidades de su congregación y se apresura ingenuamente a un texto para apoyar su concepción. Los resultados son trágicos para el proceso exegético, y aparte de esto, la razón primordial por la cual el predicador se yergue ante el pueblo ha sufrido abuso.

9. La elección adecuada de una traducción al castellano en la cual basar el sermón es el tema del capítulo 17 en este libro, pero cualquiera versión que se elija, tendrá que ser corregida o aclarada por el predicador durante el mensaje. Durante un mensaje, debe ser cuidadoso de limitar estas correcciones, quizás a sólo dos o tres, por temor a debilitar la confianza de sus oyentes en la Biblia que tienen en sus manos. Después de todo, parte de su meta es cultivar hambre entre su pueblo de estudiar la Biblia de manera privada. Demasiadas críticas de esa Biblia frustrarán su dependencia de una traducción en particular y alimentarán una actitud pesimista de su parte.

10. La predicación contemporánea se realiza mejor mediante personas que posean los dones espirituales de la enseñanza y la exhortación (Ro 12.7-8; 1 Co 12.28-29; Ef 4.11). Esta combina un ministerio principalmente para el intelecto humano con uno dirigido primordialmente a la voluntad. La enseñanza provee instrucción en la doctrina, la cual es la base para las exhortaciones acerca de cómo vivir de manera más coherente para Cristo. No hay dos personas que tengan estos dones combinados en fortaleza similar, ni tienen los dones en las mismas proporciones. Así que cada persona es completamente singular y no debe tratar de producir una imitación exacta de la predicación de otro. La tendencia, particularmente entre los aspirantes a predicadores, es observar a otro con un «carisma» (un atractivo y un interés indescriptible con los oyentes) fuerte y tratar de imitarlo. Esto es un error porque no hay dos miembros del Cuerpo de Cristo que tengan funciones idénticas o que deban ser copias los unos de los otros.

11. El conferenciante debe tener una idea general del nivel promedio de comprensión de su audiencia. Debe adaptar la mayoría de sus declaraciones debajo de ese nivel, pero periódicamente debe subir un poco sobre ese nivel.[13] Esto retará a sus oyentes y evitará que se aburran al escuchar lo mismo que ya saben. Si se mantiene demasiado por encima del nivel, se frustrarán y perderán el interés porque no sabrán lo que se está predicando. La clave es el balance.

12. Cada mensaje expositivo debe enseñar algo que los asistentes no sabían antes de escuchar el sermón.[14] Para algunas congregaciones desacostumbradas a un ministerio expositivo, esto podría ser incómodo al principio. No han llegado al servicio de la iglesia para ser instruidos porque los sermones que han escuchado en el pasado han consistido de una serie de experiencias personales o una hilera de trivialidades sin

---

13 Wonderly se refiere a este nivel de tolerancia de los consumidores como un «horizonte de dificultad. o el «umbral de frustración», William L. Wonderly, *Bible Translations for Popular Use* [Traducciones de la Biblia para uso popular], vol. 7 de *Helps for Translators* [Ayudas para traductores], Sociedades Bíblicas Unidas, Londres, Inglaterra, 1968, pp. 37-39; cf. Eugene A. Nida, *Toward a Science of Translation* [Hacia una ciencia de la traducción], Brill, Leiden, Holanda, 1964, pp. 132-44.

14 Un predicador que introduce su sermón con: «No tengo nada nuevo que ofrecerles a ustedes hoy, pero...», en esencia le ha dicho a su congregación: «Es mejor que recojamos y nos marchemos a casa ahora mismo». Está confesando que su estudio para la preparación del sermón ha sido inadecuado o que no ha sido lo suficientemente disciplinado en su plan para preparar el camino como debía hacerlo.

una firme base bíblica y no instrucción acerca del significado del texto. Su orientación se ha reflejado en la frecuentemente repetida filosofía: «Nuestro problema no es que no sepamos lo suficiente, sino que no practicamos lo que ya sabemos». Esta malograda filosofía expresa que saber y hacer son antitéticos, es decir, que forman un par de «esto y/o aquello», cuando en realidad no lo son. La situación real se expresa mejor así: «Nuestro problema es que no sabemos lo suficiente y no practicamos lo que sabemos». La instrucción debe ser el objetivo primario si ha de haber un mejorado comportamiento espiritual a largo plazo. Enfrentar el reto de la exposición bíblica de enseñar lo que se desconocía anteriormente se facilita con la familiarización del expositor con el texto original. Usualmente tendrá más de lo que pueda enseñar en el tiempo prescrito. Como dice el dicho: «El barril de su sermón nunca se secará».

13. El predicador de la Palabra de Dios debe cuidarse de no sobrecargar a su congregación. El cristiano promedio puede digerir sólo cierta cantidad de una sentada, particularmente cuando se le está enseñando material desconocido. El mensajero debe ser muy sensible a la capacidad de los que están bajo su ministerio y dirigir su enseñanza de acuerdo con esto.

14. Cuanto puede enseñar un expositor bíblico de manera efectiva en un sermón es asunto de una amplia variedad de factores. Dependerá de su combinación de dotes en la enseñanza y en la exhortación, la naturaleza del texto del sermón, su método de preparación, la capacidad de atención de sus oyentes y otros factores. Como regla general con la mayoría de las congregaciones en la cultura estadounidense, los primeros minutos es el mejor tiempo para enfatizar la enseñanza en un mensaje.[15] Luego de esto, los oyentes tienden a fatigarse mentalmente, por así decirlo, y necesitan más esfuerzo para mantener su atención. Más aplicaciones del texto e ilustraciones de sus principios son buenas maneras de despertar la atención. Esto no significa que la primera mitad del sermón debe estar libre de aplicaciones e ilustraciones, ni que la última mitad debe prescindir por completo la enseñanza. Es más bien asunto de la proporción del énfasis que se le ha de dar a cada uno en las distintas partes del sermón.

---

15 La capacidad de atención de una audiencia dada puede aumentar mediante el paciente y gradual incremento de énfasis docente de mensaje en mensaje. Los oyentes crecerán progresivamente en su capacidad de sostener la concentración en un pasaje bajo discusión durante períodos cada vez más extensos. Por supuesto, en otras culturas la capacidad de atención podría variar considerablemente.

15. En la predicación expositiva, la enseñanza de lo «desconocido» debe mezclarse con lo que los oyentes ya saben o lo que puedan deducir por sí mismos al leer una traducción al castellano. Este material familiar les provee un punto de referencia con el cual pueden relacionar la nueva instrucción recibida. Sin esta ancla, no tienen manera alguna de asimilar el mensaje con sus creencias cristianas ya formuladas. Con este punto de referencia su amplia comprensión de la doctrina cristiana en general puede expandirse.

16. El expositor debe evitar el truco del sensacionalismo. La tentación a orientar el mensaje hacia la novedad es fuerte. Forzar una connotación espectacular que jamás debía expresar es demasiado común. El predicador podría hacer esta clase de cosas para impactar y lograr la consiguiente popularidad que produce. Si opta por esta ruta para ganarse el aplauso o la aceptación de sus oyentes, ha abusado de su responsabilidad y privilegio como proclamador de la Palabra de Dios. La línea que separa los motivos egoístas de un sensacionalista y los motivos abnegados de un humilde intento por mantener la atención de la audiencia algunas veces es muy fina. Los siervos de Dios deben tener cuidado de no cruzarla en la dirección equivocada.[16]

Nuestro reto

En resumen, la responsabilidad dada por Dios al predicador es presentar de manera precisa y efectiva a sus oyentes lo que indicaba el Espíritu Santo cuando inspiró a los escritores de la Biblia. Cualquier cosa menor que esto no es predicación expositiva y no satisface el cumplimiento del mandato divino a «predicar la Palabra» (2 Ti 4.2). Comunicar de manera precisa y efectiva mediante el poder del Espíritu Santo lo que

---

16 El resguardarse contra los motivos egoístas y el orgullo así como tratar a la misma vez de mantener el interés de sus oyentes para beneficio de *ellos* probablemente es el mayor reto para el predicador. Esto implica examinarse para determinar si su motivación es de su yo «crucificado con Cristo» con el propósito de promoverse, o su yo «levantado con Cristo» con el propósito de edificar a otros (cf. Ro 6.11). El expositor controlado por el Espíritu sólo será motivado en esta decisión por esta última razón, así como en todas las decisiones de su vida cristiana (cf. Robert L. Thomas, «Improving Evangelical Ethics: An Analysis of the Problem and a Proposed Solution» [Cómo mejorar la ética evangélica: Un análisis del problema y una solución propuesta], *Journal of the Evangelical Theological Society,* 34, no. 1, marzo 1991, pp. 17-19.

se ha impreso en la Escritura es el servicio más satisfactorio que una persona pueda prestar a otros.

Por lo general, en cualquier manual de predicación se mantienen metas tan elevadas que no pueden alcanzarse. Esta crítica se ajusta a los señalamientos anteriores. El que ofrece esta clase de consejos se expone a la acusación de ser tan idealista que no es realista. Pero rebajar los patrones, simplemente porque las imperfecciones humanas prohíben la realización perfecta, es sacrificar los elevados ideales que se acomodan al llamado a predicar todo el consejo de Dios. El hombre de Dios involucrado en la predicación debe continuar sus esfuerzos por mejorar su función en este servicio eterno para el beneficio de otros seres humanos y la gloria de Dios. Cuando se haga el conteo final, reconocerá, por supuesto, al Espíritu Santo como responsable en última instancia por dar el aumento mediante la proclamación de la Palabra de Dios. Sin embargo, en el proceso habrá hecho lo mejor por ser un instrumento apropiado para el uso del Maestro (2 Ti 2.21).

9

El análisis gramatical y la predicación expositiva

George J. Zemek

El expositor es retado a predicar la Palabra, no meramente a sermonear de ella o acerca de la misma. Si las personas han de ser maravillosamente cambiadas por gracia, nosotros, como predicadores, debemos ofrecerles sermones que expliquen las palabras de la Palabra. No debemos involucrarnos, sino más bien permitir que nuestros textos se «prediquen» por sí mismos. La metodología aquí discutida y ejemplificada provee un medio para aumentar la soberanía y la eficacia del texto. Es necesario darle al significado de cualquier pasaje a predicarse el derecho de mostrar su propio bosquejo. Por lo tanto, lo que sobresale en un sermón es lo que el Espíritu ha inspirado de forma poderosa en ese texto de la Escritura. El resultado es que Dios está complacido no sólo con nuestra ortodoxia teológica, sino también con nuestra ortopraxis metodológica.

La preparación para una predicación genuinamente expositiva implica mucho más que dedicarse a estudios lexicográficos genuinos.[1] Las palabras

---

1 Es necesario calificar los estudios lexicográficos con el término «legítimo» porque demasiados predicadores se dedican a estudios etimológicos ilegítimos (es decir, no como «significado original» aparte de contextos específicos) y transferencias semánticas (a saber, tomar el significado de una palabra en un contexto e insertar ese significado en otro diferente sin examinar de nuevo el contexto). A pesar de lo fructífero que son muchos libros lexicográficos (p.ej., *Theological Dictionary of the Old Testament* [Diccionario teológico del A.T.], *Theological Wordbook of the Old Testament* [Vocabulario teológico del A.T.], *Theological Dictionary of the New Testament* [Diccionario teológico del N.T.], *New International Dictionary of New Testament Theology* [Nuevo diccionario internacional de teología neotestamentaria]), se deben evaluar sus artículos y la manera

de la Biblia no sólo son inspiradas por Dios (2 Ti 3.16), sino también lo son las relaciones de esas palabras entre sí. Por lo tanto, el predicador consagrado a tratar la Palabra de Dios de manera precisa (2 Ti 2.15) debe estar dispuesto a invertir bastante esfuerzo estudiando las dimensiones sintácticas (es decir, las que incumben a las correlaciones de palabras, frases, cláusulas, etc.) así como las semánticas (es decir, las que conciernen a las palabras y sus significados contextuales) del texto bíblico.

Esto no sólo parece una labor ardua, ¡lo es! Sin embargo, es absolutamente esencial, ya que la teología bíblica nos informa que el Espíritu Santo usa esos mismos términos, frases, cláusulas, etc., de Su Palabra para producir y sostener cambios en la vida de las personas. Los atajos no son una opción para el predicador comprometido seriamente a enmarcar su metodología exegética y homilética con la teología (especialmente incluyendo su bibliología, hamartología y soteriología) que profesa sostener.[2]

La necesidad de una exposición textual genuina

Un breve repaso de la necesidad de una exposición textual genuina es apropiado tanto para certificar como para motivar las labores del predicador en la preparación.

La necesidad teológica

El siguiente razonamiento teológico bosqueja la superioridad teológica de una exposición textual bien balanceada.[3]

---

en la cual son usados para protegerse de errores contextuales y hermenéuticos. Para precauciones en cuanto a esto, véanse a James Barr, *The Semantics of Biblical Language* [La semántica del lenguaje bíblico], Oxford University Press, Oxford, Inglaterra, 1961 y Moisés Silva, *Biblical Words and Their Meaning: An Introduction to Lexical Semantics* [Palabras bíblicas y su significado: una introducción a la semántica], Zondervan, Grand Rapids, Michigan, 1983. En cuanto a los trasfondos de palabras neotestamentarias, véase David Hill, *Greek Words and Hebrew Meanings* [Palabras griegas y sus significados en hebreo], University Press, Cambridge, 1967.

2 El siguiente es un reciente recordatorio de esta responsabilidad: «AFIRMAMOS que el predicador no tiene mensaje alguno de Dios aparte del texto de la Escritura» (Artículo XXV, «Articles of Affirmation and Denial, The Chicago Statement on Biblical Hermeneutics» [Artículos de afirmación y negación, la declaración de Chicago sobre hermenéutica bíblica], International Council on Biblical Inerrancy [Chicago, 1982].

3 Una consideración y el uso de *todo* fenómeno de un texto llevará a «una exposición textual bien balanceada». Por ejemplo, el predicador debe luchar con, e integrar las características semánticas, gramáticas, sintácticas, estilísticas, conceptuales, teológicas, polémicas, etc., de un texto. Si tanto el predicador como las personas han

1. Ya que la humanidad, en general, no tiene esperanza innata y es desvalida en cuanto a su propio avance o reforma espiritual (por ejemplo, Gn 6.5; 8.21; Job 4.17; 14.4; 15.14-16; 25.4-6; Sal 14.1-3; 51.5; Is 1; Jer 13.23; 17.5, 9; Mr 7.20-23; Ro 1.18ss.; 3.9-18; 5.6-10, 12ss.; 1 Co 2.14; 2 Co 4.3-4; Ef 2.1-3; 4.17-19; Col 1.21; etc.),
2. y debido a que los pecadores salvados sufren de embriaguez hamartiológica (pecado) (p. ej., Ro 7.14ss; 12.1-2; 1 Jn 1.8-10; etc.),
3. y como la Palabra de Dios a menudo se asocia con su poder, especialmente respecto a vencer los problemas del pecado (p. ej., Sal 19.7-8; 119; Jer 5.14; 23.29; Ro 1.16; Ef 6.17; 1 Ts 1.5; 2 Ti 3.15; He 4.12-13, etc.),[4]
4. y ya que «el predicador cristiano [...] es un heraldo»[5] de la poderosa Palabra de Dios, ENTONCES la manera más lógica de aprobar plenamente nuestro ministerio es mediante una actividad de toda la vida en la exposición textual de todo el consejo de Dios[6] mientras nos sometemos humildemente, así como los resultados, al Espíritu soberano.

---

de entender y aplicar un pasaje, deben comprender las palabras y los significados del texto, las frases y las relaciones entre las cláusulas, los vehículos literarios, la lógica y el desarrollo conceptual, el desarrollo general del argumento, etc.

4 Para profundizar, véanse, por ejemplo, H. Leo Eddleman, «Word Pictures of the Word». [Imágenes verbales de la Palabra], *Review and Expositor,* 49, octubre 1952, pp. 412-24; Kenneth L. Barker, «Jeremiah's Ministry and Ours» [El ministerio de Jeremías y el nuestro], *Bibliotheca Sacra,* 127, julio-septiembre 1970, pp. 223-31; Carl F. H. Henry, *God, Revelation and Authority* [Dios, revelación y autoridad], Word, Waco, Texas, 1976–83, 4:36; Roben Preus, «The Power of God's Word» [El poder de la Palabra de Dios], *Concordia Theological Monthly,* 34, agosto 1963, pp. 453-65; Klass Runia, «What Is Preaching According to the New Testament?» [¿Qué es la predicación según el N.T.?], *Tyndale Bulletin, 29,* 1978, pp. 3-48; Kenneth W. Clark, «The Meaning *of ΕΝΕΡΓΕΩ and ΚΑΤΑΡΓΕΩ* in the New Testament» [El significado de *ΕΝΕΡΓΕΩ* y *ΚΑΤΑΡΓΕΩ* en el N. T.] *Journal of Biblical Literature,* 54, 1935, pp. 93-101; Donald Bloesch, «The Sword of the Spirit», *Themelios,* 5, mayo de 1980, pp. 14-19; David Scaer, *The Apostolic Scriptures* [Las Escrituras apostólicas], Concordia, San Luis, 1971; Jacob A. O. Preus, *It Is Written* [Escrito está], Concordia, San Luis, 1971.

5 Victor Paul Furnish, «Prophets, Apostles, and Preachers: A Study of the Biblical Concept of Preaching» [Profetas, apóstoles y predicadores: Un estudio del concepto bíblico de la predicación], *Interpretation,* 17, enero 1963, p. 55.

6 Ahora tenemos toda la Palabra profético-apostólica. Por lo tanto, el contenido de nuestra predicación debe ser «sólo la Palabra de Dios» y «toda la Palabra de Dios» (cf. R. B. Kuiper, «Scriptural Preachings [Palabra infalible], *The Infalible Word,* editado por Stonehouse y Woolley, Presbyterian Guardian, Filadelfia, 1946, pp. 209-41. Sólo algo de la naturaleza de la Palabra amerita quedarse con el texto de la Escritura en lugar de utilizar sutilezas y/o infatuaciones actuales, y «toda la Palabra de Dios» (cf. Hch 20.27 en su contexto) necesita un tratamiento expositivo de «*toda* Escritura», tanto el Antiguo

Las implicaciones de 2 Timoteo 4.2 son obvias. John Stott ha dicho: «Timoteo ha de "predicar" esta palabra, él mismo hablará lo que Dios ha hablado».[7] El contenido de esta proclamación se delinea cuidadosamente: Es «la palabra» lo que ha de proclamar. En la práctica, esto implica «la validez exclusiva de la predicación expositiva», y «lo mejor de la predicación expositiva» es «la predicación textual».[8] Por consiguiente, si proclamamos fielmente los términos de la Palabra (a saber, la exposición textual genuina), «el sermón no es nada menos que una representación de la Palabra de Dios».[9]

No en balde Pedro pidió que «si alguno habla, hable conforme a las palabras de Dios» (1 P 4.11). Por lo tanto, es posible, si nuestra meta es la completa fidelidad al texto bíblico, acercarnos a lo que Pablo escribió en 1 Tesalonicenses 1.5 y 2.13. Como concluye Runia: «Si el predicador actual lleva el mismo mensaje [a saber, la Palabra profético-apostólica que ahora está escrita [...] Dios también habla mediante él. Además, su palabra (a saber, la del predicador) no sólo es un término humano, sino la Palabra de Dios mismo».[10]

La necesidad actual

En verdad ha llegado el tiempo para un redescubrimiento de la predicación expositiva. La evaluación de Kaiser de la situación contemporánea esté llena de conocimiento:

> No es un secreto que la Iglesia de Cristo no goza de buena salud en muchas partes del mundo. Ha estado languideciendo porque ha sido alimentada [... con] «basura» [...] El texto bíblico a menudo no es nada más que una [consigna] o un refrán en el mensaje [...] La exposición bíblica ha llegado a ser un arte perdido en la predicación contemporánea. La más descuidada de todas las secciones bíblicas es el Antiguo Testamento, ¡más de tres cuartos de la revelación divina! [...] La predicación de refranes podría agradar a las masas ya que está llena de muchos lemas proverbiales o epigramáticos e interesantes anécdotas, pero siempre será una palabra débil, carente de autoridad y de la confirmación de la Escritura [...] Los parroquianos

---

Testamento como el Nuevo (cf. Mt 5.17-20; Lc 24.27; Hch 17.2-3; 18.24-28; 1 Co 10.11; 2 Ti 3.15-17; etc.)

7 John R. W. Stott, *Guard the Gospel* [Guardar el evangelio], InterVarsity, Downers Grove, Illinois, 1973, p. 106.

8 Kuiper, «Scriptural Preaching», pp. 242, 250-54.

9 Henry, *op cit.*, 4:479.

10 Runia, «What is Preaching?», p. 32; cf. Barker, «Jeremiah's Ministry», p. 229.

estadounidenses [...] a menudo son recompensados con más o menos el mismo tratamiento: arreglos repetitivos de las verdades más elementales de la fe, arengas constantes que son populares en las audiencias locales, o mensajes cómicos y astutos acerca de los temas más amplios relacionados con anécdotas humorísticas y atractivas preparadas para satisfacer los intereses de los que son espiritualmente vagos y no desean ser afectados más allá de la jocosidad de escuchar otro buen chiste o historia [... ad nauseam].[11]

Es justo que mucha de la culpa sea de los cocineros espirituales que, a pesar de estar adecuadamente preparados en las artes culinarias para crear comidas de expertos, se han convertido en cocineros conocidos por sus limitados menús de la así llamada *comida rápida.* Una dieta constante de grasientas hamburguesas y papas fritas espirituales jamás nutrirá un cuerpo de Cristo fuerte y saludable. Los hombres de Dios saben que esto es cierto y deben responder con algo más que meras confesiones de faltas en esta área vital del ministerio.[12] Ahora es el momento de llevar fruto proporcionado con el «arrepentimiento».

Los elementos esenciales de la exposición textual

La exposición textual se caracteriza por dos elementos esenciales generales. El primero se relaciona con la objetividad del sermón y el segundo con su uso.

El elemento esencial controlador

La exposición textual genuina debe ser, por encima de todo, *inductiva,* es decir, el pasaje bíblico mismo debe proveer todos los componentes de un mensaje. «Hacemos mal cuando tomamos un texto y leemos nuestro mensaje en él».[13] Kaiser enfatizó hábilmente la centralidad del texto bíblico junto con prerrequisitos concomitantes para utilizarlo y organizarlo de manera inductiva:

---

11 Walter C. Kaiser, Jr., *Toward an Exegetical Theology: Biblical Exegesis for Preaching and Teaching* [Hacia una teología exegética: Exégesis bíblica para predicar y enseñar], Baker, Grand Rapids, Michigan, 1981, pp. 7, 19, 37, 191, 20.

12 Esos retos no se hacen de manera ingenua a los pastores maestros que trabajan solos o tienen poca asistencia en las iglesias más pequeñas. Jamás se encuentran suficientes horas al día para lograr lo que parece necesario. Empero, la prioridad ministerial definitiva de alimentar a las ovejas de Dios se confirma a través de Su revelación. No colocar esta prioridad de forma lógica en el tope es bíblicamente inexcusable.

13 James S. Stewan, *Heralds of God* [Heraldos de Dios], Baker, Grand Rapids, Michigan, 1971, p. 110.

> Lo que hace mucha falta [...] es exactamente lo que se necesita tener en mente respecto a cada sermón que aspira ser tanto bíblico como práctico: debe derivarse de una exégesis sincera del texto y debe mantenerse constantemente cercano el texto [...] Se establece, como una clase de principio primario, que la preparación para la predicación siempre es un movimiento que debe comenzar con el texto de la Escritura y tener como meta la proclamación de esa Palabra de manera que pueda escucharse con toda su intensidad y relevancia en cuanto a la situación actual sin eliminar un ápice de su obligatoriedad original [...] Si el texto de la Escritura es la preocupación principal, entonces el dominio de [una *creciente pericia,* para ser más realistas] hebreo, arameo y griego es un requisito básico [...] La ruta exegética no es sencilla; requiere mucho trabajo, pero al final es tan recompensable como imponente en sus demandas iniciales [...] Los estudios de trasfondo [...] son excesivamente útiles y necesarios como *preparación* apropiada para acercarse a un texto bíblico. Pero finalmente debemos llegar al *texto mismo.*[14]

Y cuando llegamos a ese texto, jamás debemos violar la soberanía dada por el Espíritu. El predicador debe permitir que controle sus ideas teológicas y su creatividad homilética y no lo contrario.

De significación especial son las características estilísticas, estructurales, y especialmente las gramáticas y las sintácticas de un texto dado:

> Afirmamos que los idiomas originales sirven mejor cuando llegamos a estar conscientes de la sintaxis y la gramática contenida en frases, cláusulas y oraciones [...] El exégeta serio debe aprender a dominar los principios básicos de la gramática y la sintaxis griega y hebrea [...] En el corazón de la exégesis debe haber un análisis sintáctico detallado que conduzca a la identificación de (1) la proposición temática; (2) la relación [...] del resto de las oraciones, cláusulas y frases en el párrafo con esa proposición temática; y (3) la conexión del párrafo con otros párrafos. Sin esa clase de análisis los resultados de la exégesis serán mortinatos en los oídos de la congregación [...] Una y otra vez el exégeta podría salvarse de un posible desastre y de los peligros del subjetivismo si confía en el patrón de énfasis textual como a menudo se indica por algún mecanismo de estilo, gramático o retórico que suple la base decisiva para establecer los principios de ese texto [...] Todo el objetivo [...] es permitir que las Escrituras tengan la principal, sino exclusiva, función al determinar la forma, lógica y el desarrollo de nuestro mensaje. Se espera que los hombres y las mujeres de Dios sean desafiados a releer ese mismo texto bíblico por sí mismos poco después de escuchar el mensaje. Aun si no pueden recordar el bosquejo (probablemente así será, ¡lo siento!),

---

14 Kaiser, *Exegetical Theology* [Teología exegética], pp. 19, 48, 22, 50.

esa Palabra de la Escritura todavía les hablará porque habrán meditado en su estructura y la habrán moldeado de tal manera que se habrán encontrado de manera decisiva con Dios en ese texto.[15]

Para proteger la libertad de expresión del texto, se debe hacer cualquier esfuerzo basados en los fenómenos divinamente inspirados en un pasaje.[16] La voz del texto jamás debe ser enmudecida, desde el título del sermón hasta la introducción, la proposición, el cuerpo y la conclusión. Más importante aún, la información objetiva de un texto bíblico debe determinar el cuerpo del sermón. Se debe permitir que el texto surja y se muestre a sí mismo en el bosquejo del sermón, basado en sus fenómenos gramáticos y sintácticos.[17] La metodología inductiva es particularmente indispensable en este punto, ya que el bosquejo debe comunicar de manera progresiva el desarrollo de una unidad de la Escritura.

Lo esencial y dinámico

Sin violar la intención original del autor de un texto, este debe tratarse de manera que lleve a su uso en la vida contemporánea. ¡Vivifique ese texto! En general, «declare la proposición del autor, sus argumentos, narraciones e ilustraciones en verdades perennes y permanentes concentrándose sobre todo en la aplicación de esas verdades a las necesidades actuales de la Iglesia».[18] Esto no se enseña fácilmente, pero podría «captarse» (es decir, percibirse y desarrollarse) con más experiencia y práctica. Esta «habilidad» debe madurar a medida que la red teológica del predicador se expande y se profundiza su conocimiento bíblico en cuanto a la situación de la vida.

Una metodología para la exposición textual

La siguiente metodología es compatible con la mayoría de las porciones de la Escritura que son entidades sintáctico-homiléticas (a saber, una unidad principal de argumentación asociada por conectores objetivos como las conjunciones) o conceptual-homilética (a saber, una unidad principal asociada sólo por lazos lógicos). Las entidades homiléticas o

15 *Ibíd.*, pp. 49, 104, 156, 160.

16 Por ejemplo, su contexto, su desarrollo conceptual, las indicaciones estructurales, los vehículos de estilo, la gramática, la sintaxis, etc.

17 La discusión de la metodología en este capítulo ilustran cómo se hace esto y ofrecen algunas sugerencias prácticas.

18 Kaiser, *Exegetical Theology*, p. 152.

unidades son facetas mayores en el desarrollo del argumento general del autor. Como tal, cada unidad contribuye de manera distintiva al mensaje total de su libro, epístola, etc. Por lo tanto, cada una expresa un significado y una motivación singular. Es esta motivación la que debe controlar la formulación de la tesis o proposición general del sermon.[19]

El tema principal de una unidad normalmente se desarrolla en etapas distintivas. Estas etapas o «puntos» en las unidades menores usualmente pueden discernirse de las características gramaticales o sintácticas en el texto, mientras que las unidades mayores casi siempre son señaladas por características de estilo, lógicas y conceptuales. Este último fenómeno, por lo general, dicta que una proposición tenga un nombre plural, pero debe surgir a través del estudio inductivo de la información del texto. Este mismo debe controlar el número de puntos en el bosquejo, su sustancia y su integración en el significado general de toda la unidad.[20]

Sugerencias generales para bosquejar

Antes de ilustrar este procedimiento, algunas sugerencias generales en cuanto a la producción de bosquejos, que son tanto exegéticos como homiléticos, aclararán la técnica. Casi siempre, el análisis debe comenzar con un esquema del pasaje a predicarse. Los segmentos de unidades homiléticas mayores podrían bosquejarse de varias maneras como los mapas conceptuales.[21] A menudo ayuda hacer «garabatos» sobre fotocopias del texto original y diversas traducciones. Las correlaciones y el avance progresivo de varios párrafos y/o agregados conceptuales deben recibir atención especial. Sin embargo, los textos más cortos se prestan con mayor facilidad para una exposición textual más balanceada, ya que ese método normalmente implica comunicación sustantiva de la profundidad y no la simple amplitud de un texto.

Dentro de estos parámetros de control del volumen, la mayoría de los textos contienen una variedad de indicadores internos que se prestan

19 Acerca de la superioridad de la predicación en base a proposiciones, cf. Ferris D. Whitesell y Lloyd Perry, *Variety in Your Preaching* [La variedad en su predicación], Revell, Westwoolf, Nueva Jersey, 1954, pp. 75-94, y Charles W. Koller, *Expository Preaching Without Notes* [Predicación expositiva sin notas], Baker, Grand Rapids, Michigan, 1962, pp. 52-53.

20 Los mismos controles textuales aplican a todos los niveles consecutivos de puntos subsiguientes.

21 Thomas R. Schreiner, *Interpreting the Pauline Epistles* [Interprete las epístolas paulinas], Baker, Grand Rapids, Michigan, 1990, cf. especialmente «Tracing the Argument» [Trace el argumento], cap. 6; el resumen de Schreiner de las diferentes relaciones que tienen entre sí las unidades es especialmente útil (pp. 111-12).

a varias formas de representación gráfica. Por ejemplo, los diagramas lineales,[22] los sangrados (bloque),[23] o una combinación de ambos, proveen un método valioso para representar la gramática y la sintaxis de un texto. La carne de un mensaje expositivo debe colgar de su esqueleto gramático expuesto de manera inductiva.

Al nivel de la cláusula, las correlaciones gramaticales de varias partes del discurso, representadas de manera más concreta mediante un diagrama, son visibles. Esto provee control inductivo e información para bosquejar y exponer adecuadamente las unidades más pequeñas de un texto. Las relaciones sintácticas de las cláusulas deben mostrarse en el diagrama mediante líneas punteadas y niveles sangrados. Esto obliga al predicador en su preparación a tomar decisiones necesarias para ofrecer una comprensión del avance lógico de cláusulas coordinadas y subordinadas en su texto. Ya que las identificaciones de las cláusulas (es decir, los tipos de cláusulas) y sus relaciones dentro de un contexto constituyen factores principales en el análisis de una entidad exegético-homilética mayor,[24] esta etapa es vital si un mensaje ha de ser inductivo al nivel mayor.[25]

---

22 Para ayuda en cuanto a diagramación en inglés, véase Donald W. Emery, *Sentence Analysis,* Holt, Rinehart, and Winston, Fort Worth, Texas, 1961. Para ayuda en el texto griego, véase John D. Grassmick, *Principles and Practice of Greek Exegesis* [Principios y práctica de exégesis griega], Dallas Theological Seminary, Dallas, Texas, 1974; Schreiner, «Diagramming and Conducting a Grammatical Analysis», cap. 5 de *Pauline Epistles;* Richard P. Belcher, *Diagramming the Greek New Testament* [Cómo diagramar el griego del N.T.], Richbarry, Columbia, Carolina del Sur, 1985; y para ejemplos de los textos griego y hebreo, véase Lee L. Kantenwein, *Diagrammatical Analysis,* BMH, Winona Lake, Indiana, 1979.

23 Cf. los ejemplos a través de Kaiser, *Exegetical Theology.*

24 Los argumentos de la mayoría de los pasajes alcanzan sus conclusiones mediante esos medios sintácticos.

25 Desafortunadamente, muchos no son competentes en esta imprescindible parte de la exégesis. Aunque algunos estudios lexicográficos y habilidades gramaticales todavía operan, las habilidades necesarias para analizar el esqueleto sintáctico de un pasaje a menudo se han enmohecido. Además, no hay cursos relámpagos disponibles para adquirir una vez más, de forma veloz, (o posiblemente por vez primera) una competencia funcional. Empero, un compromiso serio para con la aptitud llevará fruto mediante un repaso coherente de varios textos que se estén preparando para su presentación. Se debe comenzar sacudiendo el polvo y usando obras de gramática y sintaxis hebrea y griega en conjunción con la preparación del mensaje. Para conseguir algunas herramientas útiles, véase Francis Brown, S. R. Driver, y Charles Briggs, *A Hebrew-English Lexicon of the Old Testament,* Clarendon Press, Oxford, Inglaterra, 1968, pp. 252-55, en cuanto a opciones para la conjunción *waw* (cf. A. Ross, *A Hebrew Handbook,* Dallas Theological Seminary, Dallas, Texas, 1976, p. 37); Lambdin, *Introduction to Biblical Hebrew* [Introducción al hebreo bíblico], Waltke y O'Connor, *Introduction to Biblical Hebrew: Syntax* [Introducción a la sintaxis del hebreo

También hay que recordar que además de los goznes gramaticales y sintácticos de un texto, ciertos fenómenos de estilo podrían expresar un marco para el argumento y/u otros aspectos clave de interpretación.[26]

Como prefacio a unos ejemplos acerca de cómo bosquejar, son necesarias dos sugerencias que ayudan a construir bosquejos inductivos precisos de aplicación dinámica: (1) sea descriptivo, y (2) mantenga el paralelismo en la fraseología. La manera de expresar los puntos y subpuntos debe ser gráfica. Si una declaración se basa en una observación semántica, debe ser semánticamente descriptiva.[27] De igual manera, si proviene de fuentes gramaticales, sintácticas o de estilo, debe llevar las señales descriptivas de esas fuentes.[28] El paralelismo es esencial en todos los niveles de un bosquejo para evitar mezclar las naranjas y las manzanas. Como insta Kaiser:

> Es [...] importante asegurarse de que los puntos principales están en una estructura paralela: si es una frase, todas deben ser frases en lugar de una sola

---

bíblico], Williams, *Hebrew Syntax: An Outline* [Sintaxis hebreo: Un bosquejo], Dana y Mantey, *A Manual Grammar of the Greek New Testament* [Un manual de gramática griega del N.T.], especialmente los párrafos 209-23 [con un esquema resumido al final] acerca de las conjunciones, los párrafos 224-42 en cuanto a las partículas, y los párrafos 243ss. sobre las cláusulas; Chamberlain, *An Exegetical Grammar of the Greek New Testament;* Moulton, Howard y Turner, *A Grammar of New Testament Greek;* etc.

26 Se le debe prestar atención a varios géneros (p. ej., diálogo, lamento, estructura de pacto; cf. respectivamente, Job y Habacuc, Jeremías y Lamentaciones, Deuteronomio). Acerca del significado hermenéutico (y sucesivamente homilético) del análisis literario y el análisis de género, véanse los Artículos X, XIII, XIV, y XV de «Articles of Affirmations and Denial, The Chicago Statement on Biblical Hermeneutics», International Council on Biblical Inerrancy, Chicago, 1982; también nótese, p. ej., Tremper Longman, *Literary Approaches to Biblical Interpretation,* Zondervan, Grand Rapids, Michigan, 1987. Además, el reconocimiento de medios estrictamente *literarios* es especialmente informativo y hasta podría revelar pistas acerca de la organización (p. ej., acrósticos bíblicos, unidades de estrofas; cf. respectivamente, Sal 119; Lm 3; Jer 17.5-8; Hab 2.6-20). Una conciencia de los patrones básicos de los paralelismos conceptuales en la poesía hebrea es esencial (para un resumen breve, véase F. F. Bruce, «The Poetry of the O.T.» [La poesía del A.T.], en *New Bible Commentary Revised).* Para otras ayudas a fin de reconocer fenómenos de estilo significativos al examinar un pasaje, use los libros de texto hermenéuticos tradicionales y los comentarios exegéticos comprometidos con el análisis literario ortodoxo.

27 El fruto de los estudios lexicográficos hebreos y griegos necesita ser encapsulado semánticamente con el propósito de incorporación dentro de un bosquejo homilético más extenso. Esta condensación algunas veces se facilita y se suaviza mediante el uso de un diccionario de sinónimos.

28 La función es la clave en estos dominios. La jerga técnica de la gramática o la sintaxis no tiene lugar en el púlpito; empero, la descripción funcional es esencial al incorporar el flujo de pensamiento del autor y al asegurar que es claro para la congregación.

palabra o una oración. Si una está en la forma imperativa o interrogativa, es mejor que las demás sigan el patrón. De igual manera, los nombres deben corresponder con nombres, verbos con verbos, y preposiciones con preposiciones. Por lo tanto, si el primer punto comienza con una preposición, igual debe ser con los otros puntos principales [...] Así como los puntos principales, los subpuntos también debe estar en una estructura paralela.[29]

Ejemplos selectos para bosquejar

En los siguientes ejemplos se representan varios textos para predicar. La extensión de los pasajes variará, así como los determinantes inductivos para la organización. Comenzamos con unos pocos modelos de un solo versículo y luego veremos otros más extensos y más complicados.

Esdras 7.10. Luego de una evaluación cuidadosa de la declaración explicativa de Esdras 7.10 en su contexto histórico y de argumentación para que se puedan entender adecuadamente sus afirmaciones,[30] surgen características semánticas y gramaticales. De estos fenómenos inductivos, uno podría producir un bosquejo que sea fiel al texto.

El lugar donde comenzar es sobre la base gramatical tal y como se describe en el diagrama 9-1. El tema, por supuesto, es Esdras; sin embargo, es la combinación del verbo causativo הֵכִין (*hēkin*) además del complemento לְבָבוֹ (*lĕbabô*) que es de interés especial. El complemento de esta cláusula, una palabra que normalmente se traduce como «corazón» (aquí «su corazón»), es un término antropológico extremadamente significativo. Expresa el centro del ser personal del hombre enfatizando especialmente sus capacidades racionales y volitivas. Aquí, cuando se combina con una forma causativa de כּוּן (*kûn*), que significa «hacer firme, preparar, aprestar, dirigir, establecer, etc.,», contiene un énfasis sobre las inclinaciones volitivas y racionales de la mente y/o la voluntad de Esdras. Por lo tanto, el versículo se concentra en su *manera de pensar* característica.[31]

Ahora es el momento de ir del nivel horizontal a la subestructura vertical. Tres frases adverbiales subordinadas no sólo proveen evidencia gramatical

29 Kaiser, *Exegetical Theology,* pp. 158, 160.

30 Esto no sólo protege contra extirpar el versículo de su contexto hermenéutico, sino que también suple información valiosa para una introducción cuando llega el momento de predicar el sermón. En todos los ejemplos porvenir y en el futuro análisis homilético, se asumirá el debido cuidado en mantener la integridad con textual.

31 Sería teológicamente ventajoso mostrar cuán frecuentemente esta combinación de palabras, junto con otras expresiones muy relacionadas, apoyan este énfasis sobre la manera de pensar.

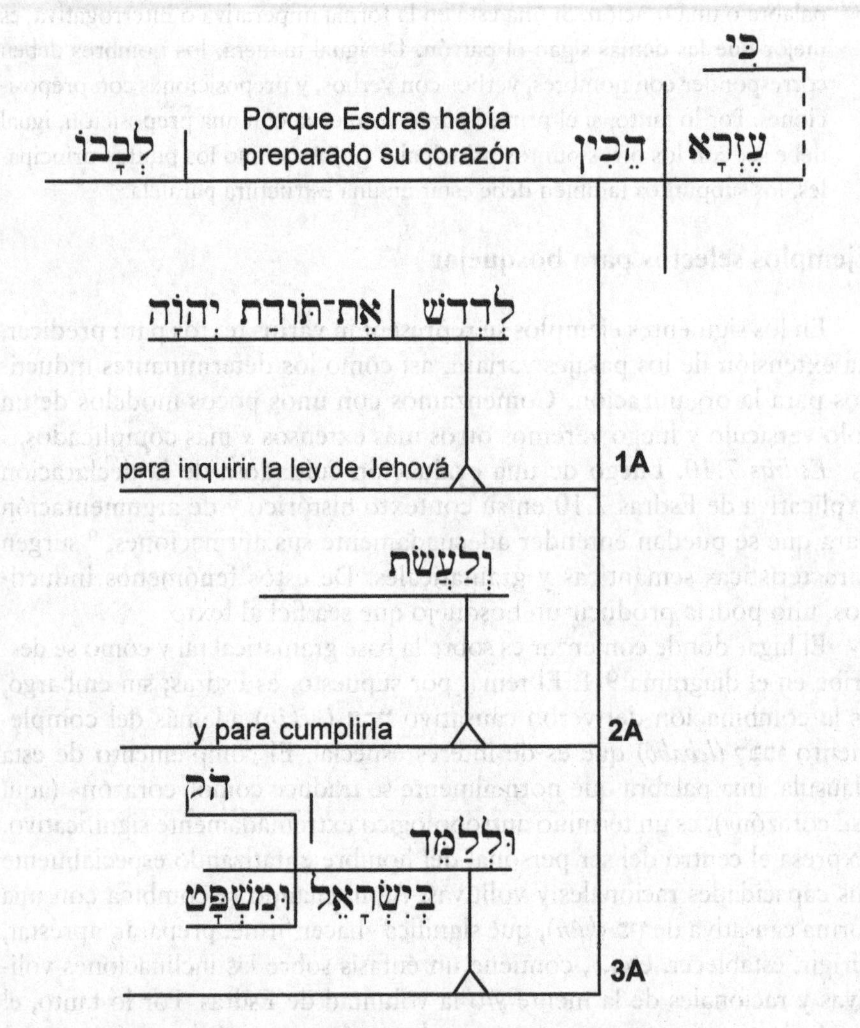

Bosquejo de Esdras 7.10:

Las tres INTENCIONES principales de la manera de pensar de Esdras nos ofrecen un ejemplo que vale la pena copiar:

1A. Estudiar la Palabra de manera diligente

2A. Practicar la Palabra de manera diligente

3A. Comunicar la Palabra de manera diligente

Diagrama 9—1
Diagrama y bosquejo de Esdras 7.10

del énfasis del pasaje en cuanto a la manera de pensar,[32] pero los infinitivos de propósito involucrados también apuntan a esa manera de pensar en tres direcciones particulares. Por lo tanto, estas frases de intencionalidad perfeccionan y completan el mensaje mayor. Note en el diagrama y el bosquejo mostrado cómo todas estas observaciones exegéticas convergen en la proposición nominativa plural y los puntos principales que salen de ella.

Juan 3.6. El aforismo de Juan 3.6 constituye el núcleo de una discusión familiar acerca de la necesidad espiritual del nuevo nacimiento. La verdad del versículo se expresa en paralelismo poético.[33] Este vehículo literario provee la base para una división dual, es decir, las dos afirmaciones relacionadas conceptualmente de manera antitética. La simetría del versículo va más allá de una relación de contraste *general* de la primera cláusula con la segunda y viceversa. Por ejemplo, los dos participios provienen del mismo verbo, ambos son de género neutro,[34] ambos están en la voz pasiva,[35] ambos son articulares,[36] ambos tienen frases preposicionales con ἐκ *(ek)*,[37] ambos complementos de ἐκ *(ek)* son articulares, los verbos idénticos en ambas cláusulas son *equative* recíprocos (y ambos predicados son disyuntivos *anarthrous*.[38] En medio de todo esto, el austero contraste entre «carne» y «espíritu» emerge al nivel semántico y teológico.

Con el paralelismo de las principales cláusulas, la gramática interna y la sintaxis de cada miembro, los puntos principales, junto con los subpuntos, son evidentes. Además, las correspondencias de la forma de la «jota y la tilde», el significado de los *equative*, y un énfasis sobre el impacto del contraste semántico-teológico contribuye a formar un bosquejo descriptivo que se correlaciona con una proposición nominativa-plural adecuadamente contextualizada (véase el diagrama 9—2).

Proverbios 28.13. La estructura poética de Proverbios 28.13 es bastante parecida a Juan 3.6 en su uso de coplas antitéticas para expresar

---

32 La presencia de la preposición לְ *(lĕ)* luego de la combinación de כּוּן *(kûn)* además de לֵבָב *(lēbāb)* confirman absolutamente el enfoque del versículo en la manera de pensar.

33 Este versículo es uno entre muchos en el Nuevo Testamento griego que emplea paralelismo hebreo (conceptual).

34 Esto añade a la evidencia de que son aforismos o universales.

35 Esto indica que los hombres no se engendran a sí mismos físicamente, ni es posible para ellos regenerarse en el dominio metafísico (cf. Jn 1.12-13 en la introducción de este evangelio).

36 Esto hace que las frases participiales sean sustantivas

37 Esta es una preposición muy adecuada para reflejar fuente u origen.

38 Esto enfatiza su naturaleza cualitativa, especialmente en comparación con su respectiva incidencia articular anterior.

importantes verdades espirituales. Así que el verbo también se presta para un bosquejo de dos puntos. El punto central del proverbio incluye dos maneras radicalmente diferentes de tratar la transgresión (a saber, actos de rebelión espiritual).[39] La primera manera señala hacia alguien que en forma característica cubre sus pecados.[40] En contraste, el segundo señala hacia aquel que no sólo confiesa sus transgresiones, sino que también las abandona.

Como podría esperarse, el Señor responde de manera diferente a estas dos formas de tratar la transgresión, así que los verbos principales representan los veredictos antitéticos o «recompensas» del Señor. Un sujeto experimenta providencia negativa, pero el otro disfrutaría comodidad personal. El bosquejo siguiente fluye del diagrama e integra estas sutiles antítesis duales de manera tal que mantenga la forma, refleje los términos críticos y lleve todo el impacto del proverbio (véase el diagrama 9—3).

Bosquejo de Juan 3.6

Las dos ECUACIONES más importantes en el mundo señalan el camino de salvación mostrando que la vida sólo puede ser generada según su clase:

1A. La ecuación de la generación de la *vida temporal* según su clase
- **1B.** La historia (es decir, humana) de esta ecuación
  - **1C.** Su realidad
  - **2C.** Sus raíces
- **2B.** La armonía de esta ecuación
- **3B.** La herencia de esta ecuación

2A. La ecuación de la generación de la *vida eterna* según su clase
- **1B.** La historia (es decir, celestial) de esta ecuación
  - **1C.** Su realidad
  - **2C.** Sus raíces
- **2B.** La armonía de esta ecuación
- **3B.** La herencia de esta ecuación

---

39 Nótese el impacto de la raíz hebrea פשע *(pšc)*. Aparece en el primer miembro de la copla que sigue inmediatamente después del participio que habla acerca del encubrimiento, y es el objeto implicado después de los participios que connotan confesión y abandono en el segundo miembro de la copla.

40 Los participios en ambas coplas (una en la primera y dos en la segunda), a pesar de ser disyuntivos, funcionan como sustantivos, cada una describe el sujeto acerca del cual se espera una evaluación o un juicio. Su fraseo disyuntivo se combina con el énfasis básico de los participios en la continuidad de la acción aumentando así la atención hacia estos como actividades habituales o características.

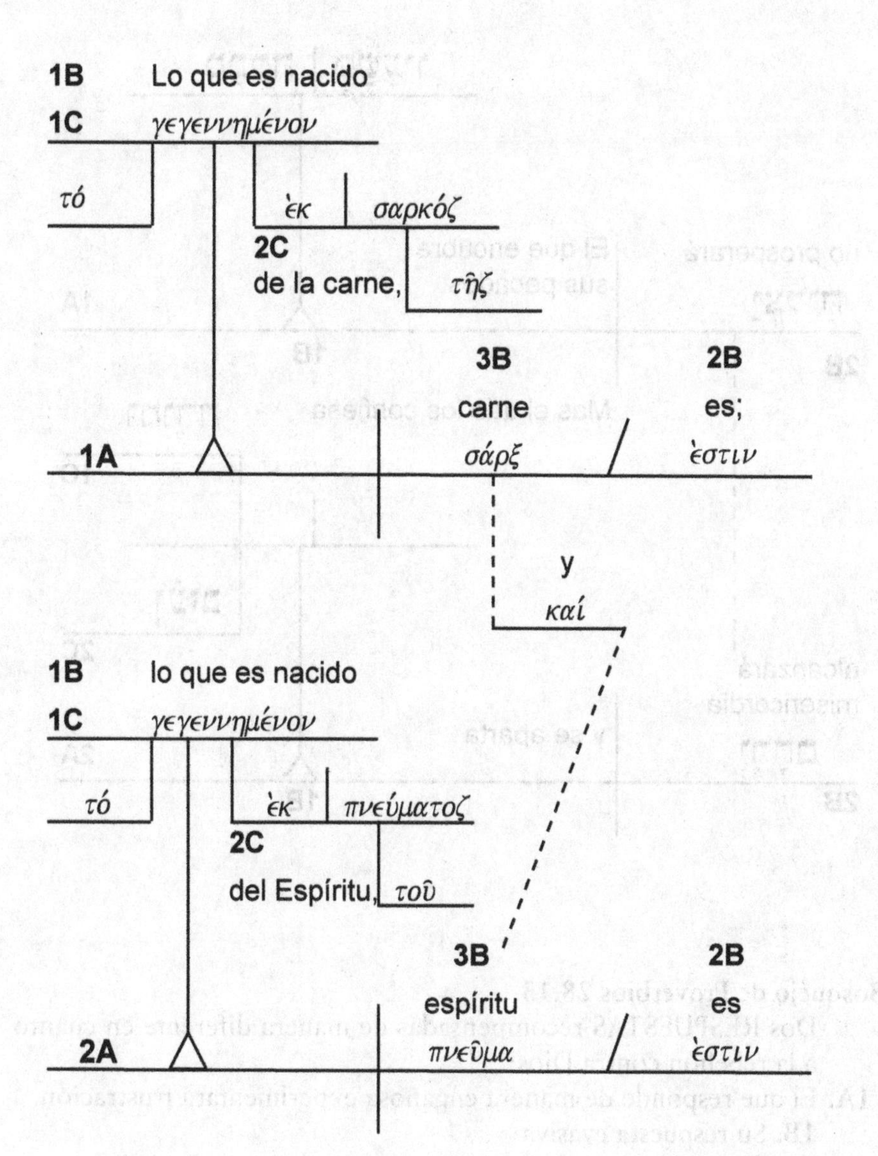

Diagrama 9—2
Diagrama de Juan 3.6

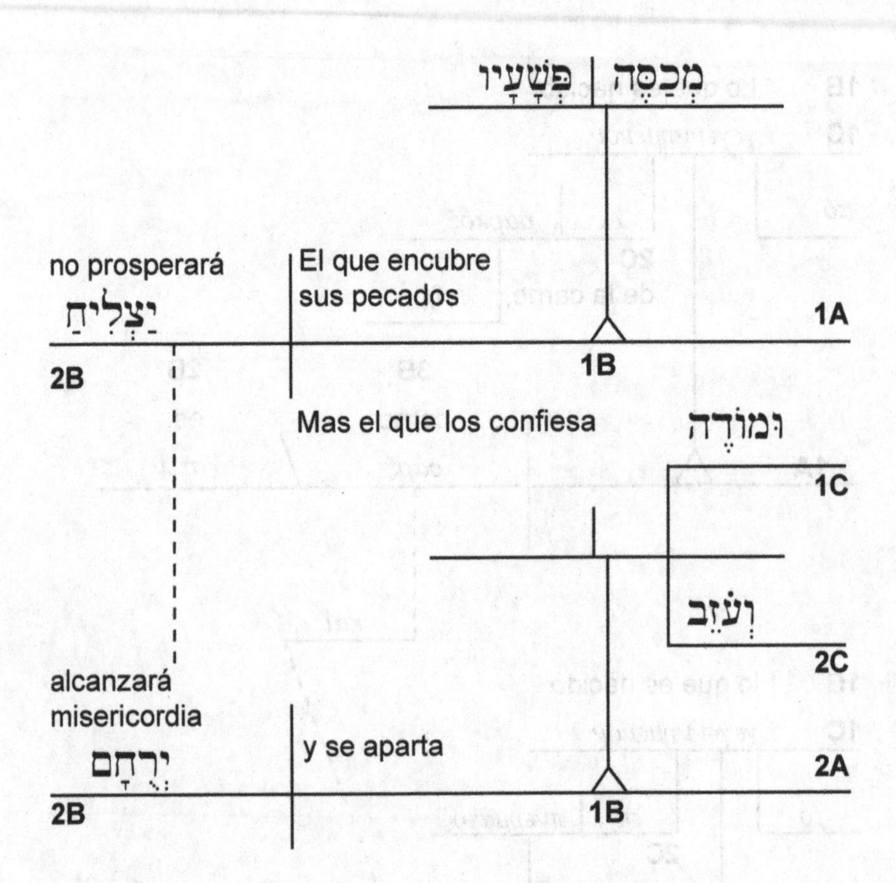

Bosquejo de Proverbios 28.13.

Dos RESPUESTAS recompensadas de manera diferente en cuanto a la rebelión contra Dios:

1A. El que responde de manera engañosa experimentará frustración.

1B. Su respuesta evasiva

2B. Su respuesta equitativa

2A. El que responde de manera decisiva experimentará perdón.

1B. Sus respuestas complementarias:

1C. Reconocimiento

2C. Abandono

2B. Su recompensa consoladora

Diagrama 9—3
Diagrama y bosquejo de Proverbios 28.13

Salmo 119.97-100. La primera mitad de la estrofa *mem* del Salmo 119 (vv. 97-100) ejemplifica una unión conceptual y gramatical. El tema de la juventud vuelve a uno de los asuntos recurrentes del salmo (p. ej., v. 9). Sin embargo, lo que vincula es el patrón prácticamente idéntico de sintaxis y gramática en los versículos 98, 99 y 100. Cada versículo tiene una afirmación seguida de una verificación (nótense las cláusulas כִּי *[kî]).* Además, la preposición מִן *(min)* actuando de manera comparativa aparece dentro de cada afirmación primaria o «aseveración» (véase el diagrama 9—4). Este fenómeno, aunque aparentemente menor, le da a los versículos su importancia especial de que la Palabra de Dios compensa de manera poderosa por las circunstancias de un joven (véase la fraseología de la preposición en el bosquejo en el diagrama 9—4).

El versículo 97 es una introducción, pero no está desconectada. Alude, de manera implícita, a los fundamentos subyacentes de las próximas aseveraciones y que caracterizan la actitud del salmista hacia la Palabra de Dios (cf. expresiones e insinuaciones similares de actitud a través de los 176 versículos del salmo). Antes de comparar el diagrama y el bosquejo, el lector debe notar el sutil progreso del aumento de la responsabilidad humana incorporado en las cláusulas *kî* de los versículos 98b, 99b y 100b.

Hebreos 12.1-2. Los primeros dos versículos de Hebreos 12 constituyen una oración compleja en el griego neotestamentario. Por lo tanto, el pasaje debe tratarse con delicadeza gramatical y sintáctica si el mensaje derivado del mismo ha de ser de naturaleza inductiva. El lugar para comenzar es en la línea fundamental del diagrama. Tanto el verbo principal, «corren» y su complemento, literalmente una *agonizante* (es decir *ἀγων [agōn]) competencia atlética* (es decir, [la] «carrera») sugieren el trasfondo de los juegos griegos.[41] El primer término Clave en la línea fundamental es el pronombre enfático *ἡμεις (hēmeis)* que está estrechamente vinculado en el contexto que le precede de manera inmediata (es decir, el «Salón de la Fama de la Fe» en el capítulo 11) mediante el uso adverbial de *καί (kai,* «también»). Por lo tanto, al reconocer cuán esencial es cada uno de esos elementos fundamentales y al combinarlos con la vívida metáfora que expresa su mayor carga, podría construirse una proposición nominativa plural de tres puntos (véase el bosquejo).

La naturaleza de la vida cristiana como unas olimpíadas espirituales se define de manera más completa mediante una extensa subestructura adverbial. Es como si Dios, en función de Entrenador, estuviera repasando lo básico con un equipo nuevo. Esto se resume en las cuatro declaraciones

41 La corroboración también proviene de declaraciones adverbiales bajo el verbo principal *τρέχωμεν (trechōmen).*

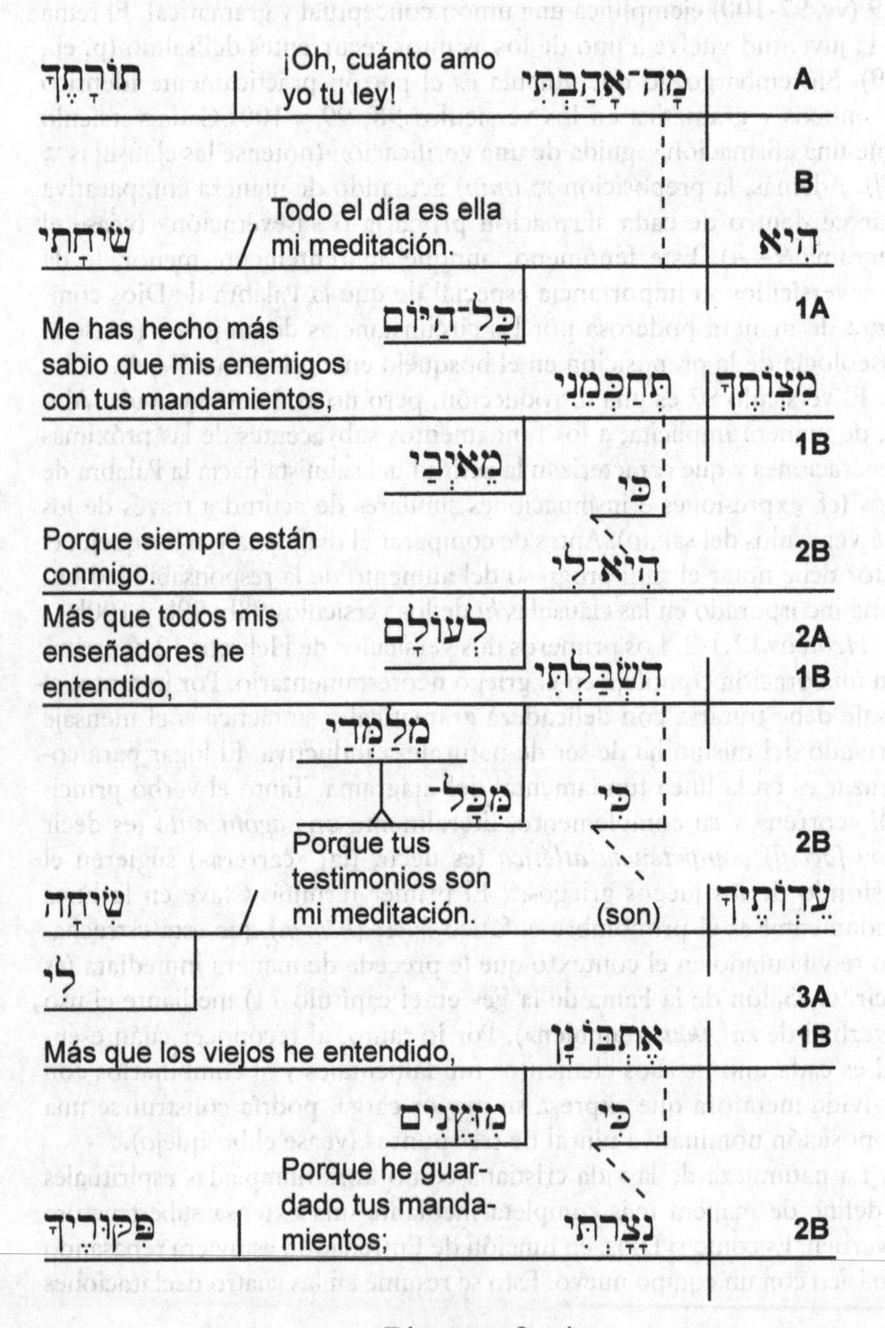

Diagrama 9—4
Diagrama y bosquejo del Salmo 119.97-100

Bosquejo del Salmo 119.97-100:

Tres ASEVERACIONES acerca del hombre de Dios ilustran cómo la Palabra de Dios compensa la juventud:

Introducción (v. 97): Los fundamentos subyacentes de las aseveraciones del hombre de Dios

A. (97a) Deseo por la Palabra de Dios

B. (97b) Diligencia en la Palabra de Dios

1A. La primera aseveración (v. 98): La Palabra da prudencia al hombre joven en presencia de sus enemigos.

1B. (98a) La sustancia de su aseveración

2B. (98b) El fundamento de su aseveración: *posesión* de la Palabra de Dios

2A. La segunda aseveración (v. 99): La Palabra multiplica el conocimiento del joven en presencia de los intelectuales.

1B. (99a) La sustancia de su aseveración

2B. (99b) El fundamento de su aseveración: *estudio* de la Palabra de Dios

3A. La tercera aseveración (v. 100): La Palabra aumenta el discernimiento del joven en presencia de personas más experimentadas.

1B. (100a) La sustancia de su aseveración

2B. (l00b) El fundamento de su aseveración: *obediencia* a la Palabra de Dios

Diagrama 9—4 (continuación)
Diagrama y bosquejo del Salmo 119.97-100

---

adverbiales que forman parte integral de la carrera del cristiano (nótense los distintos niveles de desarrollo y descripción de la subestructura comparándolo con el bosquejo siguiente). Además, los paralelos en la semántica y la fraseología entre la carrera de los cristianos y el ejemplo definitivo de Cristo enriquecen la descripción.[42]

Bosquejo de Hebreos 12.1-2

Hebreos 12.1-2 presenta tres elementos esenciales de las olimpiadas cristianas espirituales:

1A. Los competidores

2A. La competencia: algunos puntos básicos de parte *del* Entrenador:

---

42 Debido a que las ventajas y la metodología de hacer diagramas se han ilustrado anteriormente y debido a la complejidad de un diagrama de Hebreos 12.1-2, aquí sólo reproducimos el bosquejo de este pasaje.

1B. Nuestro incentivo
2B. Nuestra resistencia
3B. Nuestra preparación: ponerse en forma abandonando
  1C. Todos los impedimentos
  2C. El pecado que nos asedia
4B. Nuestra concentración: enfoquemos nuestros ojos en *el* Ejemplo:
  1C. Su persona:
    1D. Identificado por nombre
    2D. Identificado por asociación
  2C. Su logro
    1D. La competencia
    2D. La consumación
3A. El curso
  1B. Su naturaleza
  2B. Su patrón

Habacuc. Un libro completo de la Biblia provee un ejemplo concluyente de cómo hacer diagramas y bosquejos.[43] El mensaje de Habacuc, como el libro de Job, se desarrolla a través de un diálogo progresivo. Sin embargo, en este caso se restringe sólo a Dios y al profeta. Esto establece que los puntos principales correspondan con los cambios en el orador. Cuando se localizan estos puntos, surgen cinco etapas discursivas. Todavía falta integrarlos en una aseveración nominativa-plural que preserve el mensaje total del libro, para seguir el mismo procedimiento en cada nivel sucesivo de desarrollo y asegurarse de que todas las características textuales (ya sean de estilo, retóricas, gramaticales, semánticas, etc.) controlen el esfuerzo, y finalmente esforzarse por usar descripción y paralelismo en cada nivel de desarrollo del bosquejo. El siguiente bosquejo de Habacuc debe examinarse juntamente con el texto hebreo y las traducciones castellanas.[44]

---

43 De más está decir que, aparte de predicarse en un sermón general, un libro de la Biblia también se presta para una serie de sermones expositivos. Una manera particularmente efectiva de predicar a través de un libro es hacer un sermón introductorio al principio que cubra todo el libro, y entonces expandir cada una de sus principales fases de argumentación en mensajes subsecuentes.

44 El diagrama utilizado para producir este bosquejo no se reproduce aquí debido a su extensión (contiene tres capítulos del texto hebreo) y porque los principios y las ventajas de hacer diagramas ya se han ilustrado. Los niveles de los puntos principales y los niveles subsiguientes pueden derivarse también de las características retóricas y conceptuales discernibles mediante una comparación del texto hebreo con una buena

Bosquejo de Habacuc:

Cinco etapas progresivas de discurso en el libro de Habacuc desarrollan la valiosa doctrina de la providencia práctica:

Introducción (1.1)

1A. (1.2-4) La PRIMERA ETAPA es el lamento de Habacuc acerca de la injusticia interna.
- **1B.** (1.2-3b) Su apelación al Juez divino mediante la interrogación
- **2B.** (1.3c-4) La presentación de su caso al Juez divino mediante argumento:
  - **1C.** (1.3c-d) Su evidencia
  - **2C.** (1.4a-b) Su acusación
  - **3C.** (1.4c-d) Su citación

2A. (1.5-11) La SEGUNDA ETAPA es la decisión de Dios en cuanto a la rectificación de la injusticia interna.
- **1B.** (1.5-6) El pronunciamiento de la intención de su decisión
  - **1C.** (1.5) Lo imponente de su intención pronunciada
  - **2C.** (1.6) La activación de su intención pronunciada
- **2B.** (1.7-11) La pronunciación del instrumento de su decisión
  - **1C.** (1.7) Su reputación general
  - **2C.** (1.8-11) Su reputación militar

3A. (1.12-2.1) La TERCERA ETAPA es el reto de Habacuc a la justicia de Dios.
- **1B.** (1.12-17) El apoyo de Habacuc para su reto:
  - **1C.** En los versículos 12-14, reúne el apoyo teológico:
    - **1D.** (1.12a-b) Su apoyo teológico se basa en la persona de Dios.
    - **2D.** (1.12c-14) Su apoyo teológico también se basa en el gobierno de Dios.
  - **2C.** En los versículos 15-16, reúne apoyo histórico:
    - **1D.** (1.15) Señala la insolencia de los caldeos.
    - **2D.** (1.16) Señala de forma especial la blasfemia de los caldeos.
  - **3C.** En el versículo 17, reúne el apoyo ético.
- **2B.** (2.1) Declaraciones de Habacuc en cuanto a su reto

4A. (2.2-20) La CUARTA ETAPA es la revelación de Dios *a Habacuc y mediante él* en cuanto a la retribución divina.
- **1B.** (2.2-3) La importancia de esta revelación:

---

traducción (cf. los breves comentarios realizados bajo el subtítulo anterior: «Sugerencias generales».

1C. (2.2) desde el punto de vista de la revelación
2C. (2.3) desde el punto de vista temporal
2B. (2.4-20) Las lecciones de esta revelación:
1C. (2.4) La lección crucial es que la naturaleza del injusto es pervertida.
1D. (2.4a-b) La declaración de esta crucial lección
2D. (2.4c) La aplicación de esta crucial lección
2C. (2.5-20) La consiguiente lección es que las acciones del injusto son pervertidas.
1D. (2.5) Estas acciones son evaluadas generalmente por Dios.
2D. (2.6-20) Estas acciones son verificadas de manera específica por Dios *mediante* los gritos burlones de las víctimas:
1E. (2.6b-8) La *codicia* del injusto
1F. (2.6b) El riesgo de esa codicia
2F. (2.7-8) La recompensa por esa codicia
1G. (2.7) Esta recompensa es inevitable.
2G. (2.8) Esta recompensa es equitativa.
2E. (2.9-11) El *latrocinio* del injusto
1F. (2.9) La intención de ese latrocinio
2F. (2.10-11) Lo contraproducente de ese latrocinio
1G. (2.10) Este latrocinio daña.
2G. (2.11) Este latrocinio atormenta.
3E. (2.12-14) La *brutalidad* del injusto
1F. (2.12) La irreverencia de esa brutalidad
2F. (2.13-14) La ironía de esa brutalidad
4E. (2.15-17) La *explotación* del injusto
1F. (2.15) La vergüenza de esa explotación
2F. (2.16-17) La sentencia para tal explotación
5E. (2.18-20) La *idolatría* del injusto
1F. (2.18) La vanidad de toda idolatría similar
2F. (2.19-20) La tragedia de toda idolatría similar
1G. (2.19) Esta tragedia se expresa mediante la sátira.

2G. (2.20) Esta tragedia se expresa mediante la comparación.

5A. (3.1-19) La QUINTA y ÚLTIMA ETAPA de revelación es el salmo de testimonio público de Habacuc al Dios soberano de la historia. (3.1) Un prefacio litúrgico + (3.19d) Una postdata litúrgica.

- **1B.** (3.2) La oración de Habacuc en la presencia del Dios soberano de la historia
  - **1C.** (3.2a) El preludio a su oración
  - **2C.** (3.2b-d) El propósito de su oración
- **2B.** (3.3-15) La dramática visión de Habacuc del Dios soberano de la historia
  - **1C.** (3.3-4) Lo imponente de su comportamiento
  - **2C.** (3.5-12) Lo imponente de su dominio
    - **1D.** (3.5-6a) El bosquejo de su dominio
    - **2D.** (3.6b-11) Los efectos de su dominio
      - **1E.** (3.6b) La introducción a estos efectos
      - **2E.** (3.7-11) Las ilustraciones de estos efectos:
        - **1F.** (3.7) Ilustraciones históricas
        - **2F.** (3.8-11) Ilustraciones metafóricas
    - **3D.** (3.12) El resumen de su dominio
  - **3C.** (3.13-15) Lo imponente de su emancipación
    - **1D.** (3.13a-b) La confirmación de su emancipación
    - **2D.** (3.13c-15) La conmemoración de su emancipación
- **3B.** (3.16-19c) La respuesta de Habacuc a una comprensión exaltada del Dios soberano de la historia
  - **1C.** (3.16) Su respuesta inmediata a la reverencia
  - **2C.** (3.17 -19c) Su respuesta conciliadora de prontitud
    - **1D.** (3.17-18) La realidad de su prontitud
      - **1E.** (3.17) Las circunstancias subyacentes a su prontitud
      - **2E.** (3.18) La confesión inconmovible de su prontitud
    - **2D.** (3.19a-c) Los recursos de su prontitud

Una tarea continua

Comunicador de la verdad de Dios, por favor, haga el siguiente diagrama de 2 Timoteo 4.2a, no simplemente como un mensaje a predicar, sino como un modelo metodológico a emular:

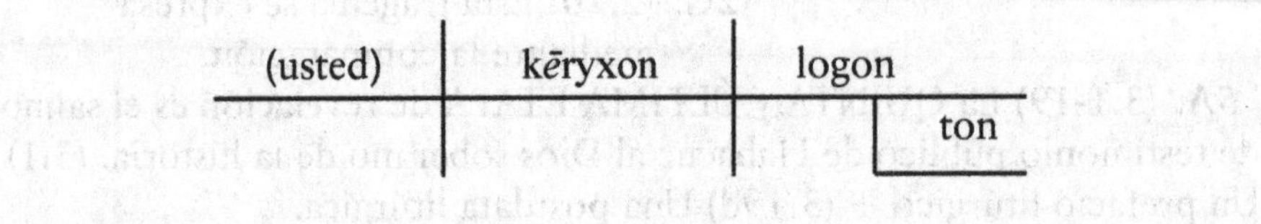

«Prediques la Palabra» es mucho más que sermonear *acerca* de ella o usarla como trampolín. Debemos proclamar todo su contenido en todas sus dimensiones multifacéticas. Se espera que el método presentado e ilustrado en este capítulo nos asista en nuestra tarea principal de expresar la autoritativa Palabra de Dios de manera más lógica y eficaz.

10

Herramientas de estudio para la predicación expositiva

James F. Stitzinger

Una biblioteca teológica sólida es esencial para la exposición cuidadosa de la Palabra de Dios. Los que procuren dedicarse a una vida de estudio bíblico y exposición deben comprometerse a desarrollar una biblioteca sólida y percibirla como una gran prioridad. Esta importante meta será el producto de una planificación cuidadosa que satisfaga las necesidades individuales y las limitaciones presupuestarias del expositor. Una biblioteca bien balanceada deben incluir libros, revistas, cintas de video y magnetofónicas, programas de computación, todos juntos y organizados con una planificación juiciosa y a un paso que pueda sostenerse. Este ensayo propone una biblioteca modelo de herramientas para el expositor diseñada para ayudar al estudiante serio o al pastor así como al laico dedicado.

El expositor bíblico debe desarrollar y mantener una poderosa biblioteca medular de libros significativos y otros materiales para usar en su preparación. Tal colección es la respuesta adecuada a la instrucción de Pablo a Timoteo: «Procura con diligencia presentarte a Dios aprobado, como obrero que no tiene de qué avergonzarse, que usa bien la palabra de verdad» (2 Ti 2.15). Al procurar llegar a ser predicadores expositivos, los pastores de hoy necesitan cambiar el anuncio en la puerta de «oficina del ministro» al antiguo «estudio del pastor».[1] El expositor debe crear un cuarto silencioso, un lugar sagrado, en donde pueda retirarse a estudiar y prepararse diligentemente para exponer la Palabra de Dios. Este cuarto debe contener las herramientas necesarias para ese estudio.

La siguiente discusión procura auxiliar a todos aquellos que deseen edificar una biblioteca para ayudarlos en búsqueda de la predicación expositiva. Los principios aquí propuestos, así como los materiales recomendados, están diseñados para ofrecer dirección clara para el estudiante preparándose para una vida de predicación, el pastor experimentado que busca mejorar su biblioteca y el laico seriamente interesado en el estudio de las Escrituras.

Una colección de buenas herramientas de estudio, reunida de manera cuidadosa, es tan esencial para el expositor como las herramientas de la profesión lo son para un dentista o un médico. Sin ellas, el estudio es un ejercicio fútil. En su usual estilo directo, Charles Spurgeon escribió acerca de la necesidad de una biblioteca sólida para el predicador:

> Para poder exponer las Escrituras, y como una ayuda para sus estudios homiléticos, tendrá que familiarizarse con los comentaristas: un ejército glorioso, déjeme decirle, cuya familiaridad será su deleite y ganancia. Por supuesto, ustedes no son tan sabihondos como para pensar o decir que pueden exponer la Escritura sin la ayuda de las obras de hombres divinos y eruditos que han laborado antes que ustedes en el campo de la exposición. Si tienen esa opinión, oren para que así se queden, porque no vale la pena convertirlos, y como un corro de ociosos que piensan con ustedes, resentirían el intento como un insulto a su infalibilidad. Parece extraño que ciertos hombres que hablan tanto de lo que el Espíritu Santo les revela, tengan una opinión tan baja de lo que Él le ha revelado a otros.[2]

El expositor bíblico no siempre puede ser original y debe «contentarse con aprender de hombres santos, enseñados por Dios y poderosos en la Escritura».[3] Una buena biblioteca servirá como base para recibir la enseñanza de otros. Si un aspirante a expositor no está en posición de adquirir inmediatamente tal colección de herramientas cuidadosamente seleccionadas, debe localizar una y utilizarla de manera regular hasta que pueda tener la suya.

---

1 Wilbur M. Smith, *The Minister in His Study* [El ministro en su estudio], Moody, Chicago, 1973, p. 10.

2 Charles H. Spurgeon, *Commenting and Commentaries,* Banner of Truth, Edimburgo, 1969, p. 1.

3 *Ibíd.*

La prioridad de una biblioteca sólida

Una sólida biblioteca de estudio debe ser prioritaria. Para muchos, es de poca importancia y el resultado ha sido un ministerio empobrecido, que le falta profundidad, amplitud y estímulo. Una biblioteca excelente se forma mediante la adquisición consciente en lugar de la acumulación «accidental». Ya que la biblioteca del predicador expositivo es parte integral de su obra en el púlpito, debe organizarse pensando en la mayor calidad.[4] Una indicación preliminar de lo que una biblioteca básica *no* es ayudará a entender lo que debe ser:

1. No es una colección de libros de poca monta donados al predicador por amistades y oyentes bien intencionados.
2. No es una acumulación de libros ofrecidos a precios de descuento.
3. No es simplemente una colección de libros que son altamente recomendados o hallados en listas bibliográficas comunes.
4. No es sencillamente una acumulación de textos requeridos en un seminario.
5. No es una acumulación de material que se ocupa de tendencias religiosas actuales o especulaciones teológicas.

Hace casi cien años John Fletcher Hurst describió la deplorable condición de la biblioteca del predicador común y corriente. Sus perspicaces comentarios todavía son relevantes:

> Es un hecho lamentable que la biblioteca común del laico cristiano y del ministro del evangelio es indescriptiblemente pobre. Muchos de los libros son de una autoría tan inferior que incluso los descalifica para que se guarden en el hogar de personas que son inteligentes o que esperan serlo. Esos libros se han colado porque están radiantes con ilustraciones realistas y deslumbrantes, o están encuadernados en cautivante piel de oveja o vaca, o son presentados por amigos bien intencionados, o han sido comprados en lotes en subastas bajo la alucinación de ser una ganga, o debido a alguna otra apología por la existencia de esa basura. Si dos tercios de los anaqueles de la típica biblioteca doméstica fueran librados de su carga, y se pusieran libros escogidos en su lugar, habría una reforma en la inteligencia a través del mundo civilizado. Un libro pobre es caro y uno bueno es barato, a

4 Véase a Charles H. Spurgeon, *Lectures to My Students,* Zondervan, Grand Rapids, 1954, pp. 305-20. Spurgeon ofrece una apasionada súplica en cuanto a la devoción a la obra en el púlpito.

> cualquier costo. Nuestro mejor libro es el que mejor trata el tema sobre el cual necesitamos más luz, y que solamente obtenemos mediante planificación, buscándolo, a menudo con sacrificio [...]
>
> Es un amigo en toda temporada, y sigue siéndolo hasta los ochenta, y más allá, si llegan. Mejor un anaquel de tales tesoros que toda una carga de desperdicios literarios de las pirámides muertas de publicadores que venden barato y de autores que fallan rápidamente.[5]

En contraste, una sólida biblioteca de estudio es una colección de materiales seleccionados y reunidos cuidadosamente que un predicador expositivo necesita para realizar su labor. Cada expositor debe invertir tiempo para identificar, usar y obtener esos artículos que apoyarán directamente su ministerio y satisfarán sus necesidades específicas en anticipación a una vida de exposición, evitando al mismo tiempo el «equipaje excesivo» que jamás usará. Como ha escrito un predicador:

> Mis libros son mis herramientas y las uso. No puedo darme el lujo de ser un colector de libros; ni el presupuesto ni el reducido espacio en los estantes [...] permite ese lujo [...] Disfruto mi biblioteca. Cada libro es un amigo que conversa conmigo y me enseña. Es mejor tener pocos libros de los mejores que llenar sus estantes con volúmenes que no le pueden servir bien. Ame sus libros, úselos y, dedique por encima de todo, lo que aprenda al servicio de Jesucristo.[6]

LOS ELEMENTOS ESENCIALES DE LA BIBLIOTECA DE UN EXPOSITOR

Una sólida biblioteca de estudio tiene cinco elementos esenciales. Cada uno requiere meditación en cuanto a los materiales a incluirse, la prioridad respecto a cuáles deben ser adquiridos y la manera en que deben ser organizados. Mucho antes de que el estudiante de la Escritura comience a comprar materiales, debe desarrollar objetivos y prioridades en cuanto a cada una de las categorías subsiguientes.

---

5 John Fletcher Hurst, *Literature of Theology: A Classified Bibliography of Theological and General Religion Literature* [Literatura de Teología: Una bibliografía clasificada de literatura sobre teología y religión en general], Hunt and Eaton, Nueva York, 1895, *v*.

6 Warren W. Wiersbe, *A Basic Library for Bible Students* [Una biblioteca básica para estudiantes de la Biblia], Baker, Grand Rapids, Michigan, 1980, pp. 7-8.

Una colección de libros

Un libro es un registro escrito de las labores, puntos de vista o posiciones de un autor en particular o de varios. Los libros tienen múltiples formas y sirven para muchas cosas. Un libro de calidad puede ayudar mucho en el estudio de las Escrituras al concentrar su enfoque en un tema singular. Puede ahorrar valioso tiempo de estudio al proveer material de trasfondo histórico, gramatical y teológico. Un libro bueno le hará saber al lector temas relevantes, posiciones y las últimas investigaciones. También retarán espiritualmente a los lectores.

El expositor debe aprender cómo crear una biblioteca de esos libros. He aquí algunas sugerencias para hacerlo:

1. *Practique «el cortejo antes del matrimonio».* Los libros deben comprarse luego de haber sido utilizados y que se haya determinado que llenan una necesidad. De ser posible, debe utilizarse uno, en una biblioteca, antes de determinar su valor para el expositor. En pocas ocasiones, un libro nuevo puede comprarse basado en la reputación del autor, el significado de su tema, o la relación del libro con otras obras.
2. *Evalúe los autores y los publicadores.* Antes de comprar un libro en particular, es importante determinar algo en cuanto al punto de vista básico del autor. Además de una recomendación directa o una reseña, se puede aprender mucho acerca de la naturaleza de un libro en base a su introducción, las notas al calce, la bibliografía, la conclusión, el publicador, la portada y la información acerca del autor.
3. *Compre los libros de acuerdo a su importancia.* Los libros deben comprarse en base a una lista preparada cuidadosamente. Esta clase de compra resultará en una biblioteca de calidad y reducirá las compras compulsivas.
4. *Compre y consulte primero el «mejor» libro o libros sobre un tema.* Recuerde, en los estudios teológicos el mejor no siempre es el más reciente ni el más caro.
5. *Organice los libros por tema o utilice un sistema de clasificación bibliotecario como el sistema decimal Dewey.*[7] Si los libros se clasifican, el sistema debe mantenerse sencillo para evitar un proyecto continuo demasiado complicado como para que dure mucho tiempo.

---

7 Véase Cyril J. Barber, *The Minister's Library,* Moody, Chicago, Illinois, 1985, 1:3-31. La sección titulada «How To Set Up Your Library» [Cómo amar su biblioteca], contiene mucha información valiosa.

Una colección de publicaciones periódicas

Las publicaciones periódicas salen en partes sucesivas, casi siempre en intervalos regulares, y como regla, se supone que continúen indefinidamente. Varias formas de literatura en serie incluyen periódicos, boletines, revistas, anuarios, actas y otras. En la cadena bibliográfica, por lo general, las publicaciones van cinco o diez años delante de los libros, proveyendo así al lector con el pensar más reciente acerca de un tema. Esta información «fresca» a menudo no está disponible en otras clases de fuentes. A menos que el expositor tenga acceso a una biblioteca teológica, debe atenerse a una colección básica de publicaciones que le mantengan informado acerca de temas bíblicos y teológicos, así como estimular su pensamiento. Las siguientes sugerencias son adecuadas en cuanto a publicaciones periódicas:

1. *Identifique y suscríbase a una colección básica de publicaciones.*[8] La ley de Bradford asevera que en cualquier área temática, un gran número de artículos aparecerán en un reducido número de publicaciones, mientras que el resto de los artículos acerca del tema se encontrarán en una extensa cantidad de publicaciones. Las suscripciones a esta pequeña cantidad de publicaciones producirá el nivel más alto de ganancia.
2. *Confeccione un índice sencillo de los artículos cubiertos en estas publicaciones ya sea mediante un sistema de tarjetas o en una computadora.* Estas pueden clasificarse mediante tema o versículo de la Escritura.
3. *Lea las publicaciones de manera selectiva para evitar perder el tiempo.* La elección de materiales de lectura debe balancearse entre acontecimientos actuales y estudios exegéticos.
4. *Pida muestras antes de suscribirse.* Además, varias publicaciones son gratis si se piden.
5. *Utilice los índices disponibles de parte de los publicadores así* como *los índices generales de religión.* Los dos más útiles son *Christian Periodical Index* y *Religion Index One: Periodicals.* Ambos están disponibles en cualquier biblioteca teológica. *Religion Index One* está disponible en formato de CD-ROM que en unos años estará al alcance de los estudiantes serios.

8 Si sabe inglés, en el expositor bíblico hallará útiles las siguientes revistas: *Banner of Truth, Biblical Archaeology Review, Bibliotheca Sacra, Criswell Theological Journal, Grace Theological Journal, Interpretation, Journal of Biblical Literature, Journal of the Evangelical Theological Society, Review and Expositor, The Master's Seminary Journal* y *Themelios.*

Una colección de cintas

En los últimos años, las cintas de video y magnetofónicas han llegado a ser formatos distintivos de publicación. Una cantidad significativa de material valioso está disponible sólo en esta clase de medio. Por ejemplo, hay mucho material expositivo en casete. Los casetes de otros expositores pueden ser estimulantes y animadores. Otras clases de información electrónica son útiles para documentar hechos y posiciones teológicas. Las siguientes recomendaciones son útiles en el proceso de formar una colección de cintas:

1. *Coleccione una cantidad limitada de buenas cintas de varias fuentes:* Para formar esta colección debe seguirse un plan maestro que sea mucha ayuda para el expositor. Incluya cintas en las siguientes categorías:
   a. Estudios y cursos exegéticos individuales
   b. Predicadores expositivos competentes
   c. Reuniones y acontecimientos importantes
   d. Un área de interés especial para el expositor
2. *Organice este material por tema y autor.* También es muy útil organizar el material con un archivo de tarjetas o en una computadora, porque las cintas a menudo se pasan por alto como una posible fuente de información.
3. *Cree una biblioteca de obras intercambiable para compartir con oyentes interesados como apoyo y expansión del ministerio del expositor.*
4. *El expositor debe crear una biblioteca de sus exposiciones para referencia propia y para el uso de otros.*

Una colección de programas de computación

La computadora es una herramienta significativa en el mundo de hoy y un recurso en las manos del expositor bíblico. Cada vez más estudiantes de la Escritura la encuentran indispensable en su obra. Las computadoras a menudo se compran para un propósito particular o para realizar mejor una tarea, pero el usuario por lo general avanza a un nivel mayor de eficiencia mediante el cual puede realizar proyectos con la computadora que jamás había imaginado posibles. El expositor debe considerar adquirir varios programas de computadoras para ayudarlo en su labor. Aquí hay algunas sugerencias sobre categorías de programas para ayudar al expositor:

1. *Programas para procesadores de palabras.* Esta clase de programa puede ser de gran beneficio al crear y editar documentos. Las funciones de bosquejo, notas al calce, tipos de letra, diccionario, sinónimos y antónimos son particularmente útiles en un programa de procesamiento de palabras. Estos programas son esenciales al guardar el fruto de la investigación para diferentes usos futuros. Los programas adicionales capacitan al procesador de palabras para incorporar palabras hebreas y griegas junto con el texto castellano.
2. *Programas gráficos.* Estos programas son útiles en varias maneras, pero quizás lo son más para el estudiante de la Escritura al publicar material. Este programa capacita al expositor para preparar su obra para publicación en un formato de calidad profesional con poco gasto.
3. *Programas de información.* Aunque estos programas son más complejos, pueden utilizarse para guardar grandes cantidades de información que puede obtenerse por versículo o tópico. El expositor puede usar ese programa para sacar trabajo hecho acerca de un versículo/tema e ilustraciones o materiales bibliográficos disponibles acerca del mismo.
4. *Programas de investigación bíblica.* Existen excelentes programas que capacitan al estudiante en buscar el texto de la Escritura para una palabra o variantes de una palabra, frase o versículo. Uno de ellos es la serie *BECA* de Grupo Nelson, que permite buscar por palabra, encontrar versículos y armar estudios fácilmente. Libros electrónicos de referencia como la *Nueva Concordancia Strong Exhaustiva de la Biblia* también le permiten al usuario identificar una palabra griega o hebrea. Este libro de concordancia gramatical para el texto hebreo del Antiguo Testamento y el griego del Nuevo Testamento permite buscar la palabra en el texto, las inflexiones de la palabra, fraseología y construcción gramatical.[9]
5. *Tecnología en CD-ROM.* Esta es un tecnología en desarrollo que le permite a los estudiantes de la Escritura utilizar instantáneamente varias traducciones y tezxtos bíblicos relacionados, asía como bibliotecas de libros computarizados. Varios índices de publicaciones y libros también están disponibles en este formato. En el futuro, los expositores podrán, mediante catálogos publicados en CD-ROM, utilizar las bibliotecas de varias instituciones y pedir los materiales necesarios desde lugares lejanos sin dejar sus estudios. Este acceso ya está disponible mediante catálogos *on-line.*

9 Para búsquedas electrónicas del texto de la Reina-Valera 1960 y de palabras griegas o hebreas de la Biblia en la *Concordancia Strong*, ver la *BECA Profesional*, 2004. Los programas *BECA* están disponibles de Grupo Nelson, Nashville, TN, www.gruponelson.com. Proveen varios recursos electrónicos, libros de referencia y ayudas pastorales más.

Un archivo temático

El expositor necesita un sistema de archivo que le permita organizar y sacar mucha información que no se encuentre en los libros. Ese sistema debe ser personal y sencillo para que se puedan localizar fácilmente los materiales. También debe ser flexible de manera que pueda expandirse en cualquier área. El sistema debe incluir archivos para materiales producidos por otros, así como materiales producidos por el expositor mismo. Algunas sugerencias en cuanto a un sistema de archivo son:

1. *El sistema de archivo debe organizarse según los temas clasificados numéricamente y no en orden alfabético.* Si se asigna un número de clasificación para cada tema, sólo será necesario un punto de entrada para cada asunto. Este sistema permite que temas relacionados se archiven juntos y provee espacio para expandir o subdividir cualquier materia.
2. *Los títulos y la estructura deben seguir la lógica del individuo que usa el sistema.* Estos títulos deben ser los mismos que otros utilizados para temas de archivos de publicaciones.
3. *Crear un índice alfabético para el archivo ya sea en tarjetas o en una computadora.* Esto facilita la rápida localización de toda la información acerca de un tema.
4. *Saque periódicamente del archivo temas y materiales innecesarios para que se mantenga útil y fácil de usar.*

CÓMO DESARROLLAR UNA «LISTA DE NECESIDADES»

Una biblioteca de estudio confiable es producto de una planificación cuidadosa. Por lo tanto, el expositor debe desarrollar objetivos y prioridades para su biblioteca personal. El propósito de la exposición bíblica debe ser claro y los materiales deben seleccionarse con el propósito en mente. Barber identifica dos problemas principales que enfrenta el expositor contemporáneo que se dispone a formar una biblioteca confiable.[10] El primero es el alto costo de los libros, lo que exige compras prudentes. El segundo es el sorprendente número de libros nuevos que se publican cada año. Esto significa que el predicador necesita orientación al seleccionar las herramientas de la biblioteca. El expositor sabio dependerá de la sabiduría de Barber y otros al planear una biblioteca personal. He aquí varios asuntos a resolver:

---

10 *Ibíd.*, 1:*xiv-xv*.

1. *¿Qué clases de materiales se deben adquirir?* Por ejemplo, ¿serán libros de referencia, de teología, comentarios, publicaciones y productos en áreas de interés especial?
2. *¿Cuántos recursos de cada clase se habrán de coleccionar?* Se debe determinar la cantidad y la clase de libros de referencia, el balance entre autores liberales y conservadores, la cantidad de comentarios por libro de la Biblia y la cantidad de libros acerca de varios temas teológicos.
3. *Se debe elaborar una «lista de necesidades» de materiales básicos a comprar.* A medida que el aspirante a expositor se entera de nuevos productos, debe añadirlos a su lista de compras futuras.[11] Las bibliografías corrientes son de gran ayuda en esto,[12] así como las recomendaciones. Estas se pueden refinar después mediante la inspección personal.
4. *Luego esta lista de compras debe organizarse de manera tal que se puedan identificar los productos de mayor importancia para comprarlos primero debido a un presupuesto limitado.* Una vez aclaradas y ordenadas las necesidades, se facilita el esfuerzo y los sacrificios necesarios para comprar el material.

Muchos cristianos desean invertir en el ministerio de un expositor bíblico. Una lista preparada de herramientas necesarias ofrece una excelente oportunidad para que otros hagan que esa inversión sea más significativa. En la experiencia de este escritor, la mayoría de los predicadores no tienen una biblioteca de calidad porque no han hecho de ella una gran prioridad o porque no han identificado específicamente los materiales que necesitan. Esto, más que la falta de fondos, es a menudo el porqué no tienen una buena biblioteca.

Cómo encontrar materiales en una «lista de necesidades»

Luego de completar la «lista de necesidades», se deben clasificar los materiales que están disponibles y los que no lo están. Estas dos catego-

11 Varias maneras de mantenerse al día con materiales nuevos a medida que llegan a estar disponibles son: leer cuidadosamente *Christianity Today* y *Themelios*, especialmente los números dedicados a libros nuevos; suscribirse a una casa importante de libros con descuento que publique catálogos identificando libros nuevos a medida que aparecen; y leer reseñas bibliográficas en publicaciones clave.

12 Luego se provee, en este capítulo, una lista de bibliografías sugeridas.

rías deben tratarse de manera separada y se deben desarrollar diferentes fuentes para su adquisición.

Los artículos disponibles pueden obtenerse en una buena librería, en un seminario o una universidad cristiana.[13] Una relación de trabajo con una tienda de ese tipo facilita que se ordenen artículos en el futuro. El expositor debe suscribirse a varias casas que hagan descuentos en los libros y comprar los artículos necesarios cuando los pongan a menor precio. La mayoría de los bibliotecarios teológicos pueden proveer una lista de estas casas.[14]

Los materiales que ya no están disponibles son más fáciles de localizar si el expositor envía su lista a varios comerciantes. Una «lista de necesidades» enviada de manera periódica a un selecto grupo de comerciantes de libros usados, tanto en los EE.UU. como en el Reino Unido, es el mejor procedimiento.[15] Es muy posible que las fuentes en el Reino Unido tengan los libros deseados porque la publicación religiosa es sumamente extensa en esos países. Ya que estos comerciantes sólo podrán proveer unos cuantos de los artículos pedidos a la vez, la biblioteca del expositor crecerá lentamente y con gastos moderados. La parte más difícil de hallar libros que ya no se imprimen es ponerla en una lista y escribirle a las compañías. Con un poco de esfuerzo y persistencia, se puede localizar cualquier libro.

Se cuenta que Erasmo dijo en una ocasión que si tuviera algún dinero, ¡primero compraría algunos libros, luego alguna ropa y entonces

---

13 Muchos de los seminarios principales en los EE.UU. tienen un buen inventario de libros y pueden ordenar otros, p. ej., el Seminario Teológico Westminster en Filadelfia, Pennsylvania; el Seminario Bautista del Sur en Louisville, Kentucky; el Seminario Teológico Lutero en St. Paul, Minnesota; y el Seminario Teológico Dallas, en Dallas, Texas.

14 Al momento de escribir, se pueden incluir estas excelentes casas de descuento, además de su librería local: Christian Book Distributors, P.O. Box 3687, Peabody, Massachusetts 01961-3687; Christian Publications, Inc., P.O. Box 3404, Harrisburg, Pennsylvania 17105-3404; y Scripture Truth Book Co., P.O. Box 339, Fincastle, Virginia 24909. La mejor cobertura general la provee Great Christian Books, 1319 Newport Gap Pike, Wilmington, Delaware 19804-2895.

15 Fuentes estadounidenses útiles incluyen: Baker Book House-Used Department, P.O. Box 2768, East Paris Avenue, S.E., Grand Rapids, Michigan 49506; Kregel's Book Store, P.O. Box 2607, 525 Eastern Avenue, S.E., Grand Rapids, Michigan 49501; Archive Bookstore, 1387 E. Washington, Pasadena, California 91104. Fuentes útiles en el Reino Unido incluyen: Christian Book Centre, 1021 Argyle Street, Glasgow G38NA, Scotland; Pendlebury Books, Portland Avenue, Stamford Hill, London N16; Nelson's Bookroom, Lydbury North Shropshire, Salop, England SY7 8AS. Otras fuentes similares pueden encontrarse en las ediciones anuales de *Sheppard's Book Dealers in the British Isles,* Martins Publishers Limited, Surrey, Inglaterra, 1989.

alguna comida! Amaba los libros y los consideraba «¡la mayor de todas las invenciones!»[16] En días de gran presión económica, es necesario un nivel parecido de compromiso para lograr una biblioteca sólida. Muchos expositores profundamente comprometidos en hacerlo encuentran abrumadores los costos. En vista de esto, las siguientes proposiciones se ofrecen para ayudar a localizar el material necesario a un costo reducido. Estas sugerencias requieren esfuerzo adicional e ingenio, pero deben producir resultados.

1. *Ponga un anuncio en un periódico local pidiendo libros religiosos.* Con persistencia, se pueden hallar buenos libros de antiguos estudiantes, profesores o pastores. Esta técnica da mejores resultados en un periódico denominacional o de la organización.
2. *Visite la biblioteca de una universidad grande, un seminario, o un colegio universitario, y preséntele una lista de necesidades al individuo a cargo de los regalos o adquisiciones.* Las bibliotecas siempre tienen duplicados que no desean. Casi todas tienen un cuarto lleno de ellos.
3. *Inspeccione los murales de anuncios de un seminario local.* A menudo se anunciarán oportunidades para obtener bibliotecas personales. Además, un aviso pidiendo libros usados en ese mural podría ser muy fructífero.

Los primeros 750 libros para la biblioteca de un expositor[17]

Luego de discutir la importancia de una biblioteca sólida para un predicador expositivo, parece apropiado incluir una lista sugerida de materiales, identificando así una biblioteca modelo para el que tenga esa meta. Las obras nombradas aquí sólo son sugerencias. Cada persona tendrá que adaptar la lista para ajustarse a sus necesidades. «Los libros son como la ropa: lo que se ajusta a las necesidades y el estilo de una persona puede no ajustarse a otra persona».[18] Además, esta lista se limita a una

16 Preserved Smith, *Erasmus, a Study of His Life, Ideals and Place in History* [Erasmo, un estudio de su vida, ideales y su lugar en la historia], Harper and Brothers, Nueva York, 1923, pp. 194-95.

17 Nota del Editor: En castellano no hay gran abundancia de bibliografía al respecto. Para los que saben inglés esta sección les será de utilidad.

18 Howard F. Sugden y Warren W. Wiersbe, *When Pastors Wonder How* [Cuando los pastores se preguntan cómo], Moody, Chicago, 1973, p. 64.

colección básica en los campos de los estudios bíblicos y la teología, no identifica otros artículos que el expositor desearía adquirir. El expositor debe adquirir varios artículos importantes acerca de temas bíblicos y teológicos actuales para ayudarle en su estudio y mantenerse al día. El propósito de esta lista es ayudar a una nueva generación de aspirantes a predicadores expositivos, a coleccionar las herramientas para esta digna tarea. Esta incluye libros que han pasado o pasarán la prueba del tiempo y trata de evitar artículos basados en la especulación teológica actual.

Sin embargo, la lista tiene un propósito más abarcador. Es para una amplia gama de lectores que buscan reunir una biblioteca bien balanceada. Los expositores serios deben considerar toda lista como una biblioteca modelo. Una meta razonable es adquirir los setecientos cincuenta volúmenes en diez años. Los primeros libros a comprar han sido señalados con un asterisco (*). Estos mismos pueden servir como una lista básica para un laico serio o un pastor dedicado que desee acumular menos que los propuestos para su ayuda en el estudio bíblico. Las siguientes son aclaraciones en cuanto a la lista:

1. *Algunos de los volúmenes nombrados bajo comentarios individuales son parte de series que también están incluidas en la lista.* No se han contado dos veces.
2. *Cuando se recomiendan series completas, se entiende que los volúmenes individuales dentro de cada serie son de calidad irregular debido a la variedad de autores.* A veces, el expositor debe comprar y seleccionar las series con esto en mente. En otros casos, debe adquirir series completas para tener recursos acerca de toda la Biblia.
3. *El expositor podría elegir aguardar a comprar comentarios de libros individuales de la Biblia hasta que los necesite.* Sin embargo, debe recordar que unos libros se continúan imprimiendo y otros no, y que no siempre podrá tener el tiempo o estar en el lugar correcto para asegurar buenos materiales. *La clave para tener una biblioteca útil es una buena «lista de necesidades» que se confeccione de manera cuidadosa durante algún tiempo.* ¡Los libros tienden a aparecer cuándo menos se espera y a menudo no se pueden encontrar cuando se necesitan! A veces están más baratos cuando no es tan urgente tenerlos.
4. *La lista también se puede usar como guía de estudio para los que tengan acceso a una biblioteca teológica.* También puede ser modificada y adaptada como base para una biblioteca de estudios bíblicos de la iglesia.

I. Herramientas bibliográficas

Badke, William B., *The Survivor's Guide to Library Research,* Zondervan, 1990.

*Barber, Cyril J., *The Minister's Library,* Moody, 1985, 2 vols. y suplementos.

*Barker, Kenneth L., Broce K. Waltke, Roy B. Zuck, *Bibliography for Old Testament Exegesis and Exposition,* Dallas Theological Seminary, 1979.

Bollier, John A., *The Literature of Theology: A Guide for Students and Pastors,* Westminster, 1979.

*Carson, D. A., *New Testament Commentary Survey,* Baker, 1986.

Childs, Brevard, S., *Old Testament Books for Pastor and Teacher,* Westminster, 1977.

Kiehl, Erich H., *Building Your Biblical Studies Library,* Concordia, 1988.

Martin, Ralph P., *New Testament Books for Pastor and Teacher,* Westminster, 1984.

*Rosscup, James E., *Commentaries for Biblical Expositors,* ed. rev. Grace Book Shack, 2003.

Spurgeon, Charles H., *Commenting and Commentaries,* Banner of Truth, 1969.

*Wiersbe, Warren, *A Basic Library for Bible Students,* Baker, 1981.

II. Biblias

La Biblia de las Américas, The Lockman Foundation, 1986.

La Nueva Biblia Latinoamérica, Sociedad Bíblica Católica Internacional, 1972.

Dios Habla Hoy, Sociedades Bíblicas Unidas, 1996.

Nueva Biblia al Día, Grupo Nelson, 2008.

Nueva Biblia de Jerusalén, Descleé de Brower, 1998.

Nueva Biblia Española, Ediciones Cristiandad, 1976.

Nueva Traducción Viviente, Tyndale, 2009.

Nueva Versión Internacional, Vida, 1999.

Palabra de Dios para Todos, Centro Mundial de Traducción de la Biblia, 2000.

Reina-Valera 1909, Grupo Nelson, 2006.

Reina-Valera 1960, varias editoriales.

Traducción en Lenguaje Actual, Sociedades Bíblicas Unidas, 2006.

III. Textos bíblicos

* Aland, Kurt, *The Greek New Testament,* 3ra. ed., UBS, 1983.

______, *The Text of the New Testament,* Eerdmans, 1987.
**Biblia Hebraica Stuttgartensia,* editada por Karl Elliger y Wilhelm Rudolph; Deutsche Biblestiftung, 1984.
*Bruce, F. F., *The Books and the Parchments,* Revell, 1984.
*______, *The Canon of the Scripture,* InterVarsity, 1988.
______, *History of the English Bible in English,* 3ra ed., Revell, 1978.
Greenlee, J. Harold, *Introduction to New Testament Textual Criticism,* Eerdmans, 1964.
*Harris, R. Laird, *Inspiration and Canonicity of the Bible,* Zondervan, 1969.
Lewis, Jack P., *The English Bible From KJV to NIV, A History of Evaluation,* Baker, 1982.
Metzger, Broce M., *The Canon of the New Testament,* Oxford, 1987.
______, *The Text of the New Testament: Its Transmission, Corruption, and Restoration,* Oxford, 1968.
*______, *A Textual Commentary on the Greek New Testament,* UBS, 1971.
*Nestle-Aland, *Novum Testamentum Graece,* 26 ed., Deutsche Bibelstiftung, 1979.
*Rahlfs, Alfred, *Septuaginta,* Wuerttembergische, 1962.
Roberts, B. J., *The Old Testament Text and Versions,* Wales, 1951.
Swete, Henry *B., An Introduction to the Old Testament in Greek,* KTAV, 1968.
Wunhwein, Emst, *The Text of the Old Testament,* Eerdmans, 1979.

IV. Herramientas del Antiguo Testamento

*Armstrong, Terry A., Douglas L. Busby, y Cyril F. Carr, *A Reader's Hebrew and English Lexicon of the Old Testament,* Zondervan, 1989.
Botterweck, G. Johannes, y Helmer Ringgren, eds., *Theological Dictionary of the Old Testament,* vols. 1-, Eerdmans, 1974-.
*Brown, Francis, Samuel R. Driver, y Charles A. Briggs, *A Hebrew and English Lexicon of the Old Testament,* Oxford, 1907.
Einspahr, Broce, *Index to Brown, Driver, and Briggs Hebrew Lexicon,* Moody, 1977.
**The Englishmen's Hebrew and Chaldee Concordance of the Old Testament,* Zondervan, 1970.
*Even-Shoshan, Abraham, *A New Concordance of the Old Testament,* Baker, 1989.
Girdleston, Roben Baker, *Synonyms of The Old Testament,* Eerdmans.

*Harris, R. Laird, Gleason L. Archer, y Broce K. Waltke, eds., *Theological Wordbook of the Old Testament,* 2 vols., Moody, 1980.

Hatch, Edwin, y Henry A. Redpath, *A Concordance to the Septuagint and the Other Greek Versions of the Old Testament,* 2 vols., Akademische, 1955.

*Holladay, William, *A Concise Hebrew and Aramaic Lexicon of the Old Testament,* Eerdmans, 1971.

Koehler, Ludwig, y Walter Baumgartner, *Lexicon in Veteris Testamenti Libros,* 2 vols., Brill, 1958.

Liddell, Henry G., y Roben Scott, *A Greek English Lexicon,* 9 ed., rev. por H. S. Jones y R. McKenzie, Oxford, 1968.

*Owens, John Joseph, *Analytical Key to the Old Testament,* 4 vols., Baker, 1989-.

Seow, C. L., *A Grammar for Biblical Hebrew,* Abingdon, 1987.

Unger, Merrill F., y William White, *Nelson's Expository Dictionary of the Old Testament,* Nelson, 1980.

Waltke, Bruce K., *An Intermediate Hebrew Grammar,* Eisenbrauns, 1984.

_______ y M. O'Connor, *An Introduction to Biblical Hebrew Syntax,* Eisenbrauns, 1990.

*Weingreen, Jacob, *Practical Grammar for Classical Hebrew,* Oxford, 1959.

Wilson, William, *Old Testament Word Studies,* Kregel, 1978.

V. Herramientas del Nuevo Testamento

*Abbot-Smith, George, *A Manual Greek Lexicon of the New Testament,* T. & T. Clark, 1936.

Alsop, John R. ed., *An Index to the Revised-Arndt-Gingrich Greek Lexicon,* 2da ed. por F. Wilbur Gingrich y Frederick W. Danker, Zondervan, 1981.

Balz, Horst, y Gerhard Schneider, eds., *Exegetical Dictionary of the New Testament,* Eerdmans, 1978.

Barclay, William, *New Testament Words,* Westminster, 1974.

*Bauer, Walter, W. F. Arndt, F. W. Gingrich, y F. W. Danker, *A Greek-English Lexicon of the New Testament and Other Early Christian Literature,* 2da ed., University of Chicago, 1979.

Blass, F. W., A. Debrunner, y Robert W. Funk, *A Grammar of New Testament and Other Early Christian Literature,* University of Chicago, 1961.

Bromiley, Geoffrey, *Theological Dictionary of the New Testament,* ed., por Gerhard Kittel y Gerhard Friedrich, trad. por Geoffrey W. Bromiley. Condensado en 1 vol., Eerdmans, 1985.

*Brown, Colin, ed., *The New International Dictionary of New Testament Theology,* 4 vols., Zondervan, 1975-86.
Burton, Ernest DeWitt, *Syntax of the Moods and Tenses in New Testament Greek,* T. & T. Clark, 1898.
Cremer, Hermann, *Biblico-Theological Lexicon of New Testament Greek,* 4ta ed., T. & T. Clark, 1962.
Dana, H. B., y Julius R. Mantey, *A Manual Grammar of the Greek New Testament,* Macmillan, 1955.
Gingrich, F. W., *A Shorter Lexicon of the Greek New Testament,* 2da ed. revisada por Frederick W. Danker, University of Chicago, 1983.
Hanna, Robert, *A Grammatical Aid to the Greek New Testament,* Baker, 1983.
Kittel, Gerhard, y Gerhard Friedrich, *The Theological Dictionary of the New Testament,* trad. por Geoffrey Bromiley, 10 vols., Eerdmans, 1964-76.
Liddell, H. G., y R. Scott, *A Greek-English Lexicon,* 8va ed., Clarendon, 1897.
*Machen, J. Gresham, *New Testament Greek for Beginners,* Macmillan, 1923.
Moule, C. F. D., *An Idiom Book of the New Testament Greek,* Cambridge, 1963.
Moulton, James Hope, *A Grammar of New Testament Greek,* 4 vols., T. & T. Clark, 1908-
_______y George Milligan, *The Vocabulary of the Greek New Testament Illustrated from the Papyri and Other Non-Literary Sources,* Hodder and Stoughton, 1952.
Moulton, William, y A. S. Geden, *A Concordance to the Greek New Testament,* 5ta ed. revisada por H. K. Moulton, T. & T. Clark, 1978.
Richards, Lawrence O., *Expository Dictionary of Bible Words,* Zondervan, 1985.
*Rienecker, Fritz, *A Linguistic Key to the Greek New Testament,* Zondervan, 1980.
Robertson, A. T., *A Grammar of the Greek New Testament in the Light of Historical Research,* Broadman, 1923.
Smith, J. B., *Greek-English Lexicon of the New Testament,* Zondervan, 1962.
Trench, Richard Chenevix, *Synonyms of the New Testament,* Zondervan, 1953.
Turner, Nigel, *Christian Words,* Nelson, 1981.
_______, *Grammatical Insights into the New Testament,* T. & T. Clark, 1977.
*Vine, W. E., Merrill F. Unger, y William White, *An Expository Dictionary of Biblical Words,* Nelson, 1984.

*Wingram, George V., *The Englishman's Greek Concordance of the New Testament,* 9na ed, Zondervan, 1970.
Zerwick, Max, y Mary Grosvenor, *A Grammatical Analysis of the Greek New Testament,* Biblical Institute, 1981.

VI. Hermenéutica y exégesis

Ferguson, Duncan S., *Biblical Hermeneutics, an Introduction,* John Knox, 1986.
Kaiser, Walter C., *Toward an Exegetical Theology,* Baker, 1981.
Mickelsen, A. Berkeley, *Interpreting the Bible,* Eerdmans, 1963.
*Ramm, Bernard, *Protestant Biblical Interpretation,* Baker, 1970.
Sproul, R. C., *Knowing Scripture,* InterVarsity, 1977.
*Tan, Paul Lee, *The Interpretation of Prophecy,* BMH, 1974.
*Terry, Milton S., *Biblical Hermeneutics,* Zondervan, 1974.
*Thomas, Robert L., *Introduction to Exegesis,* publicación propia, 1987.
Traina, Roben A., *Methodical Bible Study,* Publicación propia, 1952.
Virkler, Henry A., *Hermeneutics, Principles and Processes of Biblical Interpretation,* Baker, 1981.

VII. Obras de referencia general

*Bromiley, Geoffrey W., ed., *The International Standard Bible Encyclopedia,* 4 vols., Eerdmans, 1979-88.
Buttrick, George A., y K. Crim, eds., *The Interpreter's Dictionary of the Bible,* 5 vols., Abingdon, 1962-76.
Douglas, J. D.,ed. *The New Bible Dictionary,* 2da ed., Tyndale, 1982.
_______, y E. E. Cairns, eds., *The New International Dictionary of the Christian Church,* Zondervan, 1978.
_______, ed., *New 20th Century Encyclopedia of Religious Knowledge,* Baker, 1990.
Elwell, Walter A., ed., *Encyclopedia of the Bible,* 2 vols., Baker, 1988.
*______, ed., *Evangelical Dictionary of Theology,* Baker, 1984.
Ferguson, Sinclair B., David F. Wright, y J. I. Packer, *New Dictionary of Theology,* InterVarsity, 1988.
Harrison, R. K., *Encyclopedia of Biblical and Christian Ethics,* Nelson, 1987.
Hastings, James, ed., *Dictionary of the Apostolic Church,* 2 vols., T. & T. Clark, 1915.
______, *Dictionary of the Bible,* 5 vols, T. & T. Clark, 1898.
______, *Dictionary of Christ and the Gospels,* T. & T. Clark, 1906.

McClintock, John, y James Strong, eds., *Cyclopedia of Biblical Theological, and Ecclesiastical Literature,* 12 vols., Baker, 1981.
*Orr, James, ed., *International Standard Bible Encyclopedia,* 5 vols., Eerdmans, 1939.
Reid, Daniel G., *Dictionary of Christianity in America,* InterVarsity, 1990.
*Tenney, Merrill C., ed., *The Zondervan Pictorial Encyclopedia of the Bible,* 5 vols., 1975.
*Unger, Merrill F., *The New Unger's Bible Dictionary,* ed. rev. por R. K. Harrison, Moody, 1988.

VIII. Concordancias

Anderson, Ken, *The Contemporary Concordance of Bible Topics,* Victor, 1984.
Elder, F., ed., *Concordance to the New English Bible: New Testament,* Zondervan,1981.
______, *The NIV Exhaustive Concordance,* Zondervan, 1990.
Hill, Andrew E., compilador, *Baker's Handbook of Bible Lists,* Baker, 1981.
*Monser, Harold E., *Topical Index and Digest of the Bible,* Baker, 1983.
*Nave, Orville J., ed., *Nave's Topical Bible,* Nelson, 1979.
The Phrase Concordance of the Bible, Nelson, 1986.
*Strong, James, *Exhaustive Concordance of the Bible,* Abingdon, 1980.
*Thomas, Robert L., ed., *New American Standard Exhaustive Concordance of the Bible,* Holman, 1981.
*Torrey, R. A., *The Treasury of Scripture Knowledge,* Bagster, s.f.
* ______,*The New Topical Textbook,* Revell, s.f.
*Young, Robert, ed., *Analytical Concordance to the Bible,* Nelson, 1980.

IX. Obras acerca de arqueología, geografía e historia

Aharoni, Yohanan, *The Land of the Bible: A Historical Geography of the Bible,* Westminster, 1979.
* ______, *The Macmillan Bible Atlas,* Macmillan, 1977.
Baly, Denis, *The Geography of the Bible,* nueva ed. rev., Harper, 1974.
Barrett, C. K., *The New Testament Background: Selected Documents,* S.P.C.K.,1958.
Beitzel, Barry J., *The Moody Atlas of Bible Lands,* Moody, 1985.

Blaiklock, E. M., y R. K. Harrison, eds., *The New International Dictionary of Biblical Archaeology,* Zondervan, 1983.
Bouquet, A. C., *Everyday Life in New Testament Times,* Scribner, 1953.
Bruce, F. F., *Israel and the Nations,* Eerdmans, 1963.
*______, *New Testament History,* Doubleday, 1971.
*Edersheim, Alfred, *Bible History,* 2 vols., Eerdmans, 1954.
*______, *The Life and Times of Jesus the Messiah,* 2 vols., Eerdmans, 1954.
*Gower, Ralph, *The New Manners and Customs of Bible Times,* Moody, 1987.
Harrison, R. K., *ed., Major Cities of the Biblical World,* Nelson, 1985.
*______, *Old Testament Times,* Eerdmans, 1990.
Heaton; E. W., *Everyday Life in Old Testament Times,* Scribner's, 1956.
Jeremias, Joachim, *Jerusalem in the Times of Jesus,* Fortress, 1969.
Josephus, Flavius, *Complete Works,* Kregel, 1960.
Lohse, Eduard, *The New Testament Environment,* Abingdon, 1976.
Merrill, Eugene H., *Kingdom of Priests,* Baker, 1987.
Metzger, Bruce Manning, *The New Testament, Its Background, Growth, and Content,* Abingdon, 1965.
Miller, Madeleine S., y J. Lane, *Harper's Encyclopedia of Bible Life,* rev. por Boyce M. Bennett y David Scott, Harper, 1978.
*Pfeiffer, Charles F., *The Biblical World,* Baker, 1966.
*______, *Old Testament History,* Baker, 1973.
*______,y Howard F. Vos, *The Wycliffe Historical Geography of Bible Lands,* Moody, 1967.
Reicke, Bo, *The New Testament Era,* Fortress, 1968.
Schultz, Samuel J., *The Old Testament Speaks,* 3ra ed., Harper, 1980.
*Tenney, Merrill C., *New Testament Times,* Eerdmans, 1965.
Thompson, J. A., *The Bible and Archaeology,* Eerdmans, 1972.
*______,*Handbook of Life in Bible Times,* InterVarsity, 1986.
Vos, Howard F., *Archaeology in Biblical Lands,* Moody, 1987.
Wood, Leon, *Israel's United Monarchy,* Baker, 1979.
______, *The Prophets of Israel,* Baker, 1979.
*______, *A Survey of Israel's History,* revisado por David O'Brien, Zondervan, 1986.
Yamauchi, Edwin M., *Pre-Christian Gnosticism,* 2da. ed., Baker, 1983.

X. Introducción y estudio

*Alexander, David, y Pat Alexander, *Eerdman's Handbook to the Bible,* Eerdmans, 1973.

Andrews, Samuel J., *The Life of Our Lord Upon the Earth,* Zondervan, 1954.

*Archer, Gleason L., *A Survey of Old Testament Introduction,* ed. rev., Moody, 1974.

*Bruce, A. B., *The Training of the Twelve,* Zondervan, 1963.

Bruce, F. F., *The Letters of Paul and Expanded Paraphrase,* Eerdmans, 1965.

______, *Paul: Apostle of the Heart Set Free,* Eerdmans, 1977.

Bullock, C. Hassell, *An Introduction to the Old Testament Poetic Books,* Moody, 1988.

Conybeare, W. J., y J. S. Howsen, *The Life and Epistles of Saint Paul,* Eerdmans, 1954.

Craigie, Peter C., *The Old Testament, Its Background, Growth, and Content,* Abingdon, 1986.

*Culver, Robert D., *The Life of Christ,* Baker, 1976.

Farrar, Frederic W., *The Life of Christ,* 2 vols., Cassell, 1874.

______, *The Life and Work of St. Paul,* 2 vols., Cassell, 1879.

Foakes Jackson, F. J., y Kirsopp Lake, *The Beginnings of Christianity,* 5 vols., Macmillan, 1920.

*Freeman, Hoban E., *An Introduction to the Old Testament Prophets,* Moody, 1968.

*Gromacki, Robert, *New Testament Survey,* Baker, 1974.

*Gundry, Robert H., *A Survey of the New Testament,* Zondervan, 1981.

Guthrie, Donald, *The Apostles,* Zondervan, 1975.

______, *Jesus the Messiah,* Zondervan, 1972.

*______, *New Testament Introduction,* ed. rev., InterVarsity, 1990.

*Harrison, Everett F., *Introduction to the New Testament,* Eerdmans, 1964.

Harrison, Roland K., *Introduction to the Old Testament,* Eerdmans, 1969.

*Hiebert, D. Edmond, *An Introduction to the New Testament,* 3 vols., Moody, 1975-77.

Kaiser, Walter C., *Classical Evangelical Essays in Old Testament Interpretation,* Baker, 1972.

Kidner, Derek, *An Introduction to Wisdom Literature, The Wisdom of Proverbs, Job, and Ecclesiastes,* InterVarsity, 1985.

Kistemaker, Simon, *The Parables of Jesus,* Baker, 1980.

*LaSor, William Sanford, David Hubbard, y Frederic Bush, *Old Testament Survey,* Eerdmans, 1982.

Morgan, G. Campbell, *The Crises of the Christ,* Revell, s.f.

______, *The Parables and Metaphors of Our Lord,* Revell, s.f.

______, *The Teaching of Christ,* Revell, s.f

Pentecost, J. Dwight, *The Words and Works of Jesus Christ,* Zondervan, 1981.

Ramsay, William, *The Church in the Roman Empire,* Baker, 1954.
_______, *The Cities of Saint Paul,* Baker, 1960.
_______, *Saint Paul the Traveler and Roman Citizen,* Baker, 1949.
Robertson, A. T., *A Harmony of the Gospels for Students of the Life of Christ,* Harper, 1950.
Schultz, Samuel J., *The Old Testament Speaks,* Harper, 1970.
Scroggie, William Graham, *A Guide to the Gospels,* Revell, 1948.
*_______, *Know Your Bible,* Pickering, 1940.
_______, *The Unfolding Drama of Redemption,* Zondervan, 1970.
Shepard, J. W., *The Life and Letter of Saint Paul,* Eerdmans, 1950.
*Tenney, Merrill, C., *New Testament Survey,* revisado por Walter M. Dunnett, Eerdmans, 1985.
*Thomas, Robert L., y Stanley N. Gundry, *A Harmony of the Gospels with Explanations and Essays,* Harper, 1978.
_______, *The NIV Harmony of the Gospels,* Harper, 1988.
Trench, R. C., *Notes on the Parables,* Pickering, 1953.
Unger, Merrill, F., *Introductory Guide to the Old Testament,* Zondervan, 1951.
*_______, *Unger's Guide to the Bible,* Tyndale, 1974.
Young, Edward J., *An Introduction to the Old Testament,* Eerdmans, 1960.

XI. Obras teológicas

*Berkhof, L., *Systematic Theology,* Eerdmans, 1941.
Bruce, F. F., *New Testament Development of Old Testament Themes,* Eerdmans, 1968.
Buswell, James Oliver, *A Systematic Theology of the Christian Religion,* Zondervan, 1962.
Chafer, Lewis Sperry, *Systematic Theology,* 8 vols., Dallas Seminary, 1947.
*Erickson, Millard J., *Christian Theology,* 3 vols., Baker, 1983-85.
Feinberg, Charles L., *Millennialism: The Two Major Views,* Moody, 1980.
Gill, John, *Body of Divinity,* Lassetter, 1965.
Guthrie, Donald, *New Testament Theology,* InterVarsity, 1981.
Hodge, Charles, *Systematic Theology,* 3 vols., Clarke, 1960.
*Kaiser, Walter C., *Toward an Exegetical Theology: Biblical Exegesis for Preaching and Teaching,* Baker, 1981.
_______, *Old Testament Theology,* Zondervan, 1978.
*McClain, Alva J., *The Greatness of the Kingdom,* Moody, 1959.
Murray, John, *Collected Writings of John Murray,* 4 vols., Banner of Truth, 1976–82.

Oehler, Gustav Friedrich, *Theology of the Old Testament,* Funk and Wagnalls, 1884.
Packer, J. I., ed., *The Best in Theology,* vol. 1 de una serie múltiple, Christianity Today, 1987.
Payne, J. Barton, *Encyclopedia of Biblical Prophecy,* Harper, 1973.
*Pentecost, J. Dwight, *Things to Come: A Study in Biblical Eschatology,* Zondervan, 1958.
Ridderbos, Herman, *Paul: An Outline of His Theology,* Eerdmans, 1975.
Ryrie, Charles C., *Biblical Theology of the New Testament,* Moody, 1959.
Shedd, William, G. T., *Dogmatic Theology,* 3 vols., Zondervan, (reimpresión), s.f.
Vos, Gerhardus, *Biblical Theology,* Eerdmans, 1948.
Warfield, Benjamin B., *Biblical and Theological Studies,* Presbyterian and Reformed, 1968.
_______, *Selected Shorter Writings of Benjamin B. Warfield,* 2 vols., Presbyterian and Reformed, 1970.

XII. Comentarios de un solo volumen

Guthrie, Donald, J. A. Motyer, A. M. Stibbs, y D. J. Wiseman, eds., *The New Bible Commentary: Revised,* 3ra ed., Eerdmans, 1970.
*Harrison, E. F., y Charles F. Pfeiffer, *The Wycliffe Bible Commentary,* Moody, 1962.

XIII. Juegos de comentarios

*Alford, Henry, *The Greek Testament,* 4 vols., Moody, 1958.
Barclay, William F., *The Daily Bible Series,* ed. rev., 18 vols., Westminster, 1975.
Barker, Kenneth L., *The Wycliffe Exegetical Commentary,* 56 vols. al completarse, Moody, 1988-.
Bruce, F. F., ed., *New International Commentary on the New Testament,* 20 vols. hasta ahora, Eerdmans.
Calvin, John, *Calvin's Commentaries,* 22 vols., Baker, 1981.
*Gaebelein, Frank E., ed, gen., *The Expositor's Bible Commentary,* 12 vols. al completarse, Zondervan, 1978-.
Harrison, R. K., ed., *New International Commentary on the Old Testament,* 15 vols. hasta ahora. Eerdmans.
*Hendriksen, William, y Simon J. Kistemaker, *New Testament Commentary,* 12 vols. hasta ahora, Baker, 1954-.
*Henry, Matthew, *Matthew Henry's Commentary on the Whole Bible,* 6 vols., Revell, s.f.

Hubbard, David, y Glenn W. Barker, *Word Biblical Commentary,* 52 vols. Word, 1972.
*Keil, C. F., y F. Delitzsch, *Biblical Commentary on the Old Testament,* 11 vols., Eerdmans, 1968.
Lange, John Peter, *Commentary on the Holy Scriptures, Critical, Doctrinal and Homiletical,* 12 vols., Zondervan, 1960.
Lenski, R. C. H., *Interpretation of the New Testament,* 12 vols., Augsburg, 1943.
MacArthur, John, *The MacArthur New Testament Commentary,* Moody, 1983.
Meyer, H. A. W., *Critical and Exegetical. Handbook to the New Testament,* 11 vols., Funk and Wagnalls, 1884.
*Morris, Leon, ed., *Tyndale New Testament Commentaries,* varios editores, 20 vols., InterVarsity.
*Nicoll, William Robertson, *The Expositor's Greek New Testament,* 5 vols., Eerdmans, 1970.
Perowne, J. J. S., ed. gen., *Cambridge Bible for Schools and Colleges,* 60 vols., Cambridge, 1880-.
*Robertson, A. T., *Word Pictures in the New Testament,* 6 vols., Broadman,1930.
Vincent, Marvin R., *Word Studies in the New Testament,* 4 vols., Eerdmans,1946.
*Walvoord, John F., y Roy B. Zuck, *The Bible Knowledge Commentary,* 2 vols., Victor, 1983.
*Wiseman, D. J., ed., *The Tyndale Old Testament Commentaries,* 21 vols. hasta ahora, InterVarsity.
Wuest, Kenneth, S., *Wuest's Word Studies From the Greek New Testament,* 3 vols., Eerdmans, 1973.

XIV. Comentarios individuales

Génesis

*Davis, John J., *Paradise 10 Prison,* Baker, 1976.
Leupold, H. C., *Exposition of Genesis,* Baker, 1963.
Stigers, Harold G., *A Commentary on Genesis,* Zondervan, 1976.

Éxodo

Bush, George, *Notes, Critical and Practical on the Book of Exodus,* 2 vols., Klock and Klock, 1976.
Childs, Brevard, *The Book of Exodus: A Critical, Theological Commentary,* Westminster, 1974.
*Davis, John J., *Moses and the Gods of Egypt,* 2da. ed., Baker, 1986.

Levítico

Bonar, Andrew, *A Commentary on the Book of Leviticus,* Zondervan, 1959.
Bush, George, *Notes, Critical and Practical on the Book of Leviticus,* Klock and Klock, 1976.
*Wenham, Gordon J., *The Book of Leviticus,* New International Commentary on the Old Testament, Eerdmans, 1979.

Números

Bush, George, *Notes, Critical and Practical on the Book of Numbers,* Klock and Klock, 1976.
Gray, George G., *A Critical and Exegetical Commentary on Numbers,* International Critical Commentary, T. & T. Clark, 1912.
*Harrison, R. K., *The Wycliffe Exegetical Commentary: Numbers,* Moody, 1990.

Deuteronomio

*Craigie, Peter C., *The Book of Deuteronomy,* New International Critical Commentary on the Old Testament, Eerdmans, 1976.
Driver, S. R, *A Critical and Exegetical Commentary on Deuteronomy,* International Critical Commentary, T. & T. Clark, 1902.
Reider, Joseph, *The Holy Scriptures: Deuteronomy,* Jewish Publication Society, 1937.

Josué

Davis, John J., *Conquest and Crisis,* Baker, 1969.
Pink, Arthur, *Gleanings in Joshua,* Moody, 1964.
*Woudstra, Manen H., *The Book of Joshua,* New International Commentary on the Old Testament, Eerdmans, 1981.

Jueces

Bush, George, *Notes, Critical and Practical on the Book of Judges,* Klock and Klock, 1976.
Moore, George F., *A Critical and Exegetical Commentary on Judges,* International Critical Commentary, T. & T. Clark, 1901.
*Wood, Lean J., *Distressing Days of the Judges,* Zondervan, 1975.

Rut

Atkinson, David, *The Message of Ruth,* InterVarsity, 1983.
Barber, Cyril J., *Ruth: An Expositional Commentary,* Moody, 1983.
*Hubbard, Robert L., *The Book of Ruth,* New International Commentary on the Old Testament, Eerdmans, 1988.
Morris, Leon, *Ruth, an Introduction and Commentary,* Tyndale Old Testament Commentaries, InterVarsity, 1968.

1 y 2 Samuel

Anderson, A. A., *Word Biblical Commentary: II Samuel,* Word, 1989.
*Davis, John J., y John C. Whitcomb, *A History of Israel: From Conquest to Exile,* Baker, 1980.
Gordon, Robert P., *I & II Samuel: A Commentary,* Zondervan, 1986.
Keil, C. F., y F. Delitzsch, *Biblical Commentary on the Books of Samuel,* Eerdmans,1971.
Klein, Ralph W., *Word Biblical Commentary: I Samuel,* Word, 1983.

1 y 2 Reyes

DeVries, Simon J., *Word Biblical Commentary: I Kings,* Word, 1985.
Hobbs, T. R., *Word Biblical Commentary: II Kings,* Word, 1985.
*Keil, C. F., *Biblical Commentary on the Old Testament: The Books of the Kings,* Eerdmans, 1971.
Montgomery, James A., *The Book of Kings,* International Critical Commentary, T. & T. Clark, 1951.
Newsome, James D., ed., *A Synoptic Harmony of Samuel, Kings and Chronicles,* Baker, 1986.

1 y 2 Crónicas

Braun, Roddy, *Word Biblical Commentary: I Chronicles,* Word, 1986.
Dillard, Raymond B., *Word Biblical Commentary: II Chronicles,* Word, 1987.
*Keil, C. F., *Biblical Commentary on the Old Testament: The Book of the Chronicles,* Eerdmans, 1971.
Wilcock, Michael, *The Message of Chronicles,* InterVarsity, 1987.

Esdras, Nehemías y Ester

Barber, Cyril J., *Nehemiah and the Dynamics of Effective Leadership,* Loizeaux, 1976.
Cassel, Paulus, *An Explanatory Commentary on Esther,* Edimburgo, 1881.
Keil, C. F., *The Books of Ezra, Nehemiah, and Esther,* Eerdmans, 1970.
*Kidner, Derek, *Ezra and Nehemiah, An Introduction and Commentary,* Tyndale Old Testament Commentaries, InterVarsity, 1979.
*Whitcomb, John C., *Esther: Triumph of God's Sovereignty,* Moody, 1979.
Williamson, H. G. M., *Word Biblical Commentary: Ezra, Nehemiah,* Word, 1985.

Job

*Anderson, Francis I., *Job,* Tyndale Old Testament Commentaries, InterVarsity, 1976.

Delitzsch, Franz, *Biblical Commentary on the Book of Job,* 2 vols., Eerdmans, 1970.
Dhorme, Edouard, *A Commentary on the Book of Job,* Nelson, 1967.

Salmos

Alexander, J. A., *The Psalms Translated and Explained,* Zondervan, s.f.
Leupold, H. C., *Exposition on the Psalms,* Baker, 1969.
Scroggie, W. Graham, *The Psalms,* Pickering, 1965.
*Spurgeon, C. H., *The Treasury of David,* 3 vols., Zondervan, 1966.

Proverbios

*Alden, Robert L., *Proverbs,* Baker, 1983.
Bridges, Charles, *A Commentary on Proverbs,* Banner of Truth, 1968.
Delitzsch, Franz, *Biblical Commentary on the Proverbs of Solomon,* 2 vols., Eerdmans, 1970.
McKane, William, *Proverbs*, Old Testament Library, Westminster, 1970.

Eclesiastés

Eaton, Michael, *Ecclesiastes: An Introduction and Commentary,* InterVarsity, 1983.
*Kaiser, Walter C., *Ecclesiastes: Total Life,* Moody, 1979.
Leupold, H. C., *Exposition of Ecclesiastes,* Baker, 1952.

Cantares

Burrowes, George, *A Commentary on The Song of Solomon,* Banner of Truth, 1973.
*Carr, G. Lloyd, *The Song of Solomon,* InterVarsity, 1984.
Durham, James, *The Song of Solomon,* Banner of Truth, 1982.

Isaías

Alexander, Joseph A., *Isaiah, Translated and Explained,* Zondervan, 1974.
Morgan, G. Campbell, *The Prophecy of Isaiah. The Analyzed Bible,* 2 vols., Hodder and Stoughton, 1910.
*Young, Edward J., *The Book of Isaiah,* 3 vols., Eerdmans, 1965-72.

Jeremías

*Feinberg, Charles L., *Jeremiah, A Commentary,* Zondervan, 1982.
Laetsch, Theodore, *Jeremiah*, Concordia, 1952.
Morgan, G. Campbell, *Studies in the Prophecy of Jeremiah,* Revell, 1969.

Lamentaciones

*Harrison, R. K., *Jeremiah and Lamentations,* Tyndale Old Testament Commentaries, InterVarsity, 1973.

Jensen, Irving L., *Jeremiah and Lamentations,* Moody, 1974.

Kaiser, Walter C., *A Biblical Approach to Personal Suffering,* Moody, 1982.

Ezequiel

*Feinberg, Charles L., *The Prophecy of Ezekiel,* Moody, 1969.

Keil, Carl Friedrich, *Biblical Commentary on the Prophecies of Ezekiel,* 2 vols., Eerdmans, 1970.

Taylor, John B., *Ezekiel, An Introduction and Commentary,* Tyndale Old Testament Commentaries, InterVarsity, 1969.

Daniel

*Walvoord, John F., *Daniel, The Key to Prophetic Revelation,* Moody, 1971.

Wood, Leon J., *Commentary on Daniel,* Zondervan, 1972.

Young, Edward J., *The Messianic Prophecies of Daniel,* Eerdmans, 1954.

Profetas menores

*Feinberg, Charles L., *The Minor Prophets,* Moody, 1976.

Keil, C. F., y Franz Delitzsch, *The Twelve Minor Prophets,* 2 vols., Eerdmans, 1961.

Laetsch, Theodore, *The Minor Prophets,* Concordia, 1956.

Pusey, E. B., *The Minor Prophets, a Commentary,* Baker, 1956.

Mateo

Broadus, John A., *Commentary on the Gospel of Matthew,* American Baptist, 1886.

Hendriksen, William, *The Gospel of Matthew,* Baker, 1973.

MacArthur, John F., Jr., *The MacArthur New Testament Commentary: Matthew,* 4 vols., Moody, 1985-89.

Morgan, G. Campbell, *The Gospel According to Matthew,* Revell, s.f.

*Toussaint, Stanley D., *Behold the King, A Study of Matthew,* Multnomah, 1980.

Marcos

Hendriksen, William, *The Gospel of Mark,* Baker, 1975.

*Hiebert, D. Edmond, *Mark, A Portrait of the Servant,* Moody, 1974.

Morgan, G. C., *The Gospel According to Mark,* Revell, s.f.

Swete, Henry Barday, *The Gospel According to Saint Mark,* Eerdmans, 1952.

Lucas

Hendriksen, William, *The Gospel of Luke,* Baker, 1978.
Morgan G. Campbell, *The Gospel According to Luke,* Revell, s.f.
*Morris, Leon, *The Gospel According to St. Luke,* Tyndale New Testament Commentaries, Eerdmans, 1974.
Plummer, Alfred, *A Critical and Exegetical Commentary on the Gospel According to St. Luke,* International Critical Commentary, T. & T. Clark, 1922.

Juan

Hendriksen, William, *Exposition of the Gospel According to John,* Baker, 1961.
Morgan, G. Campbell, *The Gospel According to John,* Revell, s.f.
*Morris, Leon, *Commentary on the Gospel of John,* New International Commentary on the New Testament, Eerdmans, 1970.
Westcott, B. F., *The Gospel According to Saint John,* Eerdmans, 1950.

Hechos

Bruce, F. F., *The Book of Acts,* New International Commentary on the New Testament, Eerdmans, 1956.
*Harrison, Everett F., *Acts: The Expanding Church,* Moody, 1976.
Kistemaker, Simon J., *New Testament Commentary, Exposition of the Acts of the Apostles,* Baker, 1990.
Morgan, G. Campbell, *The Acts of the Apostles,* Revell, s.f.

Romanos

*Cranfield, C. E. B., *A Critical and Exegetical Commentary on the Epistle to the Romans,* 2 vols., International Critical Commentary, T. & T. Clark, 1975-77.
Lloyd-Jones, D. Martyn, *Romans,* 6 vols., Zondervan, 1971-76.
MacArthur, John F., Jr., *The MacArthur New Testament Commentary: Romans,* 2 vols., Moody, 1991.
McClain, Alva J., *Romans, the Gospel of God's Grace,* Moody, 1973.
Murray, John, *The Epistle to the Romans,* New International Commentary on the New Testament, Eerdmans, 1968.

1 Corintios

*Fee, Gordon D., *The First Epistle to the Corinthians,* New International Commentary on the New Testament, Eerdmans, 1987.
Godet, Franz, *Commentary on the First Epistle to the Corinthians,* Zondervan, 1957.
MacArthur, John F., Jr., *The MacArthur New Testament Commentary: 1 Corinthians,* Moody, 1984.

Robertson, Archibald, y A. Plummer, *A Critical and Exegetical Commentary on the First Epistle to the Corinthians,* International Critical Commentary, T. & T. Clark, 1914.

2 Corintios

*Hughes, Philip. E., *Commentary on the Second Epistle to the Corinthians,* New International Commentary on the New Testament, Eerdmans, 1962.

Kent, Homber A., *A Heart Opened Wide: Studies in II Corinthians,* Baker, 1982.

Plummer, Alfred, *A Critical and Exegetical Commentary on the Second Epistle to the Corinthians,* Intemational Critical Commentary, T. & T. Clark, 1915.

Gálatas

Bruce, F. F., *The Epistle to the Galatians, A Commentary on the Greek Text,* Eerdmans, 1982.

*Kent, Homer A., Jr., *The Freedom of God's Sons: Studies in Galatians,* Baker, 1976.

Lightfoot, Joseph Barber, *The Epistle of St. Paul to the Galatians,* Zondervan, 1966.

MacArthur, John F., Jr., *The MacArthur New Testament Commentary: Galatians,* Moody, 1987.

Efesios

*Bruce, F. F., *The Epistles to the Colossians, to Philemon, and to the Ephesians,* New International Commentary on the New Testament, Eerdmans, 1984.

Hendriksen, William, *Epistle to the Ephesians,* Baker, 1966.

Lloyd-Jones, D. Martyn, *Expositions on Ephesians,* 8 vols., Baker, 1972-82.

MacArthur, John F., Jr., *The MacArthur New Testament Commentary: Ephesians,* Moody, 1986.

Salmond, S. D. F., «The Epistle to the Ephesians», vol. 3 en *Expositor's Greek New Testament,* Eerdmans, 1970.

Filipenses

Hendriksen, William, *A Commentary on the Epistle to the Philippians,* Baker, 1962.

*Lightfoot, Joseph B., *Commentary on the Epistle of St. Paul Philippians,* Zondervan, 1953.

Vincent, Marvin R., *A Critical and Exegetical Commentary on the Epistles to the Philippians and to Philemon,* International Critical Commentary, T. & T. Clark, 1897.

Colosenses

*Bruce, F. F., *The Epistles to the Colossians, to Philemon, and to the Ephesians,* New International Commentary on the New Testament, Eerdmans, 1984.

Hendriksen, William, *Exposition of Colossians and Philemon,* Baker, 1964.

Lightfoot, Joseph Barber, *St. Paul's Epistles to the Colossians and to Philemon,* Zondervan, 1959.

Filemón

Ver las obras bajo los encabezados de Filipenses y Colosenses.

1 y 2 Tesalonicenses

Hendriksen, William, *Expositions of I and II Thessalonians,* Baker, 1955.

Hiebert, D. Edmond, *The Thessalonians Epistles,* Moody, 1971.

Morris, Leon, *The First and Second Epistles to the Thessalonians,* New International Commentary on the New Testament, Eerdmans, 1959.

*Thomas, Robert L., «1, 2 Thessalonians», vol. 11 en *Expositor's Bible Commentary,* Zondervan, 1978.

1 y 2 Timoteo, Tito

Fairbairn, Patrick, *Commentary on the Pastoral Epistles,* Zondervan, 1956.

Hendriksen, William, *Exposition of the Pastoral Epistles,* Baker, 1957.

*Kent, Homer, A., *The Pastoral Epistles,* Moody, 1982.

Simpson, E. K., *The Pastoral Epistles,* Tyndale, 1954.

Hebreos

Bruce, F. F., *The Epistles to the Hebrews,* New International Commentary on the New Testament, ed. rev., Eerdmans, 1990.

Hughes, Philip Edgcumbe, *A Commentary on the Epistle to the Hebrews,* Eerdmans, 1977.

*Kent, Homer A., *The Epistle to the Hebrews,* Baker, 1972.

MacArthur, John F., Jr., *The MacArthur New Testament Commentary: Hebrews,* Moody, 1983.

Westcott, Brooke Foss, *The Epistle to the Hebrews,* Eerdmans, 1970.

Santiago

Adamson, James B., *The Epistle of James,* New International Commentary on the New Testament, Eerdmans, 1976.

_______, *James, the Man and His Message,* Eerdmans, 1989.

*Hiebert, D. Edmond, *The Epistle of James, Tests of a Living Faith,* Moody, 1979.

Mayor, Joseph Bickersteth, *The Epistle of St. James,* Zondervan, 1954.

1 Pedro

*Hiebert, David Edmond, *First Peter,* Moody, 1984.

Kistemaker, Simon J., *Exposition of the Epistles of Peter and of the Epistle of Jude,* Baker, 1987.

Selwin, Edward Gordon, *First Epistle of Saint Peter,* Macmillan, 1961.

2 Pedro, Judas

*Hiebert, David Edmond, *Second Peter and Jude,* Unusual Publications, 1989.

Kistemaker, Simon J., *Exposition of the Epistles of Peter and of the Epistle of Jude,* Baker, 1987.

Lawlor, George Lawrence, *The Epistle of Jude, a Translation and Exposition,* Presbyterian and Reformed, 1972.

Mayor, James B., *The Epistle of St. Jude and the Second Epistle of St. Peter,* Macmillan, 1907.

1, 2, 3 Juan

Candlish, Robert Smith, *The First Epistle of John,* Macmillan, 1919.

*Swete, Henry Barclay, *The Apocalypse of St. John,* Eerdmans.

Thomas, Robert L., *Revelation 1-7, An Exegetical Commentary,* vol. 1 de 2 vols., Moody, 1992.

Walvoord, John F., *The Revelation of Jesus Christ,* Moody, 1966.

11

Un método de estudio para la predicación expositiva

John MacArthur, Jr.

La clave para la predicación expositiva efectiva es el estudio cuidadoso y diligente de la Biblia. Ya que ella es la Palabra santa de Dios, debe tratarse con respeto, no exponerse de manera superficial o descuidada. Un método efectivo de preparación homilética se basa en reglas generales para el estudio de la Biblia.

El predicador expositivo debe ser un estudiante diligente de la Escritura. Como la Biblia es la Palabra santa y sagrada de Dios, debe tratarse con respeto, ha de protegerse su pureza, y la intención de su mensaje jamás debe violarse ni malinterpretarse. No se debe tratar con descuido ni con superficialidad, sino que todos los esfuerzos por discernir sus verdades deben señalarse con gran ahínco y deliberación. Un compromiso con la infalibilidad de la Biblia implica un mandato a predicar la Biblia de manera expositiva, como se señaló anteriormente (véase capítulo 2). Un corolario de este principio es que predicar la Biblia de manera expositiva también implica el mandato de un estudio diligente.

La predicación expositiva fructífera demanda gran esfuerzo. Debido a que nada es tan importante como la Palabra, ninguna energía invertida por alguien en cualquier campo debe sobrepasar el esfuerzo de un expositor que procura usar «bien la palabra de verdad». Adams identifica la razón principal de la predicación pobre:

> He tenido la oportunidad de escuchar mucha predicación durante los últimos años, alguna muy buena, otra mediocre, la mayoría muy mala. ¿Cuál es el problema con la predicación? Por supuesto, no hay sólo *un* problema [...] Pero si hay algo que sobrepasa al resto, quizás sea el problema que menciono hoy.
>
> Lo que estoy a punto de decir podría no parecerle tan específico como otras cosas que he escrito, pero creo que es el fondo de muchas otras dificultades. Mi punto es que la buena predicación demanda arduo esfuerzo. Estoy convencido, por haber escuchado sermones y por hablarle a cientos de predicadores acerca de la predicación, de que la razón básica de la predicación pobre es no invertir la energía ni el tiempo necesarios en la preparación. Muchos predicadores, quizás la mayoría, simplemente no trabajan lo suficiente en sus sermones.[1]

Gran parte de la frívola predicación contemporánea ha llevado a las personas a preguntarse por qué es necesario que el expositor se ocupe de tanto detalle. Ellos desean saber por qué evito simplemente señalar los puntos prácticos y describir las ilustraciones relevantes. Si uno realmente cree que Dios inspiró cada palabra de la Escritura, ¿cómo podemos justificar tratarla de manera tan superficial? Y si la Palabra es la espada más poderosa (He 4.12) y el poder de Dios para salvación (Ro 1.16) y santificación (Jn 17.17), ¿cómo podría alguien confiar más en historias y en pensamientos ingeniosos que en la Escritura? Un hombre le dijo una vez a Richard Rogers, un predicador puritano: «Señor Rogers, usted me agrada y me gusta estar a su lado, pero usted es demasiado preciso». «Ah, señor», contestó Rogers, «yo sirvo a un Dios preciso».[2] Nosotros también servimos a un Dios preciso, lo cual requiere diligencia y precisión de nuestra parte.

Tres principios básicos para el estudio bíblico

El trabajo arduo no basta para ser preciso en la predicación. Uno también debe conocer *cómo* laborar en el estudio productivo de la Biblia. Ser un expositor eficaz de la Palabra de Dios depende de la comprensión de tres principios básicos del estudio bíblico.[3]

---

1 Jay E. Adams, «Editorial: Good Preaching is Hard Work», *The Journal of Pastoral Practice* [Editorial: Arduo trabajo es la buena predicación], 4, núm. 2, 1980, p. 1.

2 Peter Lewis, *The Genius of Puritanism* [El genio del puritanismo], Carey, Haywards Heath, Sussex, Inglaterra, 1979, p. 17 (comentario a una ilustración en la página opuesta).

3 Libros útiles acerca del estudio bíblico incluyen a Irving L. Jensen, *Independent Bible Study* [Estudio bíblico independiente], Moody, Chicago, 1981; Walter C. Kaiser, Jr.,

La observación

La observación es el paso inicial en el estudio de la Biblia. El intérprete debe evitar la tentación de pasar de inmediato a interpretar ciertos elementos de un pasaje. Traina la define así:

> [La observación es] esencialmente conciencia [...] la función general de la observación es capacitarnos para llegar a *saturarnos* con los detalles de un pasaje de modo que estemos plenamente conscientes de su existencia y de su necesidad de explicarlo. La observación es el medio por el cual la información de un pasaje llega a ser parte de la mentalidad del estudiante. Esta suple los materiales crudos sobre los que la mente puede operar en el proceso de interpretación.[4]

La observación incluye una amplia conciencia de los términos, estructura y la forma literaria del pasaje.

La observación debe ser *cuidadosa.* Traina relata la siguiente historia para ilustrar la importancia de la exactitud en la observación:

> Sir William Osler, el eminente médico, siempre procuró convencer a los estudiantes jóvenes de medicina en cuanto a la importancia de observar los detalles. Mientras enfatizaba este punto en una conferencia ante un grupo de estudiantes señaló una botella sobre su escritorio. «Esta botella contiene una muestra para analizar», anunció. «Mediante el análisis es posible determinar la enfermedad que sufre el paciente». Siguiendo las palabras con acciones, metió un dedo en el fluido y luego se lo puso en la boca. «Ahora», continuó, «voy a pasar esta botella. Pruebe cada uno el contenido, como hice yo, e intenten diagnosticar el caso». A medida que se pasaba la botella de fila en fila, cada estudiante metía el dedo vacilando, y probaban el contenido con osadía. Osler entonces tomó la botella. «Caballeros», dijo, «ahora comprenderán lo que quiero decir cuando hablo de los detalles. Si hubiesen sido observadores, se hubieran percatado de que puse mi dedo índice en la botella y mi dedo medio en mi boca».[5]

Toward and Exegetical Theology [Hacia una teología exegética], Baker, Grand Rapids, 1985; Richard Mayhue, *How to Interpret the Bible for Yourself* [Cómo interpretar la Biblia por sí mismo), BMH, Winona Lake, Indiana, 1986; y Robert A. Traina, *Methodical Bible Study* [Método de estudio bíblico], Wilmore, KY, 1952. Sin embargo, en el uso de libros y otras publicaciones hace falta precaución para detectar desviaciones de principios hermenéuticos tradicionales.

4 Traina, *op. cit.*, pp. 31-32.

5 *Ibíd.*, pp. 32-33.

La observación también necesita ser *sistemática*. Martín Lutero comparó su estudio de la Biblia con la recolección de manzanas: «Primero sacudo todo el árbol, para que se caigan las más maduras. Entonces me subo al árbol y sacudo cada rama, y después cada ramita; y por último busco debajo de cada hoja».[6]

La observación también debe ser *persistente*. Repetimos, invertir mucho tiempo en la observación es algo esencial para un expositor. Debe resistir la tentación a hundirse inmediatamente en comentarios y otras ayudas de estudio. Nada puede reemplazar la observación directa. A pesar de correr el riesgo de violar mi propia regla de mantener breves las ilustraciones, ofrezco el siguiente relato extenso acerca del gran científico del siglo diecinueve Louis Agassiz y cómo le enseñó a sus estudiantes una lección inolvidable acerca de la importancia de la observación. Los principios que enseña pueden aplicarse a nuestro estudio bíblico.

El estudiante, el pescado y Agassiz
Por el estudiante

Fue hace más de 15 años que entré al laboratorio del profesor Agassiz, y le dije que me había matriculado en la escuela científica como estudiante de historia natural. Me hizo unas preguntas acerca de mi objetivo al ir allí, mis antecedentes generales, la manera en la cual me proponía utilizar el conocimiento que pudiera adquirir y, finalmente, si deseaba estudiar cualquier rama en particular. A esto último respondí que aunque deseaba estar bien fundamentado en todos los departamentos de zoología, me proponía dedicarme de manera especial a los insectos.

—¿Cuándo deseas comenzar? —preguntó.

—Ahora —contesté.

Esto pareció agradarle, y con un enérgico «muy bien», sacó de un estante una enorme jarra con especímenes en alcohol amarillo.

—Toma este pescado —dijo—, y míralo; lo llamamos *haemulon;* de vez en cuando te preguntaré acerca de lo que veas.

Y así me dejó, pero regresó prontamente con instrucciones explícitas de que cuidara el objeto que se me había confiado.

—Ningún hombre que no sepa cuidar especímenes está capacitado para ser un naturalista —dijo.

Yo habría de mantener el pescado ante mí en una bandeja de latón, y humedecer de vez en cuando la superficie con alcohol de la jarra, ocupándome

6 Citado en Mayhue, *op. cit.*, p. 49.

siempre de cerrar bien la tapa. Esos no eran los días de las tapas de cristal pulverizado, ni de las jarras de exhibición moldeadas de forma elegante; todos los estudiantes antiguos recordarán las enormes botellas de cristal sin cuello con sus corchos embadurnados con cera medio comidos por insectos y ennegrecidos con polvo. La entomología era una ciencia más limpia que la ictiología, pero el ejemplo del profesor, que no titubeó en llegar hasta el fondo de la jarra para sacar el pescado, era contagioso; aunque este alcohol tenía «un olor a pescado muy antiguo», no me atreví a mostrar aversión dentro de estos sagrados recintos, y lo traté como si fuera agua pura. Aun así estaba consciente de un sentimiento pasajero de desaliento, porque contemplar un pescado no era algo que le agradara a un apasionado entomólogo. Mis amistades en casa también se molestaron al descubrir que ninguna cantidad de colonia podía disipar el perfume que me seguía como una sombra.

En diez minutos vi todo lo que pude en ese pescado y comencé a buscar al profesor, quien, sin embargo, se había marchado del museo; cuando regresé, luego de pasármela viendo algunos de los extraños animales guardados en el piso superior, mi espécimen estaba seco por completo. Derramé el fluido por encima del pescado como si estuviera tratando de resucitarlo de un desmayo, y buscaba ansiosamente que volviera la apariencia viscosa normal. Luego de esta breve excitación, no había nada más que hacer sino volver a contemplar con firmeza a mi mudo compañero. Pasó media hora, una y otra hora; el pez comenzó a verse repugnante. Lo viré; lo miré en la cara, lucía espantoso; por atrás, por debajo, por encima, de lado; desde una perspectiva de dos tercios, seguía igual de pálido. Estaba desesperado, a esa hora temprana concluí que necesitaba el almuerzo; así que, con infinito alivio, devolví el pescado a la jarra con cuidado y estuve libre por una hora.

A mi regreso, me enteré que el profesor Agassiz había estado en el museo, pero se había marchado y no regresaría por varias horas. Mis compañeros estudiantes estaban muy ocupados como para molestarse continuando la conversación. Lentamente saqué ese odioso pescado y lo miré de nuevo un poco angustiado. No podía utilizar una lupa; se eliminaron toda clase de instrumentos. Mis dos manos, mis dos ojos y el pescado; parecía un campo sumamente limitado. Metí mi dedo dentro de su esófago para sentir cuán agudos eran sus dientes. Comencé a contar las escamas en las diferentes filas hasta que me convencí de que eso no tenía sentido alguno. Al final se me ocurrió algo afortunado: dibujaría al pescado; ahora me sorprendía al comenzar a descubrir nuevas características en la criatura. En ese momento regresó el profesor.

—Eso es —dijo—, el lápiz es uno de los mejores ojos. También me alegro de ver que mantuviste tu espécimen mojado y la botella tapada.

Con esas palabras de ánimo añadió: —Bueno, ¿me lo podrías describir?

Así que escuchó atentamente mi breve presentación sobre la estructura con partes cuyos nombres todavía desconocía: la agalla con franjas, los arcos y el opérculo movible; los poros de la cabeza, los labios carnosos y los ojos sin párpados; la línea lateral, la aleta espinosa y la cola curvada; el cuerpo arqueado y comprimido. Cuando terminé, aguardó como si estuviera esperando más y, entonces, con aire de desaliento dijo:

—Bueno, no has observado con mucha atención —continuó más intensamente—, no has visto una de las características más sobresalientes del animal, está tan a la vista como él mismo; ¡mira, observa de nuevo, mira de nuevo! —me abandonó con mi miseria.

Estaba irritado; mortificado. ¡Más de ese condenado pescado! Pero ahora me dediqué a mi tarea con más voluntad, y descubrí una cosa nueva tras otra, hasta que me percaté de lo justa que había sido la crítica del profesor. La tarde pasó rápidamente y casi al anochecer el profesor preguntó:

—¿Ya lo ves?

—No —contesté—, estoy seguro de que no, pero sé cuán poco vi antes.

—Eso es bastante bueno —dijo animado—, pero ahora no te voy a escuchar; guarda tu pescado y vete a casa; quizás tendrás una mejor respuesta en la mañana. Te examinaré antes de que lo mires otra vez.

Esto fue desconcertante; no sólo tengo que pensar en el pescado toda la noche, estudiarlo, sin tenerlo delante de mí, lo cual podría ser esta desconocida característica; sino que además, debo dar una descripción exacta de mis nuevos descubrimientos, al día siguiente sin reparos. Tenía mala memoria; así que caminé a casa por *Charles River* distraído, con mis dudas.

El saludo cordial del profesor la mañana siguiente fue reconfortante; parecía estar tan ansioso como yo de que viera lo él veía.

—¿Quizás se refiere a que el pescado tiene lados simétricos con órganos en pares? —pregunté.

Su expresión fue de cabal placer: «¡Por supuesto, por supuesto!», pagó por las horas de desvelo la noche anterior. Luego de haberse expresado de manera feliz y entusiasta, como siempre lo hacía en cuanto a la importancia de este punto, me atreví a preguntarle qué debía hacer entonces.

—Ah, ¡mira tu pescado! —dijo—, y me dejó una vez más para que resolviera las cosas. En poco menos de una hora regresó y escuchó mi nuevo catálogo.

—¡Eso está bien; está bien! —repitió—, pero eso no es todo; continúa.

Y así, durante tres largos días colocó el pescado ante mis ojos, prohibiéndome que mirara otra cosa, ni que utilizara cualquier ayuda artificial.

—Mira, mira, mira, —repetía su mandato.

Esta fue la mejor lección de entomología que jamás recibí, una lección cuya influencia se ha extendido a los detalles de cada estudio subsiguiente; un legado que me dejó el profesor, como se lo dejó a muchos otros, de inestimable valor, que no podíamos comprar ni deshacernos de él.

Un año después, algunos de nosotros nos estábamos divirtiendo dibujando bestias ridículas en el pizarrón del museo. Dibujamos estrellas de mar bailando; ranas en combate mortal; lombrices con cabeza de hidra; ostentosos cangrejos de agua dulce, parados sobre sus colas, con sombrillas abiertas; y grotescos pescados, con bocas abiertas y ojos escrutadores. El profesor entró poco después y se entretuvo como cualquiera con nuestros experimentos. Miró los pescados.

—*Haemulones*, cada uno de ellos —dijo—. El Señor ____________ los dibujó.

Cierto; y hasta el día de hoy, si trato de hacer un pescado, no puedo dibujar otra cosa sino *haemulones*.

El cuarto día, se colocó otro pescado del mismo grupo junto al primero, y se me pidió que señalara las similitudes y las diferencias entre los dos; siguieron muchos otros, hasta que toda la familia estaba ante mí; toda una legión de jarras cubría la mesa y los estantes circundantes; el hedor se había convertido en agradable perfume; y aún ahora, ¡el solo ver un corcho de quince centímetros medio comido por lombrices me trae fragantes recuerdos!

Estudiamos todo el grupo de los *haemulones* y, ya fuera que uno estuviera involucrado en la disección de órganos internos, la preparación y el examen de la estructura ósea, o la descripción de las distintas partes, el entrenamiento de Agassiz en el método de observar hechos y su armonioso arreglo siempre era acompañado por la urgente exhortación a no contentarse con ellos.

—Los hechos serán estupideces —diría—, hasta que se conecten con alguna ley general.

Al cabo de ocho meses, casi me pesó abandonar estos amigos y dedicarme a insectos; pero lo que adquirí mediante esta experiencia externa ha sido más valioso que años de continua investigación en mis grupos favoritos.[7]

---

7 *American Poems,* 3ra. ed., Houghton, Osgood, Boston, Massachusetts, 1879, pp. 450-54; publicado primero como «In the Laboratory with Agassiz, By a former pupil» [En el laboratorio con Agassiz, por un antiguo alumno], en *Every Saturday,* 16, 4 de abril de 1874, pp. 369-70.

La misma clase de reflexión prolongada acerca de las Escrituras resultará, de una u otra forma, en dividendos aún mayores, alcanzando hasta la eternidad.

Interpretación

Luego de observar en detalle las distintas partes de un pasaje, el próximo paso lógico es determinar su significado. Ese proceso es conocido como interpretación. La observación responde a la pregunta. «¿Qué dice el pasaje?» La interpretación responde a la pregunta: «¿Qué quiere decir el pasaje?»

Uno debe interpretar la Biblia literalmente, en su sentido normal y natural, procurando entender su significado y no inferir el nuestro en el texto. La interpretación adecuada sigue las reglas y los métodos de la hermenéutica y la exégesis resumidos en discusiones anteriores (véanse los capítulos 7 y 8). Se ocupa en gran medida de enmendar las brechas que existen entre los escritores bíblicos y nuestra era. Existen al menos cuatro de esas brechas:

1. *La brecha del lenguaje.* La Biblia fue escrita originalmente en hebreo, arameo y griego. Por lo tanto, para interpretarla de manera correcta, uno necesita comprender los idiomas originales. Los estudios lexicográficos como el *Diccionario del Antiguo y Nuevo Testamento de Vine*, el *Diccionario teológico de la Biblia* y la *Nueva concordancia Strong exhaustiva de la Biblia* (todos de Grupo Nelson) son útiles para los que no saben hebreo, arameo ni griego.[8] Los comentarios también son una buena fuente para estudios lexicográficos. Por supuesto, ningún sustituto se compara con el trabajo en los idiomas originales para los que saben griego y/o hebreo.
2. *La brecha cultural.* El contexto cultural en el que cada parte de la Biblia fue escrito es muy distinto al de nuestra cultura occidental del siglo veinte. Para interpretar cada parte de manera correcta, uno debe comprender la cultura de su tiempo. Por ejemplo, comprender el Antiguo Testamento requiere un conocimiento del antiguo judaísmo y de la cultura pagana, así como comprender la cultura judía del primer siglo es importante para interpretar los Evangelios. Una comprensión de las culturas griega y romana del primer siglo ayuda al intérprete a entender correctamente las epístolas.

---

8 Para información bibliográfica más detallada en cuanto a las obras citadas, véase el capítulo 10 de este libro, «Herramientas de estudio para la predicación expositiva».

La vida y los tiempos de Jesús el Mesías, por Alfred Edersheim, es una excelente fuente de material informativo acerca de la cultura judía de los días de Jesús. *The Daily Study Bible Series* [La serie de estudio bíblico diario], por William Barclay, aunque velada teológicamente, es una fuente muy útil de información acerca del trasfondo cultural de los evangelios y las epístolas. La teología de Barclay es cuestionable en muchas áreas, pero provee buenos conocimientos acerca de la cultura del mundo del primer siglo.

3. *La brecha geográfica.* Entender la geografía de la Biblia a veces es esencial para facilitar el significado de un pasaje. En 1 Tesalonicenses 1.8, por ejemplo, Pablo escribe: «Porque partiendo de vosotros ha sido divulgada la palabra del Señor, no sólo en Macedonia y Acaya, sino que también en todo lugar vuestra fe en Dios se ha extendido». Lo sorprendente de esa aseveración es que Pablo había dejado Tesalónica sólo poco tiempo antes de escribir 1 Tesalonicenses. ¿Cómo se esparció su testimonio de manera tan rápida a los alrededores? Un estudio de la geografía de la región revela que uno de los principales caminos del Imperio Romano, la Vía Ignaciana, pasaba a través de Tesalónica. Por lo tanto, las personas que viajaban por ella podían difundir el testimonio tesalonicense de manera rápida y amplia.

   Un buen atlas bíblico, como *The Macmillan Bible Atlas* [El atlas bíblico Macmillan] o el *Wycliffe Historical Geography of Bible Lands* [Geografía histórica de las tierras bíblicas Wycliffe], es indispensable para comprender la geografía bíblica.

4. *La brecha histórica.* Conocer el contexto histórico de un pasaje ayuda a menudo de manera inmensurable a comprender su significado. El gran esfuerzo de investigación para desarrollar el trasfondo histórico de un pasaje casi siempre es una gran clave para su interpretación. Por ejemplo, entender la historia de la relación de Pilato con los líderes judíos ayuda a explicar por qué cedió a las demandas de crucificar a Jesús, aunque lo había declarado inocente. Pilato ya había molestado a los judíos mediante algunas de sus políticas y ellos lo habían informado a César. Pilato temía que otra queja pudiera meterlo en serios líos con el emperador. No estaba en posición de rehusar sus demandas.

   Las enciclopedias bíblicas, tales como *Usos y costumbres de la Biblia: Manual ilustrado, revisado y actualizado* (Grupo Nelson, 2009), contiene artículos útiles acerca de asuntos de interés histórico. La *New Testament History* [Historia del Nuevo Testamento] de F. F. Bruce y *The Bible as History* [La Biblia como historia] de Werner Keller también son útiles. Libros acerca de arqueología bíblica son fuentes importantes para información histórica también.

Aplicación

Luego de la observación y la interpretación viene la aplicación. El estudio bíblico no está completo hasta que se descubra la verdad y se aplique a situaciones de la vida real. La aplicación responde a la pregunta: «¿Cómo se relaciona esta verdad conmigo?» Las siguientes interrogantes ayudarán a aplicar las verdades descubiertas en el estudio de la Biblia:[9]

1. ¿Hay *ejemplos* a seguir?
2. ¿Hay *mandamientos* que obedecer?
3. ¿Hay *errores* que evitar?
4. ¿Hay *pecados* que abandonar?
5. ¿Hay *promesas* por reclamar?
6. ¿Hay *nuevos pensamientos* acerca de Dios?
7. ¿Hay *principios* por los cuales vivir?

La *meditación* es un paso importante y final en el proceso.[10] La meditación implica enfocar la mente en un tema, cubriendo el razonamiento, la imaginación y las emociones. Es un flujo natural del proceso de descubrimiento en el estudio de la Biblia. La meditación concentrada en las verdades de la Palabra de Dios teje esas verdades en la tela de nuestras vidas. Quizás Pablo tenía este proceso de meditación en mente cuando le dijo a Timoteo que estuviera continuamente «nutrido con las palabras de la fe y de la buena doctrina que has seguido» (1 Ti 4.6).

Las habilidades para el estudio bíblico excelente son el fundamento sobre el cual se edifican los buenos sermones expositivos. El predicador expositivo es, por definición, un estudiante bíblico capaz. Interpreta la Escritura de manera precisa, aplica sus verdades en su vida y entonces las proclama a su congregación.

Cómo estudiar para el sermón expositivo

Un expositor necesita desarrollar un plan de estudio para sus sermones. Su método debe ser sistemático y debe incluir elementos básicos

9 Mayhue, *op. cit.*, p. 64.

10 Libros útiles acerca de la meditación incluyen a Jim Downing, *Meditation: The Bible Tells You How* [Meditación: La Biblia nos dice como hacerlo], Navpress, Colorado Springs, Colorado, 1979, y Peter Toon, *From Mind to Heart* [De la mente al corazón], Baker, Grand Rapids, Michigan, 1987.

para el estudio bíblico efectivo y productivo. El siguiente método es el que sigo en mis estudios.

Lea el libro

Generalmente predico a través de libros enteros del Nuevo Testamento, así que siempre comienzo leyendo el libro. Usted no puede comenzar su exposición de un libro de la Biblia hasta que haya leído y observado de manera general el mensaje y su flujo a través del mismo. A medida que he madurado como predicador expositivo, me he percatado de cuán importante es este paso. Cuando tenía menos experiencia, a veces me encontraba siguiendo el rastro de conejos en mi interpretación porque no estaba familiarizado con el tema de un libro. Obviar este paso podría llevar a que uno se contradiga luego. Por ejemplo, en 1 Tesalonicenses, se menciona la ira escatológica de Dios en 1.10 y de nuevo en 5.9. Deberíamos asegurarnos de que nuestra interpretación de la ira en esos pasajes es coherente.

El contexto es el principio hermenéutico más importante. Los expositores, al leer y familiarizarnos con todo el libro, podemos relacionar cada pasaje con el contexto general del libro. También es útil hacer un bosquejo general de la obra e identificar los versículos clave para comprender el flujo general.

En este punto también leo las secciones introductorias en varios comentarios buenos. A través de esto me familiarizo con el autor del libro, los destinatarios, el tema o el propósito del libro, la fecha de su autoría y otro material de trasfondo que sea importante. Las introducciones generales, como la *Introducción al Antiguo Testamento* de R. K. Harrison o *Reseña critica de una introducción al Antiguo Testamento* de Gleason Archer para los libros del Antiguo Testamento y la *Introducción al Nuevo Testamento* de Everett Harrison o *New Testament Introduction* [Introducción neotestamentaria] de Donald Guthrie para los libros del Nuevo Testamento, también proveen material de trasfondo. Las enciclopedias bíblicas son otra fuente útil para esta clase de información.

Lea el pasaje

El primer paso al estudiar un pasaje individual es leerlo. Yo lo hago varias veces en mi Biblia en inglés (uso la *versión New American Standard)* hasta que se establece bien en mi memoria. Trato de hacerlo temprano en la semana en la cual lo voy a predicar o incluso antes, para meditar con tiempo en ello. Antes de involucrarme en la verdadera preparación, deseo luchar mentalmente con el pasaje. Una vez que comienzo a concentrarme en el texto del sermón, este domina mi pensamiento, conversación y lectura durante mi tiempo de preparación. Todo esto comienza familiarizándome con el texto. Raras veces memorizo conscientemente la Escritura, pero cuando termino de preparar el sermón, por lo general tengo el texto bastante bien memorizado.

Busque el punto principal

Este concepto es denominado como la «gran idea», la tesis o la proposición.[11] Es la idea principal que el pasaje enseña. Esa verdad a menudo está conectada con el verbo central en el pasaje, aunque no necesariamente, sobre todo en una parábola o en una narración. Me pregunto: «¿Cuál es el mensaje primordial de este pasaje? ¿Cuál es su verdad central? ¿Cuál es la principal idea expositiva?» Una vez que la hallo, la escribo en una oración completa porque es crucial que la idea principal del pasaje esté clara en mi mente. El desarrollo subsiguiente del texto depende de ello.

Esto llega a ser el blanco hacia el cual apunto en la exposición. También es el mensaje principal que deseo que mi pueblo retenga luego de que escuchen el sermón. Así que es crucial que se medite cuidadosamente en la proposición y se declare de manera clara. El resto del sermón edifica para apoyar, elucidar, convencer y confrontar al oyente con la verdad principal. Esto significa que cada sermón expositivo es una unidad con un tema o asunto principal, en lugar de deambular de versículo en versículo.

Organice el pasaje

Una vez hallado el punto principal, comienzo a buscar los puntos subordinados que lo apoyan. Ellos a menudo estarán conectados con los verbos, participios e infinitivos subordinados. Este es el primer paso para bosquejar el pasaje. También provee una confirmación del punto esencial. Si el pensamiento central que he determinado para un pasaje no es lo suficientemente amplio como para incluir el resto de los pensamientos o no está completamente apoyado por ellos, necesito rehacerlo.

Permítame ilustrar el proceso para encontrar los puntos principales y subordinados mirando a Mateo 28.19-20. El verbo más importante es «haced discípulos», mientras que los demás verbos, «id», «bautizándolos»

11 Para una discusión más detallada de este aspecto de la preparación, véase el capítulo 12 de este libro, «Ideas, bosquejos y títulos centrales».

y «enseñándoles», modifican al verbo principal. Entonces el punto esencial podría ser «cómo hacer discípulos». Los puntos subsiguientes serían «ir», «bautizar» y «enseñar». El sermón explica cómo hacer discípulos mediante el cumplimiento de esos tres deberes.

Analice la estructura

Luego de leer el pasaje y descubrir los puntos principales y subordinados, el próximo paso es un análisis detallado de sus palabras y su gramática.[12] Laboro a través del pasaje en detalle en el texto griego, tomando notas en una libreta. Primero busco cualquier problema que tenga el pasaje, como una variante textual importante, una palabra rara o una construcción gramatical difícil. En este momento, comienzo a utilizar herramientas de estudio. Una muy útil es *Linguistic Key to the Greek New Testament* [Clave lingüística para el griego neotestamentario] (Zondervan), de Fritz Rienecker y Cleon Rogers. Este pequeño libro evalúa cada pasaje del Nuevo Testamento y ofrece conocimientos lexicológicos y gramaticales vitales acerca de casi cada versículo. También utilizo una concordancia griega porque deseo ver cómo se emplean las palabras clave en otras partes del Nuevo Testamento. Hago estudios lexicográficos acerca de términos significativos en léxicos griegos. Encuentro al *A Manual Greek Lexicon of the New Testament* [Un léxico manual griego del Nuevo Testamento] de Abbott-Smith conveniente para el significado general de las palabras. Para estudios más profundos acudo al *A Greek-English Lexicon of the New Testament and Other Early Christian Literature* [Un léxico griego-inglés del Nuevo Testamento y otra literatura cristiana primitiva] o el *The Vocabulary of the Greek Testament* [El vocabulario del testamento griego] de Moulton y Milligan. El *Greek-English Lexicon* [Léxico griego-inglés] de Liddell y Scott contiene información útil en cuanto a cómo se utilizaban las palabras en el griego clásico. Para una discusión minuciosa acerca de cómo se utilizaba una palabra en el griego clásico, la Septuaginta y el Nuevo Testamento, utilizo *The New International Dictionary of New Testament Theology* [El nuevo diccionario internacional de teología neotestamentaria] de Colin Brown o el *Theological Dictionary of the New Testament* [Diccionario teológico del Nuevo Testamento] de Kittel. Los comentarios, particularmente los que se basan en el texto griego, también contienen conocimientos lexicográficos y gramaticales útiles. El *Word Pictures in the New Testament*

---

12 Para un método sugerido de análisis gramatical, véase el capítulo 9 de este libro, «El análisis gramatical y la predicación expositiva».

[Representaciones lexicográficas en el Nuevo Testamento] de A. T. Robertson es otra fuente útil de información.

Me resulta útil hacer un diagrama del pasaje.[13] Ya no escribo el diagrama porque casi siempre puedo visualizarlo mentalmente. Hacer un diagrama de cada oración me muestra la estructura gramatical. Cuando estudio la gramática de un pasaje, le prestó especial atención a las preposiciones y al caso de los sustantivos. Encontrar el complemento directo, el objeto indirecto y si algo está en yuxtaposición, puede ser crucial en la comprensión correcta del pasaje. Para este proceso el conocimiento de la gramática castellana es esencial. Durante esta fase, leo todos los buenos comentarios a mi disposición para ayudar en la interpretación y para reunir referencias cruzadas y conocimientos teológicos.

Haga un bosquejo exegético

Como paso final en el proceso de estudio, hago un bosquejo preliminar. Este no es el bosquejo del sermón. No está aliterado y podría escribir varias maneras de declarar cada punto. He colocado, de manera consciente, este paso hacia el final del proceso de estudio. Hacer siquiera un bosquejo preliminar antes del estudio detallado de un pasaje aumenta el peligro de leer en el pasaje algo que no se encuentra allí. Debemos sacar el bosquejo del texto, ni torcer el pasaje para encajar algún bosquejo preconcebido. No deseamos ser como el predicador que dijo: «Tengo un gran sermón y estoy buscando un pasaje dónde colocarlo». Evite la tendencia de que el bosquejo siga los otros pasos en el proceso de estudio.

Añada ilustraciones

Luego de refinado el bosquejo, busco las mejores ilustraciones bíblicas. Las prefiero porque enseñan la Palabra al tiempo que la ilustran, porque son la elección de Dios como material de ilustración, ya que la Escritura se interpreta mejor a sí misma y porque tienen la autoridad divina que se allega al interés humano. A estas se pueden añadir otras ilustraciones. Finalmente, escribo la introducción y la conclusión: ahora que sé lo que voy a introducir y concluir.[14]

---

13 El capítulo 9 de este libro contiene más información acerca de cómo diagramar, «Análisis gramatical y la predicación expositiva».

14 Se discute algo más acerca de las introducciones y las conclusiones en el capítulo 13 de este libro: «Introducciones, ilustraciones y conclusiones».

Tres palabras clave

La predicación expositiva puede resumirse en tres palabras clave: Inductiva, exegética, analítica.

La predicación expositiva es *inductiva.* Significa simplemente que vamos al texto a ver lo que dice, a dejar que hable por sí mismo. Es lo opuesto del método deductivo, que va a la Biblia con una idea preconcebida y lee esa idea en el texto. El método deductivo a veces puede ser válido, pero hay que tener sumo cuidado de que el pasaje de veras respalde la idea antes de usar ese método.

La predicación expositiva es exegética. El predicador expositivo debe prepararse bien antes de predicarlo. Eso implica seguir los principios y prácticas hermenéuticas adecuadas. De eso es de lo que este capítulo trata, al proponer un método de estilo que facilita la exégesis del texto. El predicar expositivo ha de ser una persona que «traza bien la palabra de verdad» (2 Ti 2.15). La predicación expositiva es analítica. Se acerca a la Palabra de Dios inductivamente, la estudia exegéticamente, y luego la explica analíticamente. La predicación expositiva procura aclarar lo que es difícil de entender y luego explicarla analíticamente. El análisis en la predicación busca aclarar lo que es difícil de entender en un pasaje. Abre la Palabra y saca a la luz los significados y las aplicaciones menos obvias que contiene.

Parte IV

Cómo agrupar el mensaje expositivo

12. Ideas centrales, bosquejos y títulos

13. Introducciones, ilustraciones y conclusiones

14. Mensajes expositivos temáticos, teológicos, históricos y biográficos

15. La predicación expositiva en base a la narración del Antiguo Testamento

16. De la exégesis a la exposición

12

Ideas centrales, bosquejos y títulos

Donald G. McDougall

Para predicar mensajes expositivos se requiere una ardua labor, especialmente para determinar la idea central y el bosquejo de un pasaje. El significado de las palabras no ofrecerá toda la información necesaria para hacer esto. Sólo un análisis detallado de la estructura gramatical de un pasaje, junto con información lexicológica, resultará en sensibilidad para con el flujo contextual del mismo. Una declaración singular, el contexto general o pensamientos repetidos podrían ser la clave para descubrir la idea central de una sección. Varios pasajes se prestan para distintos tipos de bosquejos, algunos para uno contextual básico, otros para los llamados «de collar de perlas» y otros para los que nombramos como «de las olas del mar». Los títulos de los sermones deben reflejar de manera precisa su contenido; aunque no están al mismo nivel de importancia que las ideas centrales y los bosquejos, sin embargo, son significativos para apoyar al sermón a través de la «atmósfera» que crean.

«Me gustaría poder predicar mensajes expositivos. ¿Qué sugiere que haga?» Esas fueron las palabras de un pastor luego de una conferencia bíblica en su iglesia. Él refleja el sentir de muchos, pero el sendero del deseo a la realidad no es breve ni fácil.

Mi participación, como corredor, en el maratón de Boston fue algo especial. Era necesario calificar para entrar en la carrera. La mayoría de los clasificados para correr en esas competencias no son lo que uno llamaría «grandes atletas natos». Simplemente son personas que han ejercido mucha disciplina personal y se han esforzado grandemente trabajado muy duro y por mucho tiempo para alcanzar su meta deseada.

Lo mismo podría decirse de los buenos expositores de la Biblia. Se han disciplinado para trabajar duro y por mucho tiempo. Esa disciplina y ardua tarea no demanda ni recompensa más que cuando se trata de determinar la idea central y la estructura de un pasaje. En esta breve discusión sólo se pueden desarrollar unas cuantas ideas básicas, pero si se siguen, harán que la forma del sermón refleje la esencia del pasaje y lo que legítimamente es la predicación expositiva.

Un pastor sugirió recientemente que las clases de exégesis en seminarios deberían concentrarse más en estudios lexicológicos[1] que en la sintaxis,[2] ya que según él: «La mayoría de los pastores se están concentrando en estudios lexicológicos en estos días». Esta filosofía lleva a la conclusión de que la enseñanza basada solamente en el estudio etimológico de palabras significativas es la predicación expositiva. Eso no es cierto. La sintaxis y la estructura de un pasaje yacen en el corazón mismo de la verdadera predicación expositiva.

El significado y la importancia de una palabra dada sólo se comprenden mediante un entendimiento claro de su contexto. Esto debe ser evidente para cualquiera que reflexione en el uso común del lenguaje castellano. Se necesita mucho cuidado para asegurarse de que el significado de una palabra en un libro o en un autor no se transfiere de manera arbitraria a otro libro o autor. La estructura o el flujo de cada pasaje es, por lo tanto, de máxima importancia en la preparación de un mensaje verdaderamente expositivo o exegético. Comprender el argumento de un pasaje y de todo un libro es esencial si uno ha de entender lo que el autor está comunicando.

Cómo examinar el contexto

Por lo tanto, el primer paso en la preparación para predicar un pasaje es determinar los parámetros de su contexto. No definirlos usualmente lleva a la malinterpretación y a la confusión del significado de un pasaje. La única manera de determinar estas fronteras es estudiar la sintaxis del texto así como dónde comienza una sección y dónde termina. Las divisiones comunes de capítulos y versículos identificadas de varias maneras en las Biblias griegas, hebreas y castellanas no pueden ser usadas para esto, porque no son confiables.

1 Es decir, estudios de obras individuales.

2 Es decir, la disciplina que examina cómo se unen entre sí las palabras, las frases y las cláusulas.

Ocurren muchos casos de lamentables divisiones de capítulos y párrafos que llevan al lector casual a desconocer el punto de un pasaje u oscurecen el significado pleno de lo que indicaba el autor. Por ejemplo, la división del capítulo en 2 Corintios 7.1 a menudo oculta la conexión entre 6.11-13 y 7.2-4. Además, muchos no alcanzan a ver el amplio significado contextual del precepto de no «unirse con incrédulos» en 6.14—7.1. Otro ejemplo es el nuevo párrafo señalado en Santiago 1.12 por los textos griegos y algunas versiones al castellano y al inglés (p. ej., Nestle-Aland 26 ed. y la 3ra ed. de la United Bible Society). Esto ha llevado a menudo a una malinterpretación de la relación entre Santiago 1.9-11, el amplio contexto de los versículos 2-12 y la función oculta de 1.12 como conclusión a la discusión precedente (Stg 1.2-11).

El ingrediente esencial en el uso de ciertas ideas centrales, bosquejos y títulos en la predicación expositiva es una comprensión de la estructura del pasaje a predicarse. El expositor no debe comunicar su propia idea central, ni su propio bosquejo, ni tampoco su propio título. En lugar de ello debe enseñar la idea central, el bosquejo y el tema del autor. Si esto no se refleja, se está apartando de la verdadera exposición.

Anotar y estudiar cuidadosamente el material sintáctico y lexicológico de un pasaje es algo tedioso y toma mucho tiempo. Pero ese proceso no puede siquiera compararse con el tiempo necesario para comprender todo el significado del material recogido. Además, el tiempo y el cuidado adicional son vitales para asimilar el material y su significado práctico para nuestra vida personal. Se debe enfatizar que el expositor no «hace» el mensaje en base a un pasaje. Más bien, actúa de manera recíproca con el material contextual hasta que surja el mensaje del autor. El primer paso para anotar el material podría tomar uno o dos días. Los siguientes pasos para entender el significado del material y su relevancia para nuestra vida podría tomar días o semanas o, en el sentido más amplio, toda una vida.

Tengo la costumbre de comenzar a estudiar un libro de la Biblia meses antes, algunas veces años, antes de predicar algún sermón acerca del mismo. Este estudio es para beneficio personal ya un paso suave. A través del prolongado proceso acumulo extensas notas para que cuando llegue la semana de la predicación de un pasaje dado, se haya realizado gran parte del trabajo fundamental. Los pensamientos para los mensajes de las semanas subsiguientes comienzan mucho antes a medida que se estudian los pasajes introductorios. Entonces, en una buena semana, casi siempre toma todo el lunes y algunas veces parte del martes para escribir la mayoría de la información. Los próximos días se pasan repasando la información, no tratando de hacer una proposición, ni el bosquejo, ni el título del sermón, sino de alcanzar una percepción más completa de la orientación central y el bosquejo del pasaje.

La siguiente discusión y las ilustraciones muestran lo que implica hallar y comunicar la idea central, el bosquejo y el tema de un pasaje. Es útil recordar tres elementos importantes a través del proceso. No olvide que siempre debemos predicar sobre el pasaje, de nuestro corazón y para cambiar vidas.

Predique sobre el pasaje

Muchas de las siguientes sugerencias se harán eco en repetidas ocasiones de la importancia de predicar sobre el pasaje. Hace años, mientras viajábamos, nos salimos del sendero, nos perdimos, y tuvimos que abrir camino a través de la yerba alta y la lluvia constante. En el camino de regreso, fue completamente diferente porque seguimos un sendero ya usado. Hasta dejamos que los niños corrieran delante. Siempre y cuando se mantuvieran en el sendero, no se perderían.

Es importante recordar esto mientras se prepara para predicar. El propósito del expositor es seguir el sendero establecido por el autor bíblico y no crear el suyo. La razón por la que tantos predicadores luchan por recordar hacia dónde va el sermón, y por lo tanto están atados a sus notas, es que han creado un sendero propio y no están siguiendo el claro sendero establecido por el autor. Por esa razón, los oyentes tienen un problema parecido cuando, luego, tratan de seguir los pasos del mensaje por sí mismos.

Predique de su corazón

Hace años en una clase universitaria, una joven dio un discurso acerca de Hawaii y se le estaba haciendo difícil. El maestro la detuvo y le preguntó: «¿Acaso no naciste en Hawaii?» y «¿Acaso no te criaste allí?» Ella respondió afirmativamente a ambas preguntas. Él entonces dijo: «Entonces cuéntanos acerca de ello». Si un expositor sigue el sendero establecido por el autor y lucha largo y tendido con Dios en cuanto a la aplicación de la verdad a su vida, cuando se encuentre luchando o tropezando en su presentación, puede volver a ese sendero y a su interacción personal con la verdad y predicar tanto del pasaje como de su corazón.

Predique para cambiar vidas

Un estudio de la Escritura muestra claramente que fuera un profeta del Antiguo Testamento, Juan el Bautista, Jesús o Pablo, el mensaje siempre fue ofrecido para alcanzar un cambio deseado en la creencia o el comportamiento. Por ejemplo, las personas dolidas necesitan ánimo, es decir, un cambio de perspectiva. Un anciano predicador a menudo cuenta el momento en sus años mozos cuando un ministro experimentado le dijo: «Recuerda que le estás predicando a personas heridas». Ese consejo transformó tanto su vida como su ministerio. Este es un buen recordatorio al prepararnos para predicar.

Cómo determinar la idea central de un pasaje

La idea central de un mensaje verdaderamente expositivo refleja la idea central que procuraba el autor bíblico mismo. Algunas veces es evidente a partir de una evaluación cuidadosa del texto original. Por otro lado, a menudo sólo un estudio del amplio contexto que podría extenderse hasta el contexto de todo el libro puede revelar lo que es.

Nuestra tarea NO es crear nuestro mensaje;
 Más bien es comunicar el mensaje del autor.
Nuestra tarea NO es crear un tema central;
 Más bien es
 1. encontrar el tema central del autor
 2. edificar un mensaje alrededor de ese tema, y
 3. hacer que ese tema sea la parte central de todo lo que tengamos que decir.

¿Cómo identificamos el pensamiento clave y lo hacemos el punto principal del mensaje expositivo? Las siguientes son algunas de las maneras en que puede hacerse esto.

Busque la idea central en base a una declaración singular en el pasaje

La idea central algunas veces puede encontrarse en un punto singular en el texto. Es importante recordar que en escritos normales, ya sean hebreos, griegos o castellanos, el pensamiento principal de un párrafo no siempre se encuentra en la primera oración. Como en cualquier otro estudio profundo de literatura, es importante identificar el pensamiento principal o el foco de una sección. Luego de esto es imperativo hacer del mismo el foco principal del mensaje. Esto se aclarará con algunos ejemplos.

1 Timoteo 4.6-16. El pensamiento principal de 1 Timoteo 4.6-16 está en el versículo 16, en donde Pablo declara: «Ten cuidado de ti mismo y de la doctrina». Esto es central para todo el pasaje. Ayuda al expositor y a su audiencia a estar conscientes de este pensamiento principal desde el comienzo mismo de un mensaje. Les ayuda a unir el resto del pasaje. El primer pensamiento: «Ten cuidado de ti mismo», se desarrolla en 4.6-10.

El último, ten cuidado «de la doctrina», es la esencia de 4.11-15. El impacto se aumenta cuando uno se percata que este es un énfasis doble en el resto de 1 Timoteo y Tito. Estos son dos recordatorios clave para todos los líderes eclesiásticos.

Gálatas 6.1-10. Las propuestas divisiones de capítulo y párrafos en Gálatas 6.1-10 causan dos problemas. Primero, la división del capítulo facilita el estudio de estos versículos de manera independiente de los que le preceden inmediatamente. Uno podría desconocer la relación de estos versículos al andar en el Espíritu y al evidenciar el fruto del Espíritu. El segundo problema ocurre si uno observa la separación de párrafos en los textos griegos y algunos textos en inglés y en español que separan los versículos 6-10 de los primeros cinco. Con el pasaje dividido en la mitad, el pensamiento unificador de todo el pasaje en el versículo 10, «hagamos bien a todos, y mayormente a los de la familia de la fe», probablemente será pasado por alto. Otro resultado de tal división es el oscurecimiento de la relación estrecha entre los tres preceptos paralelos y las precauciones halladas en 6.1-8.

1 Pedro 5.1-11. El pensamiento central de 1 Pedro 5.1-11 está en medio del versículo 5. Los primeros cinco andan alrededor del mandamiento de «revestíos de humildad» del versículo 5. Esta responsabilidad incumbe primero a los líderes (5.2-4) y luego a los que son dirigidos (5.5a). Una vez más, el nuevo párrafo indicado por los textos en el versículo 6 no debe hacer que el expositor separe 5.6-11 de los primeros cinco versículos. Están inseparablemente conectados en pensamiento y énfasis. Esto es evidente en las referencias a la «humildad» en medio del versículo 5 y el mandamiento a humillarse bajo la poderosa mano de Dios en el sexto. El pensamiento central del mensaje debe reflejar de alguna manera la necesidad de humildad en la actitud y el servicio.

Mateo 5—7. En el «Sermón del Monte» que aparece en Mateo 5—7, Jesús estableció un fundamento en 5.1-16 sobre el cual edificó 5.17-20. El versículo 20 contiene la clave para entender los siguientes. Allí Jesús dijo: «Que si vuestra justicia no fuere mayor que la de los escribas y fariseos, no entraréis en el reino de los cielos». En los versículos subsiguientes (5.21-48), les mostró cómo su justicia debía exceder a la de los escribas. En 6.1-18 describió las maneras en las cuales su justicia debía exceder a la de los fariseos.

Zacarías 4.1-14. La idea central de Zacarías 4.1-14 indudablemente se encuentra en 4.6 donde el ángel dice: «Esta es palabra de Jehová a Zorobabel, que dice: No con ejército, ni con fuerza, sino con mi Espíritu, ha dicho Jehová de los ejércitos». Este principio se ofrece de manera gráfica en 4.1-5, y sus resultados se describen en 4.7-10.

Zacarías 3.1-10. La idea central en Zacarías 3 se encuentra en la declaración: «Mira que he quitado de ti tu pecado» (3.4). Esto se amplía luego en la declaración: «y quitaré el pecado de la tierra en un día» (3.9). Como en Zacarías 4, se ofrece la representación en 3.1-5 y la descripción adicional en 3.6-10.

Cómo hallar la idea central en base al contexto general

La idea central a veces se halla en una estructura de «tipo emparedado». Existen muchos ejemplos de esta estructura tanto en contextos amplios como en restringidos.

1 Corintios 12—14. 1 Corintios 12.31—14.1 provee un ejemplo de una estructura de tipo emparedado en un contexto amplio. Pablo termina el duodécimo capítulo con el mandamiento de: «Procurad, pues, los dones mejores» (12.31a). La lista que precede a este mandamiento (12.28) indica que los dones mayores eran «primeramente apóstoles, luego profetas, lo tercero maestros». Ya que el número de apóstoles era limitado, el don principal para la mayoría de las iglesias locales era la profecía. La misma forma del verbo «procurad» se repite en 14.1 con el mandamiento de *«procurad* los dones espirituales, pero sobre todo que profeticéis» (énfasis añadido). Esta es una variante muy delicada del mismo mandamiento. Entre esos dos mandamientos está el pensamiento mejor descrito en palabras de Pablo: «Mas yo os muestro un camino aun más excelente [...] Seguid el amor». El pensamiento central que se encuentra entre 1 Corintios 12.31 y 14.1 es que la iglesia debe procurar los mejores dones, pero al hacer esto ha de manifestar el espíritu de amor descrito en el capítulo 13.

Hebreos 10—12. Hebreos 10.32—12.1 provee otro ejemplo de «emparedado» en un contexto más amplio. El capítulo 10 termina con el recordatorio de «los días pasados, en los cuales [...] sostuvisteis gran combate de padecimientos» (10.32) y los días actuales, cuando «os es necesaria la paciencia» (10.36). Esto es seguido por lo que se conoce como el «capítulo de la fe» (He 11). La división del capítulo realmente es una «interrupción del pensamiento» ya que el sentido en el capítulo 11 «fluye directamente de 10.35-39» y luego fluye naturalmente en el capítulo 12.[3] El pensamiento continúa en 12.1-7 con el recordatorio de

3 James Moffatt, *A Critical and Exegetical Commentary on the Epistle to the Hebrews* [Un comentario crítico-exegético a la epístola a los Hebreos], International Critical Commentary, reimpresión, T. & T. Clark, Edimburgo, 1968, p. 158; cf. 156, 192.

que hemos de correr «con paciencia la carrera que tenemos por delante» y debemos fijar «los ojos en Jesús [...] el cual [...] sufrió la cruz» y «considerad a aquel que sufrió tal contradicción» (12.1-3) El autor entonces escribe que soporten la disciplina (12.7). Un mensaje comunicado en el capítulo 11, colocado entre los versículos finales del capítulo 10 y los iniciales del capítulo 12, es que una fe genuina es aquella que soporta. Esto es evidente en la amonestación en cada lado de este capítulo y en la mayoría de los ejemplos dentro del mismo.

2 Corintios 6.11—7.4. Uno de los mejores ejemplos de meter algo en un contexto más pequeño se encuentra en 2 Corintios 6.11—7.4. Reconocer esto corrige el malentendido que a menudo ha surgido cuando 6.14—7.1 es separado de los mandamientos en cada lado del mismo. El énfasis en abrir el corazón y la boca se ve claramente en los dos mandamientos: «ensanchaos también vosotros» (6.13) y «admitidnos» (7.2). Junte esto con el ejemplo personal de Pablo de abrirles el corazón y la boca a ellos en 6.11. Entre esto está la responsabilidad de no unirse en yugo desigual con los incrédulos. Esto es acompañado por preguntas retóricas para enseñar que como creyentes no tenemos compañerismo, asociación, armonía ni acuerdo con los incrédulos. Es más, no tenemos nada en común con ellos (6.14-16). Por lo tanto, debemos dejar de moldear nuestras vidas de acuerdo al mundo. En lugar de ello, necesitamos «limpiarnos» de la contaminación interna (espíritu) y externa (carne) del pecado para que pueda existir tal apertura de corazón y de la boca hacia otros cristianos (7.1).

Cómo encontrar la idea central a través de ideas repetidas

A veces puede encontrarse la idea central tomando nota de las ideas repetidas en un pasaje. A medida que uno lee y relee varias veces ciertos pasajes, una idea sobresaliente (o un grupo de ideas) sale a la luz. Al observar esto, se puede captar el énfasis del autor.

Efesios 1.3-14. Uno de los pasajes clave en los cuales la idea central se encuentra al juntar ideas repetidas en un contexto es Efesios 1.3-14. Como escribe Robinson:

> Pero a medida que lo leemos una y otra vez comenzamos a percibir la repetición de ciertas palabras grandes que giran en tomo a un punto central:
>
> «La voluntad» de Dios: vv. 5, 9, 11.
>
> «Para alabanza de su gloria»: vv. 6, 12, 14.
>
> «En Cristo»: vv. 3, 4, 6, 7, 9, 10, 11, 12, 13.

La voluntad de Dios obrando para cierto asunto glorioso en Cristo: ese es el tema.[4]

Usando las palabras en el pasaje, estos versículos podrían resumirse en la declaración de que Dios está haciendo todas las cosas en base al consejo de su voluntad en la persona de Cristo y a través de Él para la alabanza de su gloria.

Mateo 6.19-33. La porción del Sermón del Monte en Mateo 6.19-33 tiene una mezcla de ideas repetidas y una declaración relacionada de la idea central. Cuando se toman juntas, las dos contienen de manera conclusiva el mensaje del pasaje. El recordatorio dual de Jesús de «dejar de estar ansiosos» (6.25, traducción del autor) y «jamás estar ansiosos» (6.31, 34, traducción del autor) enmarca las ilustraciones en cuanto a la ansiedad (6.26-30). Entonces llega el mandamiento contrastante: «Mas buscad primeramente el reino de Dios y su justicia, y todas estas cosas [las cosas por las cuales tendemos a angustiarnos tal y como lo analizamos anteriormente] os serán añadidas» (6.33). Entonces es claro que los creyentes deben dejar de estar ansiosos y no llegar a angustiarse en cuanto a las necesidades físicas. Más bien han de buscar el reino de Dios y su justicia y confiar en Él para sus provisiones.

Cómo determinar el bosquejo de un pasaje

Hay una necesidad de determinar no sólo la idea central de un pasaje, sino también el bosquejo que refleje la manera de pensar de un autor. Tres principios básicos nos deben guiar a medida que discutimos el proceso de bosquejar para la predicación expositiva. Estos tres se repetirán de alguna manera de vez en cuando en la siguiente discusión de pasajes individuales.

Comunique el mensaje; no sólo lo bosqueje. Concéntrese en la comunicación del mensaje, no sólo de su bosquejo. Nos inclinamos a bosquejos buenos y bien organizados. Tener un bosquejo no es algo malo. Tampoco lo es tener uno que las personas puedan recordar, pero crear un bosquejo que refleje de manera inadecuada el significado de un pasaje es algo terrible. Cuando se tiene un bosquejo especial dentro del cual se pueden ajustar ideas humanas preconcebidas se usurpa la importancia de enseñar la idea central de una sección y el aspirante a expositor pierde su curso. En ese momento, el mensaje deja de ser una exposición de la Escritura y llega a ser una exposición de los pensamientos del predicador.

---

4 J. Armitage Robinson, *Commentary on Ephesians* [Comentario sobre Efesios], reimpresión, Kregel, Grand Rapids, Michigan, 1979, p. 19.

Encuentre el bosquejo; no lo conciba. Como se ilustró mediante el viaje para acampar descrito anteriormente, a muchos predicadores se les dificulta recordar los puntos de su mensaje (lo cual los lleva a acudir constantemente a sus notas) porque han hecho su propio camino a través de un pasaje y no están siguiendo el claro sendero dictado por el autor bíblico.

Permita que el pasaje le dicte a usted; no usted al pasaje. Un gran peligro para aquellos que prefieren los nítidos bosquejos de tres o cuatro aspectos con paralelos es que el pasaje no podría prestarse para ese lujo. Cuando no se ajuste, no se atreva a forzarlo. Uno de los cumplidos más grandes que jamás me hayan hecho se me ofreció accidentalmente cuando una dama comentó luego de un mensaje: «Me percaté de que no tenía un bosquejo; simplemente fluyó». En realidad sí tenía un bosquejo que estaba siguiendo, pero era discreto; así debe ser. Como se discutirá luego, un libro como Santiago no debería ser forzado a que encajara en un patrón de pensamiento sencillo y occidental ya que refleja una manera diferente de pensar que debe ser honrada al ser comunicado.

Si el espacio lo permitiera, se podría hacer este mismo ruego para el entendimiento de libros enteros de la Biblia. Dos ejemplos deben bastar. Es más fácil recordar los contenidos de Génesis enfocándose en cuatro actividades y cuatro individuos clave, pero es mejor enfatizar la repetida frase «el libro de las generaciones de» al bosquejar el libro. Además, los Hechos podrían bosquejarse de varias maneras. Empero, haríamos bien en considerar los reportes de progreso que concluyen seis secciones de ese libro (6.7; 9.31; 12.24; 16.5; 19.20; 28.30-31). El lector que reflexione en estas divisiones definidas por Lucas adquiere mayor entendimiento en cuanto al significado del autor.

Los bosquejos contextuales básicos

Es indiscutible que el expositor debe concentrarse en determinar el bosquejo que mejor refleje la manera de pensar del autor. Unos ejemplos ilustrarán los principios ofrecidos anteriormente.

1 Tesalonicenses 1. La idea central del primer capítulo de 1 Tesalonicenses gira alrededor de la declaración: «Damos siempre gracias» (1.2). Entonces esta cláusula es seguida por tres verbos (1.2b, 3, 4) que describen diferentes aspectos de ese agradecimiento. El primero (1.2b) explica la forma del agradecimiento, el segundo (1.3) el tiempo del agradecimiento, y el tercero 1.4) la razón para el agradecimiento. Los versículos 5 y subsiguientes están conectados con el versículo 4. Por eso el autor indica de manera distintiva que, aunque aparecen otros pensamientos importantes en el capítulo, el mayor tema del capítulo es el agradecimiento con una explicación de (1) cómo se hace, (2) cuándo se hace, y (3) por qué se hace.

Teniendo en mente el flujo sintáctico del capítulo, es posible estudiar detalladamente una sección dentro del contexto. De nuevo, la estructura es de suma importancia. Por ejemplo, el tercer versículo tiene tres ideas paralelas que se indican mediante tres sustantivos de acción: obra, trabajo y constancia. Estos están conectados con tres virtudes cristianas: fe, amor y esperanza. Los sustantivos de acción describen tres características de los cristianos en Tesalónica que hacen falta en cualquier iglesia que procure cumplir con su responsabilidad dada por Dios. La iglesia necesita obreros, especialmente los que laboran hasta fatigarse y no se rinden en su trabajo para el Señor.

Las palabras para fe, esperanza y amor pueden a su vez clasificarse como genitivos subjetivos.[5] Esto indica que la obra necesaria es producida por los que tienen fe; la labor necesaria hasta fatigarse es producida por los que tienen amor sacrificado; y la tan necesitada resistencia es vista en las vidas de los que han dirigido su esperanza hacia el Señor Jesucristo. En última instancia, lo que la Iglesia realmente necesita para cumplir su misión es fe, amor y esperanza. La fe, el amor y la esperanza genuinas motivarán a los que las poseen a obrar, trabajar hasta fatigarse y permanecer hasta el fin. Estos elementos deben reflejarse tanto en el mensaje como en el bosquejo del versículo.

2 Tesalonicenses 1. El agradecimiento también es el pensamiento principal en 2 Tesalonicenses 1. Aquí Pablo no sólo da gracias, sino que les recuerda a sus lectores que están obligados a «dar gracias» (1.3; cf. también 2.13). Es importante recordar esto al predicar acerca de este capítulo. Debido a que varias declaraciones escatológicas de importancia aparecen en esta porción, muchos creen que este pasaje sólo es acerca de la verdad escatológica, pero el propósito primordial no es presentar un tratado escatológico. Más bien expresa algunas de las principales razones para el agradecimiento por sus lectores. Las dos partes principales de este capítulo son el agradecimiento (1.3-10) y la oración (1.11-12). El agradecimiento por lo que Dios está haciendo por ellos [y nosotros] en el presente (1.4-5) y lo que Dios hará por ellos [y nosotros] en el futuro (1.6-10) debe enfatizarse en una exposición de la primera de las dos secciones del capítulo.

---

5 Es decir, el sustantivo en el caso genitivo funciona como un sujeto y realiza la acción implicada en el adjetivo que la califica.

Gálatas 6.1-10. Gálatas 6.1-10 es un ejemplo excelente de un pasaje que se bosqueja a sí mismo de manera sencilla. Como se mencionó anteriormente, el pensamiento central del pasaje está en el versículo 10. Con eso como punto de partida, el desarrollo de la sección es obvio. Además, debe recordarse su relación con el contexto anterior. Este pasaje describe el estilo de vida de un individuo que está lleno del Espíritu y manifiesta su fruto:

Idea central: Como aquellos que andan en el Espíritu y manifiestan el fruto del Espíritu.

1A. ¿Qué debemos hacer? (6.10) «hagamos bien a todos»
    1B. Hacer bien a todos (declarado pero no desarrollado)
    2B. (Hacer bien) especialmente a los de la familia de la fe ¿Qué implica? Esto se desarrolla en 6.1-8:
        1C. Reparar
            1D. El mandamiento (6.1a)
            2D. La advertencia (6.1b)
        2C. Llevar
            1D. El mandamiento (6.2)
            2D. La advertencia (6.3-5)
        3C. Cumplir
            1D. El mandamiento (6.6)
            2D. La advertencia (6.7-8)
2A. ¿Cuándo debemos hacerlo? (6.10a)
    «según tengamos oportunidad»
3A. ¿Por qué tenemos que hacerlo? (6.9)
    «porque a su tiempo segaremos, si no desmayamos»

Zacarias 4. Zacarías 4.1-14 es una de las múltiples porciones del Antiguo Testamento que se bosquejan a sí mismas de manera natural y fácil. El pensamiento principal del pasaje, como se mencionara, está en 4.6. Los versículos anteriores (4.1-5; cf. también 4.11-14) describen de manera gráfica la verdad del versículo 6. Los siguientes (4.7-10) presentan la obra de la misma verdad en la vida del siervo de Dios.

El expositor debe ser cuidadoso al bosquejar. Aunque algunos segmentos caen en un bosquejo que puede reconocerse y predicarse con facilidad, otros no son tan sencillos de bosquejar y no debe imponerse una estructura simple sobre ellos. Dos pasajes importantes ilustran ocasiones en donde debe seguirse la orientación de un autor y no la de un simple bosquejo para que salga a la luz el progreso del pensamiento de manera precisa.

Un collar de perlas

Santiago 1.1-12 se percibe correctamente como un hermoso collar de perlas. Esa es la mejor forma de describir el progreso del argumento del apóstol. Varias indicaciones indican que el versículo 12 es un resumen de 1.2-11, una de las más significativas es la forma sustantiva de la palabra para «pruebas» en 1.2 y de nuevo en 1.12 que se usa de manera exclusiva en estos versículos. Esto contrasta con la forma verbal de la misma palabra (traducida «tentar») que se encuentra exclusivamente en 1.13-14. El cambio en las formas indica un tema nuevo.

Una vez que se haya concluido que la primera sección se extiende desde el versículo 2 hasta el 12, el pasaje más o menos puede dividirse de la siguiente manera:

1A. Qué debemos hacer: 1.2

2A. Por qué debemos hacerlo: 1.3-4

3A. Cómo debemos hacerlo: 1.5-8

4A. Cómo afecta esto de manera práctica a nuestras vidas: 1.9-11

5A. Qué le espera a los que vivan de esta manera: 1.12

Sin embargo, aun si se utilizara este bosquejo, el expositor podría fallar en expresar de manera adecuada, por no decir entender, el desarrollo lógico del autor. Esta sección de Santiago 1 en realidad, el resto del libro, no se bosqueja de acuerdo a los patrones occidentales. Esta estructura, y por ello nuestra predicación acerca del capítulo, debe caracterizarse más como un «collar de perlas», ya que eso es lo que es. Aun en base al texto castellano uno puede ver que «paciencia» es el pensamiento final del versículo 3 y la idea inicial del versículo 4. Se sigue el mismo patrón con el uso de «perfecto» en 1.4a, «falte» en 1.4b y 1.5a, «pedir» en 1.5a y 1.6a, y «dudar» en 1.6a y 1.6b. Seguir un hermoso collar de joyas preciosas como estas es parte importante de una exposición de este pasaje y otros como él.

Es importante recordar esto porque Santiago no es el único autor que lo hace. En una escala más amplia, Pablo tiene muchos ejemplos de esta estructura. Una comprensión de ello ayuda al expositor a ver no sólo el flujo de toda una sección, sino también la correlación de pensamientos en las secciones subsiguientes en un libro.

Olas del mar

Otra clase de estructura ocurre en el primer capítulo de Efesios. A la persona que estudie los versículos 3 al 14 le será de más utilidad percatarse de que Pablo no utiliza un bosquejo simple y balanceado. Es más, imponer un bosquejo simétrico sobre este pasaje obvia el mensaje y los sentimientos de los versículos. El párrafo está lleno de emoción. Pablo ha laborado duro y luchado muchas batallas como siervo de Dios y ahora que él y su ministerio están envejeciendo, reflexiona acerca de todo lo que Dios ha hecho y está haciendo. A medida que lo hace, no logra escribir la carta en su estilo normal, sino que irrumpe en un éxtasis de alabanza a Dios. El derramamiento de alabanza no está estructurado de manera sencilla, de acuerdo a los patrones comunes. Considerarlo como tal, pasaría por alto el impacto de sus palabras. Los pensamientos expresados podrían compararse mejor a las olas golpeando la orilla del mar, una tras otra. Los mismos pensamientos siguen repitiéndose una y otra vez, pero siempre con diferente intensidad.

Esta sección nos recuerda otra representación: la del final de una demostración de fuegos artificiales. Estallido tras estallido se suceden en el cielo. Sin que se repita, es imposible con una sola mirada, definir o apreciar totalmente cualquiera de los estallidos. Se debe apreciar toda la experiencia, aunque con un sentido de admiración. Ese es el ímpetu de este pasaje. Para recogerlo, uno necesita concentrarse en las poderosas olas que continúan golpeando la orilla del mar o en los magníficos estallidos de luz que resplandecen en el cielo oscuro o, si así se quiere, en esos profundamente impresionantes y transcendentes pensamientos que continúan presentándose.

Aun así, algunas secciones de Efesios 1.3-14 podrían, y hasta deberían, ser tratados de manera distinta. Luego de la abrumadora experiencia de ver tanta luz resplandeciendo a la vez en un cielo oscuro y de apreciar el ímpetu general del pasaje, es útil regresar y mirar de manera cuidadosa cada segmento de la magnífica demostración. Después de todo, las palabras tienen mucha información útil para la vida cristiana saludable. Hace falta más de un mensaje si el expositor, o su audiencia, ha de acercarse a una conciencia total del significado de lo que Pablo dice.

La importancia de cada detalle es evidente hasta en el mismo primer versículo de este pasaje (Ef 1.3). Contiene algunos de los temas principales del libro a manera de cápsula. Cuando se desarrolla este versículo, uno simplemente necesita seguir cada palabra en secuencia para encontrar el bosquejo. Para bosquejarlo, se pueden utilizar las palabras del versículo o se pueden adaptar títulos con las mismas ideas. Note ambos en la siguiente ilustración.

A medida que vemos las palabras iniciales de Efesios 1.3, nos damos cuenta de inmediato que al parecer Pablo por alguna razón ha interrumpido su acostumbrada introducción epistolar. Él casi siempre comienza con agradecimiento y oración por sus lectores. Aquí aparecen, pero sólo luego de completar su exclamación de alabanza (cf. 1.15-16). ¿Qué lo lleva (y nos llevará) a irrumpir en tal exclamación de alabanza? Indudablemente está reflexionando en la unidad que Dios ha traído a su Iglesia, pero en definitiva está centrado en la comprensión paulina de:

1A. La fuente de nuestras bendiciones (1.3a)
«Dios [...] que nos bendijo»
(De paso, el nombre de Dios sólo aparece aquí en los doce versículos, mas es el agente de la mayoría de las acciones dinámicas, así como de las pasivas, a las cuales se hace referencia.)

2A. La extensión sustancia de nuestra bendición (1.3b)
«con toda bendición espiritual»
(No es posible exagerar la importancia del hecho de que uno de los principales obstáculos para entender este libro es que las bendiciones que se definen aquí no son materiales, físicas ni financieras, sino espirituales.)

3A. La esfera de nuestra bendición (1.3c)
1B. «en los lugares celestiales»
(Uno no puede comenzar a comprender el mensaje del libro sin entender el significado de esta frase, ni necesita, ni debe, salirse de los límites del libro para entenderlo.)
2B. «en Cristo»
(Sin Él no existe el mensaje a los efesios.)

Cómo elegir un título para un mensaje

Para muchos predicadores la elaboración de títulos atractivos para mensajes se ha convertido en una habilidad sumamente desarrollada. Pero a pesar de su importancia, crear grandes títulos no es un criterio principal para un verdadero expositor. Es posible trabajar arduamente por mucho tiempo para que aparezcan las palabras adecuadas que atraigan a muchos, sólo para encontrar que muy pocas personas le prestan atención o ni siquiera les interesa. La búsqueda de título puede llegar a gastar de manera significativa el tiempo del predicador. Hay que recordar al menos unos cuantos principios básicos en cuanto a los títulos.

Los títulos deben reflejar el contenido del mensaje

Haga que el título refleje lo que el sermón va a decir. Hace poco se ofreció una presentación escrita con un título sumamente atractivo en una conferencia. Un oyente comentó: «El contenido de la presentación no se reflejó de manera alguna en el título». En otro contexto, un músico apto, mientras discutía cierta cantata, dijo: «El problema con las obras preparadas por ese compositor es que a menudo "la forma trasciende el mensaje"». Se debe recordar siempre estos dos pensamientos. Al elegir un título para un mensaje. El título debe reflejar el contenido del sermón y no debe trascenderlo u oscurecerlo en manera alguna.

De 1 Pedro 2.1-10 se puede sacar un ejemplo de un título que refleja el mensaje de un pasaje. Estos versículos son una unidad. El «pues» en el versículo 1 indica que la unidad es una extensión lógica de 1.22-25; la cual está compuesta de tres subsecciones distintivas: 2.1-3; 2.4-5; y 2.9-10. La primera se centra alrededor del mandamiento de desear la Palabra con una sed insaciable (cf. 2.2). El énfasis principal de la última subsección yace en proclamar las excelencias de Dios (cf. 2.9). Pero, ¿cuál es la esencia de 2.4-5?

Un estudio de los títulos dados a 1 Pedro 2.4-5 revela que pese a que el resto de los versículos hablan principalmente de Cristo y no del creyente, el enfoque casi siempre se pone en los sacrificios espirituales del versículo 5. Sin embargo, aun el enfoque del versículo 5 es en Él. Los creyentes son «piedras vidas» (2.5) sólo debido a su relación con Él que por calidad es una «piedra viva» (2.4). Además, la única razón por la cual los sacrificios espirituales agradan a Dios es porque son canalizados «por medio de Jesucristo» (2.5). Entonces al elegir un título, se debe enfocar la persona de Cristo más que el trabajo del creyente, Aquel a quien el creyente acude continuamente (2.4). Sólo entonces, de manera secundaria, se llama la atención a la relación del creyente con Cristo y el servicio para Él.

Con este trasfondo, pienso en algunos títulos preliminares que reflejan el contenido de las subsecciones a medida que muestran su estrecha relación.

1. Nuestra relación con la Palabra de Dios: 2.1-3
2. Nuestra relación con el Hijo de Dios: 2.4-8
3. Nuestra relación con los que no tienen Dios: 2.9-10

Estar consciente de estas tres ideas centrales conduce a los siguientes títulos para una serie de mensajes acerca de estas tres secciones.

1. La prioridad del hijo de Dios (sed de la Palabra): 2.1-3
2. La posición del hijo de Dios (relación con Cristo): 2.4-8
3. El privilegio del hijo de Dios (proclamación): 2.9-10

No importa cuáles sean los títulos, deben reflejar el significado del pasaje y, por lo tanto, el contenido del sermón.

El tiempo invertido debe reflejar la importancia del título

Aparte el tiempo necesario para la preparación de un título homilético de acuerdo a su importancia en comparación con la del contenido del sermón. En algunas ocasiones especiales un título podría determinar el número y la naturaleza de las personas que asistan. En tales momentos, uno hace bien en prestarle más atención al título, siempre, por supuesto, asegurándose de que refleje el contenido del sermón. Sin embargo, en la mayoría de las ocasiones el título tiene poco que ver con la naturaleza o el número de los que asistan. La mayoría de las personas le prestan más atención a lo que se predica que al título del sermón. Se espera que las personas regresen cada semana porque saben que recibirán el mensaje de Dios, no debido a un título estimulante. Por lo tanto, sin obviarlo por completo, concentre la mayor parte de su atención en el contenido del mensaje.

El título debe complementar al mensaje

Haga que el título complemente al mensaje en su reflexión y patrón. Esta sugerencia debe aplicarse con las dos anteriores en cuanto al contenido del sermón y el tiempo invertido. La mayoría de las personas regresarán a un restaurante debido a la comida que allí se sirve, es decir, al contenido del sermón, y no simplemente porque el arreglo de la mesa se ve bien. Pero por otro lado, es sumamente gratificante cuando pueden ir a un restaurante que provee una atmósfera agradable y una buena comida. Por lo tanto, es importante, al considerar apropiadamente el contenido del mensaje y el tiempo invertido en el mismo, prestarle alguna consideración al contexto en el cual coloca su sermón. El título es lo que le da «atmósfera» al sermón. Uno que iguale el contenido del mensaje en pensamiento y forma es definitivamente útil.

La disciplina necesaria

Indudablemente, hay algunos grandes atletas natos. Sin embargo, cuando hablamos del campo de los expositores probablemente no exista algo así como un gran expositor nato. Ser un verdadero y reconocido expositor de la Palabra requiere disciplina. Implica arduo esfuerzo y una preparación minuciosa para la cual no hay sustitutos. Se debe invertir mucho tiempo y esfuerzo para establecer la idea central y determinar el bosquejo de un pasaje. También se debe dedicar algún tiempo al título del sermón. Todas las fases deben reflejar de manera precisa —y ninguna debe oscurecer ni tener prioridad sobre otra—, el mensaje de los autores divino y humanos de la Escritura.

13

Introducciones, ilustraciones y conclusiones

Richard L. Mayhue

Los tres componentes «menospreciados» de la preparación del sermón expositivo incluyen a las introducciones, las ilustraciones y las conclusiones. Debido a lo complejo del ministerio pastoral en general y en particular a la preparación del mensaje, los pastores tienden a descuidarlas. La congregación, en contraste, anticipa ávidamente para ver cómo su pastor manejará estos elementos del mensaje. Esta discusión, que procura equipar al predicador para un nuevo nivel de excelencia expositiva, se ha hecho en base a propósitos, fuentes, variaciones, guías y sugerencias acerca de la preparación para estas tres partes de una exposición.

La relación de las salsas y los condimentos con la gastronomía es paralela a la función de las introducciones, las ilustraciones y las conclusiones en la predicación. La comida principal, o el mensaje, jamás debe ser eclipsada por características secundarias; pero, estos aderezos pueden mejorar de manera dramática el sabor y/o el nivel de interés de una comida y/o mensaje bien preparado en otros aspectos.

Ninguno de estos tres elementos puede reemplazar la obra que efectúa el Espíritu Santo al impactar a las personas con el poder de la Palabra de Dios. Sin embargo, obviar o menospreciar estas características establecidas de la buena comunicación hace que el predicador sea negligente al ejercitar su responsabilidad humana de ser tan eficaz como sea posible.

Casi siempre nos percatamos de cómo le fue al pastor durante la semana a través de su introducción, las ilustraciones y la conclusión; los momentos ajetreados tienden a abrumar o disminuir el tiempo invertido en ellos. Ya sea que se le consideren de poca importancia para el proceso de comunicación, un gasto excesivo de tiempo en proporción a su valor percibido, o ardua labor con poco atractivo, menospreciarlos podría disminuir en gran medida el impacto potencial de un mensaje. Robinson nos recuerda: «Las introducciones y las conclusiones tienen significado en un sermón fuera de proporción con su extensión».[1] Evite el engaño de menospreciar su importancia.

Si un predicador no logra la atención de su audiencia con una introducción cautivadora, probablemente la perdió por el resto del mensaje. Si sus puntos principales no se aclaran ni se destacan con ilustraciones de calidad, el efecto de su mensaje puede ser breve. Si pasa por alto concluir sus declaraciones con un repaso o una exhortación, probablemente no se alcanzará el propósito del mensaje. La siguiente discusión describe cómo evitar estos escollos comunes.

Introducciones[2]

Por definición, «introducir» significa conocer o traer al juego algo por vez primera. La introducción es al sermón lo que la patada inicial y la carrera son a un juego de fútbol estadounidense; como los disparos iniciales de una batalla, o como salir de un puerto en un viaje al océano. Es el tiempo para que todos se aclimaten con lo que ha de seguir a la situación inicial y orientarse.

> Alguien ha dicho que la introducción de un sermón podría compararse con el preludio de un poema, el prefacio de un libro, la entrada de un edificio, o el preámbulo de una declaración de un caso en un juicio. El preludio nos introduce a un poema, sugiere su método y significado o mensaje. El prefacio de un libro también hace eso [...] Entonces una introducción debe introducir.[3]

---

1 Haddon Robinson, *Biblical Preaching* [Predicación Bíblica], Baker, Grand Rapids, 1980, p. 159.

2 Para otras discusiones útiles acerca de las introducciones, véanse J. Daniel Baumann, *An Introduction to Contemporary Preaching* [Una introducción a la predicación contemporánea], Baker, Grand Rapids, Michigan, 1972, pp. 135-42; John Broadus, *On The Preparation and Delivery of Sermons,* reimpresión, Associated Publishers and Authors, Grand Rapids, Michigan, s.f., pp. 99-103.; Robinson, *op cit.,* pp. 159-67; Warren and David Wiersbe, *The Elements of Preaching* [Los elementos de la predicación], Tyndale, Wheaton, Illinois, 1986, pp. 75-78.

3 G. Campbell Morgan, *Preaching,* reimpresión, Baker, Grand Rapids, Michigan, 1974. p. 81.

Propósitos

El elemento de *ethos,* es decir, la credibilidad del predicador percibida por su audiencia, puede ser influida de manera significativa por la clase y la calidad de su introducción.[4] Esto es particularmente cierto en casos en donde los oyentes desconocen a su predicador. Como dice el viejo dicho: «La primera impresión es la que vale». El impacto inicial de la introducción puede hasta moldear el efecto final de un mensaje.

En la siguiente lista se presentan algunas de las principales razones por las cuales las introducciones son importantes y lo que el predicador puede alcanzar con ellas. No toda introducción incorporará necesariamente cada razón. El contexto, la relación del predicador con la audiencia y la clase de mensaje determinan la combinación apropiada de estos propósitos. En general, la introducción pondrá en contacto mental al predicador con su audiencia.

1. Capte y retenga la atención de la audiencia para que se concentre en el predicador y su mensaje.
2. Mejore la buena voluntad de la audiencia hacia el predicador.
3. Haga que la audiencia se interese en el cuerpo del mensaje y lo anticipe.
4. Demuestre la importancia bíblica del mensaje.
5. Responda a la pregunta oculta de cada oyente: «¿Por qué debo escuchar este mensaje?»
6. Oriente a los oyentes hacia la onda del predicador.
7. Aclare el propuesto curso de la discusión del predicador a la audiencia para que puedan seguirlo y no se pierdan en la jornada de la predicación.

Variantes

Sólo la imaginación y la creatividad del predicador limitan los tipos de introducciones efectivas. Sin embargo, la introducción utilizada debe ajustarse a la relación del conferenciante con su audiencia, la ocasión para el mensaje y el resultado que se espere del sermón.

Considere los siguientes ejemplos de clases efectivas de introducción.[5] Estas sugerencias dan por sentado que el expositor lee continuamente para hallar ideas y conocimientos acerca del texto bíblico y la vida misma.

---

4 Donald R. Sunukjian, «The Credibility of the Preachers» [La credibilidad del predicador], *Bibliotheca Sacra,* 139, núm. 555, julio-septiembre, 1982, pp. 255-66.

5 En varios libros que he escrito se pueden encontrar ejemplos específicos de

1. Estadísticas actuales que señalan un problema contemporáneo sobre el cual se hablará en el mensaje.
2. Ilustraciones históricas que sirven para familiarizar a los oyentes con el tema del mensaje.
3. Humor.
4. Sucesos actuales que se relacionan con el mensaje.
5. Una lectura cuidadosa del texto bíblico de donde procede el mensaje.
6. Historias de la vida real.
7. Ilustraciones biográficas.
8. Citas contundentes.
9. Preguntas retóricas dirigidas a la audiencia.
10. Experiencias personales del predicador.
11. Referencias a libros actuales y de renombre.
12. Problemas relacionados con la vida para los cuales se ofrecerán soluciones bíblicas.
13. Confusión contemporánea en cuanto a la enseñanza bíblica que el predicador corregirá y aclarará.
14. Correspondencia personal muy interesante.
15. Oración adecuada.
16. Relatos imaginarios.
17. Parábolas de la vida real.
18. Testimonio personal.
19. Himnos relacionados con el mensaje.
20. Pedirle a la audiencia que respondan a una situación hipotética.

Guías

Cada introducción debe tener un propósito claro, tanto para el predicador como para la congregación. Jamás debe prepararse un mensaje de

---

introducciones, ilustraciones y conclusiones, utilizando materiales que provinieron principalmente de un ministerio homilético/docente: *Divine Healing Today* [Sanidad divina hoy], BMH, Winona Lake, Indiana, 1983; *How to Interpret the Bible for Yourself* [Cómo interpretar la Biblia usted mismo], BMH, Winona Lake, Indiana, 1986; *A Christian's Survival Guide* [Una guía de supervivencia cristiana], Victor, Wheaton, Illinois, 1987; *Unmasking Satan* [Cómo desenmascarar a Satanás], Victor, Wheaton, Illinois, 1988; *Spiritual Intimacy* [Intimidad espiritual], Victor, Wheaton, Illinois, 1990.

manera apurada o forzada indistintamente. Utilice estos factores para evaluar la efectividad y la aptitud de su introducción:

1. ¿Se ajusta a la ocasión? Por ejemplo, la introducción de un mensaje en un banquete sería diferente a la de un servicio de adoración.
2. ¿Está conectada con el tema? Es decir, ¿introduce realmente su mensaje?
3. ¿Presenta la introducción el mensaje que promete?
4. ¿Es breve, como un aperitivo en relación con la comida principal (generalmente no más de 5 minutos)?
5. ¿Evita utilizar el humor sólo por causa de este mismo?
6. ¿Crea usted el mayor nivel posible de interés para captar la atención de la audiencia?
7. ¿Es la introducción viva e impresionante?

Preparación

Como regla general, el desarrollo de las introducciones llega al final de la preparación del mensaje. De esa forma este se encuentra prácticamente terminado y la introducción se relacionará de la mejor manera posible con el enfoque central de la exposición.

Mientras escribo este capítulo, tengo delante de mí tres sermones que pienso predicar pronto. Permítame utilizarlos para explicitar las guías que acabo de ofrecer. Seleccioné una nota personal de un feligrés: «Hermano, jamás trate de ser un gran predicador. En lugar de eso, predique un gran Salvador», y una sorprendente cita de C. S. Lewis acerca del orgullo para introducir el mensaje sobre la batalla de David con el yo en 1 Crónicas 21.1-7.

Una conmovedora carta de un amigo pastor que está seriamente desanimado comenzó mi mensaje acerca del «zarandeo» satánico de Pedro en Lucas 22.31-34:

> Actualmente estoy buscando un segundo trabajo para subsanar la posibilidad de que la iglesia no pueda pagar mi salario en el futuro cercano. Es la actividad más agotadora y destructora del alma que jamás haya soportado. Pero me ha dado un extraordinario conocimiento en cuanto a las presiones financieras y los desánimos de hombres que no pueden encontrar trabajo o aquellos cuya labor casi no es remunerada.

> Por favor, ora por la iglesia y su crecimiento. Por favor, ora por mí; Satanás me abruma de manera regular con temores y desalientos. Y si saco a Dios de la ecuación, sus temores y desalientos son perfectamente lógicos. No recuerdo cuándo fue la última vez que dormí toda la noche sin despertar en medio de uno de estos ataques satánicos. Sin embargo, las cosas han salido bien porque he aprendido el valor de la súplica incesante ante el trono de Dios, aunque gran parte de ello sucede cuando preferiría estar durmiendo.

Sorprendentes palabras del libro de la psicóloga Carol Tavris, *Anger: The Misunderstood Emotion* [La ira: emoción incomprendida], comenzaron mi mensaje «Cómo controlar su ira» basado en Santiago 1.19-20. Su libro está en desacuerdo con el consenso de los psicólogos en cuanto a la ira y esencialmente confirma lo que la Escritura enseña. No lo utilicé para probar que la Biblia es verdadera, sino más bien para demostrar que el campo de la psicología estaba siendo retado por uno de sus miembros para reevaluar la emoción de la ira. Deseaba desencajar de manera abrupta la errada noción de que los psicólogos tienen todas las respuestas y concuerdan en todo.

Ilustraciones[6]

«Ilustrar» significa iluminar o aclarar. Pocos han expresado el valor de las ilustraciones tan bien como Spurgeon:

> El señor Paxton Hood dijo en una ocasión, en una conferencia que le escuché presentar: «Algunos predicadores esperan demasiado de sus oyentes; llevan una cantidad de verdades al púlpito como un hombre que carga una caja de clavos; y entonces, suponiendo que la congregación consiste de postes, sacan un clavo y esperan que se meta solo en el poste. Ahora bien, esa no es la manera de hacerlo. Usted debe tomar su clavo, colocarlo contra el poste, clavarlo y después asegurarlo en el otro lado; sólo así puede esperar que el gran Capataz asegure los clavos para que no se caigan». Por

---

6 Para otras discusiones útiles de ilustraciones véase también las entrevistas de Robinson con varios predicadores en Haddon Robinson, ed., *Biblical Sermons* [Sermones bíblicos], Baker, Grand Rapids, Michigan, 1989; William E. Sangster, *The Craft of the Sermon* [La elaboración del sermón], Epworth, Londres, Inglaterra, 1954, pp. 201-98; C. H. Spurgeon, *Lectures to My Students*, 3ra serie, reimpresión, Baker, Grand Rapids, Michigan, 1977, pp. 1-200; Faris Whitesell, *Power in Expository Preaching* [Poder en la predicación expositiva], Revell, Old Tappan, Nueva Jersey, 1963, pp. 75-89.

lo tanto, debemos llevarle la verdad al pueblo, porque jamás entrará sola; y debemos recordar que los corazones de nuestros oyentes no están abiertos, como una puerta de iglesia, para que entre la verdad, ocupe su lugar y se siente en su trono para ser adorada allí. No, a menudo tenemos que romper las puertas con gran esfuerzo y empujar la verdad en lugares donde a primera vista no será un huésped bienvenido, pero donde, luego, mientras mejor se le conozca, más amada será.

Las ilustraciones y las anécdotas ayudarán en gran manera para abrir camino, de modo que entre la verdad; y lo harán cautivando el oído de los distraídos y los descuidados. Debemos procurar ser como el señor Whitefield, de quien un constructor de barcos dijo: «Cuando he ido a escuchar a cualquier otro predicar, siempre he podido delinear un barco de proa a popa; pero cuando escucho al señor Whitefield ni siquiera puedo delinear la quilla». Y otro, un tejedor, señaló: «A menudo, cuando he estado en la iglesia, calculo cuántos telares podrían meterse allí: pero cuando escucho a ese hombre, me olvido por completo de tejer». Hermanos, deben procurar que sus personas se olviden de cosas relacionadas con este mundo entretejiendo toda la verdad divina con las cosas pasajeras del diario vivir, y esto lo harán mediante el uso juicioso de anécdotas e ilustraciones.[7]

El énfasis que los redactores de la Escritura hacen en las ilustraciones debe ser una motivación apremiante para que andemos en sus pisadas. Nos deleitamos en las imágenes e ilustraciones de los profetas del Antiguo Testamento, en pasajes tales como Isaías 20, Amós 5 y Ezequiel 1. Jesús también cautivó a su audiencia con ilustraciones de la naturaleza y con parábolas. La revelación llega a ser intensamente memorable debido a las numerosas ilustraciones y las imágenes del Antiguo Testamento. Sabio es el predicador contemporáneo que emula con sus antiguos predecesores, sin mencionar el uso de sus materiales como fuente primaria de ilustraciones.

Propósitos

He aquí las principales razones para ilustrar.[8]

1. Interesar la mente y asegurar la continua atención de la audiencia.
2. Hacer que nuestra predicación sea tridimensional y viva.

---

7 Spurgeon, *Lectures*, p. 52.

8 Estas razones elaboran el material de Spurgeon en *Lectures*, pp. 31-53.

3. Explicar la doctrina y los deberes cristianos de una manera que se puedan comprender claramente.
4. Comunicar de manera convincente a quienes responden mejor a las imágenes que a los hechos.
5. Asegurarse de que el mensaje sea inolvidable.
6. Involucrar todos los sentidos humanos en el proceso de comunicación.
7. Lograr que los desinteresados escuchen.

Fuentes[9]

Se pueden encontrar ilustraciones dondequiera. Los aspectos clave para tener una buena ilustración son la constante búsqueda, la recolección y archivo de manera continua, el fácil acceso y un astuto discernimiento para seleccionar la ilustración correcta.

Algunos de los lugares más importantes para buscar ilustraciones incluyen:

1. Su experiencia pastoral (utilizada con gran discreción).
2. Las vidas de otras personas, autobiografías, biografías o referencias personales.
3. Revistas y periódicos.
4. Libros de ilustraciones.
5. Libros y revistas, tanto cristianas como seculares.
6. La Escritura.
7. Libros de citas.
8. Almanaques.
9. Libros especializados como *Guinness Book of World Records* [El libro Guinness de marcas mundiales].
10. Himnarios y las historias de himnos particulares.

---

9 Aunque la mayoría de los libros de ilustraciones no serán lógicamente útiles, los siguientes volúmenes han sido los más fructíferos que he utilizado: Michael P. Green, *Ilustrations for Biblical Preaching* [Ilustraciones para la predicación bíblica], Baker, Grand Rapids, Michigan, 1989; Charles Little, *10,000 Ilustrations from the Bible* [10,000 ilustraciones de la Biblia], reimpresión, Baker, Grand Rapids, Michigan, 1981; Paul Lee Tan, *Encyclopedia of 7,700 Illustrations* [Enciclopedia de 7,700 ilustraciones], Assurance Publishers, Rockville, Maryland, 1979; *The Treasury of Scripture Knowledge* [El tesoro del conocimiento de la Escritura], reimpresión, Revell, Old Tappan, Nueva Jersey, s.f.

11. La predicación de otros, ya sea en persona, de manera impresa o grabada.
12. Estudios lexicográficos en hebreo, arameo o griego.
13. Revistas pastorales como *Leadership* [Liderazgo] o *Pulpit Helps* [Ayudas para el púlpito].
14. Libros de historia, arqueología o costumbres bíblicas.
15. Personas en su congregación que le ayuden a buscar ilustraciones.
16. Diccionarios y enciclopedias.
17. La ciencia.
18. Guías devocionales como *Nuestro pan diario.*
19. Libros de geografía bíblica.
20. Su vida familiar y personal (usados de manera esporádica).

Guías

Primero, considere algunas cosas que no debe hacer: no utilice ilustraciones enlatadas, comunes ni insípidas. No las use simplemente porque sean una gran ilustración; asegúrese de que aclaran su punto desde el texto bíblico. No divulgue confidencias personales ni congregacionales al utilizar sus experiencias personales como ilustración. No las emplee meramente para conmover a la congregación. No sea falso con las ilustraciones mediante la exageración o la creación de una experiencia. No repita sus ilustraciones favoritas.

Ahora, las cosas que debe hacer: sea diligente en la búsqueda y la recolección de las mejores ilustraciones. Utilice sólo la ilustración correcta para resaltar su punto. Tenga a su congregación en mente; por ejemplo, ilustraciones de nuestra cultura estadounidense no hubieran dado resultado cuando prediqué en la Unión Soviética. Use las ilustraciones para aclarar el texto bíblico. Sea juicioso y emplee sólo ilustraciones selectas. Consulte una amplia variedad de fuentes para conseguirlas.

Preparación

Recolectar y archivar ilustraciones sólo será tan fructífero como su capacidad de sacarlas rápidamente, meses o años después. No existe un método preferido por todos los expositores. En vez de eso, cada uno desarrolla un sistema que resulta para él.

Algunas de las maneras de archivar incluyen:

1. De forma alfabética y por temas.
2. En secuencia de textos bíblicos.
3. Sin orden, en un archivo general de ilustraciones.

Con experiencia, cada predicador debe decidir qué método o combinación de métodos es mejor para él. Recuerde lo más importante: poder sacar la ilustración correcta de manera rápida cuando sea necesario. En general, usted desarrolla introducciones y conclusiones en las etapas finales de la preparación de un sermón. En contraste, selecciona ilustraciones meses o años antes de utilizarlas.

Para ilustrar el mensaje del orgullo de David en 1 Crónicas 21.1-7, utilicé lo siguiente:

1. Una historia que me relató un amigo acerca de una experiencia que tuvo como oficial naval en Vietnam.
2. Una cita acerca de Satanás en *Fausto* de Goethe.
3. Una experiencia personal que tuve como invitado en un programa radial de preguntas y respuestas acerca de la Biblia transmitido a toda la nación.
4. Una cita de un reconocido erudito veterotestamentario.
5. Numerosos textos bíblicos que incorporaban experiencias y/o contenido parecido para reforzar mi punto.

Con Lucas 22.31-34, tuve estas:

1. Una lista de personas famosas que en un momento de sus vidas fueron consideradas como fracasos.
2. La poco ilustre carrera política de Abraham Lincoln.
3. La historia de un capitán naval británico cuya nave estuvo a punto de chocar.
4. Citas de *When Smart People Fail* [Cuando las personas inteligentes fallan].
5. Numerosas citas bíblicas paralelas al texto en contenido y experiencia.

Para aclarar cómo Santiago 1.19-20 trata la ira, elegí:

1. Un reporte de periódico de un estudio médico que vinculaba la ira excesiva con la enfermedad.

2. Un proverbio chino acerca de la ira.
3. Una cita de Thomas Jefferson acerca de la ira.
4. Material paralelo acerca de la ira en Proverbios.
5. Personajes del Antiguo Testamento que abusaron de la ira.
6. Una cita de un médico secular acerca de la naturaleza destructiva de la ira.
7. Citas de la literatura antigua acerca de la ira.
8. Un historia de *Selecciones* acerca de un hombre enojado que asesinó a cuatro personas en un momento iracundo.
9. Numerosos pasajes paralelos en la Escritura.

Conclusiones[10]

«Finalizan», «cerrar» y «callarse» describen lo que significa la palabra «concluir». La mayoría de los estudiantes de la predicación concuerdan en que este es el aspecto de la proclamación con mayor probabilidad de pasarse por alto. Sin embargo, así como un atleta necesita finalizar bien el final de una carrera o un juego, el predicador debe estar en su mejor momento en los minutos finales.

Una conclusión debe concluir. Y para hacerlo bien debe incluir. Para concluir de manera perfecta, también debe excluir. Cuando estamos concluyendo estamos concluyendo. Estamos terminándolo todo.

> La conclusión debe incluir las cosas que se han dicho, en relación con su impacto y llamado espiritual así como moral; y debe excluir la posibilidad de que los que escuchen puedan escapar al mensaje, tanto como sea posible.[11]

Propósitos

La conclusión debe ser ligada directamente con el resultado que el texto bíblico requiere de la audiencia. También es posible que hayan pro-

---

10 Para otras discusiones útiles acerca de las conclusiones véanse también a Baumann, *op cit.*, pp. 142-45; H. C. Brown, H. Gordon Clinard y Jesse J. Northcutt, *Steps to the Sermon* [Pasos para el sermón], Broadman, Nashville, Tennessee, 1963, pp. 121-25; David L. Larsen, *The Anatomy of Preaching* [La anatomía de la predicación], Baker, Grand Rapids, Michigan, 1989, pp. 119-30; Sangster, *op cit.*, pp. 128-43.

11 Morgan, *op cit.*, p. 87.

pósitos múltiples para una conclusión debido a las diversas necesidades entre los oyentes.

En general, uno o más propósitos ayudarán a desarrollar una conclusión:

1. Repase o resuma el contenido del mensaje.
2. Explique la aplicación del sermón.[12]
3. Exhorte a la audiencia a obedecer el llamado del sermón.
4. Pida algún tipo de decisión para marcar el comienzo de la obediencia requerida (esto debe ser parte de todos los mensajes).
5. Anime, consuele o edifique de alguna manera al rebaño con el mensaje.

Estos propósitos normalmente pueden lograrse de manera directa. Otras veces serán incorporados dentro de una historia de la vida real o en una oración. El discernimiento cuidadoso debe dictar los medios más efectivos.

Cuando los predicadores desean identificar personas que han hecho decisiones para seguirles ministrando, hay varias opciones abiertas para concluir el mensaje o el servicio. Las personas pueden llenar tarjetas de decisión en los bancos o se les puede pedir que respondan a un llamado desde el altar. Además, se puede disponer de consejeros preparados, y un cuarto de oración que esté abierto después de cada servicio, a donde las personas sepan que pueden acudir en respuesta a un llamado de conclusión.

Guías

El frecuente descuido de las conclusiones se ha comparado con el juego de golf. «El golpe inicial (introducción) es directo y verdadero, el juego en la parte expedita del campo (el cuerpo del sermón) se juega de manera diestra, pero el predicador arruina su golpe final (la conclusión)».[13] He aquí algunas sugerencias acerca de cómo «jugar» mejor con su conclusión.

---

12 Para discusiones adicionales, léase a Jack Kuhatschek, *Taking the Guesswork Out of Applying the Bible* [Descarte las conjeturas de la aplicación bíblica], InterVarsity, Downers Grave, Illinois, 1990. Sinclair Ferguson ofrece una idea fresca acerca de cómo utilizar 2 Ti 3.16-17 como estímulo para la aplicación de ideas en Richard Allen Bodey, ed., *Inside the Sermon* [Dentro del sermón], Baker, Grand Rapids, Michigan, 1990, p. 80. Véase también a Jay Adams, *Truth Applied* [Verdad aplicada], Zondervan, Grand Rapids, Michigan, 1990.

13 Baumann, *op cit.*, p. 142.

1. No añada material en una conclusión.
2. Haga que la conclusión sea clara y específica.
3. Permita que su conclusión refleje las demandas del pasaje que acaba de predicar.
4. Evite prolongar su conclusión, especialmente con llamados a decisiones, usurpando así la función del Espíritu Santo en el llamado.
5. Sea directo y breve (no más de cinco minutos como regla general).
6. Cuando comience una conclusión, evite volver al mensaje: *concluya.*
7. Dirija la conclusión para hacer que las personas cambien sus creencias y/o comportamiento.
8. Trate de concluir con algo para todos, incrédulos y creyentes, cristianos jóvenes y cristianos maduros.

Preparación

Debe tener presente la conclusión a través del proceso de la preparación. Una pregunta pertinente es: «Como resultado de este mensaje, ¿qué cambios desea Dios en mi vida y en la vida de los que lo escuchan?» Entonces a medida que termina el «procesamiento, el establecimiento y la presentación de principios», debe comenzar a moldearse la conclusión en su pensamiento. Mientras junta el mensaje, continúe perfilando y enfocando el acento de su conclusión.

El mensaje del orgullo de David (1 Cr 21.1-7) concluyó de esta manera:

> La verdadera humildad debe caracterizarse por estas cualidades:
>
> - Un deseo de servir más que de enseñorearse (Mt 20.26-27).
> - Paz en cuanto a ser último en lugar de primero (Mt 20.16).
> - Contentamiento con vivir de manera sencilla en lugar de ostentar (Fil 4.11-12).
> - Más satisfacción al dar que al recibir (Hch 20.35).
> - La obligación de perdonar en lugar de castigar (Mt 18.21-35).
> - El deseo de ser exaltado sólo por la mano de Dios (Mt 23.12).
>
> Estas cualidades señalaron a Aquel que caminó esta tierra como el modelo de humildad: el Señor Jesucristo. Seamos como Él. «Bienaventurados los mansos, porque ellos recibirán la tierra por heredad» (Mt 5.5).

La confesión de David en el Salmo 32.1-7, una ilustración personal en base al ministerio, además de una cita de Theodore Roosevelt cerraron el mensaje acerca de la aparente derrota de Pedro en Lucas 22.31-34. Una pregunta clave con una respuesta práctica terminó el mensaje acerca de la ira de Santiago 1.19-20: «Si peco iracundo, ¿cómo podré recuperarme?»

Cómo promover la excelencia

John Stott nos recuerda:

> ¡Es un enorme privilegio ser llamado a predicar en el mundo contemporáneo y ser un expositor bíblico! Porque entonces uno se para tras el púlpito, con la Palabra de Dios en sus manos, el Espíritu de Dios en su corazón, el pueblo de Dios ante sus ojos, esperando ansiosamente que se escuche y se obedezca la voz de Dios.[14]

Con este gran privilegio llega una responsabilidad de igual importancia. Todos necesitamos realizar nuestro deber sagrado para con la exposición al mayor nivel de excelencia, una excelencia que se extiende hasta nuestras introducciones, ilustraciones y conclusiones.

---

14 John R. W. Stott, «Christian Preaching in the Contemporary World» [La predicación cristiana en el mundo contemporáneo], *Bibliotheca Sacra,* 145, N° 580, octubre-diciembre 1988, p. 370.

14

Mensajes expositivos temáticos, teológicos, históricos y biográficos

Irvin A. Busenitz

Para ser verdaderamente bíblica, la predicación debe ser expositiva, aun si es temática, teológica, histórica o biográfica. Los sermones expositivos de estas clases deben ser minuciosamente bíblicos, no sólo en su fundamento, sino también en su superestructura. La efectividad del mensajero y el poder del mensaje dependen de la atención intensa a la Palabra presentada con precisión gramatical, histórica, literaria y contextual. Para estas clases especiales de mensajes expositivos deben prevalecer ciertas guías, y hay muchas herramientas disponibles para asistir en el proceso de investigación; pero no hay atajos. El sendero a la predicación poderosa demanda inevitablemente diligencia en la Palabra.

Así como la predicación versículo por versículo no es necesariamente expositiva, la predicación que *no* es versículo por versículo no es necesariamente no-expositiva. Es cierto que algunos acercamientos temáticos no son expositivos, pero ese *no tiene* y ciertamente *no debería* ser el caso. Ningún libro trata temas que afectan directamente la vida diaria más que la Biblia. Por eso, para ser eficaces, toda predicación y enseñanza temática, ya fuera que el punto sea temático, teológico, histórico o biográfico, debe consumirse exponiendo la Palabra.

Jesús comentó las Escrituras de manera poderosa (Mr 1.22), pero siempre versículo por versículo. Como expositor, algunas veces habló temáticamente, utilizando varios pasajes veterotestamentarios como base para su enseñanza. Otras veces trató un tema específico o un aspecto de teología, corno la naturaleza del reino de los cielos (Mt 13), el divorcio (Mt 19) o cómo orar (Mt 6; Lc 11). En otras ocasiones empleó un hecho histórico (Lc 13.4ss) o un personaje (Mt 12.41ss). Pero siempre usó la Palabra como bloques de construcción y fundamento para su instrucción. Se puede declarar de manera inequívoca, en base al ejemplo de Jesús, que toda predicación verdaderamente bíblica también es expositiva y no está necesariamente restringida a un formato de versículo por versículo. También puede tomar otras formas.

La predicación temática tiene muchos beneficios. Primero, usada al final del estudio de un libro y antes de comenzar otro, provee variedad. El cambio de una clase de presentación a otra a menudo ofrece frescura y provoca mayor atención. La predicación acerca de un tema o punto doctrinal sobresaliente les puede dar a las personas mayor entendimiento de un tema particular, resultando en un mayor impacto en sus vidas.

Larsen observa:

> La predicación temática tiene un lugar respetable en la historia del arte. Su legitimidad se percibe en la validez de la teología bíblica y la sistemática. Aunque esta no debería ser la primera elección del pastor maestro, cada pastor predicará temáticamente de vez en cuando [...] Debido a que el sermón temático puede ser más inexorablemente unitario, uno descubre que cualquier lista de los diez sermones que han influido de manera decisiva en la cultura y en la sociedad mundial consisten en su mayoría, sino por completo, de sermones temáticos.[1]

Segundo, restringir la predicación solamente al método versículo por versículo sin incluir ninguna clase de tratamiento didáctico de los principales temas bíblicos, doctrinas y enseñanzas éticas es hacer una distinción que no es bíblica entre la predicación y la enseñanza, suprimiéndole a la congregación perspectivas esenciales acerca de la Palabra. Stevenson pregunta:

> ¿Hay alguna razón por la cual él deba reunirse con ellos, semana tras semana y dejarlos ignorantes en cuanto a los significados doctrinales [...]?

1 David Larsen, *The Anatomy of Preaching* [La anatomía de la predicación], Baker, Grand Rapids, MI, 1989, p. 31.

Los aspectos didácticos y kerigmáticos del evangelio no se pueden separar, uno asignado al púlpito, el otro a la escuela eclesiástica. Separar el uno del otro es matar a ambos.[2]

Precauciones

En contra de lo que con frecuencia se cree (y, por la preponderancia de su uso, aparentemente se enseña), la predicación temática no siempre es la más fácil. En muchos aspectos es la más difícil cuando se hace con precisión y de manera correcta. Considere estas razones. Primero, el texto bíblico que a menudo se utiliza para las homilías temáticas es un mero trampolín para lanzar un tema selecto y no tiene relación inherente con el tema del mensaje. Cuando sucede esto, el predicador toma de sus perspectivas personales, ideas, principios y cosmovisión para desarrollar el tema. Esto no es predicación expositiva. La tarea propia del predicador es *entregar* los bienes, *no fabricarlos*. Él es un mesero, no el cocinero. Por lo tanto, su recurso debe ser el texto bíblico, la fuente de verdad a la cual recurre siempre de la cual él mismo bebe continuamente y de la cual saca de manera fiel para satisfacer la sed de otros. Ejercer esta clase de control sobre la predicación temática es un trabajo duro.

Segundo, las Escrituras reunidas para apoyar el énfasis de un mensaje temático muchas veces son arrebatadas de su contexto y forzadas a enseñar algo que no promueven. La memorización de versículos selectos de la Biblia, de por sí benéfica, a menudo empeora el problema. Por ejemplo, ¿cuán a menudo se ha empleado Mateo 18.20 («Porque donde están dos o tres congregados en mi nombre, allí estoy yo en medio de ellos») para consolar a los pocos fieles en las reuniones de oración, a donde pocos asisten, en lugar de asegurar la presencia divina y la capacidad de implementar la disciplina de la iglesia? Esta clase de trampa es muy común, capturando a menudo a sus víctimas sin saberlo. Stevenson, percatándose de sus peligros, declara: «En la medida que esta clase de predicación utiliza la Biblia o no, lo hace para explotarla y devorarla y no para escucharla, mucho menos para ubicarse bajo ella y ser guiado por ella».[3] En esos casos, los pastores «están utilizando el texto como maestros del mismo en lugar de servirle al texto como sus ministros».[4] Evitar este tipo de peligro demanda mucho tiempo. Ya sea que el punto

---

2 Dwight E. Stevenson, *In the Biblical Preacher's Workshop* [En el taller del predicador bíblico], Abingdon, Nueva York, 1967, p. 196.

3 *Ibíd.*, p. 13.

4 *Ibíd.*, pp. 155-56.

sea temático o teológico, se debe investigar minuciosamente cada Escritura para hacerle justicia a su contexto histórico y literario.

Tercero, aunque la «predicación acerca de problemas» o la «predicación acerca de situaciones de la vida» podría ofrecer mucha contemporaneidad al púlpito y capitalizar así los asuntos relevantes, a menudo genera más atención al problema que a la solución. También en ocasiones podría exponer al predicador a la acusación de: «Me está predicando a mí». Broadus advierte en contra de restringir el enfoque a las preocupaciones inmediatas de uno:

> La predicación temática es el método por excelencia del orador. Se presta a un discurso terminado. Pero tiene sus peligros. El predicador llega a interesarse de manera fácil en hallar temas interesantes y que ofrecen buena oratoria en lugar de aquellos que tienen una base cristiana y bíblica segura o los que se acercan a casa, a las necesidades de su pueblo. Está tentado a pensar más en sus ideas y en sus sermones que en usar «bien la palabra de verdad» y dirigir hombres al Reino de Dios. También está en peligro de predicar en un campo de la verdad y la necesidad humana muy estrecho, ya que será atraído a aquellos temas que le interesan de manera personal o con los cuales ya está familiarizado. Por lo tanto, a menos que amplíe de manera continua su horizonte mediante el estudio diligente, pronto agotará sus recursos.[5]

Por consiguiente, se requiere gran diligencia para evitar la orientación exclusiva hacia los problemas al utilizar este método. Al abarcar la Biblia de manera razonable y amplia en su predicación, se puede tratar una amplia variedad de problemas y situaciones de la vida de manera natural y delicada sin violar los límites expositivos al emplear el acercamiento «temático».

Cuando se predica acerca de un tema, una doctrina teológica o un acontecimiento o personaje histórico, el expositor debe procurar utilizar la Escritura de manera plena en su exposición. Su tarea es *desenvolver* las Escrituras, no simplemente *envolverlas* en un tema. Esto último forzará la Palabra para ajustarla a la perspectiva del predicador; lo anterior forzará la perspectiva del predicador para que se ajuste a la Palabra. Esto es importante porque la Palabra es «viva y eficaz, y más cortante que toda espada de dos filos» (He 4.12). Las Escrituras son las que testifican de

---

5 John A. Broadus, *On the Preparation and Delivery of Sermons* [Sobre la preparación y la exposición de sermones], reimpresión, Harper, Nueva York, 1944, pp. 136-37.

Cristo (Jn 5.39). El evangelio es el «poder de Dios para salvación (Ro 1.16). El deseo de ser relevante o actualizado no debe prevalecer sobre la autoridad bíblica. El Espíritu de Dios, *mediante el conocimiento de la Escritura,* convence, dirige y fortalece para vivir de manera cristiana.

Por consiguiente, a menos que las Escrituras constituyan la base para todos los elementos estructurales de un sermón y a menos que el expositor trabaje de manera diligente en el contexto de cada uno de los textos que cita, en el sermón inevitablemente languidecerá el poder de la Palabra de verdad bien usada y los oyentes serán engañados, tanto en la sustancia de lo que se enseña como en el ejemplo de la metodología de estudio bíblico. Como ha señalado Koller de manera mordaz: «El predicador debe dirigir a su pueblo *al* texto, no *separarlo* del mismo».[6]

Principios generales

Los sermones se clasifican de distintas maneras, así que no siempre es obvio en qué categoría cae uno de ellos. Algunos son categorizados en base al contenido y otros de acuerdo con el estilo homilético. La mayoría de las clasificaciones deben percibirse como nada más que un esqueleto, bosquejos incompletos alrededor del cual el artesano produce el resultado de su estudio. Por consiguiente, la *clase* de sermón elegida depende de qué tipo se ajustará al mensaje que se ha de predicar. El sermón debe servir, no dominar. Por eso el compromiso subyacente no debe ser para con la clase de sermón, sino para el *sine qua non* dictado por la hermenéutica bíblica y el proceso de preparación del sermón. Como ha señalado una respetada autoridad, estas deben guiar al artesano:

> [Las estructuras del sermón] son siempre secundarias al propósito y a su utilidad. Son herramientas, además son deseables al moldear las herramientas y las técnicas para manipularlas e inventarlas. Pero estas requieren inteligencia y fidelidad a los principios subyacentes.[7]

Algunos principios subyacentes son bien definidos y muy específicos, y se ajustan de manera más directa a una clase de estructura homilética que a otra. Otras guías son más genéricas y dan una dirección igualmente significativa para todas las clases. A continuación se repasarán los principios generales y, luego de esto, se bosquejarán guías específicas.

---

6 Charles W. Koller, *Expository Preaching Without Notes* [Predicación expositiva sin notas], Baker, Grand Rapids, MI, 1962, p. 22.

7 Broadus, *op cit.*, p. 133.

¿Cuándo?

Los momentos en los cuales un predicador podría desear presentar un sermón expositivo con una estructura temática, teológica, histórica o biográfica son muchos y variados. El momento más efectivo, y quizás el más fácil, es cuando uno predica a través de un libro y llega a un tema que requiere mayor profundidad en su explicación. Por ejemplo, cuando se predica a través del Evangelio de Juan, uno podría detenerse en 1.1 para un mensaje adicional (o varios) acerca de la deidad de Cristo, incluyendo una discusión de los errores de los Testigos de Jehová; en 1.12-13 ocuparse del tema de la elección divina; en 1.14 discutir la encarnación de Cristo; o en 4.24 una serie acerca de la adoración a Dios.

Sin embargo, un pastor debe tener cuidado de no involucrarse demasiado con cada tema que procede de un texto. Demasiados mensajes temáticos a través del transcurso del tiempo podrían hacer que la audiencia pierda la línea de pensamiento de la continua exposición. Al regresar a la exposición del libro, luego de un estudio temático, es imperativo repasar el flujo estructural y temático del mismo.

Otras ocasiones para sermones temáticos incluyen momentos de hechos significativos en la vida de una iglesia, una comunidad o el mundo. La muerte de un miembro de la familia de la iglesia o una tragedia en la comunidad también son ocasiones apropiadas para mensajes temáticos. Las guerras (especialmente las del Medio Oriente) ofrecen oportunidades insuperables para concentrarse en temas como la escatología, el regreso del Señor, la omnipotencia y la soberanía de Dios, así como la santidad y el juicio de Dios. Los grandes terremotos ofrecen oportunidades parecidas para ocuparse de los de la Biblia, incluyendo el significado de tal acontecimiento y el tiempo en el cual ocurrió de acuerdo con la Biblia.

Días especiales como la Navidad, la Pascua y el «Día de las madres» o el de los padres son los momentos más obvios para sermones temáticos. Esas ocasiones especiales a menudo generan aumento en la asistencia a la iglesia y mayor atención a la enseñanza de la Palabra. Estas pueden ser ocasiones ideales para una mayor efectividad. Sin embargo, aunque uno no desea perder las oportunidades que tales ocasiones presentan, no hace falta producir un sermón especial para cada una de ellas. La presión de generar algo nuevo en cada ocasión puede llevar a la eiségesis[8] más que a la exégesis. Unger advierte:

8 Es decir, leer el significado *dentro* del texto en lugar de obtener significado *del* texto.

Los sermones temáticos también se recomiendan para los días y actividades especiales del año. Pero el predicador fiel debe cuidarse del clamor incesante por el reconocimiento de ellos de modo que no llegue a ser una tentación que lo aparte de la verdadera exposición bíblica, [Los días especiales] tienden a abrumar la exposición firme de la Biblia y a reemplazarla con predicación superficial, deficiente en contenido y atractivo bíblico.[9]

Los días y las actividades especiales ofrecen efectos significativamente beneficiosos, tanto para el proceso de la preparación del sermón como para los oyentes. Las personas a menudo se enfrascan en el significado del día o del momento, permitiéndole al pastor que edifique su sermón a partir del fundamento establecido. El gozo del «Día de las Madres» o la emoción generada en la Navidad a menudo mejora el impacto del mensaje.

¿Cómo?

Algunos principios básicos deben ceñir toda predicación de la Palabra de Dios. Debido a que es *su* Palabra, debe ser estudiada y presentada con cuidado y precisión. ¡Santiago 3.1 es una advertencia continua y no debe ser menospreciada ni subestimada! Estos principios subyacentes son, en muchos aspectos, los mismos para todos los sermones, independientemente de su estructura homilética o la manera en la cual se enfoque el texto. Sin embargo, los sermones que se concentran en temas o asuntos particulares son por naturaleza propia, vulnerables en extremo a deficiencias particulares. Por consiguiente, los principios fundamentales de preparación requieren atención constante en este tipo de predicación.

El primero de estos principios es el *análisis contextual.* Ya sea que uno predique de forma temática, teológica, histórica o biográfica, debe prestarle mucha atención al contexto de cada versículo o frase utilizada en la predicación. Esto es particularmente cierto si está utilizando otros pasajes y referencias cruzadas para desarrollar un tema. Es peligrosamente fácil caer en la «confirmación textual»[10] al desarrollar esta clase de mensaje. Un versículo para apoyar un punto de un sermón podría contribuir a una gran oratoria, ¡pero está mal para la predicación expositiva!

9 Merrill F. Unger, *Principles of Expository Preaching* [Principios de predicación expositiva], Zondervan, Grand Rapids, Michigan, 1955, p. 52.

10 La severidad del perjuicio de la confirmación textual no debe subestimarse. Stevenson *(Preacher's Workshop,* p. 157) la define como «el uso de un texto para silenciar la oposición y forzar el consentimiento [...] Esta clase de predicación utiliza la Biblia no como "una linterna para iluminar un lugar oscuro", sino como un látigo para adquirir dominio».

El análisis con textual requiere atención a los contextos inmediatos y remotos. Estos requieren atención al desarrollo temático de todo el libro. Por ejemplo, comprender 1 Juan como el establecimiento de varias pruebas que las personas podrían aplicar para ver si están en la fe, como Robert Law demuestra de manera convincente,[11] influirá de manera significativa en la interpretación de textos individuales dentro de la epístola.

Un estudio del contexto inmediato producirá beneficios de idéntica significación. Por ejemplo, Hebreos 13.5b («PORQUE ÉL DIJO: NO TE DESAMPARARÉ, NI TE DEJARÉ») se cita con frecuencia insignificantemente y se aplica de manera imprecisa porque ha sido apartado del versículo 5a («sean vuestras costumbres sin avaricia, contentos con lo que tenéis ahora»). A este principio a menudo se le rinde pleitesía hipócrita, pero la actual inversión de energía para su verdadera implementación es mucho más difícil y se practica en raras ocasiones. La investigación del contexto de los pasajes narrativos y biográficos, especialmente del Antiguo Testamento, puede demandar esfuerzo adicional porque casi siempre son extensos.

El segundo principio es el *análisis histórico*. Aunque a menudo se obvia o se ignora por completo, esta clase de estudio puede generar tremendo conocimiento de un pasaje y llevar a una comprensión sumamente mejorada del mismo. Por ejemplo, un estudio histórico de la Fiesta de los Tabernáculos y del ritual de revalidación de la provisión divina de agua proveniente de una roca en el desierto brinda una percepción más aguda de Juan 7.37-38: «Si alguno tiene sed, venga a mí y beba. El que cree en mí, como dice la Escritura, de su interior correrán ríos de agua viva». En la predicación de Mateo 19.1-12, el texto se vivifica con la observación de que la consulta de los fariseos en cuanto al divorcio ocurre en Perea, precisamente la región donde Herodes Antipas le cortó la cabeza a Juan el Bautista luego que él lo confrontara en cuanto a su divorcio (Mt 14.1ss). Es obvio que los fariseos estaban tratando de atraer a Jesús a una situación en donde Herodes también pudiera matarlo.

El tercer principio general es el *análisis literario*, que básicamente se ocupa del tipo de literatura en el cual se encuentra el texto. ¿Es biografía, historia, epístola, proverbio, parábola o qué? Aun nota la importancia de observar de manera cuidadosa la forma literaria de un pasaje:

> Los géneros y las formas literarias no son simples recipientes neutrales utilizados como maneras convenientes para empacar varios tipos de comunicación escrita. Son costumbres sociales que proveen significado contextual

11 Robert Law, *The Tests of Life* [Las pruebas de la vida], reimpresión, Baker, Grand Rapids, MI, 1982.

para las unidades más pequeñas de lenguaje y el texto que las rodea. El significado original que un texto literario tenía para el autor y el lector está atado al género de ese texto, para que el significado de la parte dependa del significado del todo.[12]

Cada género incorpora características que son distintivas; por ello, cada una requiere atención a sus singulares principios de interpretación. Por ejemplo, la enseñanza de Jesús acerca de la oración en Lucas 18.2 se introduce con estas palabras: «También les refirió Jesús una parábola» (18.1). Se le informa al intérprete que la enseñanza ha de ser construida en concordancia con principios de la hermenéutica parabólica. Por lo tanto, la estrategia de interpretación tiene obvias diferencias con la adoptada en Éxodo 20.15: «No hurtarás». Reconocer y entender el género de un pasaje dado provoca una estrategia de lectura, elimina las falsas expectativas y representa una entrada al significado del texto.[13]

En última instancia, colocar el texto a predicarse dentro del amplio marco contextual, histórico y literario del autor bíblico simplemente le extiende a la Biblia la misma cortesía que le damos al periódico de la mañana. Sólo cuando se hace esto entenderá uno la intención del autor y liberará el poder de la Palabra bien usada. Estos principios invocan un compromiso de tiempo y energía, y por lo general no producen resultados instantáneos. Empero su fruto es dulce y grande su recompensa por utilizarlas.

Principios específicos

La predicación temática

Guías. Como salvaguarda contra la selección de un texto que no se ajusta de manera precisa al tema bajo consideración, el primer principio para la predicación temática requiere que el texto principal para el sermón se elija de manera contextual, es decir, que refleje fielmente lo que el pasaje significa en su propio contexto. Con demasiada frecuencia en la predicación temática se prepara un sermón sobre una base puramen-

12 David E. Aune, *The New Testament in Its Literary Environment* [El N.T. en su medio literario], Westminster, Filadelfia, p. 13.

13 Tremper Longman III, *Literary Approaches to Biblical Interpretation* [Aproximaciones literarias a la interpretación bíblica], Zondervan, Grand Rapids, MI, 1987, p. 83.

te temática, y se elige el texto como un «lema» para destacar el tema y bendecir las ideas del predicador.

Por desgracia, esta es una explotación del texto bíblico. El texto «simplemente sirve como catalítico; el contenido actual del sermón se deriva de otra parte y a menudo pudo haberse sugerido de la misma manera de una galleta de la fortuna».[14] En lugar de exponer de manera precisa las Escrituras, el aspirante a expositor proclama nada más que valores personales o culturales saturados con versículos bíblicos elegidos al azar.

> Los predicadores están llamados a ser ministros de la Palabra de Dios. Esto significa que el sermón debe ser mucho más que «la opinión de un hombre»; el sermón debe ser la Palabra de Dios [...] Un sermón es la Palabra de Dios sólo en la medida en que proclame fielmente la Palabra de Dios en la Biblia.[15]

La Palabra de Dios bien usada le da autoridad al sermón, protegiendo así al predicador de la herejía y, al mismo tiempo, dándole a la audiencia un medio para validar y defender la instrucción.

Un segundo principio para la predicación temática consiste en concentrarse en estudios de una palabra bíblica (o algunas veces, frases breves), investigando en particular aquellas alrededor de las cuales se edifica el mensaje. Por ejemplo, cuando se predique acerca de 1 Tesalonicenses 5.16 («Estad siempre gozosos»), uno investiga los significados y el uso bíblico de las palabras «regocijar», «gozo» y las exhortaciones generales en la Escritura a estar contentos. En el proceso, surgirán varios aspectos del regocijo, como su(s) fuente(s), sus impedimentos, sus recompensas y así por el estilo. Este método incorpora el importante elemento del uso de la Escritura de manera directa para obtener guía y enseñanza para un sermón; además evita el peligro de caer en abstracciones filosóficas recalcitrantes. Cuando hay abundancia de información bíblica acerca de un tema particular, el expositor tendrá que filtrar y seleccionar las partes más significativas. Al mismo tiempo, no se debe sacrificar la minuciosidad.

---

14 Leander E. Keck, *The Bible in the Pulpit: The Renewal of Biblical Preaching* [La Biblia en el púlpito: La renovación de la predicación bíblica], Abingdon, Nashville, TN, 1978, p. 101.

15 Sidney Greidanus, *The Modern Preacher and the Ancient Text* [El predicador moderno y el texto antiguo], Eerdmans, Grand Rapids, MI, 1988, p. 123.

Un tercer principio temático requiere que se elija un tema de tamaño apropiado. Mientras más amplio sea, más difícil es abarcar el material pertinente con justicia y entereza, y más difícil es instruir a las personas, generar entendimiento y promover la retención. Alexander nota:

> Mientras más *especial* sea el tema, hallará más cosas que decir acerca de él. Tómelo como una regla general, mientras más estrecho sea, más pensamientos tendrá [...] Se requiere un conocimiento vasto y una mente madura para ocuparse de un tema general, como la virtud o el honor, y es mucho mejor comenzar con ocasiones particulares.[16]

Algunas veces es deseable predicar acerca de un amplio tema, como la exposición de todo un libro de la Biblia en un sermón. El beneficio de esta clase de mensaje es que facilita a las personas un entendimiento amplio del contenido y el significado del todo antes de quebrarlo en sus partes.

Sin embargo, este acercamiento «en grande» intensifica las demandas de la preparación sobre el expositor, porque a menos que comprenda las partes constituyentes, no puede presentar el todo de manera precisa. Además, la tentación de un pastor ocupado es presentar lo obvio, recitando hechos y detalles que su pueblo ya conoce, sacrificando así el valor principal de la exposición, es decir, decirle a la audiencia más de lo que puedan deducir de una lectura casual. Esto tiene el desastroso efecto de dejar al pastor (en el proceso de preparación) y a la audiencia sin una interacción significativa con la Palabra y, por lo tanto, sin instrucción, un entendimiento mejorado y sin la oportunidad de crecer espiritualmente.

Restringir la extensión de lo que se va a analizar facilita la profundidad en la investigación y da precisión a la instrucción. Broadus añade: «Usualmente es mejor que el tema no sea general, sino específico. Esto no sólo promueve la variedad en sermones sucesivos sino que realmente hace que cada tema sea más fructífero».[17]

En última instancia, esa predicación puede y debe ser expositiva, un enriquecido desarrollo y presentación de la Palabra de Dios. Independientemente del método homilético que uno tenga, la predicación debe ser bíblica o no será expositiva. Debe estar llena con enseñanzas de la Palabra, no con perspectivas humanistas ni con filosofías culturales.

---

16 James W. Alexander, *Thoughts on Preaching* [Reflexiones sobre la predicación], reimpresión, Banner of Truth, Carlisle, Pennsylvania, 1975, p. 512.

17 Broadus, *op cit.*, p. 134.

Herramientas. El expositor tiene muchas herramientas a su disposición al investigar un tema en particular. La siguiente lista sólo presenta las básicas:

a. Una buena concordancia.
b. *Theological Dictionary of the New Testament* [Diccionario teológico del N.T.], 10 vols, ed. por Gerhard Kittel y Gerhard Friedrich, Eerdmans.
c. *Theological Wordbook of the Old Testament* [Manual teológico del A. T.], 2 vols., ed. por Archer, Harris, and Waltke; Moody.
d. *Treasury of Scripture Knowledge,* Revell.
e. W. E. Vine, *Diccionario expositivo de palabras del Antiguo y Nuevo Testamento exhaustivo de Vine*, Grupo Nelson.
f. *Dictionary of New Testament Theology* [Diccionario de teología neotestamentaria], 3 vols., ed. por Colín Brown, Zondervan,
g. Hay numerosos libros acerca de la predicación para ocasiones especiales, como Herbert Lockyer, *All the Holy Days and Holidays* [Todos los días santos y los feriados], Zondervan.
h. Su archivo es una de las mejores, si ha estado leyendo, recortando y guardando de manera fiel. Es imperativo que tenga un buen sistema de archivo, que le permita retirar rápidamente los materiales apropiados.

Predicación teológica

Guías. Predicar un sermón teológico expositivo es muy parecido a predicar temáticamente. En su mayoría, los principios aquí ofrecidos también son útiles. Pero, algunos ejemplos adicionales se ajustan de manera específica a los temas teológicos y por lo tanto requieren explicación separada.

La instrucción teológica transpira de manera continua dentro de un sermón expositivo versículo por versículo en breves digresiones, párrafos u oraciones. Sin embargo, para proveer perspectiva, expandir el entendimiento teológico, y dar mayor aprecio por la naturaleza y el carácter de Dios, esa enseñanza doctrinal a veces requiere atención específica en un sermón dedicado exclusivamente a ello. La predicación teológica es rechazada con frecuencia debido a la falta de percepción teológica del autor y su indisposición a pagar el costo de la preparación el cual es alto pero necesario. La salud de la iglesia lo requiere.

> Doctrina, es decir, la enseñanza, es el negocio principal del predicador. Enseñarles la verdad a los hombres, o despertar lo que ya conocen de manera fresca y poderosa es el gran medio para que el predicador haga el bien. Los hechos y las verdades que pertenecen al relato de la Escritura en cuanto al pecado, la Providencia y la redención, forman lo esencial de toda la predicación bíblica. Pero estas verdades no deberían simplemente ocupar un lugar de manera pasajera y decorativa en nuestra predicación. Todo el cuerpo de enseñanza bíblica acerca de cualquier tema en particular, al recogerse y arreglarse de manera sistemática, ha llegado a llamarse la «doctrina» de la Escritura acerca de ese tema [...] y en este sentido debemos predicar mucho acerca de las doctrinas de la Biblia. Todos consideramos importante que el predicador mismo debe tener puntos de vista sólidos acerca de la doctrina; ¿acaso también no es importante que debe dirigir a su congregación para que tenga perspectivas justas?[18]

Los sermones teológicos no tienen que ser secos. Broadus observa que «todo depende de la manera en que se haga. El predicador seco, secará todos los temas; a veces hace las anécdotas aburridas y las exhortaciones prosaicas».[19] Al contrario, los sermones teológicos pueden y deben ser tan frescos y vibrantes como el celo del pastor por conocer a Dios, su gusto por descubrir las profundas riquezas de su Palabra y su pasión por predicar todo el consejo de Dios. Se necesita mucho más que una conferencia teológica; se requiere un tratado apasionado que evidencie, abundantemente, que el tema ha capturado el corazón y la vida del pastor e implora por infiltrar lo más íntimo del ser del oyente.

El expositor debe evitar, como precaución, que una doctrina se convierta en su pasatiempo favorito. Se ha de explicar la Palabra de Dios en su totalidad, no sólo una porción preferida de ella. Además, no se debe evitar aquellas doctrinas que podrían ser controversiales para algunas audiencias. A ellos también se les debe enseñar.

> Pareciera un principio justo que el predicador jamás se esfuerce por hallar asuntos controversiales o se agote evitándolos. Aquel que continuamente evita el conflicto debe ir a la fidelidad; el que es agresivo por naturaleza debe cultivar la cortesía y la paciencia. Cuando el texto o el tema nos llevan de manera natural a expresar algo en cuanto a algún tema controversial, no debemos, excepto en ocasiones indispensables, evitarlo. Por supuesto debemos ocuparnos principalmente en la promoción de la

18 *Ibíd.*, p. 60.
19 *Ibíd.*

verdad positiva; pero [...] en muchos casos no podemos definir la verdad claramente excepto contrastándola con el error. Y ya que los errores sostenidos y enseñados por buenos hombres tienen mayor posibilidad de herir a otros, seguramente no estaremos menos apremiados a refutarlos en esos casos que cuando son propuestos por hombres malos [...] Mientras nos opongamos al error de manera fiel y entusiasta, aun al ser sostenido por hermanos cristianos, evitemos herir innecesariamente la causa de nuestra común cristiandad.[20]

En otra parte Broadus advierte de manera apropiada: «Sea fiel y valiente, pero capaz y cariñoso».[21]

Herramientas. Los temas sobre los que se podrían predicar sermones teológicos son prácticamente incontables. Incluidas en las grandes doctrinas de la fe estarían los atributos de Dios, la doctrina de la Iglesia, el Espíritu Santo, así como la infalibilidad y exactitud de la Biblia y su trasmisión a nosotros. Uno podría predicar acerca de cada uno de los puntos principales en la declaración doctrinal de su iglesia y así por el estilo.

Hay numerosos recursos para esta clase de predicación, incluyendo los siguientes:

a. John Gill, *A Body of Divinity* [El cuerpo de la Divinidad], Sovereign Grace.
b. John MacArthur, *The Ultimate Priority* [La última prioridad], Moody.
c. John MacArthur, *The Gospel According to Jesus* [El evangelio de Jesús], Zondervan.
d. John MacArthur, *God, Satan, and Angels* [Dios, Satanás y los ángeles], Moody.
e. John MacArthur, *God With Us* [Dios con nosotros], Zondervan.
f. John MacArthur, *Heaven* [El cielo], Moody.
g. John MacArthur, *The Charismatics* [Los carismáticos], Zondervan.
h. John MacArthur, *Charismatic Chaos* [El caos carismático], Zondervan.
i. John MacArthur, *The Master's Plan for the Church* [El plan maestro para la iglesia], Moody.
j. John MacArthur, *A Body of Divinity,* Sovereign Grace.

---

20 *Ibíd.*, pp. 65-66.
21 *Ibíd.*, p. 61.

Sin embargo, es mejor comenzar con las Escrituras mismas y por eso, en esencia, escribir una teología propia. ¡No hay forma alguna de exagerar la importancia de esto! La frescura del material y las recompensas del descubrimiento excederán lo que se pueda adquirir del estudio de libros teológicos. Además del estudio personal, los libros de teología llegan a ser una excelente fuente para la mejora y el refuerzo. Como sabiamente amonestó Unger: «La mejor obra en este campo explicitará cuidadosamente lo que las Escrituras mismas revelan más que lo que se pueda derivar de libros de teología».[22]

Predicación histórica

La historia, presentada de manera correcta, tiene un tremendo atractivo para una mente ansiosa por aprender. No le hace falta poder para impactar y generar entendimiento. La historia es la maestra definitiva, aguardando de manera paciente en las alas de la vida hasta que uno se abre a su persistente llamada. Desafortunadamente, el antiguo dicho se aplica muy bien: «Lo único que hemos aprendido de la historia es que no hemos aprendido nada de ella».

Pero ese no tiene que ser el caso. La historia bíblica genera gran atracción hacia la verdad y está imbuida con gran poder para producir discernimiento espiritual e influencia en un grado mayor que la historia secular. Las palabras de Pablo en 1 Corintios 10.11 son muy apropiadas: «y estas cosas les acontecieron como ejemplo, y están escritas para amonestarnos a nosotros».

> En la Biblia los designios de la Providencia a menudo están claramente revelados, para mostrarnos el significado de las cosas oscuras y la verdadera cooperación de las aparentemente contrarias, y no están para ser juzgados por nuestra sagacidad. Por lo tanto, los relatos de la Biblia actúan como los problemas resueltos en un tratado de álgebra, enseñándonos cómo acercarnos a los otros problemas que presenta la historia general del mundo. El dicho, frecuentemente citado, de un antiguo escritor de que «la historia es la enseñanza de la filosofía mediante el ejemplo» no se ajustan de manera tan cierta como a los escritos inspirados, los cuales son Dios mismo enseñando con el ejemplo.[23]

Por consiguiente, con tanta información valiosa a su disposición, es necesario que el expositor investigue el archivo bíblico y explique los

22 Unger, *op cit.*, p. 49.

23 Broadus, *op cit.*, p. 71.

relatos que fueron instituidos de manera soberana y han ocurrido de manera providencial.

Guías. La predicación histórica requiere la familiarización con el aspecto físico de un contexto. El expositor bíblico debe repasar la geografía y la topografía junto con los hábitos y las costumbres de Israel y sus vecinos. Debe estudiarlos fehacientemente para que pueda visualizar las escenas a fin de recrearlas de manera vívida en las mentes de los oyentes. Por ejemplo, al predicar de libros históricos como Rut, Ester, Jonás o Hechos, debe incorporar tanto el contexto como la sustancia en su sermón. Incluido en el contenido, el contexto le provee al expositor una abundancia de información histórica del reino físico circundante y con la oportunidad de presentar el sermón como un relato dramático similar a los cuentos.[24]

Herramientas. Los comentarios por lo general incluirán alguna información histórica y geográfica. La ayuda topográfica y arqueológica usualmente es más difícil de obtener. Sin embargo, una cantidad de excelentes obras están disponibles para el expositor que investiga lo histórico.[25]

a. Merrill C. Tenney, ed., *The Zondervan Pictorial Encyclopedia of the Bible,* Zondervan.
b. James B. Pritchard, ed., *The Harper Atlas of the Bible,* Harper & Row.
c. Paul L. Maier, *Josefo: Los escritos esenciales*, Editorial Portavoz.
d. Alfred Edersheim, *La vida y los tiempos de Jesús el Mesías,* Editorial Clie.
e. J. Alberto Soggin, *A History of Ancient Israel* [Historia del antiguo Israel], Westminster.
f. Michael Grant, *The History of Ancient Israel,* Scribners.
g. F. F. Bruce, *New Testament History* [Historia del Nuevo Testamento], Doubleday.
h. Richard L. Niswonger, *New Testament History,* Zondervan.
i. Everett Ferguson, *Backgrounds of Early Christianity* [Antecedentes de la cristiandad primitiva], Eerdmans.

---

24 Este tipo también le permite al predicador esconder su tesis hasta el final del sermón. Aunque, se debe recordar siempre la tesis a través del sermón, no debe revelarse hasta el final, cuando ya se haya presentado el caso. Este método a menudo es beneficioso para mantener el interés de la audiencia (p. ej., el sermón de Pedro en Hechos 2). También, puede emplearse de manera efectiva con una audiencia hostil.

25 Nota del Editor: Para los que saben inglés estas obras les serán de utilidad.

Predicación biográfica[26]

Parece que no hay nada que les interese más a las personas que los relatos acerca de otros personajes. Las noticias (o los chismes) acerca de otros son como la miel para las moscas: es raro que no atraiga una muchedumbre. Cuando se investiga de manera incansable y se presenta de manera apta, la invitación a asomarse a la vida y al carácter de un personaje bíblico implica la revelación de pecado y la motivación a la madurez. Los principios bíblicos no son abstractos; suceden en la tarima de la historia viviente desplegados en la personificación bíblica. Como esto es cierto, la predicación biográfica es un poderoso instrumento que refleja la realidad de la vida, que ansiosamente espera ser utilizado como una herramienta efectiva en el repertorio de un expositor.

Guías. Hablando en general, los sermones biográficos se construyen y presentan de dos maneras. Una es contar el relato de la persona para entonces seguirlo con las lecciones derivadas de su experiencia. Otra es sacar una lección de cada punto/etapa de la vida del personaje bíblico. Se saca y se aplica la lección en cada etapa de la descripción antes de continuar a describir la próxima fase. Lo contrario es igualmente eficaz. La lección se declara y luego se sigue con una porción de experiencias relatadas para ilustrarla. «Si se ha contado bien la historia, las verdades que uno desea enfatizar ya serán tan claras que se pueden acentuar y apreciar rápidamente».[27]

La predicación biográfica enfrenta la misma preocupación primordial que toda predicación temática: ser fiel al contexto. Debido a la facilidad con la cual uno puede extraer una «jugosa» viñeta para un sermón, los predicadores podrían ser tentados (a menudo de manera inconsciente) a hacer que la vida de un personaje bíblico dicte lecciones que no enseña. La tentación es particularmente fuerte al ilustrar en base a un hecho o una característica particular de la vida de un individuo bíblico.

Por consiguiente, generalmente es más seguro utilizar toda la vida del personaje bíblico como una ilustración en lugar de extraer un punto singular. Y ya que la Biblia a menudo provee sólo retazos breves e incompletos, las brechas deben ser completadas con hechos conocidos o

---

26 Aquí las discusiones se limitan a la predicación sobre personajes bíblicos. Las fortalezas de la fe que no aparecen en la Biblia proveen excelente instrucción y ejemplos adicionales. Pero es mejor dejar la historia del cristianismo fuera de la Biblia para ilustraciones e interpretaciones.

27 Ilion T. Jones, *Principles and Practice of Preaching* [Principios y práctica de la predicación], Abingdon, Nueva York, 1956, p. 112.

escritos que sean estrictamente compatibles. La predicación bíblica biográfica debe percibirse primeramente dentro del contexto del tema de la Biblia. Las biografías forman una parte integral de toda la historia sagrada y sirven a un propósito muy específico en la configuración de esa historia. Por esta razón, deben percibirse primero como parte de toda la representación.

Algunos predicadores desprecian la predicación biográfica esquivándola porque creen que tienen poco talento para la descripción o para contar historias. Otros abusan de ella enfocándose sólo en la persona histórica sin enseñar nada sustancial. Un gran beneficio de describir las vidas en la Biblia proviene del análisis de los personajes, un estudio de las obras soberanas y providenciales de Dios en sus motivos y acciones, tanto buenas como malas. Koller ha advertido de manera hábil:

> Se debe recordar que la Biblia no se dio para revelar las vidas de Abraham, Isaac y Jacob, sino para revelar *la mano de Dios* en las vidas de Abraham, Isaac, y Jacob; no como revelación de María, Marta y Lázaro, sino como revelación del *Salvador* de María, Marta y Lázaro.[28]

Además, la predicación biográfica debe tener más sustancia que simplemente releer el texto como se hace en la Escuela Dominical. Debe enseñar acerca de las obras soberanas de la mano de Dios, conocimiento que llega sólo mediante el estudio fiel y la investigación diligente.

Herramientas. Las páginas de la Escritura abundan con hombres y mujeres de todo tipo en la vida: por ejemplo, reyes, mendigos, amas de casa, zelotes y siervos. No hay escasez de material bíblico del cual predicar en esta área. Aunque las herramientas para ayudar en la preparación no son tan numerosas, todavía hay muchas disponibles. Además de las enciclopedias bíblicas que generalmente proveen buen material de trasfondo histórico, las siguientes son bastante útiles:

a. John MacArthur, Jr., *The Master's Men* [Los hombres del Maestro], Moody.

b. Richard Mayhue, *A Christian's Survival Guide* [Guía de supervivencia cristiana], Victor.

c. Gene Getz, *Joseph,* Regal.

d. Elmer Towns, *History Makers of the Old Testament* [Los que hacen la historia del A.T.], Victor.

28 Koller, *op cit.*, p. 32.

e. Herbert Lockyer, *All the Apostles of the Bible* [Todos los apóstoles de la Biblia], Zondervan.

f. Herbert Lockyer, *All the Men of the Bible* [Todos los hombres de la Biblia], Zondervan.

g. Herbert Lockyer, *All the Women of the Bible* [Todas las mujeres de la Biblia], Zondervan.

h. Herbert Lockyer, *All the Children of the Bible* [Todos los hijos de la Biblia], Zondervan .

i. Herbert Lockyer, *All the Kings and Queens of the Bible* [Todos los reyes y reinas de la Biblia], Zondervan.

j. J. D. Douglas y Merrill C. Tenney, *The New International Dictionary of the Bible,* Zondervan.

Resumen

Ya sea que se predique de manera temática, teológica, histórica o biográfica, en última instancia las Escrituras deben ser la fuente principal y se deben observar los patrones contextuales. Ellos son la fuente esencial de conocimiento y enseñanza para el expositor, el lugar a donde acude primeramente antes de estudiar las múltiples ayudas disponibles. Y una vez en las Escrituras, el expositor debe esforzarse mucho por utilizarlas de manera que reflejen la intención del autor.

15

La predicación expositiva en base a la narración del Antiguo Testamento

David C. Deuel

Una parte significativa de la Biblia es dedicada a secciones de literatura narrativa, también llamada «relato». Las ventajas de predicar sobre esta clase de pasaje no se han apreciado por completo porque los expositores no han predicado sobre las secciones como están en el texto. Dichas ventajas incluyen el interés intrínseco de esos relatos, su naturaleza organizada, las eternas verdades ilustradas y la manera en la cual los relatos se prestan para una aplicación sencilla. Sin embargo, se requieren ciertas precauciones al predicar en cuanto a las secciones narrativas. No se debe imponer una estructura artificial sobre ellas. No deben utilizarse solamente como un recurso ilustrativo para el resto de la Biblia. Ellas no son simplemente ejemplos de la obediencia o la desobediencia a la ley de Dios. El predicador expositivo, al observar estas instrucciones y precauciones, pueden utilizar las secciones narrativas como una gran ventaja en su predicación.

Títulos de canciones como «Me encanta relatar la historia», «Cuéntame la vieja historia» y «Cuéntame la historia de Jesús» reflejan la importante función de los relatos en la vida cristiana. Por ejemplo, los esfuerzos evangelísticos comunes incluyen el uso de relatos, como Esteban y los otros los contaron (p. ej., Hch 7.2-50). Un «testimonio» es el relato *del creyente* acerca de cómo Jesús ha obrado en su vida. Es la esencia del mensaje del evangelio: el relato de la vida ejemplar y la muerte sustituta *de Jesús*. En los programas docentes cristianos, los maestros instruyen a los niños en una de las maneras más efectivas: les cuentan relatos, tanto bíblicos como contemporáneos.

Si todo lo anterior es cierto, entonces ¿por qué los predicadores casi nunca predican narraciones bíblicas (es decir, relatos[1]) como relatos? Los expositores a menudo utilizan una ilustración (es decir, relato) para aclarar un punto, aplicar un principio o despertar a una congregación dormida. Las usan porque hacen que los sermones sean claros, relevantes e interesantes.[2] Empero muchos parecen sentirse incómodos al predicar narraciones como relatos, quizás temiendo parecer ridículos o condescendientes. Por consiguiente, o se abstienen de predicar narrativa, o al predicarla reducen la narración a la estereotipada proposición o punto abstracto tripartita sin ocuparse de la trama ni permitir que el mismo impacte por completo al lector. Cada una de estas reacciones es innecesaria. La narración expresa su propio punto de manera efectiva e interesante, mientras que la selección y el arreglo de los detalles del relato proveen pistas para encontrarlas.[3]

---

1 La palabra castellana «relato» a veces implica la noción de algo ficticio. Sin embargo, en este ensayo siempre se utiliza para connotar lo que es verdadero y lo que está de acuerdo a los sucesos reales. La calidad de inspiración de la Escritura garantiza la precisión histórica de las porciones narrativas.

2 Adams sostiene que los relatos son los mejores maestros, particularmente cuando apelan a los sentidos: «Es cierto que *aprendemos mejor lo que vemos, tocamos* o *escuchamos* y que, en el lenguaje discursivo, el relato se acerca más a la experiencia misma de un acontecimiento», Jay E. Adams, «Sense Appeal and Storytelling», *The Preacher and Preaching* [Apele a los sentidos y a relatar historias , El predicador y la predicación], ed. por Samuel T. Logan, Jr., Presbyterian and Reformed, Phillipsburg, Nueva Jersey, 1986, p. 350. Un conocido predicador describe cómo fue impactado por los sermones narrativos del evangelista Billy Sunday, quien cautivó a miles: «Cuando predicaba acerca de Elías, lo hacía de manera tan vívida que creía que estaba mirando a Elías. Cuando predicaba acerca de Naamán bajando al sucio Jordán, experimenté toda la agonía que sufrió Naamán. Casi por una hora Naamán vivió en Billy Sunday», William Ward Ayer, «The Art of Effective Preaching» [El arte de la predicación efectiva], *Bibliotheca Sacra,* 124, enero-marzo, 1967, p. 38.

3 La actual discusión se concentrará en predicar las porciones narrativas del Antiguo Testamento. No se ocupará de la predicación narrativa, que convierte cada pasaje o tema al formato de la predicación narrativa, o con la teología narrativa, un sistema teológico en el cual los relatos juegan un papel primordial. Tampoco se ocupará de manera minuciosa con características sobresalientes o métodos para predicar la narrativa bíblica. Ya se ha escrito mucho acerca de este tema. Las obras que se ocupan de manera específica con la naturaleza de la narrativa del Antiguo Testamento y el método de predicarla son Walter C. Kaiser, Jr., *The Old Testament in Contemporary Preaching,* Baker, Grand Rapids, Michigan, 1973; *Toward an Exegetical Theology,* Baker, Grand Rapids, Michigan, 1981;

Casi un tercio de la Biblia es narrativa. Debido a que el formato de relato de la narrativa bíblica inhibe a los expositores de predicar esta gran proporción, dos sugerencias generales para entender y predicar la narrativa del Antiguo Testamento ayudarán al expositor a capitalizar en esta mina de oro de material homilético.

Predique la trama del relato

Seguir la trama del relato[4] facilita la comprensión de algunas de las características de la narrativa. «La narrativa, en su sentido general, es un relato de sucesos y participantes moviéndose a través del tiempo y el espacio, una recitación con un principio y un final guiado por el principio de selección del narrador».[5] Las narrativas bíblicas son relatos en el cual el mensaje está «incorporado en una estructura de acontecimientos y personas, en lugar de en una estructura de generalizaciones verbales».[6]

Toward Rediscovering the Old Testament, Zondervan, Grand Rapids, Michigan, 1987; Tremper Longman III, *Literary Approaches to Biblical Interpretation,* Zondervan, Grand Rapids, Michigan, 1987; y Leland Ryken, *How to Read the Bible as Literature,* Zondervan, Grand Rapids, Michigan, 1984. Un texto enciclopédico que lidia con todos los tipos de literatura bíblica y los métodos para predicarlos es Sidney Greidanus, *The Modern Preacher and the Ancient Text* [El predicador moderno y el antiguo texto], Eerdmans, Grand Rapids, Michigan, 1988. Quizás las mejores tres discusiones breves acerca de la narrativa bíblica son John Goldingay, «Preaching on the Stories in Scriptures» [Predicación sobre historias de la Biblia], *Anvil,* 7, núm. 2, 1990, pp. 105-14; Tremper Longman III, «Storytellers and Poets in the Bible» [Cuentistas y poetas en la Biblia], *Inerrancy and Hermeneutic: A Tradition, a Challenge, a Debate* [Inerrancia y hermenéutica: una tradición, un reto, un debate], ed. por Harvie M. Conn, Baker, Grand Rapids, Michigan, 1988; y Leland Ryken, «And It Came to Pass: The Bible as God's Storybook», *Bibliotheca Sacra,* 147, núm. 586, abril-junio 1990, pp. 131-142. Una provocativa aplicación de la obra de Longman escrita con Raymond Dillard que se ocupa del uso, y algunas veces abuso, de la narrativa bíblica por proponentes de la consejería cristiana es Tremper Longman III, y Raymond B. Dillard, «Hermeneutics and Counseling», *The Institute of Biblical Counseling Perspective,* 2, núm. 1, 1988, pp. 21-30.

4 La trama es el plan general del relato.

5 Gabriel Fackre, «Narrative Theology: An Overview», *Interpretation,* 37, núm. 4, 1983, p. 341.

6 Henry Grady Davis, *Design for Preaching,* Fortress, Filadelfia, Pennsylvania, 1958, p. 157. Estas características hacen que sea más fácil predicar la narrativa con pocas o ningunas notas por la simple razón de que el mensaje está enmarcado en situaciones de la vida real que involucran personas, lugares y sucesos. La investigación ha demostrado que los relatos son el formato homilético más fácil de recordar, tanto para el predicador a medida que presenta el sermón, como para la congregación cuando se llevan el mensaje

¿Por qué alterar el formato al predicarlos? Si la meta del predicador es ser expositivo, ¿qué es más expositivo que predicar la trama del texto?

Las siguientes características señalan la narrativa bíblica como relato. Estas se preservan mejor predicándolas como Dios las dio, es decir, en forma de relato.

La narrativa tiene poder literario

«Relato» significa una narración a manera de historia. La narrativa bíblica combina las cualidades de la literatura y la historia. Desde un punto de vista literario, la narrativa está escrita de manera muy cuidadosa y emplea una serie de protocolos que no se combinan en otras clases de literatura bíblica.[7] Aun muchos de los diálogos incluidos en la narrativa presentan características literarias singulares.[8] Por otro lado, la historia se enfoca en las relaciones de causa y efecto de los hechos. Comprender la causa de un suceso mejora el entendimiento del mismo.

Comparar la narrativa bíblica con una historia de Israel muestra que las características literarias de las narrativas hacen más que informar de manera histórica. Así que la concentración de la narrativa no es tanto acerca de la historicidad contra lo ficticio, sino acerca de cómo los escritores bíblicos eligen relatar de nuevo los hechos históricos.[9] Los escritores inspirados por el Espíritu no estaban tratando de reportar todo lo sucedido,

---

con ellos. Para un interesante estudio acerca de cómo los cuentistas profesionales aprenden los relatos que relatan por horas, véase Albert B. Lord, *The Singer of Tales,* Harvard University Press, Cambridge, Massachusetts, 1960.

7 De esta manera la narrativa se comporta como el relato, «omitiendo [selectivamente] gran parte de lo irrelevante o que podría distraer en la vida real, mientras se enfoca en y enfatiza los principales factores del acontecimiento», Adams, *op cit.*, p. 351.

8 Savran mantiene que gran parte de los discursos directos de las narrativas está organizada de manera artística: «El fenómeno de las citas describe la intersección de una cantidad de aspectos centrales de la narrativa. Es tanto discurso directo del momento de la narrativa actual como recolección de palabras anteriores. Presenta al personaje que cita como el narrador de su propio relato, pero también como el sujeto de su discurso. Quizás es más importante la manera en la cual funciona el discurso directo como ejercicio exegético, una relectura o reafirmación del pasado en un tiempo posterior y en un nuevo contexto», George W. Savran, *Telling and Retelling: Quotation in Biblical Narrative* [Narrar y narrar: La cita en la narrativa bíblica], Indiana University, Bloomington, Indiana, 1988, p. *ix*.

9 Sternberg sostiene, en cuanto a la confusión de la trama con la ficción, que «Con Dios postulado como autor dual, el narrador bíblico puede disfrutar los privilegios del arte sin renunciar a sus títulos históricos», Meir Sternberg, *The Poetics of Biblical Narrative: Ideological Literature and the Drama of Reading* [Poesía de la narrativa bíblica: literatura ideológica y el drama de la lectura], Indiana University, Bloomington, Indiana, 1985, p. 82.

porque la mayoría de la narrativa bíblica tiene un enfoque muy estrecho. Dios los dirigió a incluir lo que Él deseaba que se incluyera y a hacerlo de la manera que Él deseaba que apareciera y sin error. Debido a que la narrativa mezcla características de la historia y la literatura, el relato es el mejor formato para predicar el mensaje narrativo en la forma que Dios lo dio.

Entonces, la narrativa bíblica no es historia, estrictamente hablando, ni tampoco es prosa.[10] La prosa aparece en el Antiguo Testamento en cartas (p. ej., 2 S 11.15), proclamaciones (p. ej., Esd 1.2-4), algunos diálogos (p. ej., 2 S 9.1-4) y otras formas, pero no contiene muchas de las características de la narrativa bíblica.[11] Esta última es una clase diferente de literatura y debe predicarse de manera que mantenga su distintivo.[12] Una de las cualidades, que separa la narrativa bíblica de la prosa y provee pistas para su interpretación y predicación, es la estructuración consciente presentada en su formato simétrico y los patrones de expresión.

Los patrones de organización de la narrativa

La organización de acuerdo con ciertos patrones es una característica primordial de la narrativa del Antiguo Testamento que nota su formación en un plan literario específico. Esta ofrece dos ventajas en la

10 Definir la prosa continúa presentando un gran reto a todos aquellos que procuran sistematizar el género. Para los propósitos de esta discusión, la prosa es «la forma ordinaria de lenguaje escrito o hablado sin rima o métrica», *Webster's Unabridged Dictionary,* 2da ed., Simon and Schuster, Nueva York, 1972, p. 1445. Cuando escritores como Polzin hablan de la prosa hebrea bíblica, procuran una connotación más amplia, Robert Polzin, *Late Biblical Hebrew: Toward and Historical Typology of Biblical Hebrew Prose* [Hebreo bíblico tardío: hacia una tipología histórica de la prosa bíblica hebrea], Scholars, Missoula, Montana, 1976. El límite entre prosa (narrativa) y la poesía en el hebreo bíblico es muy fino. James Kugel percibe la distinción como occidental y artificial, James Kugel, *The Idea of Biblical Poetry* [Idea de la poesía bíblica], Yale University Press, New Haven, Connecticut, 1981, p. 69. Cloete reta la tesis de Kugel sobre la base de «que las líneas o cola [...] son características distintivas del verso», W. T. W. Cloete, «Verse and Prose: Does the Distinction Apply to the Old Testament?» [Verso y prosa: aplica la distinción al A.T.], *Journal of Northwest Semitic Languages,* 14, 1988, p. 13.

11 «La prosa tiende a suprimir la ornamentación o los modismos. Un principio general es que, mientras más desee el autor informar acerca del mundo real, más disminuye su sentido literario», Tremper Longman III, «Storytellers», p. 138.

12 Normalmente, el «mensaje» que resulta de la narrativa no puede reducirse a proposiciones teológicas sin perder su singular carácter persuasivo, Robert C. Tannehill, «Narrative Criticism», *A Dictionary of Biblical Interpretation,* R. J. Coggins y J. L. Houlden, eds., Trinity, Filadelfia, Pennsylvania, 1990, p. 489. Además, la literatura didáctica de la Biblia (cartas, mandamientos, etc.), se puede reafirmar de manera concisa en listas de admoniciones y preceptos más fácilmente que la narrativa.

predicación. Primero, presenta un marco unificador que esencialmente señala los parámetros de la narrativa. El relato sigue un patrón general prescrito que la identifica como relato.[13] A veces un patrón más complejo une todo el relato, dándole una simetría premeditada. Por ejemplo, algunas narrativas forman una «X» o patrón de quiasma, en donde desde el episodio central hasta el final hay un estrecho paralelo con el primero y el central, pero en orden inverso. Un dicho usado con frecuencia ilustra este patrón: «Cuando las cosas se ponen duras, los duros continúan».

Un segundo aspecto de la organización de la narrativa de acuerdo con ciertos patrones es su provisión de una forma para el sermón. Esto ayuda a captar el énfasis que procura el texto, una de las partes más arduas, pero más importantes, de la preparación del sermón. Una de las decisiones más difíciles para un predicador antes de exponer es determinar la forma de su mensaje. La predicación expositiva procura predicar el *mensaje* del texto bíblico. Pero, ¿qué de la forma del mensaje bíblico? La forma también es parte del texto.

En un sentido, la predicación requiere que el mensajero al menos haga cambios mínimos en el mensaje de una forma, digamos un salmo, una carta o una narrativa, a otra forma llamada sermón. En otras palabras, un predicador debe estructurar sus sermones, a menos que simplemente lea el texto.[14] Entonces, su mensaje podría estar en una forma o formas incoherentes con el texto tratado.

Tanto el predicador que se mueve de versículo a versículo a través de un pasaje bien estudiado y el que predica sin un texto o mensaje planificado de antemano han decidido la forma de sus sermones. El primero elige seguir el formato de la aplicación tipo comentario, probablemente porque siente que es la más fiel al original. El último sigue un formato de acuerdo al flujo de la conciencia, quizás porque siente que debe de-

---

13 Un relato es una serie de acontecimientos que pueden percibirse como algo que tiene un comienzo, un centro y un final. Por supuesto, es importante reconocer las relaciones lógicas entre estas tres partes. El comienzo siempre describe una situación de necesidad a la cual se debe responder con alguna clase de acción. El centro crece del comienzo describiendo lo que se hace en vista de esta acción necesaria. El final, a su vez, crece del centro mostrando lo que sucede como resultado de la acción tomada allí. Al mismo tiempo, el final se relaciona con el comienzo resolviendo su situación de necesidad. El final le permite al lector decir: «Si, este es "el fin", ya sea mostrando cómo se ha satisfecho la necesidad descrita en el comienzo [...] o describiendo cómo se ha cortado toda oportunidad razonable para la acción futura», Thomas O. Long, *Preaching and the Literary Forms of the Bible* [La predicación y las formas literarias de la Biblia], Fortress, Filadelfia, Pennsylvania, 1989, pp. 71-72.

14 Donald E. Demaray, *Introduction to Homiletics,* 2da ed., Baker, Grand Rapids, Michigan, 1990, p. 103.

pender directamente del Espíritu Santo. Parte de la frustración de los expositores al tratar de predicar la narrativa llega al intentar traducir la forma del texto a una estructura homilética. ¿Qué forma debe tener?

Si el sermón necesita representar todo el mensaje del original, ¿bastará el común bosquejo de punto por punto? ¿Cuáles serán los puntos individuales? ¿Sumarios de los episodios separados? ¿Comportamientos y actitudes de los personajes en las narrativas? ¿Proposiciones teológicas inferidas del texto? No en balde los aspirantes a expositores a menudo se confunden con la narrativa.

La etapa de estructuración se simplifica mucho mediante la selección de la trama del relato como el formato para representar el pasaje narrativo y siguiendo el énfasis en la organización de la narrativa a fin de derivar énfasis para el sermón. Esto requiere un esfuerzo consciente de parte del predicador, porque los sermones narrativos deben enfatizar el mensaje de la narrativa. Contar de nuevo el relato no realiza esto. Como sugiere un experto en homilética, la predicación debe «entrar y salir del relato con analogías, explicaciones e interpretaciones a medida que se mueve la trama del mismo».[15] Ya sea que haga esto con puntos del sermón o con pausas para elaboración en los puntos de énfasis del texto, es asunto de decisión personal. Pero al predicar el relato, el expositor puede simplificar una tarea potencialmente compleja de patrones representativos y preservar la calidad de los patrones de organización de la narrativa de manera más efectiva.

La narrativa es eterna y universal

Los narradores bíblicos se ocupan de exponer hechos; es decir, expresan información histórica.[16] Pero también guían la perspectiva y las respuestas a los hechos.[17] Es esta sutil calidad prescriptiva de la narrativa bíblica que la convierte de manera intrínseca en algo «sermónico». La narrativa bíblica da por sentado «que lo que sucede a los personajes en el relato de alguna manera es un modelo de la permanente situación humana»[18] y también que las características de Dios en el relato son eternas.

---

15 David G. Buttrick, *Homiletic: Moves and Structures* [Homilética: acciones y estructuras], Fortress, Filadelfia, Pennsylvania, 1987, p. 335.

16 John Goldingay, «That You May Know that Yahweh Is God: A Study in the Relationship between Theology and Historical Truth in the Old Testament» [Usted puede saber que Jehová es Dios: Un estudio de la relación entre la teología y la verdad histórica en el A.T.], *Tyndale Bulletin*, 23, 1972, pp. 58-93.

17 Lonman, «Storytellers», p. 146.

18 Ryken, *op. cit.*, p. 44. No todos concuerdan con que la narrativa es capaz de

Cuando las personas escuchan o leen una narrativa bíblica, tienen una fuerte tendencia a decir: «Me puedo relacionar con eso». Algunas veces los predicadores hacen referencia a las generalizaciones extraídas de esos pasajes como «principios eternos» y a la actividad de sacar esas generalizaciones como «axiomar» el texto.[19]

Pero no todo lo que sucede en la narrativa es verdaderamente eterno. Es más, gran parte de los detalles son determinados por la cultura, como los festivales y las ofrendas prescritas para Israel bajo la Ley. Asuntos de esta clase son afectados por la revelación progresiva, por ejemplo, el nexo entre Israel y la Iglesia. Todos los asuntos que caen bajo la rúbrica de la continuidad/discontinuidad deben considerarse de manera cuidadosa. Se debe evitar la tendencia a excederse en los preceptos y los ejemplos mientras se excluye el movimiento progresivo de la Biblia en la historia de la redención. Cada pasaje debe ser interpretado de manera cuidadosa para aprender su mensaje antes de enseñarse y aplicarse. Pero uno de los mejores formatos para resaltar el carácter eterno y universal de la narrativa o su desarrollo histórico salvífico es el sermón basado en la trama.

La narrativa relata experiencia

Una tendencia natural al predicar la narrativa es parecer un historiador. Las manifestaciones excesivas exasperan a las congregaciones como, por ejemplo, cuando el sermón se convierte en una conferencia acerca de antropología cultural. Este extremo señala de nuevo a la confusión sobre la principal distinción entre el escrito histórico y la narrativa bíblica. La historiografía, como se le concibe de manera tradicional, procura

---

esta cualidad universal. «Un punto de vista contrario es escéptico o agnóstico en cuanto a cómo se relaciona la narrativa con la experiencia humana universal (si en verdad, hay tal realidad), y comienza con las características específicas del cristianismo [...] La primera [posición] asume una base común en la conciencia humana; la segunda cuestiona eso y enfatiza lo especifico y las diferencias», David F. Ford, «Narrative Theology», *A Dictionary of Biblical Interpretation,* ed. por R. J. Coggins y J. L. Houlden, Trinity, Filadelfia, Pennsylvania, 1990, p. 490. La perspectiva de Martin Noth («The "Re-presentation" of the O.T. in Proclamation», *Essays on Old Testament Hermeneutics,* ed. por Claus Westermann, trad. por James Luther Mays, 2da ed., John Knox, Richmond, Virginia, 1964, p. 86) de que los personajes bíblicos no pueden funcionar como «modelos éticos» es inaceptable.

19 Walter C. Kaiser, *Toward an Exegetical Theology,* Baker, Grand Rapids, Michigan, 1981, p. 92. «Axiomar» es declarar las proposiciones, los argumentos, las narraciones, y las ilustraciones del autor en verdades eternas con un enfoque especial en la aplicación de esas verdades a las necesidades actuales de la Iglesia», (*ibíd.*, p. 152). Cf. también Richard L. Mayhue, «Rediscovering Expository Preaching», *The Master's Seminary Journal,* 1, núm. 2, otoño 1990, p. 121.

reconstruir los sucesos históricos en hechos. El objetivo es contar lo que *sucedió*. La narrativa bíblica intenta impactar a los lectores con lo que *sucede,* a saber, «provee una *experiencia* vicaria de la verdad a enseñarse y por lo tanto mueve a las personas a identificarse con esa verdad y a vivir por ella».[20] En resumen, la narrativa como relato está muy orientada a la aplicación. Por esta razón, la trama en el sermón tiende a preservar la cualidad empírica de la narrativa de manera más persuasiva que la mayoría de los otros formatos.

Por otro lado, debido a que la narrativa impacta a su audiencia de maneras tan sutiles, es difícil catalogarla por completo en un juego de principios o procedimientos interpretativos. En el relato de José, por ejemplo, la simpatía de los oyentes por el pobre José que es llevado como esclavo podría perderse a menos que no se dé tiempo para que la audiencia reaccione en ese punto. Por esa razón, reducir o cortar el tamaño y la orientación del relato es un gran reto. Algunos dirían que esto es imposible, pero no lo es si uno presenta la trama de manera cuidadosa.

La narrativa es difícil de reducir

La reducción es el proceso mediante el cual el expositor toma un bloque más extenso y detallado de texto y lo resume, quizás en una sola oración, cláusula o palabra. Uno podría preguntarse en cuanto a la sabiduría de reducir las narrativas bíblicas a proposiciones y puntos homiléticos. Después de todo, si el escritor bíblico procura un formato basado estrictamente en silogismos para comunicar su mensaje, ¿por qué empleó la narrativa?

Quizás la respuesta es que ella comunica mejor ese mensaje particular. Esto no significa que el predicador jamás podría utilizar puntos para resumir, silogismos o abstracciones teológicas. Parece que el mensaje de

---

20 Henry H. Mitchell, «Preaching on the Patriarchs», *Biblical Preaching: An Expositor's Treasury,* ed. por James W. Cox, Westminster, Filadelfia, Pennsylvania, 1983, p. 37. Pero se ha debatido varias veces en cuanto a qué es que las narrativas llaman a su lector. La congregación, ¿debe buscar instrucciones éticas, teológica o ambas? No podemos negar que la enseñanza de la narrativa resultará de alguna manera en alguna forma de respuesta ética, Carl G. Kromminga, «Remember Lot's Wife: Preaching Old Testament Narrative Texts», *Calvin Theological Journal,* 18, núm. 1, 1983, p. 33. Para una crónica histórica del debate ético contra el teológico en cuanto al propósito de la narrativa bíblica, cf. Sidney Greidanus, *Sola Scriptura: Problems and Principies in Preaching Historical Texts,* Wedge, Toronto, Canadá, 1970. Goldingay combina la teología y la ética cuando sostiene que la narrativa apunta a lo siguiente: (1) los *compromisos* que implica la fe; (2) las *experiencias* que la fe podría implicar y (3) *los hechos* en los cuales se basa la fe, Goldingay, «Preaching», pp. 106-9.

una narrativa debe reducirse de alguna manera, ya sea mediante el predicador o el oyente, antes de llegar a ser contemporáneo. El tiempo, de todas maneras, lo requiere. Así que el proceso de generalizar requiere al menos alguna reducción.

Hasta desde el punto de vista de la pedagogía, cuando algunos podrían disputar la capacidad pedagógica de la narrativa, la trama puede sostenerse. Esta es la lección del Antiguo Testamento mismo. Gran parte del simbolismo religioso del Antiguo Testamento y muchos ritos, monumentos, fiestas, etc., veterotestamentarios fueron diseñados para llevar a los niños a hacer preguntas como: «¿Qué es este rito vuestro?» (Éx 12.26) o «¿Qué significan estas piedras?» (Jos 4.6). La respuesta pedagógica casi siempre fue un relato.

El asunto permanece: «¿Cuál es la mejor forma de predicar la narrativa bíblica?» En la mayoría de los casos, presentar el relato como narrativa es más fácil desde el punto de vista técnico, a partir del exegético la más segura y en cuanto a la retórica la más eficaz, prestándose a la aplicación más natural. «Además, desarrollar el sermón de la misma manera que el texto capacitará mejor a la congregación para seguir la exposición del texto y para probar y recordar el sermón».[21] Los intentos de tratar las secciones narrativas con un formato que no esté basado en la trama podrían dar cuenta de la frustración de los expositores al tratar de predicar la narrativa.

Mire todo el mensaje teológico

Una segunda sugerencia general al utilizar la narrativa gira alrededor de tres posibles maneras de maltratar esas porciones. Se necesitan precauciones especiales para no ignorar los principales énfasis teológicos.

Cómo sustituir la estructura conceptual del predicador por la estructura unificadora de la narrativa

Las narrativas bíblicas son relatos completos. Hasta el de José (Gn 37—50),[22] aunque forma parte de un complejo narrativo mayor,

21 Greidanus, *Modern Preacher*, p. 225. Una ventaja adicional de predicar la narrativa como relato aplica a los creyentes con incapacidad para aprender que necesitan una trama bien estructurada, un vocabulario sencillo, un lenguaje concreto, y un claro principio, centro y final a la lección. Ellos comprenderán mejor los sermones narrativos que los abstractos, Augusta Baker y Ellin Greene, *Storytelling: Art and Technique* [Narración: arte y técnica], R. R. Bowker, Nueva York, 1977, p. 77.

22 Sacar ejemplos éticos del relato de José es una tentación. Algunos piensan que el autor procuraba que el comportamiento de José fuera un ejemplo moral porque perciben

tiene su propia introducción y conclusión. Los patrones unificadores, al enlazar partes del relato, le dan una coherencia que lo convierte en un relato. Sin embargo, algunas veces el predicador obvia el elemento intrínseco de la unidad al enfocarse en algunos de sus seductores y coloridos detalles.

Lo siguiente, ¿podría servir como ejemplo de un título, una proposición y un bosquejo común de un sermón narrativo?

Texto: Génesis 37—50

Título: «Fulano cristiano»

Proposición: SEA COMO JOSÉ: Responda correctamente

A. *Aléjese de la inmoralidad:* La esposa de Potifar tentó a José.

B. *Trabaje duro:* El carcelero y Faraón le asignaron trabajo a José.

C. *Perdone a otros:* Los hermanos maltrataron a José.

Este arreglo está bien en términos de lo que abarca. El título, la proposición y el bosquejo se enfocan en los atributos y el comportamiento de José. Los tres bosquejan puntos que pueden sostenerse mediante otros pasajes claros y didácticos en la Escritura. No son seculares. Pero no abarcan lo sufíciente.[23]

---

el texto como literatura sapiencial. Parte de las características de esa literatura es que se presta para ofrecer ejemplos ya que dicta comportamiento como una respuesta ética al temor de Dios. En palabras de José, «Vosotros pensasteis mal contra mí, mas Dios lo encaminó a bien» (Gn 50.20a), Von Rad oye ecos de Pr 16.9: «El corazón del hombre piensa su camino; mas Jehová endereza sus pasos», Games L. Crenshaw, *Gerhard Van Rad*, Word, Waco, Texas, 1978, pp. 122-26). Sin embargo, Crenshaw ha debatido de manera persuasiva contra la clasificación de Von Rad de esto como literatura sapiencial. Games L. Crenshaw, «Method in Determining Wisdom Influence upon "Historical" Literature», *Journal of Biblical Literature*, 88, 1969, pp. 129-42. Otro gran problema al determinar si el relato de José es ético, teológico o ambos, es que muchas narrativas como esta son parte de un contexto literario mayor de la historia de la redención. Entonces, ¿qué constituye una unidad de predicación dentro de esas grandes unidades narrativas? Debido a que el relato de José se introduce con la fórmula תולדת (*tôlêdōt*, «las generaciones de»; cf. Gn 5.1; 6.9 10.1; 11.10, 27; 25.12, 19; 36.1, 9), es prudente tomar Gn 37.2 para marcar su comienzo y el final de Génesis como su conclusión. Empero, establecer límites para una unidad homilética no siempre es así de fácil.

23 Esto no quiere decir que las subsecciones de las narrativas no pueden utilizarse para predicar o enseñar formatos temáticos, biográficos o de algún otro tipo que surgieron de parte del predicador u otro escritor de la Biblia. Las unidades más pequeñas de los relatos afirman varias verdades, pero no lo hacen de manera independiente del resto de

Los sermones que se concentran principalmente en el comportamiento o el carácter de un individuo en la narrativa (llamado algunas veces «sermones biográficos») *pueden* obviar la más amplia enseñanza teológica del pasaje. Algunas narrativas ordenan comportamiento, pero el relato de José no sólo presenta un modelo acerca de cómo los jóvenes deben ser o cómo deben comportarse. Si el predicador anda buscando un modelo y decide utilizar el relato de José, ha cambiado la estructura unificadora del relato por su estructura conceptual. Elige la narrativa sólo por causa de ciertos detalles dentro del relato. El comportamiento de José muy bien podría ser parte del mensaje, pero el predicador lo ha convertido en todo el mensaje. Esto inevitablemente lleva a una bufonada.

Una simple corrección para esto es enfocarse en todo el mensaje para la audiencia original en lugar de que la congregación se identifique con personajes específicos del relato.

La búsqueda de detalles en el relato para ilustrar el Nuevo Testamento u otros pasajes del Antiguo Testamento

Un segundo método equivocado predica la narrativa del Antiguo Testamento sólo para ilustrar al Nuevo Testamento u otros principios del Antiguo Testamento. Las ilustraciones, de no exagerarse, realizan una función importante en situaciones pedagógicas u homiléticas. No está mal utilizar relatos del Antiguo Testamento como ilustraciones de comportamiento malo o bueno. El comportamiento de José con la esposa de Potifar, sus diez hermanos y Dios es un modelo.[24] Sin embargo, utilizar *solamente* la narrativa del Antiguo Testamento para ilustrar la enseñanza del Nuevo lleva a pasar por alto gran parte de la instrucción del Antiguo Testamento que podría servir de trasfondo para la teología del Nuevo Testamento, o como enseñanza que no se repite en este último. La creación, la Ley y el pacto están en narrativa veterotestamentaria

la narrativa de la cual forman parte. Se debe mantener pendiente la función subordinada de tales lecciones para con el mensaje primordial de todo el relato. Esta es la única manera de asegurarse de que nuestra interpretación del pasaje y la predicación expositiva basada en ella captará al intención tanto de su autor divino como el humano.

24 Para Coats, la actitud de José hacia sus sueños y la manera cómo trató a sus hermanos luego de su llegada a Egipto hacen que uno se cuestione cuán ejemplar fue su comportamiento (p. ej., G. W. Coats, «From Canaan to Egypt: Structural and Theological Context for the Joseph Story» [De Canaán a Egipto: estructura y contexto teológico de la historia de José], *Catholic Quarterly Monograph Series,* 4, Catholic Biblical Association, Washington, D.C., 1976, pp. 82-86.

que, de ser obviada o utilizada sólo para ilustraciones, crearía muchos problemas de desequilibrio bíblico. Un marco teológico adecuado debe incluir todo el Antiguo Testamento (cf. 2 Ti 3.16: «Toda Escritura»).

Los escritores del Nuevo Testamento utilizaron personajes, sucesos y toda clase de fenómenos del Antiguo Testamento como ilustraciones (p. ej., Hebreos 11, etc.), Sin embargo, esto no prueba que la incorporación de detalles de una narrativa del Antiguo Testamento para ilustrar es la manera de *predicarla*. Una narrativa del Antiguo Testamento como unidad textual presentó todo un mensaje teológico a su audiencia general. A través de la abstracción teológica, pudo haber llamado a un cambio ético, directa o indirectamente. O podría mover la historia de la redención hacia adelante, demostrando cómo el propósito redentor de Dios está obrando en el mundo. ¿Acaso no debería hacer lo mismo con los sermones de hoy en día? Predicar el mensaje de un pasaje narrativo es tomarlo en su totalidad, no simplemente ocuparse de las características de la personalidad y/o el comportamiento de individuos en la narrativa.

El expositor debe precaver al probar un principio teológico o ético mediante el empleo de una narrativa del Antiguo Testamento. Debe encontrar amonestaciones de «hacer o creer esto» o «no hacer o no creer esto» en otras partes de la Escritura antes de depender de ilustraciones narrativas para elaborar el punto. Por ejemplo, adoptar la teología de los consejeros de Job de manera indistinta no es algo sabio. De igual manera, seguir ciegamente un ejemplo ético en las porciones narrativas de la Escritura es algo inseguro. En otras palabras, el expositor desea asegurarse de que la Biblia promueve cierta doctrina, atributo o calidad de comportamiento *antes* de ilustrarlo con una narrativa del Antiguo Testamento. Los cristianos militantes han justificado erróneamente una teología mala o acciones inmorales sobre fundamentos inferiores, porque «fulano o mengano, un personaje bíblico de otra manera virtuoso, lo dijo o lo hizo».[25]

La limitación de la narrativa a un reflejo ético de la Ley

Una manera diferente, pero relacionada, de maltratar la narrativa es utilizarla para mostrar lo que sucede cuando el pueblo de Dios obedece

25 El consejo de Stuart es sabio: «Evite especialmente el principio de la imitación (la idea de que debido a que alguien en la Biblia lo hace, nosotros podemos o debemos hacerlo también). Este es el acercamiento a la aplicación más peligroso e irreverente ya que en la Biblia se registra casi toda clase de comportamiento, estúpido y sabio, malicioso y santo», Douglas Stuart, *Old Testament Exegesis: A Primer for Students and Pastors*, 2da ed., Westminster, Filadelfia, Pennsylvania, 1984, p. 84.

o desobedece la Ley.[26] Seguir esta presuposición es una manera de fortalecer normas éticas que no se presentan de manera específica en la Escritura. En este tercer esquema de interpretación, el buen comportamiento de José y la subsiguiente recompensa son percibidos como parte del complejo de bendición y maldición que vino como resultado de su obediencia o desobediencia a la Ley. Un caso en particular es su ascendencia a la función de segundo al mando en Egipto debido a su obediencia a la Ley de Dios. La predicación de esta clase a menudo se ocupa de la desobediencia como una causa de la perdición de una bendición o un castigo. Usar la narrativa de esa manera parece tener buen sentido, porque sus personajes están demostrando comportamiento ético bueno o malo. En cierto sentido, es correcto. Empero la pregunta es la misma; «¿Acaso esto es *todo* lo que la narrativa enseña?», o de manera más significativa: «¿Es esto lo que se supone que enseñe la narrativa?» Es claro que algunas narrativas tienen algo más que decir.[27] Un problema aquí es que la soberana gracia de Dios, de clara prominencia en el relato de José, se omite debido a la exclusiva atención a las obras humanas.

Los tres maltratos de la narrativa del Antiguo Testamento que acabamos de resumir enfatizan la necesidad de precaución en la predicación. *Lo que la Biblia misma enseña* a menudo difiere de manera considerable de *las maneras en que uno utiliza la Biblia para enseñar.* Sin precauciones especiales, el expositor podría utilizar los personajes de la narrativa para enseñar algo que sólo se apoya en otra parte de la Biblia, ya sea mediante la sustitución de las proposiciones/puntos del predicador, el uso descuidado de ilustraciones o una malograda elección de modelos de tipo legal. El relato de José no afirma meramente el comportamiento ejemplar de este joven. Un sermón que refleje el verdadero énfasis del relato debe incluir todo el mensaje, la dinámica teológica del personaje de José dentro del plan soberano de Dios: la historia de la salvación.

---

26 Este acercamiento no debe confundirse con Carmichael. Él contiende que las leyes deuteronómicas y quizás algunos o todos los proverbios estaban basados en porciones narrativas anteriores, Calum M. Carmichael, *The Laws of Deuteronomy,* Cornell University, Ithaca, Nueva York, 1974. Explicaciones más breves de la teoría de Carmichael acerca de la narrativa y la ley se encuentran en sus artículos «Uncovering a Major Source of Mosaic Law: The Evidence of Deut. 21.15-22.5», *Journal of Biblical Literature,* 101, 1982, pp. 505-20, y «Forbidden Mixtures», *Vetus Testamentum,* 32, 1982, pp. 394-415.

27 Note que este acercamiento a la narrativa del Antiguo Testamento probablemente ignoraría la importante declaración de José: «Vosotros pensasteis mal contra mí, mas Dios lo encaminó a bien» (Gn 50.20a). Estas palabras capturan la principal lección teológica del relato.

La respuesta de José a las peticiones de perdón de sus hermanos resume de manera aguda los detalles de todo el relato. El sueño dado por Dios (Gn 37) es cumplido cuando los hermanos, al reconocer a José, se postran ante él (Gn 50.18). Por lo tanto, el sueño marca el comienzo y el final de la unidad homilética y provee pistas para una interpretación que destaque el cuidado y la dirección providencial de Dios. Las dos declaraciones de José a sus temerosos hermanos también son parte de la organización de la narrativa. Estas dos enfatizan el control soberano de Dios sobre todo lo que ha sucedido como resultado de su pecado: «No os [...] pese de haberme vendido acá; porque para preservación de vida me envió Dios» (Gn 45.5; cf. 45.7, 8) y «Vosotros pensasteis mal contra mí, mas Dios lo encaminó a bien» (Gn 50.20a). Los hermanos tenían intenciones malas y comportamiento pecaminoso. Dios permitió este último, pero limitó el anterior para que su propósito de edificar una nación, aun en base a una raza tan pobre como los vendedores de esclavos, no fuera obstruido.

El punto es que el expositor no debe usar a José o a cualquier otro personaje bíblico indistintamente como ejemplo. Mucho más importante, no debe descuidar la predicación y la enseñanza de esas porciones debido a las intenciones de su verdad tal y como se representan en toda la unidad textual. O, de manera más atrevida, si sólo se concentra en el comportamiento de José, no ha predicado Génesis 37—50.

La pregunta permanece: «¿De qué manera se predican las narrativas como el relato de José?» Quizás la más fácil y efectiva, la más fiel a la forma bíblica, simplemente es contar de nuevo el relato, permitiendo que el mismo exalte los puntos de aplicación. ¿Acaso no es esta la forma en la cual los maestros de Escuela Dominical les enseñan estos relatos a los niños? ¿Por qué detenerse a los ocho o nueve años? ¿Por qué reducir el relato a tres puntos (a menudo sólo tres ejemplos de buen comportamiento), cuando contar todo el relato honra la mano soberana de Dios? Homiléticamente hablando, ¿qué tiene más impacto, escuchar una proposición abstracta acerca de la soberanía de Dios (p. ej., «Dios es soberano») o verlo encarnarse en la experiencia del pueblo de Dios? Cuando un predicador declara una abstracción, usualmente la sigue con una ilustración para mejorar la comprensión de la abstracción. La narrativa predicada como tal ya ha incorporado la ilustración.

¿Quién es suficiente?

Una última pregunta podría penetrar la mente del predicador al acercarse a la narrativa del Antiguo Testamento. Es cierto que la identificación de los formalismos de la narrativa, formulándolos en guías de interpretación, es tan complejo como importante,[28] pero los que lean y estudien las porciones narrativas de la Escritura llegan a entender estos formalismos de manera instintiva. El entendimiento no sólo proviene de la lectura cuidadosa, sino que además «hay ciertos punto en común entre las tradiciones narrativas de cualquier edad y cultura, así como ciertos puntos en común entre los diferentes sistemas lingüísticos».[29] Los lectores «tienden a aplicar la mayoría de estas reglas de manera instintiva, simplemente como lectores cuidadosos del texto bíblico».[30]

Predicar la narrativa es importante. Si el expositor se ha comprometido a predicar «todo el consejo de Dios», pronto descubrirá que una gran porción de la Escritura es narrativa o se asemeja a esta. Debido a que la narrativa sigue una trama: (1) tiene poder literario, (2) es organizada, (3) es eterna y universal, (4) comunica experiencia, y (5) es difícil de reducir. En vista de estos factores, el expositor hace bien en mantener el formato de relato.

Predicar la trama en su totalidad tiene la ventaja de resguardarse al menos contra tres faltas comunes en la interpretación de la narrativa: (1) eludir la estructura unificadora de la narrativa por causa del concepto del formato del predicador, (2) buscar detalles en ella meramente para ilustrar el Nuevo Testamento y otros pasajes del Antiguo Testamento, y (3) limitar la narrativa a un reflejo ético de ley. Ninguno de estos métodos trata toda la unidad textual ni busca todo el mensaje teológico o ético.

---

28 Advirtiendo al lector para que no asuma correspondencias entre las tradiciones en la literatura occidental y la Biblia, Longman escribe: En la lectura ordinaria, gran parte de este entendimiento ocurre automáticamente. Nosotros, de manera pasiva, dejamos que el narrador moldee nuestra interpretación del hecho que nos está reportando; realizamos inconscientemente una identificación genérica. Pero como intérpretes del texto, es importante ser explícito. Esto es doblemente cierto en el caso de la Biblia, ya que es un texto antiguo y los formalismos utilizados a menudo no son a los que estamos acostumbrados», Longman, «Storytellers», p. 148, aludiendo a Anthony C. Thiselton, *The Two Horizons: New Testament Hermeneutics and Philosophical Description,* Eerdmans, Grand Rapids, Michigan, 1980.

29 V. Philips Long, «Toward a Better Theory and Understanding of Old Testament Narrative», *Presbyterian*, 13, núm. 2, otoño 1987, p. 105.

30 Ryken, *How to Read* [Cómo leer], p. 68. En cuanto al real, pero a menudo oculto, temor de que la interpretación narrativa es un proceso imposiblemente complejo, Ryken responde: «Empero ese mito de la complejidad debe rechazarse. La literatura de la Biblia está creada de manera sutil y artística pero esencialmente simple [...] Hablar acerca de la literatura de la Biblia no requiere complicadas herramientas y teorías. Sin embargo, requiere herramientas *literarias*», Ryken, «And It Came» [Y vino], p. 137.

Al predicar la narrativa, uno debe quitarle las luces a los héroes parecidos a José y colocarla en el único personaje en el relato digno de alabanza: Dios. Quizás debido a ese enfoque, aquellos a quienes predica harán de Dios el foco del relato de sus vidas. Como resultado, el comportamiento humano probablemente también mejorará y no sólo de manera triple para corresponder con un mensaje de tres puntos.

16

De la exégesis a la exposición

John MacArthur, Jr.

Predicar un sermón expositivo implica más que la mera repetición de los resultados técnicos de su estudio bíblico. La verdadera predicación expositiva transforma los detalles técnicos en principios o doctrinas para que el expositor predique de manera teológica con aplicaciones adecuadas. Esta discusión se concentra en cómo unir la brecha entre la exégesis y la exposición bíblica.

El estudio bíblico es el fundamento del sermón expositivo. Esto obliga al predicador expositivo primero que todo a ser un estudiante de la Escritura con una reverencia y un asombro ante la Palabra de Dios que le lleve a ser diligente en su estudio (cf. Is 66.2, 5 y 2 Ti 2.15). Examina la Biblia de manera inductiva, permitiéndole hablar por sí misma mediante el uso de un método sistemático de estudio y reglas hermenéuticas correctas, así como una exégesis hábil. Emplea todas las herramientas apropiadas de estudio para mejorar su entendimiento de un pasaje. Estas necesidades se han discutido anteriormente (véanse los caps. 7—11).

Predicar un mensaje expositivo incluye mucho más que pararse en el púlpito y repasar los puntos sobresalientes, los detalles y los componentes descubiertos mediante la investigación. Ni un estudio lexicográfico ni un comentario seguido acerca de un pasaje es, en sí mismo, un sermón expositivo. Un sermón expositivo es más que una simple explicación de la estructura gramatical de un pasaje y los significados de sus palabras. Un verdadero mensaje expositivo establece los principios o doctrinas apoyados en el pasaje. La verdadera predicación expositiva es predicación doctrinal.[1]

Los elementos apropiados en un sermón expositivo podrían resumirse así:

1. *La predicación tiene un propósito expositivo.* Explica el texto.
2. *La predicación tiene un flujo lógico.* Persuade la mente.
3. *La predicación tiene un contenido doctrinal.* Obliga a la voluntad.
4. *La predicación tiene una preocupación pastoral.* Alimenta el alma.
5. *La predicación tiene un patrón imaginativo.* Excita la emoción.
6. *La predicación tiene una aplicación relevante.* Impacta la vida.

La tarea del predicador expositivo es tomar la masa cruda de información del texto y unir la brecha entre la exégesis y la exposición. El siguiente es el proceso que sigo al hacer esto.

Desarrollo del cuerpo principal del sermón

La comunicación adecuada en la predicación involucra a las personas a través de un proceso lógico, sistemático y obligatorio.

Esté consciente del flujo lógico del mensaje

A medida que comienzo a desarrollar el cuerpo principal del mensaje, primero me ocupo del flujo lógico. Quiero llevar a las personas paso a paso a través del proceso de interpretar el mensaje. A menudo declaro mi idea principal en forma de pregunta y luego muestro cómo el pasaje la responde. Si hago una pregunta que es crítica para sus vidas espirituales, se quedarán conmigo para obtener toda la respuesta.

Luego de desarrollar esa pregunta o tema dominante, comienzo a refinar el bosquejo, asegurándome de que los puntos se relacionen claramente con la idea principal. El bosquejo es el mapa del camino que lleva a las personas a través del flujo lógico de un pasaje al destino de la doctrina a aplicarse. Es crítico que este flujo sea claro.

A medida que explico el pasaje, no sólo ofrezco la interpretación correcta, sino lo suficiente del proceso de interpretación para mostrarles cuán razonable es la explicación. No basta decirle a las personas lo que

1 Leith Anderson, «Excellence in Preaching» [Excelencia en la predicación], *Christianity Today*, 26, 17 de septiembre de 1982, p. 54.

un pasaje significa; usted también debe mostrarles *por qué* significa eso. Evite ser pomposo; enséñeles a los oyentes cómo llegó a su interpretación. Por ejemplo, no puedo simplemente señalar que el mensajero de Satanás que atormentó a Pablo en 2 Corintios 12.7 fue una persona. También debo ofrecerle mis razones para interpretar el pasaje de esa manera. Esto también les enseña un método de interpretación que necesitan aplicar a su estudio de la Escritura.

Incluya discusiones de interpretaciones problemáticas

Dedico la mayor parte de mi tiempo de estudio de un pasaje resolviendo los problemas que presenta. La primera vez que prediqué a través de Romanos 6, a comienzos de mi ministerio, me tomó un mes de estudio antes de poder entender por completo el argumento. Y cuando comencé mi estudio de 1 Juan, ¡casi sentí que debía abandonar el ministerio! Es una epístola sumamente difícil de bosquejar, y algunos de sus pasajes ofrecen arduos retos para el intérprete. Evite la tentación de descuidar los problemas. Cada estudiante dedicado de la Biblia se ha frustrado con comentarios que evitan las dificultades obvias. El expositor no debe frustrar a su pueblo de esa manera. A menudo pueden interpretar las partes obvias de un pasaje por sí mismos. Necesitan un líder que explique los difíciles. El predicador fiel sabe que debe ocuparse de todo el texto, sin evitar nada, ya que todo es inspirado y tiene como propósito que el pueblo de Dios comprenda. Las vetas más ricas frecuentemente yacen en los lugares más profundos.

Llevar a las personas a través de pasos de interpretación al solucionar un problema les enseña un proceso básico de estudio bíblico. Además, involucrarlos en el proceso de descubrimiento los estimula en cuanto al estudio bíblico. No es necesario abrumarlos con todos los detalles, muéstrele lo suficiente para defender las conclusiones que se alcanzaron. No los coloque en una posición en donde sólo dependan de su palabra. Ellos van a expresar sus conclusiones a otras personas. Ofrézcales alguna información sólida para presentarla en defensa de las conclusiones, de modo que tengan algo más que: «Lo creo porque mi pastor lo dijo». Predique conscientemente a una segunda generación de oyentes que será el blanco para sus oyentes.

Primero, defino con claridad un problema o dificultad de interpretación en el texto. Entonces declaro brevemente todas las alternativas. Por último, explico por qué elegí la alternativa. He descubierto que explicar los problemas genera mucho interés. Al hacer una pregunta estimulante, capto la atención de las personas porque desean conocer la respuesta.

Así que no evite los problemas; en lugar de eso, atraiga a su pueblo a la aventura del descubrimiento.

La meta principal del expositor es enseñar la Palabra de manera precisa y total, no conmover a las personas independientemente de la comprensión del texto. Su única respuesta emocional saludable llega mediante la comprensión del significado del texto. La mayoría de los predicadores tratan de motivar, estimular y generar emoción mediante relatos excitantes, manipulaciones retóricas o asuntos histriónicos. Sin un entendimiento de la verdad divina, esto produce una breve reacción que no pude sostener una transformación permanente. Las personas viven su teología. Mientras más fuerte sea el oyente, es decir, mientras mejor definido y enmarcado bíblicamente esté su sistema de fe, mejor se ajustará su voluntad a la Palabra y a la verdad. Así que enséñeles a las personas las cosas profundas de Dios, sin evitar nada.

Relacione el pasaje con el resto de la Escritura

Luego de trazar el flujo lógico de un pasaje, muestro cómo se ajusta al resto de la Escritura. Hago eso al revisar cada punto. En mis notas escribo todas las referencias cruzadas que encuentro que aclaren, iluminen o expandan la verdad, aunque no las explique necesariamente al predicar. Hacerlo me permite anotar permanentemente mis pensamientos acerca de un punto dado. Explicar a sus personas el significado de referencias cruzadas esenciales que apoyan y aclaran sus puntos le da credibilidad a su interpretación y fortalece la doctrina. Además, muestra su armonía con el resto de la Escritura. Sin embargo, asegúrese de que los versículos utilizados realmente apoyan su punto al interpretarse de manera apropiada en su contexto. Traina advierte acerca de aquellos que «no logran sacar el tiempo para examinar cada unidad y descubrir su significado particular [...] por lo tanto, con frecuencia, hacen asociaciones erróneas. El resultado es mucha interpretación malograda».[2] Y añade:

> El peligro, al cual se está llamando la atención, es no interpretar cada unidad en su derecho propio antes de mezclar varias unidades. Si cada pasaje se presenta primero como una entidad literaria, entonces se harán asociaciones válidas, las cuales serán beneficiosas. Pero si allí aparece una amalgama de materiales antes de que se explique cada unidad en vista de su contexto, el inevitable resultado serán errores en la exposición.[3]

---

2 Robert A. Traina, *Methodical Bible Study,* Wilmore, Kentucky, 1952, pp. 179-80.

3 *Ibíd.,* p. 180.

Los comentarios, los diccionarios y las concordancias son buenas fuentes para las referencias cruzadas. Sin embargo, es posible que la mejor fuente sea *The Treasury of Scripture Knowledge* [El tesoro del conocimiento bíblico], que provee extensas referencias cruzadas para casi todos los versículos en la Biblia. Su formato es similar a las referencias marginales que aparecen en la mayoría de las Biblias, pero las citas son mucho más extensas. El libro *10,000 Biblical Illustrations* [10,000 ilustraciones bíblicas] contiene otra útil colección de referencias como ayuda en el uso de la Biblia para explicar la misma.

Usted reconoce, al reforzar las verdades de un pasaje con otros, la *analogia Scriptura*, la analogía de la Escritura. Este principio hermenéutico declara que la Escritura no se contradice a sí misma, sino que es consistente con su enseñanza. Ella es su mejor intérprete. Los pasajes oscuros siempre deben interpretarse a la luz de los claros. Packer escribe:

> La Biblia parece una orquesta sinfónica, con el Espíritu Santo como su Toscanini; cada músico ha sido traído voluntariamente, de manera espontánea y creativa, para tocar sus notas como el gran director lo desea, aunque ninguno de ellos jamás podrá escuchar la música como un todo [...] El punto de cada parte sólo llega a aclararse del todo cuando se le percibe en relación con el resto.[4]

A las personas les encanta ver todo el panorama. Desean conocer cómo encaja cada cosa. Algunas veces les resulta difícil entender una verdad presentada de manera aislada, pero hacer que pasajes análogos se relacionen con un texto enriquece sus verdades al percibirlos desde ángulos diferentes. Mientras más ilustre una verdad de la Escritura, más la fijará en las mentes de sus oyentes. Las referencias cruzadas ayudan a fijar las verdades de manera profunda en la conciencia de su pueblo.

Cuando busque referencias cruzadas, comience con el libro en el cual está su pasaje, luego continúe con otros libros del mismo autor, entonces al mismo testamento, y finalmente a toda la Biblia. Recuerde verificar los relatos paralelos del mismo relato en los Evangelios. Busque pasajes que contengan la misma palabra o palabras, así como referencias cruzadas conceptuales: las que enseñan la misma doctrina.

---

4 J. I. Packer, *God Has Spoken* [Dios ha hablado], Hodder and Stoughton, Londres, Inglaterra, 1965, p. 74.

En busca de las ilustraciones bíblicas apropiadas

Una vez hecho el cuerpo principal del sermón, me concentro en las ilustraciones. Acudo primero a las que recuerdo y que he anotado a medidaque he elaborado el cuerpo principal del mensaje, para refinarlas y añadir otras donde sean necesarias.

Las ilustraciones son decisivas para un buen mensaje expositivo. Spurgeon las compara con las ventanas de un edificio. No apoyan la estructura, sino que dejan entrar la luz. Él escribe:

> Un edificio sin ventanas sería una prisión más que una casa, porque sería bastante oscuro y a nadie le gustada alquilarlo; de la misma manera, un discurso sin una parábola es prosaico y aburrido, e implica una agotadora pesadez de la carne [...] Nuestras congregaciones nos escuchan con placer cuando les damos una buena cantidad de imágenes; cuando se relata una anécdota ellos descansan, recuperan su aliento y dejan volar su imaginación, preparándose así para lo más arduo que yace ante ellos al escuchar nuestras exposiciones más profundas.[5]

Las ilustraciones sirven a varios propósitos:

1. Las ilustraciones hacen que la exposición sea *interesante.* Después de un sermón las personas casi siempre me dicen: «¡Fue un gran sermón!», cuando en realidad lo que quieren decir es que tenía un par de buenas ilustraciones. Ellas también mantienen la atención de los oyentes. Spurgeon señala que:

> Una casa no debe tener paredes gruesas sin aberturas, ni un discurso debe constituirse de sólidas losas de doctrina sin una ventana de comparación o una celosía de poesía; de ser así, nuestros oyentes nos abandonarán poco a poco, preferirán quedarse en la casa y leer sus autores favoritos cuyos vívidos tropos e imágenes ofrecen más placer a sus mentes.[6]

2. Las ilustraciones hacen que la exposición sea *memorable.* Las personas casi siempre recuerdan un sermón debido a una ilustración extraordinaria. Es más, cuando predico un sermón y utilizo una ilustración que he usado anteriormente, las personas algunas veces me dicen que ya lo han escuchado, cuando lo único que realmente recuerdan es

---

5 C.H. Spurgeon, *Lectures to My Students: Third Series* [Conferencias a mis estudiantes: Tercera serie), reimpresión, Baker, Grand Rapids, MI, 1977, p. 2.

6 *Ibíd.*, p. 3.

la ilustración. Aun años después, las personas todavía recuerdan algunas ilustraciones.

3. Las ilustraciones hacen que la exposición sea *convincente.* Las personas no serán persuadidas por lo que no entienden. Algunas veces una buena ilustración, al mostrar cómo actúa un principio en una situación de la vida, las convencerá de su verdad.

4. Las ilustraciones hacen que la exposición sea *clara.* Las personas algunas veces se marean con las minucias de una exposición. Una ilustración abre una ventana y les ofrece un respiro de los austeros hechos. Spurgeon dijo:

> A cada predicador de justicia así como a Noé, la sabiduría le manda: «Debes hacerle una ventana al arca». Usted podría construir laboriosas definiciones y explicaciones, y aún así dejar a sus oyentes en la oscuridad en cuanto a su significado; pero una metáfora detalladamente apropiada aclarará de manera maravillosa el sentido.[7]

5. Las ilustraciones hacen que la exposición sea *motivadora.* Dar ejemplos (sobre todo bíblicos) de personas cuya experiencia ilustra un principio bíblico motivará a los oyentes a ponerlos en práctica en sus vidas.

Muy pocas ilustraciones hacen que un sermón sea aburrido y difícil de seguir, pero en otro extremo, su uso en exceso también es indeseable. El propósito de un mensaje expositivo es enseñar el significado de un pasaje bíblico. Demasiadas ilustraciones, o muy largas, diluirán el contenido doctrinal del sermón. Una vez más, la advertencia de Spurgeon es oportuna:

> Ilustre por todos los medios, pero no permita que el sermón sea todo ilustraciones, o sólo será apropiado para una asamblea de simplones. Un volumen es mejorado por los grabados, pero un libro sencillo repleto de grabados usualmente es para el uso de niños pequeños. Nuestra casa debería edificarse con la albañilería sustancial de la doctrina, sobre el profundo fundamento de la inspiración; sus pilares deben ser un argumento bíblico sólido, cada piedra de verdad debe colocarse de manera cuidadosa en su lugar; y entonces se deben arreglar las ventanas en su debido orden, «tres filas» por así decirlo: «luz contra luz», como una casa en el bosque del Líbano. Pero una casa no es levantada a causa de las ventanas, ni un sermón

---

7 *Ibíd.,* p. 2.

> debe arreglarse para encajar un apólogo favorito. Una ventana es una mera conveniencia subordinada a todo el diseño y así es la mejor ilustración.[8]

Busco primordialmente ilustraciones bíblicas. Los escritores del Nuevo Testamento utilizaron el Antiguo Testamento para ilustraciones más que ninguna otra fuente. Es apropiado usarlas de otras fuentes, pero prefiero las bíblicas por dos razones. Las ilustraciones bíblicas, a diferencia de las que no lo son, tienen autoridad. Las de otras fuentes podrían ser interesantes y ayudar a los oyentes a entender mejor un punto, pero no son la inspirada Palabra de Dios. Una segunda razón por la cual prefiero las ilustraciones bíblicas es que ellas enseñan, así como ilustran. Amplían el conocimiento de su pueblo acerca de la Biblia.

La mejor fuente de ilustraciones bíblicas es *10,000 Biblical Illustrations* [10.000 ilustraciones bíblicas]. Otras fuentes útiles incluyen las Biblias temáticas como la de Nave o el *Topical Index and Digest of the Bible* [Índice temático y resumen de la Biblia]. Ya que el Antiguo Testamento fue escrito para instrucción nuestra y como ejemplo de la verdad ilustrado en las vidas de otras personas (1 Co 10.11), es el primer lugar para buscar. El próximo al que acudo son los Evangelios para ver si la vida de Jesús o su enseñanza ilustran la doctrina que estoy predicando.

Hay muchas fuentes de ilustraciones seculares, pero el expositor debe estar siempre alerta para encontrar buenas ilustraciones por su cuenta. El desarrollo de un archivo de ilustraciones puede ser beneficioso, especialmente si está bien organizado.

Es muy importante que un predicador expositivo desarrolle una «perspectiva de parábola», a saber, aprender a pensar en analogías. Los comunicadores más efectivos son los que han aprendido cómo utilizar analogías para proveer ventanas a lo que dicen. Toman verdades abstractas y las concretan facilitando su comprensión. La práctica en la invención de parábolas o analogías es algo útil. Cuando enseñé un curso de seminario acerca de la homilética, les pedí a los estudiantes que compusieran una parábola semanal. Aprender a pensar en analogías ahorra tiempo al buscar ilustraciones. Sin embargo, no las utilice como una fuente de verdad, porque la doctrina proviene de la Escritura, no de analogías. Las analogías ilustran la verdad, pero no la establecen. La indiferencia hacia este axioma está muy diseminada y ha llevado a toda clase de error.

---

8 *Ibíd.*, p. 5.

Cómo realizar el bosquejo final del sermón

Luego de desarrollar el cuerpo principal del sermón, de verificar las referencias cruzadas y de añadir ilustraciones bíblicas, mi próximo paso es completar la forma final de mi bosquejo.

Prefiero los bosquejos sencillos. No me gustan los complicados con muchos subpuntos. Los puntos del bosquejo son ganchos para colocar pensamientos. Son luces a través del sendero para capacitar a los oyentes a fin de que permanezcan en el camino. Ayudan a retener la atención del oyente y a facilitar el entendimiento. Un bosquejo desequilibrado confuso o complicado es algo destructivo.

Los puntos del bosquejo deben tener una estructura paralela, es decir, construidos alrededor de la misma parte del discurso, como todos los sustantivos, todos los verbos o todos los adjetivos. Todos deben ser preguntas o declaraciones. El siguiente es un ejemplo de un bosquejo de Mateo 28.19-20[9] que no está en forma paralela:

¿Qué implica hacer discípulos?

I. Salir
II. Bautizar
III. Instrucción

Las primeras dos palabras clave son verbos, pero la tercera es un sustantivo. La manera correcta de formular estos puntos es:

I. Salir
II. Bautizar
III. Enseñar

Los puntos subsiguientes, además de ser paralelos, deben relacionarse con el punto principal. En el siguiente ejemplo, el tercer subpunto no sólo no es paralelo, sino que tampoco se relaciona con su título principal:

I. El amor de Dios por nosotros

---

9 «Por tanto, id, y haced discípulos a todas las naciones, bautizándolos en el nombre del Padre, y del Hijo, y del Espíritu Santo; enseñándoles que guarden todas las cosas que os he mandado; y he aquí yo estoy con vosotros todos los días, hasta el fin del mundo».

A. Percibido en haber enviado a Cristo al mundo
B. Percibido en haber perdonado nuestros pecados
C. El pecado lleva a la muerte

El repaso periódico de su bosquejo, a medida que predica su mensaje, les recuerda a las personas dónde se encuentran. Sus mentes se distraen con frecuencia durante un mensaje. Se descontrolan y luego se sintonizan de nuevo. Los frecuentes recordatorios de su posición en el bosquejo les ayudan a regresar rápidamente al flujo de pensamiento. Si no pueden regresar al contexto de sus declaraciones, podrían perderse y desubicarse por completo.

Cómo escribir la introducción y la conclusión

Este es el paso final en la preparación de una exposición. Sólo después de haber realizado el resto del sermón se puede introducir y concluir. Escribir primero la introducción tienta a uno a forzar el pasaje a ajustarse a ella. Mis introducciones tienden a ser un tanto extensas, porque tengo que establecer el antecedente histórico y cultural de un texto y repasar el contexto. Asegúrese de que sus introducciones no revelen demasiado de lo porvenir, o el resto de su sermón será como ver la repetición de un partido de fútbol estadounidense cuyo resultado ya se conoce. No permita que una introducción mine el proceso de descubrimiento que desea que su pueblo experimente en el cuerpo principal de su mensaje.

La conclusión debe resumir los puntos principales de un mensaje, y dejar a las personas con un reto para que pongan en práctica en sus vidas lo que han aprendido. Predique siempre en segunda persona y hágalo para alcanzar un veredicto. Obligue a las personas mediante la lógica, la claridad y el poder de su exposición para que tomen una decisión que cambie sus vidas en base a lo que escucharon.[10] Quiero que se marchen sabiendo con claridad lo que Dios requiere de ellos para que también sepan si han obedecido o rehusaron someterse a ese requisito. Una declaración que sirva como resumen, una ilustración o un pasaje paralelo de la Escritura puede reforzar la necesidad de respuesta de su parte.

10 Para una discusión de este importante punto véase C. H. Spurgeon, «The Need of Decision for the Truth» [La necesidad de una decisión por la verdad], *Lectures*, pp. 39-53.

Los siete «estadios» de la predicación expositiva

Luego de la ardua labor de exégesis y el desarrollo del sermón, el mensaje está listo para ser predicado. Pero antes de subirse al púlpito a predicarlo, recuerde las siguientes instrucciones:

1. Esté preparado

No puedo exagerar esto. La Palabra del Dios viviente es la fuente de nuestros mensajes y sus verdades son inagotables. Simplemente no hay excusa para que un hombre se suba al púlpito sin tener algo profundo, lleno de conocimiento y rico para disfrutar con su pueblo.

Mi padre es un expositor, y una cosa que me martilló cuando joven fue la importancia de la preparación. Una y otra vez me dijo: «Jamás vayas al púlpito sin estar preparado. Y si dices "La Biblia dice" asegúrate lo mejor que puedas que verdaderamente dice eso». La falta de preparación conduce a un predicación pobre, ofende a Dios y lleva a las personas a la debilidad, no a la fortaleza.

Las personas me preguntan a menudo si me pongo nervioso antes de predicar. Eso sólo sucede cuando no estoy seguro de lo que voy a decir. Si sé lo que voy a decir, no me pongo nervioso, no importa cuál sea el tema. La confianza está directamente vinculada con la preparación.

Demasiados hombres van al púlpito sin elaborar los frutos de su estudio y de su exégesis en un mensaje expositivo. Como resultado, están inseguros de la dirección que van a tomar y el sermón está desenfocado. Otros no invierten suficiente tiempo en el estudio y la preparación del mensaje. Asegúrese de que está completamente preparado antes de ir al púlpito para exponer la santa Palabra de Dios.

Es muy fácil que se haga difícil entenderlo: simplemente no se familiarice con su tema y los oyentes participarán de su falta de entendimiento. Podrán pensar que usted fue demasiado profundo para ellos, pero eso no es cierto. Usted no entendió su tema, de no ser así ellos también lo hubieran entendido. Ser claro es algo muy difícil: tiene que dominar su tema.

2. Sea interesante

No aburra al pueblo con la Biblia. Predique más de lo que es obvio en un pasaje, lo que las personas pueden ver por sí mismos. La manera de evitar predicar solamente lo obvio es trabajar arduamente en la preparación. Asegúrese de que el pozo es más profundo que sus cubos. Haga que sus sermones sean una aventura en descubrimiento para su pueblo.

3. Sea bíblico

La Palabra «es viva y eficaz, y más cortante que toda espada de dos filos; y penetra hasta partir el alma y el espíritu, las coyunturas y los tuétanos, y discierne los pensamientos y las intenciones del corazón» (He 4.12). Los relatos, las analogías, las anécdotas o las discusiones de acontecimientos actuales no tienen el poder ni la autoridad de la Palabra de Dios. El poder en la predicación expositiva proviene de la Palabra, no de menospreciarla en favor de otros temas.

4. Tenga un espíritu de oración

Después de que se haya dicho y hecho todo, luego de todo nuestro diligente estudio y cuidadosa preparación, si el Espíritu Santo no nos da el poder, nuestra predicación será en vano. Una vez leí acerca de un pastor consagrado que hace años repetía continuamente: «Creo en el Espíritu Santo, creo en el Espíritu Santo», desde el momento en que salía de su oficina hasta que se paraba ante el púlpito. Reconocía su total dependencia en el poder del Espíritu Santo.

Tenemos que bañar nuestros sermones en oración. Hablando en general, la oración es una manera de vivir. Específicamente, empiezo a orar por el sermón en el mismo momento que comienzo la preparación, luego lo hago el sábado en la noche por mi mensaje del domingo en la mañana y a menudo me quedo dormido orando. Oro el domingo por la mañana, primero en la privacidad de mi estudio y luego con algunos de los ancianos, rodeando así al mensaje con oración. Entonces en la tarde oro directamente por el mensaje vespertino. Luego tengo un momento de oración con otros pastores antes de predicar.

5. Sea entusiasta

Si no se puede entusiasmar en cuanto a lo que va a decir, tampoco puede esperar que su pueblo se emocione. El mensaje que Dios da debe ser como fuego en nuestros huesos para que *tengamos* que predicar porque estamos cansados de retenerlo (cf. Jer 20.9). Cuando me paro en el púlpito el domingo, luego de una semana de estudio y preparación, me animo con lo que voy a decir. A veces las personas me preguntan cuánto tiempo ocupo en prepararme para mis mensajes. Me preparo cada semana para ese domingo. De allí proviene mi intensidad. La emoción de un descubrimiento fresco activa mi entusiasmo.

Hace algunos años hicimos una actividad evangelística en nuestra iglesia. Le pregunté a uno de los hombres en mi mesa cuánto tiempo hacía que visitaba la iglesia.

—Un año —respondió.

—¿Y cuánto tiempo hace que es cristiano? —le pregunté.

Respondió que no era cristiano.

—¿Por qué viene? –volví a preguntarle.

—Soy vendedor y usted es tan entusiasta que me anima para mi semana de ventas.

Cortésmente le mencioné que había algo más en mis mensajes que simple entusiasmo. Empero estaba agradecido de saber que no era aburrido. Debe haber un entusiasmo, una excitación y una intensidad en nuestra predicación.

6. Sea autoritativo

Predique con convicción. La Biblia es la palabra autoritativa de Dios para el hombre. Como dijo alguien: «Dios no nos dio las "Diez Sugerencias"; nos dio los Diez Mandamientos». Podríamos definir la autoridad como «confianza delicada». Si creemos que lo que decimos es cierto, debemos decirlo con confianza y autoridad. Decimos confianza *delicada,* porque no podemos parecernos a un sargento espiritual, gritándole órdenes a nuestro pueblo.

Predique en segunda persona. Diga «tú», no «nosotros» o «ellos». Usted es el vocero de Dios, así que debe ser directo en el uso del «tú».

Recuerdo haber escuchado hace varios años que el Departamento de Policía de Los Ángeles había suspendido a un hombre de su academia policiaca porque tenía una voz fina y debilucha. Ellos creyeron que era inapropiado que les dijera a las personas: «¡Está bajo arresto!», en un tono de voz que no pareciera autoritaria. Debemos predicar con convicción: y las personas deben sentirlo así. Como le escribió Pablo a Timoteo: «Que prediques la palabra [...] redarguye, reprende, exhorta con toda paciencia y doctrina» (2 Ti 4.2).

7. Sea relevante

Evite ser evasivo, oscuro, pedante o usar ilustraciones obsoletas con las cuales las personas no se pueden relacionar. Muestre cómo las verdades eternas de la Palabra de Dios impactan las vidas cada día.

La verdadera predicación expositiva es en realidad la clase de predicación aplicada más efectiva. Cuando la Escritura se interpreta de manera precisa y se predica con poder, el Espíritu toma el mensaje y lo aplica a las necesidades particulares de cada oyente. Aparte de la aplicación general explícita al definir las principales partes de la exposición, el expositor no está obligado a ofrecer un número establecido de puntos de aplicación específica para que el sermón tenga un impacto práctico. Eso no quiere decir que no debe hacer algunas aplicaciones, pero si se permite que el texto hable por completo, las aplicaciones se multiplicarán mucho más de lo que pueda anticipar, ya que el Espíritu de Dios toma su Palabra y la aplica a cada oyente.

Si están presentes cientos o hasta miles, el expositor puede establecer restricciones innecesarias, al proponer sus aplicaciones específicas y correr el riesgo de eliminar muchas otras a las vidas de sus oyentes. En lugar de eso, debe concentrarse en ofrecer el significado correcto del texto y contentarse con aplicaciones generales. Esto le concede al Espíritu Santo, que es el más capacitado para aplicar la Palabra a cada corazón, su lugar correcto al dirigirse a las vidas individuales.

El supremo y solemne llamado de Dios a predicar su Palabra demanda nuestro mejor estudio y una exposición cuidadosa. El alimento espiritual de la Palabra de Dios lleva a nuestros oyentes a crecer en gracia, así que debemos asegurarnos de que está preparada adecuadamente antes de servirla a una congregación, y debemos servirla de forma tal que se honre su singular autoridad.

Parte V

La predicación de la exposición

17. Las traducciones bíblicas y la predicación expositiva
18. Presentación de la exposición
19. Preguntas frecuentes acerca de la predicación expositiva

17

Las traducciones bíblicas y la predicación expositiva[1]

Robert L. Thomas

La predicación expositiva presupone el objetivo de enseñarle a una audiencia el significado del pasaje sobre el cual se basa el sermón. Hay dos clases de traducciones bíblicas disponibles que el predicador puede utilizar como «libros de texto» al realizar esta tarea. Una clase sigue los idiomas originales de la Escritura en forma y vocabulario, hasta donde es posible, sin violentar el uso castellano. La otra clase no está tan dominada por la fraseología en los idiomas originales, sino que se adapta al uso contemporáneo del idioma en el cual se hace la traducción. Es posible, con cierto grado de objetividad, medir cuánto se desvía una traducción de los idiomas originales. El mayor grado de desvío refleja inevitablemente una mayor proporción de interpretación de parte del traductor. Independientemente de la precisión de la interpretación, el predicador a veces estará en desacuerdo con ella y tendrá que dedicar un valioso tiempo para corregir el texto. Por lo tanto, la mejor elección en traducciones sobre la cual basar la predicación expositiva es la que siga más literalmente los idiomas originales y excluya tanta interpretación humana como sea posible.

---

1 Este ensayo se presentó originalmente en la XXXV reunión anual de la Sociedad Teológica Evangélica en Dallas, Texas, en diciembre de 1983 y publicada en el ejemplar de primavera de 1990 (1, número 1) de *The Master's Seminary Journal* bajo el título «Bible Translations: The Link between Exegesis and Expository Preaching» [Traducciones bíblicas: El nexo entre la exégesis y la predicación expositiva], pp. 53-73. Se han hecho unas pocas añadiduras al ensayo original.

Las versiones castellanas de la Biblia pueden clasificarse de distintas maneras. En cuanto a origen histórico, en cuanto a base textual, en cuanto a orientación teológica, y en cuanto al uso del idioma español. Estas áreas de consideración no son irrelevantes a la exégesis y la predicación expositiva, pero para los propósitos de este estudio, se examinará una quinta clasificación, la de las filosofías de traducción utilizada en la producción de las versiones de la Biblia.[2]

Se elige esta categoría de análisis debido a su estrecha conexión con la exégesis y la exposición. En investigaciones como estas los dos términos, exégesis y exposición, deben definirse claramente. «Exégesis» es la aplicación técnica o crítica de principios hermenéuticos a un texto bíblico en el idioma original teniendo en cuenta la exposición o la declaración de su significado. «Exposición» se define como un discurso que establece el significado de un pasaje de forma popular. Es más o menos sinónimo de la predicación expositiva. En una comparación de estos dos se debe notar que la exégesis es más fundamental y más orientada hacia la crítica y los tecnicismos. La exposición se basa en la exégesis y tiene en cuenta a una audiencia más popular. Aquí la exposición bajo consideración es pública y una exposición verbal en lugar de una exposición escrita.

En la práctica de la exposición o la predicación expositiva se asume que las metas del predicador incluyen la enseñanza del significado de este pasaje para la audiencia.[3] Esa enseñanza señala asuntos en el texto que son obvios pero que jamás han sido notados. También llama la atención a asuntos que podrían estar completamente ocultos al lector de una traducción al castellano. Además, explicará pasajes difíciles de interpretar. En el proceso de impartir nueva enseñanza, el expositor también les recordará a sus oyentes la verdad aprendida con anterioridad. Basado en toda esta instrucción, el predicador aplicará los principios de su pasaje a los oyentes en vista a producir crecimiento espiritual y transformación en sus vidas.

Es obvio que las metas anteriores son mucho más asequibles si la congregación tiene una versión castellana de la Biblia en la cual seguir el sermón, preferiblemente la misma traducción que usa el líder de la reunión. La cuestión que habremos de investigar en la siguiente discusión es, ¿con qué clase de traducción puede el ministro de la Palabra alcanzar mejor sus

---

2 Para un resumen de las cinco áreas en las cuales podrían clasificarse las traducciones al inglés, véase a Roben L. Thomas, *An Introductory Guide for Choosing English Bible Translations* [Una guía introductoria para escoger una traducción inglesa de la Biblia], autor, California, Sun Valley, 1988.

3 W. C. Kaiser, Jr., *Toward and Exegetical Theology,* Baker, Grand Rapids, Michigan, 1981, pp. 18-19.

metas? En otras palabras, ¿cuál es el vínculo más deseable entre la exégesis y la exposición? Dicho todavía de otra manera, ¿qué tipo de libro de texto es más ventajoso para el uso en la práctica de la predicación expositiva?

Dos filosofías de traducción

En búsqueda de respuesta para esta pregunta acerca de la clase de versión necesaria, primero es necesario comprender, con cierto detalle, las características de dos grandes filosofías de traducción.

Una filosofía se concentra más en el texto original o la fuente de la traducción. Este es el método de equivalencia literal o formal de traducción. El otro se ocupa más de la audiencia que sirve de blanco[4] para la traducción. Esto se denomina como el método de traducción de equivalencia dinámica o libre. Una traducción literal busca una equivalencia palabra por palabra, tratando también de retener la estructura gramatical del original hasta donde lo permita el idioma destinatario. Una traducción libre procura la efectividad en la comunicación o un efecto sobre el lector en el idioma receptor comparable con lo producido por los oyentes y los lectores originales.[5]

De acuerdo con lo que propone la equivalencia dinámica, las traducciones literales, que son, en su mayoría, las más antiguas y tradicionales, no han dado lugar apropiado a los factores culturales y sociales que afec-

4 Glassman señala que «blanco» ya no es aceptable para designar el idioma en el cual se hace una traducción porque sugiere el disparo de una comunicación a un blanco y trata a la comunicación como una calle en una sola dirección en lugar de esperar una respuesta. Él prefiere «receptor» para enfatizar el hecho de que el idioma tiene que ser descifrado por aquellos a quienes se le dirige, E. H. Glassman, *The Translation Debate: What Makes a Bible Translation Good?* [El debate de la traducción: ¿Qué hace a la traducción Bíblica buena?], InterVarsity, Downers Grove, Illinois, 1981, p. 48.

5 J. P. Lewis, *The English Bible/From KJV to NIV*, Baker, Grand Rapids, Michigan, 1981, p. 279; S. Kubo y W. F. Specht, *So Many Versions?*, ed. rev. y aumentada, Zondervan, Grand Rapids, Michigan, 1983, pp. 341-43; F. F. Bruce, *History of the English Bible*, Oxford, Nueva York, 1978, p. 233. J. P. M. Walsh («Contemporary English Translations of Scriptures», *Theological Studies*, 50, núm. 2, junio 1989, pp. 336-38) encuentra admirable la motivación detrás de la equivalencia dinámica: un celo por almas y un deseo de hacer que las riquezas de la Escritura estén disponibles a todos. Empero nota una premisa problemática, que hay un mensaje que «puede desvincularse de las formas concretas, condicionadas histórica y culturalmente, en las cuales se expresó originalmente, y comunicada a lectores en otras maneras, determinadas de modo similar por la historia y la cultura, que son diferentes a las del texto original [...] La verdad de la Biblia existe [...] en una cierta incorporación, la cual no tiene verdadera importancia». Él cree que esta premisa de la equivalencia dinámica lleva consigo un aura casi «gnóstico».

tan a los lectores de una traducción.[6] El proponente de la equivalencia formal responde que el traductor de una traducción libre no ha mostrado suficiente respeto por el texto inspirado.[7]

Traducir de manera libre no es una nueva idea. Jerónimo, que produjo la Vulgata latina a fines del cuarto siglo, procuró traducir el sentido, no las palabras, del original siempre que se tradujera cualquier cosa que no fuera la Escritura.[8] John Purvey, un socio de John Wycliffe, expresó más o menos el mismo sentir a finales del siglo XIV cuando dijo que la unidad en traducción no puede ser la palabra, sino al menos la cláusula o la oración.[9] Sin embargo, el grado de libertad propuesto por estos eruditos no puede aplicarse a muchas de las versiones modernas al castellano. Jerónimo no aplicó estas medidas a la Vulgata. En inglés, un gran avance en la traducción libre se produjo al comienzo mismo de este siglo con la publicación del *Twentieth Century New Testament* [Nuevo Testamento del siglo XX]. A pesar de haber sido traducido por los que tienen una orientación básica que no se inclina a la erudición, este proyecto preparó

---

6 J. Van Bruggen, *The Future of the Bible*, Nelson, Nashville, Tennessee, 1978, p. 69. Algunos están tan ávidamente comprometidos con el método de la equivalencia dinámica que son extravagantemente críticos de la equivalencia formal. Niegan su habilidad de comunicar nada a la persona común. Glassman tipifica este extremo cuando escribe: «Cada ejemplo que pudiera ofrecer de una traducción con correspondencia formal simplemente reforzaría el punto de que, en su mayoría, no comunica a la persona común de hoy día, si es que alguna vez lo hizo» (Glassman, *Translation Debate*, pp. 50-51). Esta representación de la equivalencia formal es groseramente engañosa. Representar este método como algo que no comunica es levantar un «hombre de paja» que no se parece siquiera un poco a la situación actual. Kohlenberger también es culpable de pintar un cuadro igualmente distorsionado de la traducción literal (J. R. Kohlenberger III, *Words About the Word: A Guide to Choosing and Using Your Bible,* Zondervan, Grand Rapids, Michigan, 1987, p. 63). Carson se une a los otros en una torpe exageración, sino un error total, cuando escribe: «Hay extenso reconocimiento de cuán terriblemente inadecuada es la mera equivalencia formal en la traducción, reforzada por miles y miles de ejemplos», D. A. Carson, «The Limits of Dynamic Equivalence in Bible Translation», *Notes on Translation,* 121, octubre 1987, p. 1, reimpreso de *Evangelical Review of Theology*, 9, núm. 3, julio 1985.

7 Van Bruggen, *Future*, p. 81; Robert L. Thomas, «Dynamic Equivalence: A Method of Translation or a System of Hermeneutics?», *The Master's Seminary Journal,* 2, núm. 2, otoño 1990, pp. 169-72.

8 P. Schaff y H. Wace, *A Select Library of Nicene and Post-Nicene Fathers of the Christian Church,* Eerdmans, Grand Rapids, Michigan, 1954, pp. vi, 113; Lewis, *English Bible,* p. 233; Harvey Minkoff, «Problems of Translations: Concern for the Text Versus Concern for the Reader», *Bible Review,* 4, núm. 4, agosto 1988, pp. 35-36.

9 Bruce, *History,* pp. 19, 238; D. Ewert, *From Ancient Tablets to Modern Translations,* Zondervan, Grand Rapids, Michigan, 1983, p. 185.

el camino para un flujo de obras eruditas orientadas más hacia la práctica moderna del inglés que a la expresión precisa del texto original.[10] Estas han incluido esfuerzos de parte de Weymouth, Moffatt, Goodspeed, y Knox así como la *New English Bible* y la *Good News Bible.*

En relación con las últimas, finalmente se desarrolló una base filosófica para lo que el traductor libre ya había estado haciendo por muchas décadas.[11] Fue en este punto que se aplicó el título «equivalencia dinámica» a la práctica.[12] Muchos de los principios de la teoría moderna de comunicaciones fueron integrados en la práctica de la traducción.

El predicador contemporáneo, pues, está confrontado con una elección entre estas dos clases de traducciones. La reacción de algunos podría ser cuestionar si hay mucha diferencia entre ambos. Ellos desearían saber si se pueden medir las diferencias. También resulta interesante la naturaleza de las diferencias y cómo afectan a la predicación expositiva.

La medición de las diferencias entre las traducciones libres y las literales

¿Se pueden aplicar pruebas de equivalencia dinámica y equivalencia formal a las distintas versiones para que se pueda medir la equivalencia de efecto y conformidad con el original? La respuesta en el caso de la equivalencia dinámica es definitivamente «no», y en cuanto a la equivalencia formal es «sí».

Probar la efectividad comunicativa de las traducciones, determinando así sus grados de equivalencia dinámica, es una tarea imprecisa. De acuerdo con Nida, una traducción debe estimular en el lector (en su lenguaje nativo) la misma disposición de ánimo, impresión, o reacción para sí que el escrito original procuró estimular en sus primeros lectores.[13] Esta es una meta inalcanzable que sólo puede alcanzarse de manera aproximada.[14] Las impresiones de personas diferentes variarán ampliamente luego de leer el mismo pasaje bíblico. Además, el «efecto de equivalencia» es difícil de cuantificar, porque nadie en los tiempos modernos conoce con certeza cuál era el efecto en los lectores y los oyentes originales. Asumir que un escrito siempre les resultó claro, como frecuentemente se hace, es

10 Bruce, *History,* pp. 153-54.

11 E. Nida, *Toward a Science of Translating,* Brill, Leiden, Holanda, 1964, pp. 159-60, 166-76.

12 Bruce, *History,* p. 233.

13 Nida, *Toward a Science,* pp. 156, 164.

14 Kubo y Specht, *So Many*, pp. 174-75.

algo precario.[15] Pero se han desarrollado pruebas para medir cuán bien los lectores modernos comprenden lo que leen. Una de las más exitosas se llama la «Técnica Cloze».[16] Esta consiste en la reproducción de porciones de literatura con palabras omitidas intencionalmente en intervalos regulares. Se le entregan estas porciones a un grupo representativo de personas que no están familiarizadas con la literatura y se les pide que inserten las palabras omitidas. En base a su éxito en hacerlo, se reúne información estadística acerca de cuán legible es la literatura en cuestión. Al utilizar secciones comparables acerca de distintas versiones, uno puede calcular la efectividad comunicativa comparada de estas versiones.

Las limitaciones de esta prueba son muchas. Se centran en la dificultad de reunir un grupo lo suficientemente representativo de personas.[17] Las aptitudes de vocabulario varían mucho aún entre miembros de la misma familia. Los trasfondos y las experiencias difieren a tal punto que los miembros del mismo grupo sociopedagógico reflejan amplias discrepancias en los resultados de una prueba de esa clase. Desarrollar un patrón de resultados significativos es prácticamente imposible debido a la extrema subjetividad de la cantidad y la calidad que se está probando.

Sin embargo, la prueba de la equivalencia formal es más exitosa. Es una prueba de «valores de desvío». Fue formulada primeramente por Wonderly,[18] este procedimiento consta de cinco pasos.[19]

El primero de estos pasos es tomar un pasaje de extensión adecuada, vamos a decir de 30-50 palabras griegas o hebreas, y numerar las palabras de manera consecutiva.

Segundo, cada palabra es traducida a su equivalente castellano más cercano, de acuerdo con herramientas léxicas corrientes. Esta etapa, conocida como «transferencia literal», se realiza sin reorganizar el orden de las palabras. En casos donde hay otras alternativas de otras palabras se incluyen ambas elecciones. Los números consecutivos del primer paso permanecen en

---

15 Van Bruggen, *Future*, p. 112.

16 Nida, *Toward a Science*, p. 140; Wonderly, *Bible Translations*, pp. 203-5. Kohlenberger menciona otras dos pruebas que se han utilizado para medir cuán legible es un documento, la primera es una serie de pruebas de comprensión de lectura preparada por Dwight Chappell durante los 1970 y la otra se llama el *Fog Readability Index*, Kohlenberger, *Words*, pp. 60-61.

17 Wonderly, *Bible Translations*, pp. 204-5.

18 Citado por Nida, *Toward a Science*, pp. 184-92.

19 El acercamiento de Wonderly ha sido alterado un poco para facilitar un análisis más detallado, como se explicará en el cuarto paso.

su debida secuencia. Por supuesto, el resultado de este paso es un castellano incomprensible. Sin embargo, esta es una etapa intermedia importante.

El tercer paso consiste en cambiar el orden de las palabras y realizar cualquier otro cambio necesario para producir algo que se entienda. Los cambios realizados se mantienen en un mínimo, incluyéndose sólo los que sean absolutamente necesarios para que se comprenda el sentido. Este proceso se conoce como «transferencia mínima». En esta reorganización cada palabra o frase retiene su secuencia numérica original, el resultado es que los números ya no caen en su anterior secuencia consecutiva. El resultado de este paso se llama la traducción a su «equivalente más cercano». Este equivalente más cercano constituye una medida con la cual se pueden comparar las distintas traducciones publicadas.

La cuarta parte del procedimiento para determinar valores de desvío en las versiones es la comparación de estas versiones, una por una, con la equivalencia más cercana en la sección de la Escritura bajo consideración. Esa comparación reflejará cinco clases de diferencias: cambios en el orden de las palabras, omisiones del texto, alteraciones léxicas, alteraciones sintácticas,[20] y añadiduras al texto. Cada vez que una traducción difiere de la equivalencia más próxima, se le asigna un valor numérico apropiado, dependiendo del grado de diferencia entre las dos. Cuando se suman los valores para las cinco clases de diferencias, se establece un valor de desvío para la sección. De este valor de desvío para las 30-50 palabras se extrapola un valor de desvío para cada centenar de palabras.

El quinto y último paso es repetir todo el proceso en otros pasajes hasta que se obtenga una muestra adecuada de todo el libro. Entonces los valores de desvío de todos los pasajes se juntan para obtener un solo valor de desvío por cada centenar de palabras en todo el libro. Esto se puede hacer con cada libro de la Biblia en cualquier versión.

Los valores de desvío obtenidos a través de esta prueba no tienen significado alguno como cantidades absolutas, pero cuando el valor de una versión se compara con el de otro, se pueden identificar las versiones que más se acercan al texto original, así como las versiones que difieren de manera más extensa del original.

---

20 Wonderly tiene una categoría, «alteraciones estructurales», en lugar de las dos categorías, «alteraciones léxicas» y «alteraciones sintácticas», que sugerimos aquí. Se propone que esta división adicional promueve una evaluación más definitiva de las diferencias de esta naturaleza. Los asuntos léxicos y sintácticos son un tanto distintos el uno del otro.

De esas relaciones se puede construir un diagrama que refleje el perfil de cada traducción en relación con las otras.[21] También se puede establecer una clasificación de valores de desvío para las traducciones literales, las traducciones libres, y las paráfrasis,[22] para mostrar en cual categoría pertenece cada traducción y cómo se compara con otras traducciones dentro de la misma categoría.

Hace falta un comentario acerca del punto divisorio entre las traducciones literales y las libres y entre las traducciones libres y las paráfrasis. Estos son un tanto arbitrarios, pero no del todo.

Los valores de desvío se pueden utilizar de varias maneras para detectar las tendencias de las traducciones. Por ejemplo, una comparación de los valores de desvío de distintos libros refleja distintos grados de desvío dentro de la misma versión. A pesar de las subsiguientes reseñas de comités, cuando se asigna un traductor diferente a cada libro, hay una buena oportunidad de que una versión dada variará de libro en libro en sus valores de desvío.

Otro punto que debe hacerse es que no se puede precisar una línea entre las traducciones literales y las que son libres. Por lo tanto, no hay gran diferencia entre una traducción al tope de la clasificación literal y una al final de la clasificación libre.

La interpretación como un factor en la traducción

La discusión anterior acerca de los grados de desvío de la forma del texto original provoca una pregunta acerca de qué factor o factores

21 La discusión anterior percibe a las traducciones en su desvío del texto del lenguaje original en grados variados. Glassman representa un grupo que percibe los dos acercamientos a la traducción, no desde la perspectiva de aproximación relativa al texto original, sino desde el punto de vista de dos acercamientos a la traducción que son completamente distintos (Glassman, *Translation Debate,* pp. 47-48). Él parece decir, en otras palabras, que la equivalencia dinámica no procura representar las palabras individuales o las construcciones sintácticas del original. El traductor que sigue la equivalencia dinámica interpreta el significado del texto y procede a expresar ese *significado* en cualquiera palabra y construcción que le parezca adecuada.

22 Beekman y Callow no utilizan «paráfrasis» para describir los resultados de sus traducciones de equivalencia dinámica debido a la connotación peyorativa que lleva en las mentes de muchos cristianos (John Beekman y John Callow, *Translating the Word of God,* Zondervan, Grand Rapids, Michigan, 1974, p. 21). Sin embargo, debido a una connotación de la palabra hallada en los círculos lingüísticos, Glassman utiliza «paráfrasis» sin apología para describir una técnica legítima de traducción (Glassman, *Translation Debate,* p. 27).

dan cuenta del aumento en el desvío de algunas versiones en comparación con otras. En términos generales, ¿cuáles son los distintivos de las traducciones libres y las paráfrasis que las separan de las traducciones literales?

La principal distinción yace en el área de la interpretación. De hecho, alguna interpretación debe acompañar cualquier intento de traducción.[23] En esto Barclay está en lo correcto,[24] y el editor de *Churchman* está equivocado al decir que la traducción y la interpretación debe mantenerse rígidamente separados.[25] Por ejemplo, uno no puede traducir 1 Corintios 7.36-38 sin adoptar puntos de vista en cuanto a si el pasaje se refiere al padre de la virgen o al acompañante masculino de la misma. Aun así, la mayor diferencia entre traducciones de poco valor de desvío y las de mayor valor yace en la cantidad de interpretación tras las traducciones. En las traducciones libres y las paráfrasis este elemento es, como regla, sustancialmente mayor.[26]

Esto señala una dificultad intrínseca en las traducciones libres y la paráfrasis. El traductor debe elegir una interpretación de las posibles alternativas, dejando así al lector a la misericordia de su elección.[27] El traductor de una traducción literal a menudo puede retener la ambigüedad del texto original y permitir así que el lector pueda interpretarlo por sí mismo.[28]

---

23 Ewert, *Ancient Tablets,* p. 259.

24 Kubo y Specht, *So Many,* p. 163.

25 *Ibíd.,* p. 170.

26 Ewen, *Ancient Tablets,* p. 259. El paso de traducción en donde se incorpora la interpretación del traductor se llama «análisis». Él es responsable de realizar una minuciosa evaluación exegética del pasaje a traducirse para descubrir lo que significaba para los que lo leyeron y escucharon por vez primera (Glassman, *Translation Debate,* pp. 59-61). Realizada de manera apropiada, esta responsabilidad conlleva la implementación del método histórico-gramático de interpretación. Una vez alcanzado esto, él transfiere el significado del lenguaje receptor y lo reestructura en la manera que concibe como más apetecible a los recipientes en el nuevo idioma.

27 Lewis, *English Bible,* p. 133. Para un examen más cercano a la equivalencia dinámica o «equivalencia funcional» como se ha denominado al método más recientemente, vea a Thomas, «Dynamic Equivalence», pp. 149-75.

28 La ambigüedad se evita fehacientemente en el acercamiento de la equivalencia dinámica. La responsabilidad del traductor se percibe como la de ofrecer significado inteligible a todo lo que traduce, aún pasajes sobre los cuales los exégetas han luchado por siglos (Glassman, *Translation Debate,* pp. 101-11; cf. Carson, «The Limits», p. 7). La alegada necesidad de hacer esto procede de una pobre opinión de la capacidad del lector al inglés o la motivación de estudiar el pasaje por sí mismo. Llega a ser una clase

Por ejemplo, el lector de Gálatas 5.12 en la *Reina Valera 1960* necesitará la ayuda de un comentario para comprender el versículo.[29] ¿Qué significa, «¡Ojalá se mutilasen los que os perturban!»? Sin embargo, los lectores de las traducciones libres y las paráfrasis no necesitarán un comentario porque los traductores lo han interpretado por ellos.

La responsabilidad adicional de un traductor que sigue la equivalencia dinámica se hace obvia mediante esta comparación. También ha llegado a ser un comentarista. Es a esta función adicional que algunos han objetado.[30] Sin reconocer que ha hecho eso, ese traductor ha añadido su interpretación personal al texto, excluyendo así del lector la consideración de los otros posibles significados del texto. Por otro lado, una traducción literal a menudo puede dejar la misma oscuridad en el texto castellano que uno encuentra en el original.

¿Prohíbe 1 Timoteo 3.2 la comisión de un supervisor que es bígamo, como se implica en la *Reina Valera 1960* y *La Biblia al Día* mediante la adición de la palabra «sola»? O, ¿prohíbe la comisión de un hombre divorciado, como indica la *Biblia de Jerusalén*? O quizás el versículo habla de la calidad de la fidelidad sin ocuparse de la historia marital, como deciden hacer las otras versiones. Pero quizás se debe dejar la decisión acerca de este asunto al expositor o al lector.

Kubo y Specht, así como Lewis, están entre los que se cuestionan seriamente si un traductor tiene el derecho de incluir su interpretación en el texto.[31] Muchos se unirían a esta objeción cuando las interpretaciones del traductor son obviamente erróneas.

El efecto de las versiones interpretativas en la predicación

Es momento de responder al asunto de qué clase de traducción es la mejor base para la predicación expositiva. Para algunos predicadores, la efectividad en la comunicación de una traducción libre o una paráfrasis es muy importante. Esta ventaja no debe subestimarse.[32] Empero si la

---

de método de traducción de alimentación infantil donde no se deja nada a la iniciativa del que use la traducción.

29 Lewis, *English Bible,* p. 360.

30 P. ej., Van Bruggen, *Future,* pp. 105-9. Kohlenberger reconoce el problema del elemento de comentarios excesivos en versiones como la *Amplified Bible,* la *Living Bible,* y la *Wuest's Expanded Translation* (Kohlenberger, *Words,* pp. 66-67), pero aparentemente ignora su presencia en la *New International Version.*

31 Kubo y Specht, *So Many,* pp. 235-36; Lewis, *English Bible,* p. 133.

32 La efectividad en la comunicación es especialmente ventajosa al utilizar las

meta definitiva del expositor es enseñar el significado de su pasaje como fundamento para las aplicaciones a las experiencias prácticas de su congregación, tendrá serios impedimentos de usar una versión con excesivos elementos de interpretación. Utilizar una traducción libre o una paráfrasis bajo el pretexto de que todas las traducciones son interpretaciones es una excusa barata. Se debe confrontar el hecho de que algunas versiones son más interpretativas que otras, y se debe hacer una elección en vista de esto.

Al encontrarse con una interpretación distinta a la suya, lo cual es seguro, el predicador expositivo debe decirles a sus oyentes que el significado no es lo que dicen sus Biblias. Este es un procedimiento bastante diferente de explicar una declaración ambigua. Asumirá el carácter de una retracción de lo que dice la traducción. Esta práctica, al repetirse con demasiada frecuencia, aumenta la confusión y reduce la efectividad pedagógica.

La situación es análoga a enseñar un tema en el salón de clases con un libro de texto que expresa puntos de vista opuesto al que sostiene el maestro. Se consume el tiempo de clase con refutaciones de lo que enseña el libro de texto. Una técnica pedagógica tan débil reduce en gran medida el éxito del proceso de aprendizaje, especialmente en la situación en donde se lleva a las personas a creer que tienen un libro terminante en sus manos. Se les ha enseñado que esta es la «Biblia», no un comentario acerca de la Biblia.

Es mucho más ventajoso utilizar y animar a la audiencia a seguir una traducción más literal, una que el traductor ha trasmitido del idioma original de manera tal que le ofrezca a la iglesia una traducción precisa sobre la cual hacer su exégesis, y no una que someta a la iglesia a limitaciones en la comprensión del traductor de lo que significa el texto.[33] Es trabajo del expositor, no del traductor, explicar el significado del pasaje

---

Escrituras con propósitos evangelísticos. Nadie puede debatir la conclusión de que se atrae el interés de los incrédulos más rápidamente mediante el uso de una traducción libre o una paráfrasis. Esta es la ventaja elaborada por Glassman cuando critica a los cristianos por el alto «Índice de neblina» de su terminología al lidiar con personas que no están familiarizadas con el lenguaje teológico (Glassman, *Translation Debate,* pp. 49-50; cf. H. G. Hendricks, *Say It with Love,* Victor, Wheaton, Illinois, 1972, pp. 32-33.

33 Van Bruggen, *Future,* p. 106. Dodd llama a este acercamiento de evitar la interpretación siempre que sea posible «una ambigüedad cómoda» (Dodd, «Introduction», p. *vii).* Él reconoce que la traducción libre es imposible sin eliminar esta ambigüedad. Véase también Fee, quien en «1 Corinthians», p. 307, la llama «la ruta segura de la ambigüedad». Dodd y Fee representan al practicante de la equivalencia dinámica como un erudito valeroso que no teme las decisiones difíciles.

bajo consideración. Cuando un siervo del Señor impone sobre el pueblo de Dios su interpretación personal, está moralmente obligado a aclarar su función, que es la de expositor, no de traductor. En cualquier obra denominada como una traducción, de manera precisa, se debe reducir la interpretación. De otra manera, se usurpa la función del expositor, y la obra llega a ser un comentario acerca del significado del texto, no una traducción al equivalente más cercano del idioma receptor.

Byington ha reflejado este punto de vista de la traducción:

> Decir en palabras propias lo que creo que el profeta o el apóstol estaba tratando de hacer no seria, a mi parecer, una verdadera traducción; tampoco lo seria analizar en una hilera de palabras separadas todas las implicaciones que podría contener el original en una palabra; la diferencia entre la brevedad y verbosidad es una diferencia entre la Biblia y otra cosa. En la medida en que una traducción no siga este patrón, es un comentario en lugar de una traducción: una manera de comentar muy útil y legitima, pero no cumple con la tarea de la traducción.[34]

Los comentarios hacen mucha falta, pero es un error suponer que una traducción puede trabajar en esa función sin dejar de ser una traducción. Predicar de una traducción libre o una paráfrasis es casi lo mismo que predicar de un comentario, no de una traducción. No es obra del traductor mediar entre la Palabra de Dios y la cultura moderna como hace el comentarista o el expositor.[35]

Por esto es que existe un consenso de que las traducciones libres y las paráfrasis no proveen textos apropiados para el estudio bíblico.[36] Por eso es que la recomendación general de seguir una traducción literal con el propósito del estudio es muy amplia.[37]

Conclusión

Aunque hay que admitir que un sermón no es lo mismo que una conferencia en el aula, se parece ya que la edificación de los oyentes del

34 S. T. Byington, «Translator's Preface», *The Bible in Living English,* Watchtower, Nueva York, 1972, p. 5.

35 Van Bruggen, *Future,* p. 99.

36 Lewis, *English Bible,* pp. 116, 156, 260, 291; Kubo y Specht, *So Many,* pp. 80, 150, 242, 338; W. LaSor, «Which Bible Is Best for You?», *Eternity,* 25, abril 1974, p. 29.

37 Kubo y Specht, *So Many,* pp. 230, 338; Lewis, *English Bible,* pp. 116, 222; Bruce, *History,* p. 259.

sermón sólo ocurre cuando se aprende. Para este fin, en cuanto a la filosofía de la traducción, se propone que el mejor vínculo entre la exégesis y la predicación expositiva, el mejor libro de texto para usar en la exposición pública de la Palabra, es una traducción literal de la Biblia, una en la cual se reduzca el elemento de interpretación.

La última elección de una traducción no debe basarse solamente en las técnicas de traducción. Debe considerarse el origen histórico, la base textual, los prejuicios teológicos, y también el uso del idioma inglés. Sin embargo, entre estas la filosofía que se sigue en el proceso de traducción sigue siendo un factor preponderante en la elección de una versión sobre la cual basar una exposición bíblica efectiva.

18

Presentación de la exposición

John MacArthur, Jr.

No basta simplemente tener un mensaje; también debe presentarlo de manera poderosa. Aunque la presentación no se puede enseñar, se puede mejorar mediante la práctica de algunos principios básicos. Las recomendaciones incluyen el establecimiento de una rutina disciplinada antes de predicar y el trabajo diligente para ser natural en el púlpito. La atención a los métodos de presentación, el uso de la voz, el contacto visual y los gestos también pueden mejorar la presentación.

Es muy difícil enseñarle a alguien a llegar a ser hábil en la presentación de un sermón expositivo. Algunos expositores se sienten cómodos en el púlpito de inmediato, pero otros experimentan una incomodidad continua. Sin embargo, cualquiera puede mejorar su eficacia en la presentación pública, como expositor de la Palabra de Dios, al seguir ciertos principios básicos.

La cuidadosa preparación es sólo parte de la experiencia de la predicación expositiva. El clímax llega en lo que Martyn Lloyd-Jones llama «el acto de la predicación». La exégesis minuciosa y la clara organización son cruciales para un mensaje efectivo. Pero un buen sermón predicado de manera pobre no es mejor que uno pobre predicado de manera apropiada. Uno tiene luz, pero no tiene calor; el otro tiene calor, pero no tiene luz.

El contenido del mensaje es la parte más importante de cualquier sermón. ¿De qué vale saber cómo predicar con la elocuencia de Apolos si no tiene nada valioso que decir? No puede subsanar con celo lo que le falta en sustancia. Las técnicas de buena predicación podrían aparecer a través del mensaje, pero sin sustancia significativa en las declaraciones, el resultado es inferior.

Recíprocamente, la sustancia valiosa puede ser ineficaz si se comunica de manera incapaz. La congregación merece escuchar el mensaje de Dios predicado tanto en espíritu como en verdad. La forma de presentación también es importante, como nos recuerda Jefferson:

> Es sorprendente cuán fuerte y tenazmente les insisten las iglesias a los predicadores que sepan cómo predicar. Ellas perdonarán casi cualquier otra cosa, pero no la incapacidad de predicar [...] Ningún hombre que sepa cómo predicar con gracia y poder necesita quedarse inactivo en el mercado ni siquiera una hora. ¡Las iglesias andan recorriendo el país en busca de tal hombre, y no puede escaparse ni siquiera si así lo deseara![1]

Desafortunadamente, la demanda de predicadores calificados en los días de Charles Jefferson no es tan fuerte ahora como lo era en ese entonces. Empero las medidas de Dios no han cambiado. El expositor debe tener el mensaje correcto y debe predicarlo con un celo y una pasión apropiados a la divina verdad.

El expositor que prepara de manera fiel y presenta su exposición enérgicamente semana tras semana sobresaldrá en la atención tanto del cielo como de la iglesia.

Después de la preparación, antes de predicar

Un expositor es como un atleta que ha terminado su última práctica, pero que debe soportar la tediosa espera hasta el juego. Los verdaderos campeones pueden mantener su concentración e intensidad; otros atletas no pueden. El mejor expositor, como el atleta triunfador, no debe olvidar por qué se preparó: para presentar una exposición de la Escritura que penetre el alma y la cambie con toda la autoridad y el poder de un vocero de Dios.

Para construir esta clase de puente entre el estudio y el púlpito, tres principios ayudan a mantener al predicador en su curso:

Propósito

Comience por enfocarse en la realidad que su sermón ofrece al Señor. Sea dirigido por la verdad de que el Señor es su mayor juez. Su conciencia

1 Charles Edward Jefferson, *The Minister As Prophet* [El ministro como profeta], Crowell, Nueva York, 1905, pp. 17, 23.

le impulsará a presentar la verdad como una ofrenda santa para Él. Esto le prepara la mente para su solemne responsabilidad.

No debe preocuparse primordialmente por lo que piensen sus colegas o su congregación. Sepa que presentar el mensaje que el Señor le ha dado es su servicio a Él por su satisfacción. Por eso es que Pablo le encargó a Timoteo «delante de Dios y del Señor Jesucristo» (2 Ti 4.1) que predicara la Palabra. Deje que sus pensamientos, entre la preparación y la presentación, moren en el Señor y en su respuesta a su ofrenda a Él. En las horas inmediatas antes de que predique, enfrente la seria realidad de que debe presentar un sacrificio que sea aceptable al divino autor de la Escritura.

Pasión

Sienta muy profundamente la verdad que ha de predicar. Sería diferente si estuviera ofreciendo una reseña bibliográfica o recitando un relato autobiográfico. Recuerde que los expositores tienen un mandato de Dios para predicar la verdad y que las consecuencias eternas están en la balanza.

Este mandato no es fácil de obedecer, ni es una carga ligera. Es difícil y demanda nuestro mejor esfuerzo y la mayor concentración. Tomar este encargo con seriedad produce una obligación interna a llegar al púlpito mejor preparado que al abandonar el estudio.

Planifique

Con los fundamentos esenciales de concretar un propósito celestial y manteniendo una pasión santa, la implementación de un procedimiento planificado de manera cuidadosa puede llevar al predicador a un crescendo espiritual cuando se pare en el púlpito. Para asegurarme de que el día del Señor presentaré la mejor exposición posible sigo cuatro pasos conscientes y disciplinados:

1. Prefiero dejar algún tiempo entre hacer mi borrador (notas exegéticas) y escribir el manuscrito homilético. Esto me da tiempo para que el mensaje se fije y alcance un nivel fresco de claridad en mi pensamiento. Si es posible, me gusta pensar en él al acostarme una noche antes de añadirle los toques finales. Algunas veces esto no es posible, pero aún en los momentos más apremiantes, trato de permitir un período de varias horas.
2. Una vez que ambos mensajes dominicales están en su forma final, usualmente me tomo la noche del viernes para relajarme, aliviar la fatiga mental y eliminar las telarañas. A menudo no le presto mucha atención a mi mensaje hasta alrededor de las seis de la tarde del sábado.

3. Luego de la cena del sábado, me retiro a mi estudio en la casa por varias horas y repaso el mensaje matutino, marcando el manuscrito homilético con un bolígrafo rojo. Realmente lo reviso a fondo para familiarizarme de manera íntima con él. De este modo no me ataré a las notas homiléticas el domingo. Si lo refino, casi siempre es algo mínimo. Paso por el mismo proceso el domingo en la tarde para el mensaje vespertino. Es raro que haga alguna otra cosa el sábado por la noche aparte de repasar mis notas. Esto me ayuda a mantener la mente enfocada y aclara mi manera de pensar. Entonces puedo cerrar la noche de sábado con mi mensaje asimilado de manera minuciosa, recapturando así el flujo mismo de la presentación y comprendiendo el contenido que tenía al completarse el mensaje varios días antes. Me acuesto razonablemente temprano.
4. Duermo con mi mente en el mensaje. Dormito orando a través de él y me despierto a orar de nuevo el domingo. A medida que me visto para ir a la iglesia, oro con mi mente enfocada en el mensaje y tratando de no dejar que nada ni nadie me distraiga. Nuestros ancianos oran conmigo antes del servicio y entonces estoy libre para entrar en la adoración y la alabanza del servicio antes de comenzar a predicar.

Todo el mundo difiere en cuanto a cómo usar el tiempo entre un mensaje terminado en el estudio y la predicación del mismo el domingo. Eso dependerá de su personalidad, su vida familiar y otras responsabilidades. Pero el marco general de: (1) recordar que *el propósito* definitivo en la predicación es presentar un sacrificio aceptable al Señor, (2) permitir que la santidad de la predicación sea su *pasión,* y (3) establecer un *patrón* de vida que le prepare de manera óptima para predicar en la mejor condición mental y espiritual el domingo, le permite al predicador descansar en Dios para alcanzar sus propósitos divinos mediante la experiencia de la predicación.

Una presentación irresistible

Cada hombre que va al púlpito debe estar consciente de que su presentación mejorará la exposición o la menospreciará. ¿Qué hace efectivo el acto de la predicación? ¿Qué cualidades caracterizan la presentación del sermón de los expositores dinámicos?

La buena predicación comienza con *claridad* de contenido. Y lo hace con un tema sencillo y fácil de reconocer. En su libro *Preaching and Preachers* [La predicación y los predicadores], Martyn Lloyd-Jones relata un hecho de su primer año de predicación:

> Era costumbre en Gales en ese entonces, en ocasiones especiales, tener dos predicadores que predicaban juntos en un servicio, el más joven primero y el mayor después [...] El hombre viejo era lo suficientemente bondadoso como para escucharme en la tarde; era la primera vez que me escuchaba tratando de predicar. Mientras nos conducían juntos en un auto para tomar té en la casa del ministro de la iglesia, el predicador, que era exactamente 60 años mayor que yo, con mucha bondad, con el deseo de ayudarme y para animarme me ofreció una advertencia muy seria. «El gran defecto del sermón de esta tarde fue», dijo: «que estabas oprimiendo a tu pueblo, les estabas ofreciendo demasiado [...] Sólo los estabas aturdiendo, y por lo tanto no los estabas ayudando». Además, indicó: «Préstale atención a lo que haré esta noche. Realmente voy a decir una cosa, pero la diré de tres maneras diferentes». Eso fue precisamente lo que hizo y con mucha eficacia.[2]

Su estudio exegético debe haber identificado un tema. La clave al presentar la exposición es hacer que ese tema sobresalga. Enfatice su tema y sus puntos principales mientras predica. Evite bosquejos complejos; estos hacen que sus oyentes olviden sus puntos principales. La manera más útil de enfatizar su tema y bosquejarlo es la repetición. A medida que se mueva de un punto al próximo, utilice breves oraciones de transición para repasar los puntos que ya analizó. Reafirme la idea central del mensaje tan a menudo como sea apropiado. Un modo de asegurar que sus oyentes comprendan su tema y su desarrollo es imprimirlo en el boletín de la iglesia con espacio para que tomen notas.

Utilice un *lenguaje claro*. Las ideas claras necesitan comunicarse de maneras comprensibles. Si diez personas en su congregación no comprenderán la palabra «dicha», utilice «felicidad». Impresionar con su erudición a costa de la comprensión del oyente es contraproducente.

G. Campbell Morgan sostiene que la pasión es un ingrediente esencial para una presentación efectiva. Al explicar lo que indica por «pasión», recuerda una discusión que tuvo el actor británico Macready con un pastor muy conocido. Este trataba de comprender por qué las multitudes acudían a las presentaciones teatrales ficticias mientras pocos llegaban a escucharle predicar la verdad inmutable de Dios. Macready respondió: «Eso es muy sencillo [...] yo presento mi ficción como si fuera verdad, usted presenta su verdad como si fuera ficción».[3]

---

2 D. Martyn Lloyd-Jones, *Preaching and Preachers* [La predicación y los predicadores], Zondervan, Grand Rapids, MI, 1971, p. 257.

3 G. Campbell Morgan, *Preaching* [La predicación], reimpresión, Baker, Grand Rapids, Michigan, 1974, p. 36.

> No estoy proponiendo mera excitación. El fuego pintado nunca quema, y un entusiasmo imitado es lo más vacío que pudiera existir en un predicador. Dado el predicador con un mensaje [...] no puedo entender que un hombre no sea barrido algunas veces por el fuego, la fuerza y la pasión de su obra.[4]

Entonces, ¿qué es la pasión? Kaiser responde:

> Desde el comienzo del sermón hasta su final, la fuerza absorbente del texto y del Dios que habla mediante ese texto debe dominar todo nuestro ser. Con el ardiente poder de esa verdad en nuestro corazón y en nuestros labios, cada pensamiento, emoción y acto de la voluntad debe estar tan capturado por esa verdad que brote con emoción, gozo, sinceridad y realidad como una muestra evidente de que el Espíritu de Dios está en esa palabra. Fuera con toda la mediocridad, mortandad, aburrimiento y los discursos indiferentes ofrecidos como insignificantes sustitutos para la poderosa Palabra del Señor viviente. Si esa Palabra de Dios no excita al que proclama y le llena [...] con un intenso deseo de glorificar a Dios y hacer su voluntad, ¿cómo podemos esperar que tenga mayor efecto en nuestros oyentes?[5]

En medio de alguna profunda discusión teológica el apóstol Pablo a menudo:

> Parece olvidar su argumento y explota en uno de sus viajes de gran elocuencia [...] Una teología que no se enciende, mantengo, es una teología defectuosa; o al menos la comprensión humana de la misma es defectuosa. La predicación es teología que sale de un hombre que está encendido. Una experiencia y un entendimiento verdadero de la Verdad deben llevar a esto. Repito, un hombre que puede hablar acerca de estas cosas de manera desapasionada no tiene derecho alguno de estar en el púlpito; y jamás se le debe permitir que esté en uno.[6]

En su estilo inimitable, Spurgeon habla acerca de los desapasionados:

> Cuando pienso en la predicación de ciertos hombres buenos, me pregunto, no por qué la congregación es tan pequeña, sino por qué es tan grande. Las personas que escuchan deben prevalecer en la virtud de la paciencia, porque

---

4 *Ibíd.*, p. 37.

5 Walter C. Kaiser, *Toward An Exegetical Theology* [Hacia una teología exegética], Baker, Grand Rapids, MI, 1981, p. 239.

6 Lloyd-Jones, *Preaching*, p. 97.

tienen magníficas oportunidades para ejercitarla. Algunos sermones y oraciones le prestan un tinte de apoyo a la teoría del Dr. William Hammond, de que el cerebro no es absolutamente esencial para la vida. Hermanos [...] ninguno de ustedes deseará ansiosamente los dones menores ni las costumbres más monótonas, porque las pueden obtener sin agotar la voluntad [...] Trabajen para realizar su ministerio, no con el moribundo método de un autómata, sino con la frescura y el poder que harán que su ministerio sea muy eficaz para sus sagrados propósitos.[7]

Otra cualidad que siempre se halla en la gran predicación es la *autoridad.* Una de las cosas que impresionó a los que escucharon a nuestro Señor fue que habló «como quien tiene autoridad», a diferencia de los escribas y los fariseos (Mt 7.29). El efecto de un mensaje autoritativo depende del carácter del mensajero.

Si la vida del predicador no armoniza con sus palabras, el discordante resultado ahogará el mensaje, independientemente de cuán bien preparado y presentado esté. Por eso Pablo manda a Timoteo que se preste atención a sí mismo así como al mensaje (1 Ti 4.16). Sin embargo, también es cierto que un hombre, con una reputación impecable que es abiertamente descuidado en su manejo de la Palabra de Dios, en realidad no puede predicar con autoridad. Un carácter puro es tan necesario como una ejecución competente.

La autoridad proviene del mandato al predicador de proclamar la Palabra del Rey como un heraldo con toda la autoridad del trono tras él (2 Ti 4.2). Un heraldo tiene autoridad siempre y cuando presente de manera fiel el mensaje de su Rey. La autoridad del predicador también descansa en la transmisión precisa del mensaje de la Palabra de Dios.

El uso de la Escritura para ilustrar y apoyar los puntos de un sermón también fortalece la autoridad del mensaje. Y no tema utilizar la segunda persona. Diga: «*Tú* no puedes servir a Dios y al dinero», en lugar de «*nosotros* no podemos servir a Dios y al dinero»,[8] Morgan lo expresa de esta manera:

El predicador jamás debe dirigirse a una multitud sin recordar que su fortaleza definitiva es la de la voluntad humana [...] El predicador llega con

---

7 C. H. Spurgeon, *An All-Around Ministry,* [Un ministerio global], reimpresión, Banner of Truth, Edimburgo, Escocia, 1960, pp. 316-317.

8 Bruce Mawhinney, *Preaching with Freshness* [Predicación con frescura], Harvest House, Eugene, OR, 1991, p. 196.

buenas nuevas; pero no viene con algo que pueda malgastarse. Su mensaje tiene en sí una demanda insistente, porque proviene de un Rey.[9]

La claridad de pensamiento, un lenguaje claro, la pasión y la autoridad son todas características de la buena predicación. Pero en última instancia sólo una cosa puede hacer efectivo el acto de la predicación para cambiar vidas: *el poder del Espíritu Santo.* Pablo le escribió a los corintios: «y ni mi palabra ni mi predicación fue con palabras persuasivas de humana sabiduría, sino con demostración del Espíritu y de *poder,* para que vuestra fe no esté fundada en la sabiduría de los hombres, sino en el *poder de Dios»* (1 Co 2.4-5, énfasis añadido).

Cómo mejorar su predicación

Cada hombre, independientemente de su nivel de capacidad, puede mejorar de manera significativa su presentación siguiendo unos cuantos pasos prácticos.

Luego de completar la exégesis, que se tengan a mano las ilustraciones y que se hayan añadido los toques finales no es el momento de dejar de trabajar. Todavía faltan algunos pasos importantes.

Primero, el expositor debe seleccionar un *método de presentación.* Si ha predicado más de unas cuantas ocasiones, probablemente ya ha elegido un método o quizás construyó un híbrido que le dé mejores resultados.

La mayoría de los expertos en homilética identifican cuatro métodos de presentación.[10]

1. Lectura: El predicador lleva su manuscrito al púlpito y lo lee desde allí.
2. Recitación: El conferenciante repite de memoria lo que ha escrito y aprendido.
3. Improvisación: El plan del discurso se escribe en papel y todos los puntos principales se declaran o se sugieren, pero el lenguaje es improvisado.
4. Presentación libre: Luego de una preparación minuciosa, el predicador va al púlpito sin notas ni manuscrito y sin un esfuerzo consciente de memorizar el sermón.

---

9 Morgan, *Preaching* [La predicación], p. 13.

10 P. ej., John Broadus, *On the Preparation and Delivery of Sermons* [La preparación y la presentación de sermones], ed. rev., reimpresión, Harper & Row, San Francisco, 1979, pp. 265-73.

El método más común entre los evangélicos es algún tipo de improvisación. Tiene la ventaja de permitir libertad para que el Espíritu dirija, a diferencia de la lectura y la recitación, pero evita el riesgo de la presentación libre, ¡el cual sería el olvido de algún punto importante o quizás todo el mensaje!

El método elegido determina la cantidad de las notas homiléticas a utilizarse. Animamos de manera especial a los predicadores a que escriban sus sermones. Robinson escribe:

> Buena parte de la preparación para la presentación yace en el uso de un manuscrito. Para mí, escribir un sermón es una manera de pensar. Cuando aclaro mi manera de pensar, la presentación es mucho más natural. Algunas veces los defectos más grandes en la presentación vienen porque el conferenciante no está completamente seguro de lo que desea decir.[11]

Y continúa:

> Creo que es absolutamente esencial que el ministro tenga su introducción clara en la mente cuando se para a hablar. Aunque otras partes del sermón podrían bosquejarse, la introducción debe escribirse. Es en la introducción que el predicador establece contacto con las personas en la banca [...] Si alguna vez la mente se queda en blanco, es en el primer momento o cuando usted se para.[12]

Una vez que haya escrito las notas que intenta llevar al púlpito, repase varias veces su sermón para asegurarse de que sabe cómo expresar con palabras su bosquejo. Elaborar su mensaje le forzará a expresar su predicación con palabras y le capacitará para identificar cualquier área problemática. Esto resultará en una corriente mucho más fluida durante la presentación. Aunque ese esfuerzo requiere tiempo y disciplina, pagará ricos dividendos el domingo cuando predique.

En *Lectures on Preaching* [Conferencias sobre de la predicación], Phillips Brooks define la predicación como la comunicación de la verdad divina mediante la personalidad humana.[13] La definición de Lloyd-Jones era muy parecida: «Una proclamación de la verdad de Dios mediante el

---

11 Haddon Robinson, correspondencia personal, 13 de mayo de 1991.

12 *Ibíd.*

13 Phillips Brooks, *Lectures on Preaching* [Conferencias sobre la predicación], reimpresión, Dutton, Nueva York, 1907, p. 8. Las palabras exactas de Brooks son: «La verdad mediante la personalidad es nuestra descripción de la verdadera predicación».

predicador».[14] Por lo tanto, hablarle a una congregación desde el púlpito no debe ser distinto a hacerlo individualmente en la oficina pastoral. La audiencia mayor simplemente requiere mayor intensidad al hablar, en las expresiones faciales y en los gestos para que todos obtengan el mismo mensaje. Como dice Broadus:

> La presentación debe ser el producto espontáneo de la personalidad peculiar del conferenciante, tal y como es afectada por el tema que ahora llena su mente y su corazón [...] La presentación no sólo consiste, ni siquiera principalmente, de la vocalización y la gesticulación, pero implica que uno está poseído por el tema, que está en completa armonía con él y plenamente consciente de su importancia, que no está repitiendo palabras memorizadas, sino liberando los pensamientos encerrados en su mente. Aun la actuación sólo es buena en proporción a la identificación del actor con la persona representada; él debe pensar y sentir realmente lo que está diciendo. El conferenciante no procura representar a otra persona, ni apropiarse de los pensamientos y los sentimientos de otro, sino simplemente ser él mismo, hablar lo que su mente ha producido.[15]

El Espíritu no puede obrar a través de un predicador mientras esté imitando el estilo de otros predicadores, aun los que admira. El consejo de Spurgeon es sabio:

> Que todo hombre, llamado por Dios para predicar la Palabra, sea como el Maestro que lo creó [...] El bien y el mal en hombres eminentes son dañinos cuando llegan a ser objetos de imitación servil; lo bueno al copiarse servilmente se exagera en el formalismo y el mal llega a ser totalmente intolerable. Si cada maestro de otros fuera él mismo a la escuela de nuestro único Maestro, se podrían evitar mil errores.[16]

En cuanto a la *voz,* la palabra clave es «variedad». Antes del micrófono moderno, los predicadores tenían que gritar para ser escuchados por todos en la congregación. Los relatos acerca del volumen de algunos de los predicadores con pulmones de acero del pasado se acercan a lo sobrehumano. Sin embargo, hoy en día los sistemas de sonido, aun en las

---

14 Lloyd-Jones, *Preaching* [La predicación], p. 222.

15 Broadus, *Sermons,* pp. 264-265.

16 C. H. Spurgeon, *C. H. Spurgeon Autobiography Volume 1: The Early Years* [Autobiografia de C. H. Spurgeon, volumen 1: Los primeros años], 1834–1859, ed. rev., reimpresión, Banner of Truth, Escocia, 1962, p. 234.

iglesias más pequeñas, hacen que se escuche claramente al hombre que más suave habla, así que no es necesario gritar.

Varios elementos caracterizan cada palabra que pronunciamos: entonación, resonancia, modulación, volumen, ritmo y tono. Es útil estudiar los trucos comunes de cada una examinando un buen libro de oratoria.

Una manera fácil de aprender sus propios hábitos vocales irritantes es grabarse en un casete y pedirle a un especialista local de oratoria o de la voz que lo analice. En todo esto, evite ser artificial *de manera alguna:* su meta es un estilo conversacional natural.

Otro aspecto importante de una presentación natural es el *contacto visual.* La meta es conocer el mensaje lo suficientemente bien como para permitir más tiempo para mirar a la audiencia antes que a las notas del sermón. Una congregación se inquieta rápidamente si no siente que el predicador le está hablando. Sin embargo, el contacto visual con un individuo puede distraer mucho al predicador, así que es necesaria una visión equilibrada de toda la audiencia para darle la mayor libertad a una presentación dinámica.

Los *gestos* deben ser limitados y naturales. Durante la presentación:

> Sea natural; olvídese de usted; involúcrese tanto en lo que está haciendo, en la percepción de la presencia de Dios, en la gloria y la grandeza de la Verdad que predica [...] que se olvide de usted por completo [...] El yo es el mayor enemigo del predicador, más aún que en el caso de cualquier otro hombre en la sociedad. Y la única manera de controlar el yo es meterse tanto, e involucrarse, en la gloria de lo que está haciendo, que se olvide por completo de sí mismo.[17]

Con tiempo y diligencia su presentación puede mejorar en forma dramática. Pero la mejora implica cambio y este requiere evaluación sincera. Su familia, el personal de la iglesia y el rebaño le proveerán información. Aprenda a escuchar sus sugerencias.

Un encargo final

Cuando suba los escalones hacia el púlpito y esté a punto de pronunciar la Palabra de Dios de parte de Él, permita que le lleguen estas exhortaciones a su mente:

- Predique para honrar la Palabra de Dios.
- Predique para alcanzar a los inconversos.

---

17 Lloyd-Jones, *Preaching* [La predicación], p. 264.

- Predique para agradar a Dios.
- Predique para preparar a los cristianos en la obra del ministerio.
- Predique para animar a los desanimados.
- Predique para ser más efectivo que la ocasión anterior.
- Predique para crear convicción de pecado y arrepentimiento.
- Predique para competir consigo mismo.
- Predique para refrescar a los que están espiritualmente cansados.
- Predique para exaltar al Señor Jesucristo.

Luego permita que esta oración de una generación pasada se refresque a través de usted:

OH MI SEÑOR,

No permitas que mi ministerio sólo sea aprobado por los
hombres,
ni que meramente gane la estima y el afecto de las personas;
Realiza la obra de gracia en sus corazones,
llama a tus elegidos,
sella y edifica a los regenerados,
y manda bendición eterna a sus almas.
Sálvame de mi propia exaltación y del egoísmo;
Riega los corazones de los que escuchan tu Palabra,
que la semilla sembrada en debilidad pueda levantarse
en poder;
Haz que los que me escuchan y yo
te contemplemos aquí a la luz de la fe especial,
y luego en la llamarada de la gloria eterna;
Haz cada uno de mis sermones un medio de gracia para mí,
y ayúdame a experimentar el poder de tu amor moribundo,
porque tu sangre es bálsamo,
tu presencia bendición,
tu sonrisa el cielo,
tu cruz el lugar en donde se encuentran la verdad
y la misericordia.
Mira las dudas y los desánimos de mi ministerio
y protégeme de mi propia exaltación;
Te ruego perdón por mis múltiples pecados, omisiones,
enfermedades,
como hombre, como ministro;

Manda tu bendición sobre mis endebles e indignas labores,
y sobre el mensaje de salvación dado;
Quédate con tu pueblo,
y que tu presencia sea su porción y la mía.
Cuando les predico a otros no permitas que mis palabras
sean meramente elegantes y eruditas,
mi razonamiento pulido y refinado,
mi ejecución débil y desabrida,
sino que te pueda exaltar y humillar a los pecadores.
Oh Señor de poder y gracia,
todos los corazones están en tus manos,
todos los acontecimientos a tu disposición,
pon el sello de tu poderosa voluntad sobre mi mínisterio.[18]

---

18 Arthur Bennett, ed., *The Valley of Vision* [El valle de la visión], Banner of Truth, Edimburgo, Escocia, 1975, p. 186.

19

Preguntas frecuentes acerca de la predicación expositiva[1]

John MacArthur, Jr.

Los pensamientos de John MacArthur sobre las diversas fases de la predicación no encajan bajo ninguna de las divisiones de La predicación, *sino que han surgido en respuesta a preguntas que se le han hecho en conferencias de pastores y clases de predicación expositiva en The Master's Seminary. La actual discusión reproduce sus breves, pero sugestivas respuestas a estas preguntas.*

¿Cuánto tiempo le toma preparar un sermón?

Paso menos tiempo ahora que al principio de mi ministerio. Acostumbraba invertir unas quince horas en un sermón, pero ahora empleo unas ocho o diez. Durante mi ministerio, he acumulado más información, más conocimiento de las Escrituras y más métodos de estudio bíblico. Esto me permite explorar con más profundidad un texto en diez horas que lo que podía hacer en quince anteriormente.

---

1 Véase Haddon W. Robinson, ed., *Biblical Sermons* [Sermones bíblicos], Baker, Grand Rapids, MI, 1989, para preguntas y respuestas con Robinson y once de sus egresados. Véase también a Richard Allen Bodey, ed., *Inside the Sermon* [Dentro del sermón], Baker, Grand Rapids, MI, 1990, que contiene trece ensayos autobiográficos acerca de la preparación para predicar. Compárese con «"Faithfully Proclaim the Truth": An Intervicw with John F. MacArthur» [proclame la verdad con exactitud: Entrevista con John F. MacArthur], *Preaching*, noviembre-diciembre 1991, pp. 2, 4, 6, 8, 10.

El gran reto que enfrento ahora no es sólo en el área de la interpretación, sino en la comunicación. He estado en la misma iglesia más de veinte años, así que tengo que luchar para no caer en una rutina. Para mí es un reto ser innovador, no simplemente repetir las cosas de la misma manera.

¿Se le hace más fácil ahora desarrollar un sermón de un pasaje?

Jamás estudio para hacer un sermón. Estudio para entender el texto. A medida que he crecido en el Señor y en el conocimiento de la Palabra, he podido cavar más profundamente en los pasajes que estudio. Continúo estudiando hasta que descubro todas las ricas verdades que puedo de un texto. Sólo predico parte de lo que hallo en mi proceso de estudio. Sin embargo, aun haciendo esto a menudo, termino con una serie de tres o cuatro semanas con algo que comenzó como un sencillo mensaje.

Predicar es una ciencia, un arte y una aventura. Es una ciencia que se basa en reglas hermenéuticas absolutas, bien definidas y en destrezas exegéticas. La interpretación no es caprichosa, sino que implementa principios literales, históricos, gramáticos y contextuales.

Pero la predicación también es un arte. Predicar un pasaje es parecido a pintar un cuadro. Dos artistas, a pesar de que usen las mismas herramientas y técnicas, no pintarán exactamente el mismo cuadro. De la misma forma, dos predicadores, aunque utilicen los mismos principios de interpretación, no han de desarrollar el mismo sermón. Aplicar los principios de la preparación y la presentación del sermón es un arte, la forma de usarlos dependen de la destreza, la experiencia y la perspectiva del predicador.

La predicación también es una aventura. Cuando me paro en el púlpito, opera una dinámica espiritual. Me encuentro diciendo cosas que no había planeado, ya que la información de mi estudio se desarrolla de una manera que no había visto antes. Cuando esto sucede, es posible que me aparte de mis notas y amplíe el nuevo pensamiento. Por eso es que a veces me toma varias semanas predicar a través de notas diseñadas originalmente como un sermón.

¿Cómo protege su tiempo de preparación?

Utilizo un sistema que llamo «negligencia planificada»: planifico olvidar todo hasta completar mi estudio. Aparto los miércoles, jueves y viernes para prepararme para mi mensaje dominical. No me ocupo de otras cosas hasta haber realizado lo que necesito hacer en esos días. Tengo un asistente y dos secretarias que me ayudan a escudarme de los asuntos del ministerio que me ahogarían y me hurtarían el tiempo de estudio. Por supuesto, estoy disponible cuando tengo que estarlo.

Estoy consciente de que no todos los pastores tienen un asistente o un numeroso personal para delegar las responsabilidades de su ministerio.

Yo tampoco lo tenía durante los primeros años de mi ministerio. Pero mi compromiso de estudiar la Palabra jamás ha cambiado. Si otros detalles ocupan mi tiempo, simplemente invierto más horas esa semana. Nuestra meta como pastores no es realizar toda la labor del ministerio por nosotros mismos, sino equipar a nuestro pueblo para el ministerio (cf. Ef 4.11-16). Sólo podemos lograr esto de manera efectiva mediante una predicación basada en un estudio minucioso. Así que sé que el tiempo invertido en la preparación llevará a una iglesia madura a compartir más mi carga.

Ya que los expositores de renombre son lectores ávidos, ¿cuáles son sus temas de lectura preferidos?

Lo irónico es que cuando estaba en la universidad, no me gustaba leer. Era un típico muchacho atlético que casi siempre estaba al aire libre y prefería no estar leyendo en mi cuarto. Llegué al seminario y no tuve alternativa. Así que simplemente comencé a leer y, por supuesto, todo era acerca de lo que deseaba conocer. En realidad, me enamoré de la lectura sobre teología. Así que ahora leo teología, libros acerca de doctrina y comentarios. Cada semana leo todos los comentarios acerca de cualquier pasaje que esté predicando y luego teología. Esta viene en varios volúmenes que se ocupan de asuntos o temas divinos, no simplemente en libros de texto teológicos, sino también en obras que se ocupan de doctrinas particulares y asuntos doctrinales como el Espíritu Santo, Cristo, el pecado o la salvación. Para variar, rebusco en biografías de hombres espirituales y algunas veces en un libro realmente «candente» acerca de asuntos contemporáneos importantes.

¿Hasta qué punto utiliza notas? ¿Escribe un manuscrito?

Durante mi estudio anoto el orden de mi sermón. Entonces, de ese borrador, selecciono las notas para llevarlas al púlpito. Casi siempre tengo unas diez páginas de notas para cada mensaje. Escribo todo lo que deseo abarcar. Tengo algunas declaraciones escritas exactamente de la manera que quiero expresarlas. Ciertas verdades necesitan expresarse de manera precisa o innovadora, para que no se me malinterprete o llegue a ser repetitivo.

Como predico en la misma iglesia semana tras semana, no me gusta expresar las mismas verdades exactamente de la misma manera una y otra vez. Para mantener nuevos mis mensajes, necesito resguardarme de caer en maneras rutinarias de decir las cosas. Las notas extensas me ayudan a evitar esto. También aseguran que no olvido algo importante que deseaba decir. Ya que uso muchas referencias cruzadas, también necesito escribir su capítulo y versículo.

Mis notas son el estudio de un pasaje, así que trato de que sean minuciosas. Si son demasiado enigmáticas, después no recordaré el orden de mi pensamiento cuando las repase. Por ejemplo, si mis notas dicen: «Relata el cuento del niño y el perro», seis meses después es posible que no recuerde qué niño y qué perro. Aun la referencia a un relato del Antiguo Testamento requiere algunas notas, para poder recordar qué matiz del relato era relevante. También escribo una serie de comentarios acerca de todo el Nuevo Testamento. Algunas veces el comentario sobre un libro es escrito varios años después de haber predicado a través del libro. Mis notas necesitan tener suficiente de mi exégesis para reflejar cómo interpreté un pasaje a raíz de este uso posterior.

Realmente no estoy atado a mis notas cuando predico. No leo un manuscrito. El sábado por la noche (o domingo por la tarde para el mensaje dominical vespertino) leo mis notas y marco los puntos clave con un bolígrafo rojo. Estas anotaciones en rojo son una muletilla visual en caso de necesitarla. He aprendido por experiencia a cómo mirar mis notas mientras estoy predicando sin que le resulte obvio a la congregación. Podría predicar mis sermones sin las notas. Podría olvidar algunas cosas, o no decir algo exactamente de la manera que deseaba, pero allí estará el énfasis principal de mi mensaje.

¿Cuán importante es el tamaño de su púlpito?

Me agrada un púlpito de unos ciento siete centímetros de alto y que se incline un poco. Me gusta esa medida porque puedo mirar por encima de mis notas a la audiencia. Puedo observarlas literalmente mientras los miro sin que me vean bajar la vista.

No me gusta un púlpito muy inclinado porque me obliga a levantar la cabeza de manera obvia para ver la congregación; igualmente, uno demasiado bajo me hace inclinar la cabeza mostrándosela a la congregación cuando veo las notas del sermón. Prefiero pararme detrás del púlpito para poder mirar a la congregación por encima de mis notas. Ellos casi no se percatan de que uso notas. Es más, siempre me preguntan si uso notas cuando predico.

Una de las técnicas que he desarrollado es hacer todo lo posible para distraer su atención cuando cambio la página. Eso lo hago mientras destaco un punto muy importante, cuento un relato muy especial, brindo una analogía clara o hablo muy apasionadamente acerca de algún asunto. En este punto cambio la página. Deseo protegerlos de cualquier impresión de que sólo les estoy dando mis notas. Deseo que sepan que les estoy dando mi corazón.

¿Cómo utiliza las citas y las ilustraciones?

Jamás cito a alguien simplemente porque sea una autoridad. La Escritura es autoritativa y no necesita apoyo externo. La única ocasión cuando menciono una autoridad es en un asunto sobre el cual la Escritura guarda silencio. Casi siempre cuando me refiero a algún comentarista o teólogo, es porque ha declarado la verdad de manera clara, concluyente, común o gráfica. Sólo hago mención de alguien que ha dicho algo de manera singular y digna de citarse. No citaría a alguien simplemente porque lo que dijo es cierto, ya que puedo hacer esto con mis propias palabras.

Por supuesto, cuando lo hago, tengo el cuidado de darle el crédito. Citar a alguien como si fueran sus propias palabras está mal. Empero leo tantas discusiones y fluyen tantas cosas en mi mente mientras preparo mis sermones, que es casi imposible documentar la fuente de cada pensamiento. Siempre y cuando exprese los pensamientos con mis propias palabras y los combine con otros no es necesario documentarlos. Una documentación extensa es apropiada en un libro. Me cuido de documentar mis fuentes en mis libros, pero demasiadas referencias pueden causar distracción en un sermón.

El equilibrio es ideal. No podemos documentar cada pensamiento en nuestros sermones. Por otra parte, debemos dar crédito donde haga falta. Los pastores a veces me preguntan si pueden utilizar mi material. He dado autorización para que cualquiera predique mis sermones de manera total o parcial si así lo desean, sin tener que referirme como fuente. Si lo que digo tiene algún valor para alguien, me honra que lo utilice para la gloria de Dios. La verdad es toda de Él.

Sin embargo, si alguien vuelve a predicar uno de mis sermones sin enriquecerlo con el proceso de descubrimiento, será inevitablemente desabrido y agónico. El gran predicador escocés Alexander Maclaren fue una vez a escuchar a otro hombre predicar, un joven con la reputación de superdotado. Al comienzo del sermón, para sorpresa de Maclaren, el joven dijo: «He tenido una semana tan ocupada que no tuve tiempo para preparar un sermón propio, así que voy a predicar uno de los de Maclarem». El no sabía que el autor estaba en la audiencia hasta que Maclaren lo saludó luego. Estaba muy avergonzado y lo estuvo todavía más cuando Maclaren lo miró a los ojos y le dijo: «Joven, no me incomoda que prediques mis sermones, pero si los vas a predicar así, por favor no digas que son míos».

Depender excesivamente de los sermones ajenos le roba a uno el gozo de descubrir la verdad bíblica por sí mismo. A esos sermones les faltará convicción y entusiasmo. Ellos deben constituir otra herramienta de estudio, como los comentarios o los libros de ilustraciones.

¿Practica los sermones antes de predicarlos los domingos?

No ensayo ni practico mis sermones. Sé que algunos vocalizan sus sermones anticipadamente y lo encuentran útil. Para mí, parte de la aventura de la predicación es subir al púlpito y escuchar lo que sale. A medida que predico, mi mente trabaja a su más alto nivel; es en el púlpito que se completa mi sermón. Ensayar los sermones no me ayuda mucho ya que probablemente diré las cosas de manera diferente una vez que esté frente al púlpito.

Sí leo mis notas varias veces y medito el sermón antes de predicarlo. Trato de preguntarme: «¿Qué quiero que aprendan de este sermón?» Tiendo a aplicar las verdades a una situación relevante en mi vida. Confío en que soy lo suficientemente parecido al resto que esas verdades le servirán a otros también.

¿Cuán extenso debería ser un sermón

¡Tan largo como sea necesario para analizar adecuadamente el pasaje! No creo que la extensión del sermón sea tan importante como su contenido. A veces he predicado cincuenta minutos de los cuales han sobrado diez. Otras veces, he predicado una hora y veinticinco minutos y ha estado bien. Lo importante es abarcar el punto principal para que las personas se convenzan de su verdad y comprendan sus exigencias. Si no tiene nada valioso que decir, aun veinte minutos le parecerá una eternidad a su pueblo. Si es interesante, se quedarán con usted. Mas, no confunda la persuasión con el enmarañamiento. Si predica más tiempo de lo que debe, sacrificará la persuasión.

Estoy convencido de que la exposición bíblica requiere al menos cuarenta minutos. Menos que eso no basta para argumentar profundamente el texto. Si toma quince a veinte minutos para ofrecer el contexto, diez a quince minutos para extraer los principios, cinco a diez minutos para compararlo con referencias cruzadas y cinco a diez minutos para una conclusión, ya tiene unos cincuenta minutos. Alguien que predique de veinticinco a treinta minutos raras veces hará una exposición doctrinal.

Por eso es que el desarrollo del orden lógico de un sermón es crucial.[2] Si su mensaje está claramente bosquejado y dirige a su pueblo a través del proceso de descubrimiento, mantendrá su atención. Su sermón debe ir a alguna parte. Usted no puede ofrecer una mera cantidad de verdades que no están relacionadas entre sí. Si a su sermón le falta interés porque está desarticulado, su pueblo perderá la atención.

---

2 Véase la discusión de este punto en el capítulo 16.

Si va a ser un expositor bíblico, olvídese de los sermones de veinte a treinta minutos. Más bien piense en cuarenta a cincuenta minutos. No podrá exponer la Escritura en menos tiempo. El propósito de un sermón no es terminarlo, sino explicar la Palabra de Dios. Mi meta no se alcanza porque sea breve. Se alcanza cuando soy claro y he expuesto la Palabra de Dios.

¿Acaso no se aburren las personas cuando se predica mucho tiempo del mismo libro?

Creo que las personas se aburrirán si usted es monótono. Esto no está relacionado con la cantidad de tiempo invertido en un libro. Siempre y cuando diga cosas que capten su interés y reten sus vidas, no se preocuparán en qué libro están ni cuánto tiempo pasen en él.

Sin embargo, pienso que es necesario un balance. Si predica a través de un libro muy doctrinal como Romanos o Hebreos, es bueno darle a su pueblo un descanso de vez en cuando. Si lo hace a través de uno de los Evangelios, eso no hace falta. Cuando prediqué a través de Mateo, durante un período de ocho años, en raras ocasiones sentí la necesidad de tomar un receso. Mateo contiene una mezcla tal de pasajes doctrinales, parábolas y narraciones que a menudo cambia de paso por sí mismo.

A veces también tendrá que ocuparse de un tema específico. Es posible que encuentre que las personas en su iglesia están siendo influidas por una enseñanza que no es bíblica, la cual debe combatir. O podrían estar confundidos acerca de un pasaje bíblico o un asunto teológico. Además, ocasionalmente podría ver la necesidad de predicar en cuanto al enfoque bíblico de un acontecimiento mundial significativo. En general, sin embargo, la predicación sobre un libro no aburrirá al pueblo si es un predicador interesante. Esta es la forma más pura de la predicación expositiva.

¿Por qué se siente obligado a predicar versículo por versículo de la Biblia, a diferencia de otros conocidos predicadores como C. H. Spurgeon?

Spurgeon no fue un expositor puro. Casi siempre predicaba de forma temática. Era un gran escritor de sermones; era genial en su prosa y su conocimiento; poseía, además, tremenda creatividad. Su mente tenía una fabulosa capacidad para la imaginación. También podía mantener atenta a una audiencia.

Una de las razones por las cuales predico versículo por versículo es porque jamás pude producir semana tras semana sermones temáticos inspiradores, inteligentes y creativos como los de él. Tenía una imaginación inmensamente creativa. Yo no tengo eso, ni muchos predicadores que conozco. En donde la creatividad es fuerte, también lo es el peligro de que aparte al predicador de la exposición de la Escritura. Necesitamos protegemos de esto sin suprimir la creatividad legítima.

Me hubiese gustado que Spurgeon predicara el libro de Romanos versículo por versículo. Si hubiera hecho con Romanos o Hebreos lo que hizo con el libro de Salmos, que resultó en *Tesoro de David,* su legado expositivo sería inigualable.

Sin embargo, predicar versículo por versículo a través de los libros de la Biblia es la manera más razonable de enseñar todo el consejo de Dios. Si estoy obligado a enseñar todo el mensaje del nuevo pacto y el misterio revelado, la única manera sistemática que conozco es tomarlo como viene, libro por libro de principio a fin. Si tratara de acercarme a la meta de enseñar todo el Nuevo Testamento al azar, sería como dirigir al pueblo por un frustrante laberinto. Por otra parte, si estoy comprometido a enseñar la Palabra de Dios de modo sistemático para que se presente a su pueblo toda la revelación de Dios, la única manera de hacerlo es ir libro por libro.

Además, la única forma efectiva de ver el significado de un pasaje es en su contexto. Ir a través de un libro entero coloca el pasaje en su contexto a su nivel más amplio, profundo y rico. Otro pensamiento: ni el Antiguo, ni el Nuevo Testamento se escribieron como una colección de versículos para tirarse al aire y permitir que caigan dondequiera. Más bien, cada libro tiene un orden de pensamiento razonable, lógico e inspirado que va de la A a la Z, con todas las paradas en medio; cada una de las cuales fueron creadas por el Espíritu Santo para que usted lo perciba a Él comunicando algo poderoso y claro en toda la carta: ¡no se atreva a pasar por alto una sola parte!

Si un día recibo cinco cartas en el correo, no tendría sentido alguno leer una oración o dos de una, saltar dos, leer unas pocas oraciones de otra e ir a la próxima y leer unas cuantas de esa y así por el estilo. Si realmente deseo entender la carta, lo que está sucediendo, el tono, el espíritu, la actitud y el propósito, debo comenzar desde el principio e ir hasta el final de cada una. Si eso es cierto acerca de la correspondencia personal, cuánto más lo es de la revelación divina.

Si hemos de proclamar todo el «consejo de Dios», ¿por qué predica primordialmente del Nuevo Testamento?

Pablo dijo que era ministro del nuevo pacto. Ya que era responsable de predicar el nuevo pacto, creo que es obligatorio que también lo proclamemos. Entonces lo que encontramos es que debemos predicar primordialmente a Cristo y proclamar el nuevo pacto, el cual es la literatura del Nuevo Testamento, el misterio revelado ahora pero que estaba oculto en el pasado.

Al mismo tiempo, extraemos del material de ilustración del Antiguo Testamento. Creo que este último puede resumirse de esta manera: Primero, describe a Dios. Segundo, ofrece su Ley para la vida, sus reglas para el comportamiento justo. Tercero, muestra cómo Dios bendice a los que obedecen; y cuarto, cómo castiga Dios a los que no le obedecen. El Antiguo Testamento también constituye una gran fuente de material ilustrativo cuando buscamos en el pasado para obtener parte de la magnificencia y la plenitud de Dios antes de la cruz.

Otro componente personal para mí es que cuando estaba en el seminario me percaté de que no podía ser experto en griego ni en hebreo al mismo tiempo. Decidí, una vez que tomé veinticuatro unidades de griego en la universidad, seguir eso y continuar los estudios neotestamentarios como el objetivo principal para mi vida y ministerio.

La tercera pequeña pieza para mí es que tengo una meta personal en mi vida por la que debo predicar a través de todo el Nuevo Testamento. Deseo proclamar de manera fiel todo el consejo de Dios y el misterio revelado del nuevo pacto. De vez en cuando, para variar, incluyo una serie veterotestamentaria como un estudio de Daniel u otro personaje.

Cuando predica a través de un libro, ¿cuánta parte del texto analiza en cada sermón?

Básicamente, analizo una unidad de pensamiento. La cantidad de versículos variará, dependiendo de cómo lo divida. Por ejemplo, completé 1 Tesalonisenses 5.12-13 en un sermón, los versículos 14-15 en otro y el versículo 16 en un tercero. Pude haber predicado todo el pasaje 5.12-16 como un mensaje, ya que todo está relacionado. En lugar de ello, elegí subdividirlo para darle más énfasis a cada sección.

Como recordará de la discusión anterior acerca de «Un método de estudio para la predicación expositiva» (cap. 11), el primer paso en mi estudio es leer y familiarizarme con todo el libro. Eso me ayuda a clasificarlo en unidades de pensamiento. También es útil observar los bosquejos de pasajes en varios comentarios. En última instancia, cada predicador debe decidir por sí mismo cómo organizar el texto. Eso es parte del arte de la predicación.

¿Dónde encajan los relatos en la predicación expositiva?

No me gustan los relatos. No veo el valor de las ilustraciones múltiples, largas y dilatadas. Creo que se puede ofrecer un punto de manera efectiva con una simple analogía. Después de todo, lo único valioso que tiene un relato es poner una ventana en una verdad que de otra manera estaría oscurecida. Usted descorre las cortinas para que alguien pueda ver una enseñanza de manera más clara. Si logra hacerlo con una breve analogía, puede mantener la idea mejor que insertando un extenso relato.

Las ilustraciones tienen impacto emocional, pero son livianas comparadas con la Escritura. Las personas responden a un relato con esto en mente: «Ahora me puedo sentar y escuchar esta agradable historia». Le llamo comunicación a la ligera. Prefiero hallar una analogía concisa o una ilustración del Antiguo Testamento y mantener el sermón ágil que involucrarme en un extenso relato que podría darle la señal equivocada al pueblo.

Quiero que ellos se mantengan a mi nivel de intensidad. Cuando creo que necesitan unos momentos de relajación, presento un receso a manera de una declaración jocosa o algo sencillo. Trato de llevar el paso del mensaje de esa manera. A mi parecer, los relatos tienden a mermar el nivel de intensidad que prefiero que mantengan las personas. Cuento uno cuando es apropiado, pero esto sólo sucede raramente. Me gusta pensar que pude decir la misma cosa tan efectivamente con una breve comparación.

He escuchado decir que el cincuenta por ciento de un sermón debe ser de aplicación. ¿Podría decir algo acerca de esto?

Creo que eso es arbitrario. Prefiero decir que todo el sermón debe ser aprovechable. Si predico la Palabra de Dios de manera precisa y poderosa, todo lo que digo debe ser útil. Obviamente, no todo se ajustará a todos de la misma manera, pero mi intención es pronunciar lo que cambia la vida a cada uno.

Creo que la meta de la predicación es obligar a las personas a tomar una decisión. Cuando termine quiero que el pueblo que me escucha entienda exactamente lo que la Palabra de Dios demanda de ellos. Entonces deben decir: «Sí, haré lo que Dios dice», o «No, no haré lo que Dios dice».

Aunque creo en la importancia de las ilustraciones, no creo que la mitad de un sermón deba ser aplicaciones.[3] Si predico que debemos amar a nuestro prójimo, no necesito dedicar la mitad de mi sermón a contarle a mi pueblo, detalladamente, cómo amar de esta manera. Es el Espíritu quien aplica las verdades de la Escritura a cada persona.[4] Pero si no les ofrecemos a nuestros oyentes algunos principios claros que puedan usar, hemos fallado en presentar apropiadamente la Palabra de Dios. Recuerde, las personas viven su teología o sus creencias, pero olvidan sus exhortaciones. Ellos usarán lo que realmente creen como cierto.

3 Véase la discusión acerca de las ilustraciones en el capítulo 13.

4 Véase la discusión de la aplicación en el capítulo 16 y el epílogo.

¿Cómo encuentra usted un balance entre instruir a las personas y jugar con sus emociones?

Las emociones son importantes. Nos fueron dadas por Dios y a menudo mueven la voluntad. Las personas casi nunca toman decisiones en un vacío emocional. Deseo afectar las emociones de las personas cuando predico, porque la verdad que hace arder el corazón puede impulsar la voluntad.

Cuando Jesús habló de la verdadera adoración, la describió como adoración «en espíritu y en verdad» (Jn 4.23-24).[5] Lo que indicó fue que la combinación de la emoción y la verdad constituyen la verdadera adoración. Nuestra adoración a Dios debe basarse en la verdad, pero también debe incluir las emociones. Nuestra meta debe ser promover los componentes apropiados en la adoración. Los himnos y la música especial, así como la oración pastoral y el sermón, deben articular la verdad. Sin embargo, también deben animar las emociones y activar la voluntad.

A lo que me opongo es a estimular artificialmente las emociones de manera aislada o separada de la verdad. Esta práctica sugiere la manipulación y la venta de la Palabra de Dios (cf. 2 Co 2.17). Se deben evitar los dos extremos: la verdad sin emociones y las emociones sin verdad. Ambos se perciben en la discusión de Jesús con la mujer samaritana en Juan 4. La adoración de los samaritanos era entusiasta y emocional, pero no estaba basada en la verdad. Por otra parte, la de los judíos se basaba en la verdad, pero era fría, insensible y muerta. Ambas estaban mal. La verdadera adoración se basa en la verdad e incluye las emociones.

¿Cómo diferenciar entre la persuasión y la manipulación?

La diferencia yace en los medios que utilizamos para persuadir. La Palabra de Dios es el único medio legítimo de persuasión. La persuasión legítima es cognitiva: inspira la mente con verdad razonable. Convencer con relatos llorosos, histrionismo y explosiones emocionales toma una ventaja injusta de las personas y confunde de manera equivocada su manera de pensar. Eso no significa que no podemos utilizar todas las habilidades de comunicación que tenemos disponibles, sino que debemos evitar jugar con las emociones de las personas, aun mediante la repetición de cantos o himnos. Estos son artificiales y deben evitarse porque esquivan la razón.[6]

---

5 Para una discusión de la verdadera adoración, véase John F. MacArthur, *The Ultimate Priority* [La prioridad definitiva], Moody, Chicago, IL, 1983.

6 Léase A. Duane Litfin, «The Perils of Persuasive Preaching» [Los peligros de la predicación persuasiva], *Christianity Today,* 21, 4 febrero 1977, pp. 14-17, para una discusión extensa acerca de este punto.

Nuestra meta al predicar es constreñir al pueblo para que decidan cambiar porque es razonable y correcto ante Dios, no porque han sido manipulados en un sentimiento o acción momentánea. Los persuadimos en base a las Escrituras para que elijan el camino correcto de acción. No amontonamos la presión emocional hasta que se quebranten. Queremos que sepan claramente cuáles son las alternativas y qué deben elegir. Si luego de escuchar nuestro sermón alguien no sabe lo que se supone que haga en cuanto al mismo, no alcanzamos a tal persona. Creo que el punto legítimo de persuasión termina con una clara presentación de la verdad y no con un mayor estímulo emocional artificial para provocar una respuesta. Esta última clase de apelación ha producido cristianos falsos y creyentes débiles, rebotando de un arrebato emocional al otro sin una teología para vivir.

En 1 Timoteo 4.13, Pablo le escribe a su discípulo: «Entre tanto que voy, ocúpate en la lectura, la exhortación y la enseñanza». Lo que le dice a Timoteo es que lea el texto, que explique el texto y que lo aplique. Ese versículo es un llamado a la predicación expositiva persuasiva. Pablo mismo era un predicador persuasivo, pero jamás intentó manipular las emociones para estimular a las personas de manera artificial. Al final de uno de sus mensajes, el rey Agripa exclamó: «Por poco me persuades a ser cristiano» (Hch 26.28). Agripa comprendió claramente el mensaje. Desafortunadamente, tomó una decisión equivocada a pesar de su entendimiento.

Pero en definitiva, nuestros sermones sólo serán tan persuasivos como nuestras vidas. Un conferenciante ambulante que no se queda lo suficiente en un lugar como para que las personas le conozcan podría «falsificar» las cosas sin una vida sólida que respalde su mensaje (aunque esto es lamentable). Empero, los que les predicamos a las mismas personas semana tras semana, no podemos hacer eso. Nuestro pueblo nos conoce; nuestra eficacia para persuadir depende de la calidad de nuestras vidas. La predicación de Pablo era persuasiva; pero fue su *vida* la que ganó los corazones del pueblo. Los ancianos efesios lloraron cuando Pablo se marchó, pero no porque no habrían de volver a escucharle predicar. Estaban «doliéndose en gran manera por la palabra que dijo, de que no verían más su rostro» (Hch 20.38). La integridad de la vida de un predicador es un elemento clave en nuestra eficacia para persuadir.

¿Qué piensa acerca del drama en el púlpito?

Estaba en una conferencia de pastores cuando uno de los conferenciantes salió en pañales con una muñeca bajo un brazo, un tetero alrededor del cuello y un biberón en su mano. Procedió a hablar acerca de los cristianos infantiles. A mi juicio, creo que tenía que decir que esa presentación parecía una muletilla y sólo un predicador débil la necesitaría.

Usted tiene que creer que el poder de la Palabra de Dios será más efectivo que cualquier drama humano o truco de comunicación. Nada es tan dramático como la explosión de la verdad en la mente de un creyente a través de la predicación poderosa.

¿Cómo se anima para un sermón cuando ha estado deprimido durante la semana?

A menudo trabajo más arduamente en mis sermones cuando me siento bien. Sentirme bien y motivado en cuanto a mi mensaje me hace sentir confiado. Cuando me siento mal, lo cual es muy raro, sé que tengo que dar todo lo que tengo y me esfuerzo más. Es parecido a los deportes. Muchos atletas se esfuerzan más cuando no se sienten en condición óptima.

Lo mismo ocurre cuando pienso que mi mensaje no es muy excitante. Trabajo de manera más ardua para encontrar formas de superarlo. Esos sermones casi siempre resultan ser mejores que otros en los cuales el material es muy bueno.

¿Tiene un archivo de ilustraciones?

Si encuentro una buena ilustración, por lo general la uso de inmediato. Tengo un archivo, pero en los años que he estado en el ministerio ha crecido y se ha hecho incómodo. Hay tanto material en él que es tedioso y ocupa mucho tiempo buscar información. Mantener un registro de las ilustraciones es un aspecto en el que una computadora personal es de inmensa ayuda.

¿Utiliza una computadora personal?

En años recientes muchos han tratado de hacer que comience a usar una, pero tengo un sistema con el cual me siento a gusto. Realizo toda mi investigación y escribo todo mi material homilético en base a mis borradores: nadie los escribe por mí. Esto permite que fluyan por mi mente una vez más. Mi asistente administrativo y mis secretarias utilizan computadoras para ayudarme en todas las otras áreas de mi ministerio aparte de la preparación del sermón.

¿Usa un calendario homilético para organizar sus mensajes?

Tengo un plan general por el hecho de que, antes de terminar los libros de los cuales estoy predicando, decido cuál otro libro deseo predicar después. Pero no puedo organizar lo que voy a abarcar semana tras semana. Como mencioné anteriormente, no siempre sé lo que voy a analizar hasta que comienzo a predicar. Esto hace una aventura de la predicación, pero también implicaría que un calendario homilético tendría que revisarse tan frecuentemente que sería inútil.

Para mí es innecesario un calendario homilético ya que por lo general predico sobre los libros del Nuevo Testamento. Sé qué pasaje habré de predicar cada domingo. Un calendario homilético es útil para los que predican de manera temática. Debe evitar desperdiciar tiempo de estudio cada semana tratando de averiguar qué va a predicar.

Aun cuando predico de nuevo una vieja serie de exposiciones, no puedo establecer un plan fijo porque podría encontrar un tema que tome más tiempo que lo que anticipé.

¿Se pone nervioso en algún momento cuando predica?

Al predicar, puedo decir con sinceridad que jamás estoy nervioso. Lo único que siento en mi corazón es esta continua oración: «Señor, por favor, ayúdame a expresar esta verdad de manera clara, con autoridad y pasión para que aquí seas representado de manera correcta. ¡Ayúdame en el proceso de cumplir esto!» Nunca estoy nervioso porque siempre me preparo. Si no lo estuviera o si creyera estar enfrentando algo que no pudiera controlar, tendría razón para estar nervioso. Creo que el nerviosismo es una clase de mecanismo de defensa del yo, porque uno teme avergonzarse o hacer el ridículo. Para ser sincero, no me siento personalmente involucrado en lo que hago. Ni siquiera pienso en mí. Sólo deseo honrar al Señor y evitar avergonzarlo de manera alguna.

¿Cuáles dos o tres libros acerca de la predicación han impactado profundamente su manera de pensar?

El primer libro que influyó en mi manera de pensar fue *On The Preparation and Delivery of Sermons* [Acerca de la preparación y la presentación de sermones] de John Broadus. Otra obra que realmente me impactó fue el libro de John Stott *El cuadro bíblico del predicador* en la cual él explicó cinco palabras del Nuevo Testamento que representaban la vasta responsabilidad y deber del predicador. Entonces leí *Preachers and Preaching* [Los predicadores y la predicación]. Esos tres influyeron en mí grandemente.

¿Qué lecciones permanentes le enseñaría a hombres comprometidos con la predicación expositiva para que los sostengan durante una vida entera de ministerio?

Antes que todo, asegúrese de que cada mensaje expositivo tenga un tema que sea tan claro como el cristal para que su pueblo sepa exactamente lo que está diciendo, cómo lo ha apoyado y cómo ha de aplicarse a sus vidas. Lo que mata a las personas en lo que algunas veces es llamado predicación expositiva es el revoloteo desatinado a través de un pasaje.

Segundo, cuando va a una iglesia que no está acostumbrada a la exposición, esté consciente de que hace falta un período de preparación para los oyentes. Debe mover su rebaño de lo que hayan estado escuchando a pensar lógica, racional y hasta profundamente acerca de la Palabra de Dios. Este es el proceso de destetarlos de lo que han estado haciendo y estimular sus apetitos para la carne de la Palabra de Dios.

Luego, necesita entrar con una perspectiva a largo plazo. Mi papá me dijo hace años: «Quiero que recuerdes un par de cosas antes que entres al ministerio. Una, los grandes predicadores, los predicadores duraderos que dejaron su señal en la historia, le enseñaron a su pueblo la Palabra de Dios. Dos, ellos se quedaron en un lugar por mucho tiempo». Estos fueron dos consejos buenos. Todo el mundo acostumbraba decir, cuando llegué por vez primera a la iglesia Grace Community, que sólo duraría uno o dos años, porque me percibían como un comunicador. Pero en mi corazón, sabía que deseaba hacer dos cosas: enseñar la Palabra de Dios de forma sistemática y hacerlo en el mismo lugar durante una larga estadía. Sabía que esa era la única manera que podría nutrir a las personas que realmente serían doctrinalmente sólidas.

Cuarto, esté consciente de que su ministerio cambiará a medida que comience a desarrollar la Escritura. Usted no puede saber todo lo que la Biblia ha de decir a menos que haya excavado profundamente en ella. Podría pensar que tiene todo conectado, pero a los cuatro o cinco años en su ministerio se topará con un pasaje que alterará la manera en la cual piensa acerca de un asunto y en la cual su iglesia hace las cosas. Usted y su pueblo deben permitir que la Palabra moldee su iglesia.

¿Cuál es la clave definitiva para la predicación eficaz?

Muy simple, quédese en su estudio hasta que sepa que el Señor aceptará felizmente lo que ha preparado para predicar porque representa correctamente su Palabra. Permítame cerrar con un plan inolvidable, acerca de cómo lograr esto, sugerido por un parroquiano desconocido.

> Hágalo entrar en su oficina. Desprenda la señal que lee «Oficina» de la puerta y clave la señal que lee «Estudio». Sáquelo de la lista de correspondencia. Enciérrelo con sus libros y su máquina de escribir y su Biblia. Arrodíllelo ante los textos y los corazones quebrantados y el rebaño de vidas de un rebaño superficial y un Dios santo.
>
> Oblíguelo a que sea el hombre en nuestras saciadas comunidades que sabe acerca de Dios. Tírelo en el cuadrilátero para que boxee con Dios hasta que aprenda cuán cortos son sus brazos. Involúcrelo para que luche

con Dios durante toda la noche. Y deje que salga sólo cuando haya sido magullado y golpeado para que sea una bendición.

Cierre su boca que siempre anda arrojando declaraciones, y detenga su lengua que eternamente anda tropezándose con todo lo que no es esencial. Requiera que tenga algo que decir antes de que se atreva a romper el silencio. Doble sus rodillas en el valle solitario.

Queme sus ojos con estudio agotador. Destruya su aplomo emocional con la preocupación por Dios. Y haga que cambie su postura piadosa por un caminar humilde con Dios y el hombre. Haga que se gaste y sea gastado para la gloria de Dios. Arranque su teléfono. Queme sus exitosos informes eclesiásticos.

Ponga agua en su tanque de gasolina. Dele una Biblia y átelo al púlpito. ¡Y haga que predique la Palabra del Dios viviente!

Pruébelo. Examínelo. Analícelo. Humíllelo por su ignorancia de las cosas divinas. Avergüéncelo por su buen entendimiento de las finanzas, promedios de bateo y luchas políticas. Ríase de su frustrado esfuerzo de jugar al psiquiatra. Organice un coro y comience un canto y persígalo con el mismo día y noche: «Señor, nos gustaría ver a Jesús».

Cuando en fin de cuentas se atreva a tomar el púlpito, pregúntele si tiene una palabra de parte de Dios. De no ser así, entonces despídalo. Dígale que usted puede leer el periódico matutino y digerir los comentarios televisivos, meditar acerca de los problemas superficiales del día, ocuparse de los esfuerzos agotados de la comunidad y bendecir, *ad infinitum,* las miserables papas asadas y las habichuelas verdes, mejor que él.

Mándelo a que no regrese hasta que haya leído y releído, escrito y reescrito, hasta que pueda pararse, cansado y deprimido, y diga: «Así dice el Señor».

Quebrántele su mal adquirida popularidad. Golpéelo duro con su prestigio propio. Arrincónelo con preguntas acerca de Dios. Cúbralo con demandas de sabiduría celestial. Y no le ofrezca escape hasta que se encuentre de espaldas contra la muralla de la Palabra.

Y siéntese delante de él y escuche la única palabra que le queda: la Palabra de Dios. Que sea completamente ignorante en cuanto a los chismes callejeros, pero dele un capítulo y ordénele que camine a su alrededor, que acampe en él, que cene con él y que a la larga lo pueda decir al derecho y al revés, hasta que todo lo que diga acerca de él resuene con la verdad de la eternidad.

Y cuando esté agotado por la incendiaria Palabra, cuando finalmente sea consumido por la feroz gracia que queme a través de él y cuando tenga el privilegio de traducirle la verdad de Dios al hombre, transferido finalmente de la tierra al cielo, llévelo de forma gentil y sople una trompeta enmudecida y acuéstelo suavemente. Coloque una espada de dos filos en su ataúd y levante la tumba de manera triunfante. Porque era un valiente soldado de la Palabra. Y aquí murió, se había convertido en un hombre de Dios.

Epílogo

La responsabilidad del oyente

¿Qué responsabilidades tienen los cristianos con la predicación expositiva?

En una era cuando es común la predicación superficial, también es común escuchar y aplicar de manera superficial. Jay Adams ha observado:

> Demasiados laicos hablan acerca de la predicación como si fuera una calle en una sola dirección, como si la responsabilidad por lo que sucede cuando se proclama la Biblia descansara solamente en los hombros del predicador. ¡Pero así no es la cosa! La comunicación efectiva demanda competencia de parte de todos.[1]

La predicación no estaría completo sin una palabra acerca de las responsabilidades del oyente en el proceso expositivo. Todo culmina en los oyentes. La ciencia y el arte de producir un sermón expositivo son esfuerzos vacíos si nadie escucha y asimila el mensaje. Tres principios vitales ayudarán al oyente que desea obtener lo mejor de un mensaje expositivo. Son al mismo tiempo sus responsabilidades así como sus privilegios.

---

1 Jay E. Adams, *A Consumer's Guide to Preaching*, Victor, Wheaton, Illinois, 1991, p. 7.

Anticipación

El oyente debe estar preparado para recibir el mensaje del predicador. Algunos componentes anticipatorios para mejorar la experiencia del oyente son básicos y obvios, aunque a menudo no se tienen en cuenta.

1. Estar personalmente preparado

La orientación básica del oyente debe ser identificarse como el blanco del mensaje. Todo el propósito de sentarse en la silla del oyente es exponerse al mensaje con el propósito del enfrentamiento personal, la información, la convicción, la motivación y la transformación. Los pensamientos del oyente no deben ser preocupaciones acerca de cuán bien lo está haciendo el predicador, cuán inteligente o interesante es, ni cuán bien estructurado está su sermón. El oyente no está allí para admirar ni criticar una pieza de arte oratorio, sino para que le hable personalmente mediante el representante de Dios. El objetivo de la predicación es un cambio en la manera de pensar, la actitud y el comportamiento. El oyente debe prepararse con anticipación.

2. Estar físicamente preparado

La clave básica para oír bien es estar en buena condición física. Esto depende del descanso adecuado, comidas bien balanceadas y ejercicio adecuado. Cada una de estas varía según los individuos, pero todas son esenciales para estar alerta y listos para comprender lo que se dice.

Las personas no escuchan bien cuando están cansadas o hambrientas. Sus mentes flotan a otras cosas debido al cuidado inadecuado de sus cuerpos. Por otro lado, estar despierto y atento es esencial para que uno escuche el mensaje de Dios de manera refrescante y dinámica. La manera en la cual uno invierte la noche del sábado y el domingo por la mañana, por ejemplo, afectará directamente el intercambio expositivo entre el expositor y el oyente.

Antes de que Jesús fuera traicionado, le pidió a sus discípulos que se mantuvieran velando mientras oraba en espera de la cruz. En apariencia no estaban físicamente listos para obedecer, porque Jesús «vino luego a sus discípulos, y los halló durmiendo, y dijo a Pedro: ¿Así que no habéis podido velar conmigo una hora? Velad y orad, para que no entréis en tentación; el espíritu a la verdad está dispuesto, pero la carne es débil» (Mt 26.40-41). Luego de dejarlos para orar dos veces más, Jesús nuevamente «los halló durmiendo, porque los ojos de ellos estaban cargados de sueño» (Mt 26.43). Él comentó: «Dormid ya, y descansad» (Mt 26.45). En una situación un tanto diferente, un oyente hace bien al estar alerta y vigilar también a medida que se prepara para escuchar la Palabra de Dios.

3. Prepárese mediante la oración

La predicación expositiva puede definirse como un acto espiritual mediante el cual Dios Todopoderoso mismo pronuncia su Palabra a los corazones de los hombres y las mujeres para que puedan conocer y comprender su voluntad y obedecerla. Así que la oración es un elemento esencial en la preparación del corazón para escuchar lo que Dios desea comunicar a través de su mensajero designado.

Dos objetos distintivos, pero inseparables, resumen el formato para la oración preparatoria: orar por el predicador mientras comunica el mensaje de Dios y orar por la capacidad de comprender lo que Dios comunica, como oró el salmista: «Haz bien a tu siervo; que viva, y guarde tu palabra. Abre mis ojos, y miraré las maravillas de tu ley» (Sal 119.17-18).

La Escritura les implora a los cristianos que oren por sus predicadores. Para Pablo la oración fiel de los creyentes por los que proclaman la Palabra de Dios de forma valiente era fundamental (cf. Ro 15.30-32; 1 Ts 5.25; 2 Ts 3.1; Ef 6.19; Col 4.2-4). Spring concuerda con esto:

> Si un pueblo anda buscando sermones ricos de parte de su ministro, sus oraciones deben suplirlo con el material necesario; si procuran sermones fieles, sus oraciones deben exhortarlo, mediante una manifestación plena e inflexible de la verdad, para confiarse a sí mismo a la conciencia de cada hombre a la vista de Dios (véase 2 Co 4.2). Si el pueblo de Dios va a esperar sermones poderosos y exitosos, ¡sus oraciones deben hacer de él una bendición para las almas de los hombres![2]

El puritano John Angell James declaró:

> La oración es un medio de ayudar al ministro que está al alcance de todos. Aquellos que no pueden hacer nada más, pueden orar. Los enfermos, que no pueden animar a su ministro mediante su presencia en el santuario, pueden derramar sus corazones sobre él en su solitaria recámara. Los pobres

2 Gardiner Spring, *A Plea for Pray for Pastors*, reimpresión, Calvary, Amityville, Nueva York, 1991, p. 3.

que no pueden añadir a su comodidad temporal mediante donaciones monetarias, pueden suplicarle a su Dios que supla «todo lo que os falta conforme a sus riquezas en gloria en Cristo Jesús» (Fil 4.19). El tímido que no puede acercarse para ofrecerle el tributo de su gratitud, puede derramar sus alabanzas en el oído de Jehová y pedirle que anime el alma de su siervo. El ignorante que no puede esperar añadir una idea a la fuente de su conocimiento, puede colocarle ante la fuente de resplandor celestial; hasta los moribundos, que ya no pueden ocuparse como en tiempos anteriores de sus intereses, pueden reunir la fuerza que les queda y emplearla a través de la oración para su pastor.[3]

Para recibir el mensaje del instrumento de Dios con el mayor beneficio, los creyentes deben orar por la habilidad de sus pastores para impartirla.

Atención

La predicación expositiva es y siempre ha sido la principal herramienta de Dios para producir el crecimiento en la gracia. Por lo tanto, merece la atención más cuidadosa. Aunque cada cristiano debe leer, estudiar y meditar la Escritura, Dios utiliza la exposición de la Biblia para la óptima mejora de su crecimiento espiritual. No se exageran las cosas al decir que la predicación debe ser el medio principal de dispensar gracia fortalecedora en la vida de un creyente. Entonces, el avance espiritual dependerá de cuán determinado sea uno de reunirse con otros cristianos cuando se proclama de manera fiel a la Palabra de Dios (cf. He 10.25). Adams dice:

> La predicación es uno de los principales medios de Dios para sembrar la semilla y ayudar a que esta crezca; es una manera de regar y fertilizar la cosecha. Pero usted debe deshacer los duros obstáculos que se han formado en su alma durante la semana, remover la mala yerba y preparar el buen terreno para recibir la buena semilla.[4]

El puritano Jeremiah Burroughs ha escrito:

> Al escuchar la Palabra de Dios profesamos nuestra dependencia de Él, para el conocimiento de su mente y el camino a la vida eterna [...] Recuerde que

---

3 John Angell James, *Church Member's Guide*, reimpresión, Calvary, Amityville, Nueva York, 1991, pp. 69-70.

4 Adams, *Consumer's Guide*, pp. 24-25.

usted viene a rendirle su homenaje a Dios, para sentarse a sus pies y profesar allí su sumisión a Él. Ese es un propósito de ir a escuchar sermones.[5]

Dios ha llamado, preparado y dotado a pastores y maestros consagrados para predicar su Palabra de manera fiel. Debido a que ha hecho esto, necesitamos cumplir nuestra responsabilidad al reunirnos para escuchar lo que dice mediante sus siervos.

Actitudes

La confesión de todo pecado conocido elimina los obstáculos y abre el corazón para escuchar la verdad (cf. 1 P 2.1-2). La exposición a la «espada» inspirada de la Palabra (cf. He 4.12) permite que el Espíritu de Dios traiga convicción de pecado y demande verdadero arrepentimiento. El arrepentimiento inevitablemente traerá un aumento en el deseo de escuchar más de la verdad de Dios y promoverá más crecimiento espiritual. Entonces, el crecimiento depende de cuánto le permite un creyente que Dios le enseñe mediante su heraldo.

Adams escribe: «Como niños desobedientes, las personas no desean escuchar. Hasta los creyentes, acostumbrados en los caminos de desobediencia, tienen mucha dificultad al escuchar a Dios [...] Ha sido más fácil para los pecadores echarle la culpa a los predicadores que admitir su repugnancia de escuchar».[6]

Moisés le habló a los hijos de Israel en su día acerca de la preparación requerida: «Aplicad vuestro corazón a todas las palabras que yo os testifico hoy, para que las mandéis a vuestros hijos, a fin de que cuiden de cumplir todas las palabras de esta ley» (Dt 32.46). No alcanzar este requisito como oyente lleva inevitablemente a escuchar de manera superficial.

Acciones

No basta hablar acerca de *desear* escuchar la Palabra predicada; debemos implementar estos deseos de manera regular. Nada sustituye la asistencia regular a los servicios semanales de una iglesia local. Aunque el escritor de Hebreos estaba enfatizando el ánimo mutuo de los creyentes, también les advirtió que no abandonaran su reunión corporativa para la adoración y la predicación: «y considerémonos unos a otros para

---

5 Jeremiah Burroughs, *Gospel Worship,* reimpresión, Sola Deo Gloria, Ligonier, Pennsylvania, 1990, pp. 195, 197.

6 Adams, *Consumer's Guide,* pp. 14-15.

estimularnos al amor y a las buenas obras; no dejando de reunirnos, como algunos tienen por costumbre, sino exhortándonos; y tanto más, cuanto veis que aquel día se acerca» (He 10.24-25).

Aplicación

Muchos críticos contemporáneos condenan la predicación expositiva como algo que le falta relevancia y una clara aplicación personal. Esta clase de crítica refleja un malentendido acerca del poder intrínseco de la Palabra de Dios o incredulidad. Puesto que la primera preocupación del expositor es aclarar el *significado* del texto, se puede conceder que la predicación expositiva no está motivada por la misma clase de obsesión con las ilustraciones y las fórmulas de aplicación que distinguen la mayor parte de la predicación temática y textual. El expositor depende del poder del texto mismo al explicarse de manera correcta, y se le asegura que la aplicación de la verdad de manera personal e individual es en última instancia responsabilidad del oyente en concierto, por supuesto, con el Espíritu Santo.

Leith comenta: «Calvino procuró que el mensaje bíblico fuera claro para que bajo el poder del Espíritu Santo pudiera avivar a los oyentes a la presencia de Dios».[7] ¡Cuánto mejor es permitir que el Espíritu Santo de Dios nos forme y nos moldee a la imagen de Cristo, en lugar de limitar la aplicación de la Escritura a la ingenuidad humana! Adams sugiere que el oyente «procure descubrir de manera constante el mensaje de Dios en el versículo o los versículos de los cuales se predicó, yendo tan lejos como para resumirlo en una oración [...] A menos que pueda hacer esto, es dudoso que haya entendido el mensaje».[8] Si un oyente no puede entender los principios que el texto del sermón enseña, no logrará entender su aplicación a su vida. Si los entiende, no podrá escapar su aplicación específica realizada por el Espíritu a su vida.

Cuando Jesús le declaró a sus discípulos: «El que tiene oídos, oiga» (cf. también Ap 2–3), estaba estableciendo un principio general. Leith ha escrito: «Para Calvino así como Lutero ("Lecturas acerca de Hebreos") "sólo los oídos son el órgano del hombre cristiano". Escuchar la Palabra de Dios hace que uno sea digno del nombre cristiano».[9] Aquellos

7 John Leith, «Calvin's Doctrine of the Proclamation of the Word and Its Significance for Today in the Light of Recent Research», *Review and Expositor,* 86, 1989, p. 38.

8 Adams, *Consumer's Guide,* p. 47.

9 Leith, «Calvin's Doctrine», p. 32.

que tienen sus oídos preparados para escuchar la Palabra de Dios deben responsabilizarse por el entendimiento de la verdad enseñada y aplicarla a sus vidas.

RESUMEN

¿Cuál es la responsabilidad del oyente de la predicación expositiva? Debe prepararse con la debida anticipación, prestarle atención indivisa y bajo la dirección del Espíritu Santo aplicar lo que aprenda de la Escritura a su vida. Sólo a través de estos medios puede aumentar los beneficios espirituales para sí y otros a los cuales testificará de la verdad.

Lectura adicional

John A. Broadus, *On the Preparation and Delivery of Sermons*. ed. rev., reimpresión, Harper & Row, San Francisco, California, 1979.

Walter C. Kaiser, Jr. *Toward An Exegetical Theology*. Baker, Grand Rapids, Michigan, 1981.

David L. Larson, *The Anatomy of Preaching*. Baker, Grand Rapids, Michigan, 1989.

D. Martyn Lloyd-Jones, *Preaching and Preachers*. Zondervan, Grand Rapids, Michigan, 1972.

Samuel T. Logan, Jr., ed. *The Preacher and Preaching*. Presbyterian and Reformed, Phillipsburg, Nueva Jersey, 1986.

G. Campbell Morgan, *Preaching*. Reimpresión, Baker, Grand Rapids, Michigan, 1974.

John Piper, *The Supremacy of God in Preaching*. Baker, Grand Rapids, Michigan, 1990.

John R. W. Stott, *Between Two Worlds,* Eerdmans, Grand Rapids, Michigan, 1982.